ଲଣ୍ଡନ ଚିଠି

ଲଣ୍ଡନ ଚିଠି

ଅଧ୍ୟାପକ ଗୋଲୋକବିହାରୀ ଧଳ

ଏମ୍.ଏ: (ପାଟ୍), ଏମ୍;ଏ: (ଲଣ୍ଡନ), ଡିପ୍-ଇନ୍ ରସିଆନ୍ (ଉତ୍କଳ)

ବ୍ଲାକ୍ ଈଗଲ୍ ବୁକ୍ସ

ଭୁବନେଶ୍ୱର, ଓଡ଼ିଶା

BLACK EAGLE BOOKS

Dublin, USA

ଲଣ୍ଡନ ଚିଠି / ଅଧ୍ୟାପକ ଗୋଲୋକବିହାରୀ ଧଳ

ବ୍ଲାକ୍ ଇଗଲ୍ ବୁକ୍ସ : ଭୁବନେଶ୍ୱର, ଓଡ଼ିଶା ● ଡବ୍‌ଲିନ୍, ଯୁକ୍ତରାଷ୍ଟ୍ର ଆମେରିକା

BLACK EAGLE BOOKS

USA address:
7464 Wisdom Lane
Dublin, OH 43016

India address:
E/312, Trident Galaxy, Kalinga Nagar,
Bhubaneswar-751003, Odisha, India

E-mail: info@blackeaglebooks.org
Website: www.blackeaglebooks.org

First International Edition Published by
BLACK EAGLE BOOKS, 2023

LONDON CHITHI
by **Prof. Golak Bihari Dhal**

Copyright © Author's family

All rights reserved. No part of this publication may be reproduced, stored in a retrieval system, or transmitted, in any form or by any means, electronic, mechanical, photocopying, recording or otherwise without the prior permission of the publisher.

Cover & Interior Design: Ezy's Publication

ISBN- 978-1-64560-494-5 (Paperback)

Printed in the United States of America

କନି,

ବିଲାତରୁ ତମକୁ ଚିଠି ଲେଖିବାର ସୁବିଧା ବା ସୁଯୋଗ ମୋର ନଥିଲା। ଏବେ ଅବଶ୍ୟ ଲେଖିବାର ଆବଶ୍ୟକତା ନାହିଁ। କିନ୍ତୁ ତମକୁ ଅପ୍ରତ୍ୟକ୍ଷ ଭାବରେ ଶୁଣାଇବା ଚେଷ୍ଟାରେ ଯା' ସବୁ ଲେଖିଥିଲି, ଆଜି ସବୁ ଏକାଠି କରି ଦେଉଛି, ନେବ।

ତମର

ଲେଖକ

ଶ୍ରୀମତୀ କନକଲତା ଧଳ

ଗଞ୍ଜେଇଡିହ, ଢେଙ୍କାନାଳ

ତା ୩-୩-୫୨

ସୂଚିପତ୍ର

ବିଷୟ	ପୃଷ୍ଠା
୧ । ଲଣ୍ଡନ ଚିଠିର ଜନ୍ମକଥା	୧୧
୨ । ଆକାଶ ପଥେ (୧)	୧୩
୩ । ଆକାଶ ପଥେ (୨)	୧୮
୪ । ଆକାଶ ପଥେ (୩)	୨୨
୫ । ଆକାଶ ପଥେ (୪)	୨୬
୬ । ଆକାଶ ପଥେ (୫)	୩୦
୭ । ତୀର୍ଥ ଦର୍ଶନ	୩୫
୮ । ଫୁଲ୍ ପ୍ରୁଫ୍ ଲଣ୍ଡନ	୩୯
୯ । ଜୀବନ ଦୌଡ଼	୪୪
୧୦ । ସାହେବୀ ଶିଷ୍ଟାଚାର	୪୮
୧୧ । ନାଁ କଟିକିଆଣୀ	୫୨
୧୨ । ଲଣ୍ଡନରେ ଆମେ କେଉଁଠି	୫୬
୧୩ । ଲଣ୍ଡନ ପୋଲିସ୍	୬୧
୧୪ । ଇଂଲଣ୍ଡର ସ୍ୱାସ୍ଥ୍ୟ ବ୍ୟବସ୍ଥା	୬୫
୧୫ । ଇଂରେଜ ରମଣୀ	୬୯
୧୬ । ବିଲାତି ଶିଶୁ	୭୨
୧୭ । ବିଲାତି ରଜା	୭୬
୧୮ । ବି. ବି. ସି.	୮୦
୧୯ । ବିଚରା ମାଷ୍ଟର !	୮୫
୨୦ । ରନ୍ତଲେଇ	୮୯

୨୧ । କୌତୂହଳୀ ଇଂରେଜ	୯୩
୨୨ । ଇଂରେଜର ବିଶ୍ୱପ୍ରୀତି ଯୋଜନା	୯୭
୨୩ । ଏଠି ଯାହା ନାହିଁ	୧୦୧
୨୪ । ବାବୁ, ନବ ନା ଦେଖିବ ?	୧୦୪
୨୫ । ସାହେବଙ୍କ ଦୃଷ୍ଟିରେ ଭାରତ	୧୦୭
୨୬ । ସାହେବ	୧୧୧
୨୭ । ପଥପ୍ରାନ୍ତେ	୧୧୫
୨୮ । ପୁଷ୍ପିତା	୧୧୯
୨୯ । ବରଫ ତଳେ	୧୨୩
୩୦ । କେନାଲ ସେପାରି	୧୨୭
୩୧ । ଇଉରୋପର ଅଙ୍କୁର ଉଦ୍ୟାନ	୧୩୧
୩୨ । ଫ୍ରାନ୍ସର ଲୋକେ କ'ଣ କହନ୍ତି	୧୩୬
୩୩ । ଧଳା ସଭ୍ୟତା	୧୩୯
୩୪ । ବିଦାୟ ଆମେରିକା ! ବିଦାୟ ଇଂଲଣ୍ଡ !	୧୪୪
୩୫ । ବୈଦେହୀ ପକ୍ଷ୍ୟ	୧୪୭
୩୬ । ଲୋହିତ ବ୍ୟଥା	୧୫୦
୩୭ । ବିଲାତ ବାହୁଡ଼ା	୧୫୩

ଲଣ୍ଡନ ଚିଠିର ଜନ୍ମକଥା

ଲଣ୍ଡନରେ ଥିବାବେଳେ ଛାତ୍ର, ଶିକ୍ଷକ, ସାଥୀ, ଶୁଭେଚ୍ଛୁ ଅନେକଙ୍କଠାରୁ ଚିଠି ପାଉଥିଲି, "ଆପଣ ଆଉ ଲେଖନ୍ତୁ, ବିଲାତ କଥା ବେଶୀ କରି ଜଣାନ୍ତୁ"; ସୁଖୀ ହୁଏ। କାମ କରି କରି ଚିଟା ଲାଗିଲେ ଏଠି ସେଠି ବସି ଯା' ଆଖିକୁ ଦିଶେ, ଯା' ଅନୁଭୂତିରେ ଆସେ ଲେଖି ଦେଉଥିଲି। କେତେବେଳେ ଗଛ ମୂଳରେ କେତେବେଳେ ପାର୍କ ପଡ଼ିଆରେ, କେବେ ଲାବୋରେଟୋରୀରେ; କେବେ ଅବା ଶନିବାରର ସନ୍ଧ୍ୟା ବିଛଣା ପରେ। ତହିଁରେ ମନ ମେଣ୍ଟିବା ସଙ୍ଗେ ଅବସାଦ ବି ମେଣ୍ଟି ଯାଉଥିଲା। ଯା' ଅଙ୍ଗେ ଲିଭାଇଛି, ଲେଖିଛି। ଅନୁଭୂତି ସଂପୂର୍ଣ୍ଣ ବ୍ୟକ୍ତିଗତ, ନିଜର। ଏହା ବିଲାତ ଜୀବନର 'ବେଦଗାର' ନୁହେଁ, ଜଣକର ଅନୁଭୂତି ମାତ୍ର। ବିଲାତ ଛଡ଼ା ଫ୍ରାନ୍ସ ବିଷୟରେ ଏଥିରେ ଦୁଇଚାରି କଥା ମଧ୍ୟ ଅଛି।

ଘରକୁ ଫେରି ଅନେକଙ୍କଠୁ ଶୁଣିଲି, "ଏକାଠି କରି ଦିଅନ୍ତୁ, ପ୍ରଜାତନ୍ତ୍ରରୁ ଆପଣଙ୍କ ଲେଖା ଆମେ ଅନେକଟା ପଢ଼ିଛୁ।" ଯେତେ ଯିଏ ପ୍ରେରଣା ଦେଇଛନ୍ତି, ସମସ୍ତଙ୍କ ନିକଟରେ ମୁଁ କୃତଜ୍ଞ; ଓଡ଼ିଶାର ସୁପରିଚିତ ଲେଖକ ଶ୍ରୀ ଅନନ୍ତପ୍ରସାଦ ପଣ୍ଡାଙ୍କ ନିକଟରେ ବେଶୀ। ବାରମ୍ବାର ଲେଖିବା ପାଇଁ ସେ ବରାବର ମୋତେ ସସ୍ନେହ ପ୍ରେରଣା ଦେଇଛନ୍ତି। ପ୍ରକାଶ ଓ ପ୍ରଚାର ପାଇଁ 'ପ୍ରଜାତନ୍ତ୍ର'ଙ୍କୁ ଧନ୍ୟବାଦ। ଘରେ ଲେଖାର କପି ନପାଇ ହତାଶ ହେଲି। ମାତ୍ର ଦୁନିଆରେ ସହାୟତାର ଅଭାବ ନାହିଁ ବୋଧହୁଏ। ବିଲାତ ଫେରନ୍ତା ପ୍ରାଣୀତତ୍ତ୍ୱବିତ୍ ଅଧ୍ୟାପକ ବନ୍ଧୁ ଡାକ୍ତର ବସନ୍ତକୁମାର ବେହୁରା ଓ

ରେଭେନ୍‌ସା କଲେଜ ଛାତ୍ର ଶ୍ରୀ ପ୍ରଫୁଲ୍ଲକୁମାର ବେହୁରା ଅଧିକାଂଶ କପି ଯୋଗାଇ ଦେଇ ପାରିଥିଲେ। ସେ ଋଣର ପ୍ରତିଦାନ ନାହିଁ। ତା ଛଡ଼ା ସମସ୍ତ ଲେଖାର ପାଣ୍ଡୁଲିପି କରି ଦେବାରେ ଗଙ୍ଗାଧର ମେହେର କଲେଜର ପ୍ରଥମ ବାର୍ଷିକ କଳା ଛାତ୍ର ଶ୍ରୀ ରମେଶଚନ୍ଦ୍ର ଧଳ ବଡ଼ ସହାୟତା କରିଥିବାରୁ ତାଙ୍କୁ ମୁଁ ଆନ୍ତରିକ ଶୁଭେଚ୍ଛା ଜଣାଉଛି। ଯେଉଁ କେତେକ ଲେଖା ମିଳିବ ନାହିଁ ବୋଲି ମୁଁ ଏକାନ୍ତ ହତାଶ ହୋଇ ପଡ଼ିଥିଲି ତାହା ମୋର ଜଣେ ପୁରାତନ ସମ୍ବଲପୁରୀ ଛାତ୍ର ଶ୍ରୀ ସୀତାରାମ ଦାଶ ଓ ଲଇତା ନିବାସୀ ଅନ୍ୟତମ ବନ୍ଧୁ ଶ୍ରୀ ନନ୍ଦକିଶୋର ପଟେଲ ଯୋଗାଇ ଦେଇଥିବାରୁ ଏ ବହି ଲେଖା ସଂପୂର୍ଣ୍ଣ ହୋଇ ପାରିଛି। ମୁଁ ସେମାନଙ୍କ ନିକଟରେ ଚିରଋଣୀ।

-ଲେଖକ

ଆକାଶ ପଥେ

(୧)

ଗାଁ ମାଟିରୁ ସାନ୍ତାକ୍ରୁଜ୍

"ମାତା ଯସ୍ୟ ଗୃହେ ନାସ୍ତି, ଭାର୍ଯ୍ୟା ଯସ୍ୟ ନାସ୍ତୈବ ଚ, ଅରଣ୍ୟ ତେନ ଗନ୍ତବ୍ୟଂ।" ସୁତରାଂ ଯାହା ପାଇଁ ମା'ର ମମତା ନାହିଁ, ସ୍ତ୍ରୀର ବନ୍ଧନ ନାହିଁ, ତାର ଆଉ ବିଦେଶ ଯିବାରେ ଚିନ୍ତା କଣ? କିନ୍ତୁ 'ଜନ୍ମଭୂମିଶ୍ଚ ସ୍ୱର୍ଗାଦପି ଗରୀୟସୀ' ବାସ୍ତବରେ ନିରାଟ ସତ। ଭୂସ୍ୱର୍ଗ ଲଣ୍ଡନ ସହର ଅଭିମୁଖରେ ଗତି କଲାବେଳେ ପ୍ରିୟ ଜନ୍ମମାଟି, ପ୍ରିୟ ବଣ ବିଲ, ତାହାର ପାହାଡ଼, ପ୍ରିୟ ଗ୍ରାମବାସୀ, ବାପ ଭାଇ, ଝିଆରୀ, ପୁତୁରା, ରମା, ନଳିନୀ, ରେବା, ରେଣୁ ସମସ୍ତଙ୍କୁ ତିନିବର୍ଷ ପାଇଁ ଛାଡ଼ିଯିବା କେତେ କଠିନ-ମୁଁ ସେଦିନ ଜାଣିଲି। ଗ୍ରାମ ସୀମାର ଛୋଟ ନଦୀ ନିକଟରେ ଅନୁଗାମୀ ପ୍ରିୟାପ୍ରୀତି ସମସ୍ତେ ବିଦାୟ ନେଲେ। ମନୁଷ୍ୟକୁ ସହାନୁଭୂତି ଦେଖାଇବା ପାଇଁ କଳାବଉଦ ଫାଟି ଆକାଶରୁ ନୀର ଝରି ପଡୁଥିଲା। ସମସ୍ତେ ପଛରେ ରହିଗଲେ-ଗାଁ, ବଣ, ବିଲ, ଆକାଶ, ପାହାଡ଼, ପ୍ରିୟାପ୍ରୀତି; ଲଣ୍ଡନ ପଥିକ ମୁଁ ଆଗେଇ ଆସିଲି। ଗାଁ ସୀମା ଧୂଳିରେ ମୋର ବିଦାୟ-ଅଶ୍ରୁ ଶେଷଥର ପାଇଁ ମିଶିଗଲା।

ଢେଙ୍କାନାଳରୁ ଲୋକାଲ୍ ଗାଡ଼ି ଓ ମେରାମଣ୍ଡଳୀ ବସ୍ ସମ୍ବଲପୁର ଅଭିମୁଖରେ ଚାଲିଲା। ମୋର ପ୍ରିୟ ଜନ୍ମଭୂମି ଢେଙ୍କାନାଳରୁ ଶେଷ ବିଦାୟ ହୋଇଗଲା। ଗୋଟିଏ ପ୍ରଶ୍ନ, 'କେବେ ଫେରିବି?' ସବୁବେଳେ ମନକୁ ଆନ୍ଦୋଳିତ କରୁଥିଲା। ଚିହ୍ନାମାଟି ସମ୍ବଲପୁର, ମୋର କର୍ମସ୍ଥଳୀ ମେହେର କଲେଜ, ବାସସ୍ଥାନ ବଲାଙ୍ଗୀର ରାଜପ୍ରାସାଦ, ବନ୍ଧୁ ନିବାସ, ବୁଢ଼ାରଜା ସମସ୍ତେ ବିଦାୟ ଦେଲେ। ଭାଉଜଙ୍କ ଚକୁଳି ପିଠା, 'ପଶ୍ଚିମ ପଥିକ' ଡାକ୍ତର ମାନସିଂଙ୍କ ବନ୍ଧୁ ଶ୍ରୀ ଦୁର୍ଗାମାଧବ ବେହୁରାଙ୍କ ସାହେବି ଖାନା ସବୁ ଏବେ ମନେ ପଡ଼େ।

ସେଦିନ ଝାରସୁଗୁଡ଼ାରେ ବମ୍ବେମେଲ୍ ୩ ଘଣ୍ଟା ଡେରି ସୁତରାଂ ସକାଳର ପ୍ରଥମ ଆଲୋକ ମଥାରେ ନେଇ ଓଡ଼ିଶାରୁ ବିଦାୟ ହେଲି। ଓଡ଼ିଶାର ଶେଷ ସୀମା ଡେଇଁ ବିଳାସପୁର ପର୍ଯ୍ୟନ୍ତ ଓଡ଼ିଶାର ବଣ ପାହାଡ଼ଗୁଡ଼ିକୁ ସଜଳ ନୟନରେ ଅନାଇ ରହିଲି। ଓଡ଼ିଶା ମାଟି, ଓଡ଼ିଶା ଆକାଶ, ଓଡ଼ିଆ ଭାଷା ସବୁ କ୍ରମେ ଲୁଚିଗଲା। କାନରେ ପଡ଼ିଲା- 'ପିନେକା ପାନି'... ଦେଖିଲି ଭାରତର ଛାତି ଉପରେ ମେଲ୍‌ଗାଡ଼ି ସଦର୍ପେ ଭିଡ଼ ଚାଲିଛି। କେତେ ସହର, ବଜାର, ଷ୍ଟେସନ ପାର ହୋଇ ଗାଡ଼ି ଚାଲିଲା। କେବଳ ଗୋଟିଏ ସ୍ଥାନ ମନେ ଅଛି-ୱାର୍ଦ୍ଧା, ବାପୁଜୀଙ୍କ ପୁଣ୍ୟାଶ୍ରମ, ସେବାଶ୍ରମ। କର୍ପୂର ଉଡ଼ି ଯେତେବେଳେ କନା ପଡ଼ିରହିଛି ସେତିକିବେଳେ ୱାର୍ଦ୍ଧା ଦର୍ଶନ ଏ ହତଭାଗ୍ୟ କପାଳରେ ଜୁଟିଲା ବୋଲି ମନରେ ଦୁଃଖ ହେଲା। ବାପୁଜୀଙ୍କ ଉଦ୍ଦେଶ୍ୟରେ ପ୍ରଣତି ଜଣାଇଲି। କେତେ ଚାଷୀ, କେତେ ମନୀଷୀ, କେତେ ପ୍ରଜ୍ଞ, କେତେ ବିଜ୍ଞମାନଙ୍କର ନିତ୍ୟ କ୍ରୀଡ଼ାସ୍ଥଳୀ ସେବାଗ୍ରାମ ଓ ୱାର୍ଦ୍ଧା ସହର ପଛରେ ରହିଗଲେ। ମେଲ୍ ଗାଡ଼ି ମାନିଲା ନାହିଁ। ତାର ଆଦର୍ଶ, ତାର କର୍ତ୍ତବ୍ୟନିଷ୍ଠା ସମସ୍ତ ମାୟା ମମତାକୁ ଦଳିଦେଇ ଚାଲିଗଲା !

ବମ୍ବେ ପଥରେ ଯଦି କିଛି ମନେ ରହିବା କଥା, ତେବେ 'ଇଗତ ପୁରୀ' ଷ୍ଟେସନ। ବମ୍ବେଠାରୁ ଶତାଧିକ ମାଇଲ ପଛରେ ଉଭା ଇଗତପୁରୀ ଠାରୁ ବମ୍ବେ ପର୍ଯ୍ୟନ୍ତ ଯାହା ଦେଖିଲି ସେଥିରେ ଇଗତପୁରୀ ନାମ ବଦଳାଇ 'ଇନ୍ଦ୍ରପୁରୀ' କହିବା ପାଇଁ ମନ ହେଲା। ଉତ୍ତର ଭାରତରେ ଅନ୍ତତଃ ଦିଲ୍ଲୀ ପର୍ଯ୍ୟନ୍ତ ରେଳରାସ୍ତା ନିକଟରେ ଯେତେ ପ୍ରାକୃତିକ ଦୃଶ୍ୟ ଅଛି, କେହି ଇଗତପୁରୀକୁ ବଳି ପାରିବେ ନାହିଁ। ସହଯାତ୍ରୀମାନେ ଏହି ଦୃଶ୍ୟ ସିମଳା ପ୍ରକୃତି ସହିତ ସମକକ୍ଷ ବୋଲି କହୁଥିଲେ। ଏହି ଷ୍ଟେସନଠାରୁ ରେଳଗାଡ଼ି କୋଇଲା ଇଂଜିନରେ ନଚାଲି ବିଦ୍ୟୁତ୍ ସାହାଯ୍ୟରେ ଚାଲେ। ଉଭୟ ପାର୍ଶ୍ୱ କ୍ରୋଶକ୍ରୋଶବ୍ୟାପୀ ଘନନୀଳ ପର୍ବତମାଳା, ସୁନ୍ଦର ଉପତ୍ୟକା ଓ ଅଧିତ୍ୟକାରେ ପୂର୍ଣ୍ଣ। ନୀଳ ଗାଲିଚା ଉପରେ ତରଳ ରୂପାର ପାହାଚ ପରି ଅସଂଖ୍ୟ ଜଳପ୍ରପାତ। ଏକ ଦିଗ ଦେଖୁ ଦେଖୁ ଅପର ଦିଗ ଆପେ ଆପେ ଆକର୍ଷଣ କରିନିଏ। କବିଙ୍କର "ଶ୍ୟାମଛବି ଅନନ୍ତ କାନନଶ୍ରେଣୀ, ଗିରି-ନିର୍ଝର ଝଂକାରିତ ତୁଙ୍ଗ ଗିରିମାଳା, ସୁଦୂରବାହୀ ନଦୀବୃନ୍ଦ" ବର୍ଣ୍ଣନା ସଙ୍ଗେ 'ଛବିଳ ଭାରତେ ତୋ ଛବି ଅତୁଳ' ସ୍ୱତଃ ମନେପଡ଼େ। ଯେଉଁ ଦେଶ ଏହିପରି ଅତୁଳ ବିଭବର ଅଧିକାରୀ, ସେ ପୁଣି ଦରିଦ୍ର ଦୁଃସ୍ଥ ବୋଲି କଳ୍ପନା କରିବାର ସାହସ ହୁଏନ। ପ୍ରକୃତି ଓ ବିଜ୍ଞାନର ଅପୂର୍ବ ମଣିକାଞ୍ଚନ ସଂଯୋଗ। ପ୍ରଶସ୍ତ ପର୍ବତମାନଙ୍କର ହୃଦୟ ବିଦାରଣ କରି ଗୁହା ଭିତରେ ରେଳପଥ ଅନେକ ଦୂର ଚାଲିଯାଇଛି। ନୀଳ ପାହାଡ଼ମାନଙ୍କର ଶିରୋଦେଶରେ ବିଦ୍ୟୁତ୍‌ବାହୀ ଲୌହସ୍ତମ୍ଭଗୁଡ଼ିକ ମେଘମାଳା ଭିତରେ ମୁଣ୍ଡ ଲୁଚାଇ ଉଭା ହୋଇଛନ୍ତି। ମନରେ ଦୁଃଖ ହୁଏ ହତଭାଗ୍ୟ

ମୁଁ କବି ନୁହେଁ। ନଚେତ୍ ପ୍ରକୃତିର ଚାରୁ ଚିତ୍ରଶାଳା ଇଗତପୁରୀ ଇନ୍ଦ୍ରପୁରୀ ହୋଇ ଉଠିଥାଆନ୍ତା। ଇଗତପୁରୀଠାରୁ ଦୁଇ ଘଣ୍ଟା ଭିତରେ ବମ୍ବେ ସହରରେ ପହଞ୍ଚିଲୁ। ସୁନ୍ଦର ସହର, କଲିକତାଠାରୁ ନୂତନ ଛାଞ୍ଚରେ ଗଢ଼ା ବିରାଟ ଅଷ୍ଟେରିଆ ହୋଟେଲରେ ଉଠିଲୁ। ସାହେବୀ ଖାନା, କଣ୍ଟା ଚାମଚ, ଷୋଡ଼ଶୀ ଶ୍ୱେତାଙ୍ଗିନୀମାନଙ୍କର ସାଦର ପରିବେଷଣ ବିଲାତ ଜୀବନର ପୂର୍ବ ଆଭାସ।

ବମ୍ବେ ପହଞ୍ଚିବାର ପରଦିନ ଅର୍ଥାତ୍ ୩୦ ସେପ୍ଟେମ୍ବର (୧୯୪୯) ୨ଟା ବେଳେ ଉଡ଼ାଜାହାଜ କମ୍ପାନୀର ମଟର ଗାଡ଼ି ଆମମାନଙ୍କୁ ବମ୍ବେର ସାନ୍ତାକ୍ରଜ୍ ପଡ଼ିଆ ଭିତରକୁ ନେଇଗଲା। ସାନ୍ତାକ୍ରୁଜ୍ ଅବସ୍ଥା ବର୍ତ୍ତମାନ ମୋଟେ ଲୋଭନୀୟ ନୁହେଁ। ତା ଛଡ଼ା ୟୁରୋପର ଅନ୍ୟାନ୍ୟ ଉଡ଼ାଜାହାଜ ଷ୍ଟେସନ ଦେଖିଲେ ସାନ୍ତାକ୍ରୁଜ ମୋଟେ କାଲିର ଶିଶୁପରି ମନେ ହେବ। ଆମ ପାସ୍‌ପୋର୍ଟ, ସ୍ୱାସ୍ଥ୍ୟ ରିପୋର୍ଟ, ଜିନିଷ ପତ୍ର ସବୁ ଯାଞ୍ଚ କରାଗଲା। ଅନେକ ସ୍ଥାନର ଲୋକ ଆମେ ଏକାଠି ହେଲୁ - ବଙ୍ଗାଳୀ, ଓଡ଼ିଆ, ପଞ୍ଜାବୀ, ମହାରାଷ୍ଟ୍ରୀ, ତେଲଗୁ, ତାମିଲ, କେତେ ପ୍ରକାର ବ୍ୟବସାୟୀ, ଅଧ୍ୟାପକ, ଛାତ୍ର, ଆଇ. ଏ. ଏସ୍. ଅଫିସର, ଚାକର, ପୂଜାରୀ। ମୋତେ ସବୁଠୁ ଆଶ୍ଚର୍ଯ୍ୟ ଲାଗିଲା ଯେ ଆମ ଭାରତୀୟ ଛାତ୍ରାବାସରେ ରୋଷେଇ କରିବା ପାଇଁ ଆମ ସଙ୍ଗରେ ମାନ୍ଦ୍ରାଜୀ ପୂଜାରୀ ଦୁଇଜଣ ବି ଥିଲେ। ତା ବ୍ୟତୀତ ସ୍ତ୍ରୀଲୋକ, ଶିଶୁ, ପୁତ୍ର କନ୍ୟା ବି କେତେ ଯାଉଥାନ୍ତି। ରୁଷିଆରେ ଭାରତ ରାଜଦୂତଙ୍କ ଅଫିସର ଛିଣ୍ଡା ମଇଳା ପିନ୍ଧା ଗୋଟିଏ ଚାକର ଯାଉଥାଏ। ସମସ୍ତଙ୍କ ଆଖି ତାରି ଉପରେ ଥାଏ। ହଜାର ହଜାର ଟଙ୍କା ବ୍ୟୟ କରି ଯାଉଥିବା ସାହେବମାନଙ୍କ ସଙ୍ଗରେ ଉଡ଼ାଜାହାଜରେ ଯାଉଛି, ଏ ଦରିଦ୍ର ବନ୍ଧୁଟି କଏ ? ଏଭଳି ଚିନ୍ତା ସ୍ୱାଭାବିକ। ସରକାରଙ୍କ ଅନୁସରଣରେ ରହି ଯେଉଁଠି ମାସ ମାସ ଧରି ଉଡ଼ାଜାହାଜରେ ଜାଗା ମିଳୁ ନାହିଁ, ସେଠି ଚାକର, ପୂଜାରୀ, ଦୀନଦରିଦ୍ର ସବୁ କିପରି ସ୍ଥାନ ପାଇଲେ ପ୍ରକୃତରେ ଆମପରି ନୂତନ ଆକାଶପଥିକ- ମାନଙ୍କୁ ଆଶ୍ଚର୍ଯ୍ୟ ଲାଗିବା କଥା। ବିଭିନ୍ନ ସ୍ଥାନରୁ ଉଡ଼ାଜାହାଜ ଆସି ସାନ୍ତାକ୍ରୁଜ୍‌ରେ ଓହ୍ଲାଉଥାନ୍ତି। ଆମେ କୌତୂହଳରେ ଦେଖୁଥାଉ। ଉଡ଼ାଜାହାଜ ଚଢ଼ିବା ପାଇଁ ମନରେ ଯେତିକି ଆଗ୍ରହ, ଐତିହାସିକ ସାନ୍ତାକ୍ରୁଜ ଦୁର୍ଘଟଣାରେ ମନ ସେତିକି ଭୀତ। ଠିକ୍ ଦୁଇମାସ ପୂର୍ବରୁ ୩୫ ଜଣ ଯାତ୍ରୀ ସାନ୍ତାକ୍ରୁଜ୍‌ର ଆଠ ମାଇଲ ଦୂରରେ ଛିନ୍ନଛତ୍ର ହୋଇ ମରିଥିବା କଥା ଆଜିଯାଏ ବି ମନରୁ ଯାଇନି। କିଏ ଜାଣେ ମଣିଷ ପାଇଁ ଭବିଷ୍ୟତ ଗହ୍ୱରରେ କଣ ଅଛି। କମ୍ପାନୀ ଆମକୁ ସାନ୍ଧ୍ୟ ଭୋଜନ ଦେବା ପରେ ଆମେ କେବଳ ଉଡ଼ାଜାହାଜ ଅପେକ୍ଷାରେ ଅନାଇ ବସିଲୁ। ହଠାତ୍ ଆଦେଶ ମିଳିଲା, 'ସାବେନା' ପଥିକମାନେ ପ୍ରସ୍ତୁତ ହୁଅନ୍ତୁ- 'Sabena passengers, get ready'। ଗୋଟିଏ ଦୋମହଲା

ଲରିରେ ଆମମାନଙ୍କୁ ପୂରାଇ ଜାହାଜ ନିକଟରେ ପହଞ୍ଚାଇ ଦିଆଗଲା । ସେହି ଜାହାଜ ଉପରେ ବଡ଼ ବଡ଼ ଅକ୍ଷରରେ ଲେଖାଯାଇଥିଲା 'ସାବେନା'- ବେଲ୍‌ଜିୟମର ଗୋଟାଏ ଜାହାଜ କମ୍ପାନୀର ନାମ । ସାବେନା ଉପରକୁ ଗୋଟାଏ ସିଡ଼ି ପଡ଼ିଥିଲା । ଭୂଇଁରୁ ବସିବା ସ୍ଥାନ ପ୍ରାୟ ଆଠ ଦଶ ଫୁଟ ଉଚ୍ଚ । ଜୀବନର ଇଏ ପ୍ରଥମ ଉଡ଼ାଜାହାଜ ଚଢ଼ା । ଭିତରେ ପଶିଲାବେଳକୁ ଠିକ୍ ଘର ପରି ଘର । ୬୦ ଜଣ ଯାତ୍ରୀଙ୍କ ପାଇଁ ସ୍ଥାନ ଅଛି । ପ୍ରତ୍ୟେକଙ୍କ ପାଇଁ ଗୋଟିଏ ଲେଖାଏ ସୁନ୍ଦର ଗଦିର ଚଉକି । ଭିତରଟା ଛ ସାତ ହାତ ଓସାର । ଧାଡ଼ିରେ ୫ଟା ଲେଖାଏଁ ଚୌକି ପଡ଼ି ମଝିରେ ଏ ମୁଣ୍ଡୁ ସେ ମୁଣ୍ଡ ଯିବା ଆସିବା ପାଇଁ ହାତେ ଓସାର ବାଟ । ପ୍ରତ୍ୟେକ ଚଉକି ପଛରେ କାନରେ ଦେବା ତୁଳା, ଦରକାର ହେଲେ ବାନ୍ତି କରିବା ପାଇଁ କାଗଜର ଖୋଳ । ଘୋଡ଼ି ହେବା ପାଇଁ ଗୋଟାଏ ଲେଖାଏଁ କମ୍ବଳ । କି ପରିଷ୍କାର, କୋମଳ, ରୁଚିକର ! ଆମେ ସେଦିନ ୬୦ ଜଣ ଯାତ୍ରୀ ସ୍ଥାନରେ ମୋଟେ ୩୦ ଜଣ ଥିଲୁ । ଉପରୁ ଦେଖିବା ପାଇଁ ପ୍ରତ୍ୟେକ ସ୍ଥାନ ନିକଟରେ କାଚର ନିରନ୍ଧ୍ର ଝରକା । ଉଡ଼ାଜାହାଜ ଭିତରକୁ ଏତେ ଟିକେ ପବନ ପଶିବାର ବାଟ ନାହିଁ । ବହୁତ ଉଚ୍ଚରେ ଉଡୁଥିବାରୁ ଆପେ ଥଣ୍ଡା । ଆମ ଜାହାଜର ଚାରିଟି ଇଞ୍ଜିନ୍, ପକ୍ଷୀଗୁଡ଼ା ଚାରି ବଖରା ଘରର ଲମ୍ବ ଓସାର ହେବ । ବସିବାର ୧୫ ମିନିଟ୍ ପରେ ଇଞ୍ଜିନ୍‌ର ପଖାଗୁଡ଼ିକ ଘୁଁ ଘୁଁ ଶବ୍ଦ କରି ଗର୍ଜି ଉଠିଲେ । ଉଡ଼ାଜାହାଜ ଦେହ ଥରି ଉଠିଲା । ହଠାତ୍ ଆଖି ଆଗରେ ଲାଲଅକ୍ଷର ଜଳି ଉଠିଲା "ସିଗାରେଟ୍ ଖାଅ ନାହିଁ । ସିଟ୍ ବେଲ୍‌ଟ ଭିଡ଼" (No Smoking, Fasten Seat Belt) । ଆମ ଦେଶରେ ଯାହା ଶୁଣିଥିଲୁ ଉଡ଼ାଜାହାଜରେ ମଣିଷ ବସିଲେ କେତେ କଣ ଭିଡ଼ାଭିଡ଼ି ହୋଇ ବସେ, ସେଗୁଡ଼ା ସବୁ ମିଛ । ପ୍ରଥମେ ଜାହାଜ ଉପରକୁ ଉଠିଲାବେଳେ ଅଣ୍ଟାରେ ଗୋଟାଏ ବେଲ୍‌ଟ ଆସ୍ତେ ଲଗାଇ ଦେବାକୁ ହୁଏ । ନ ଲଗାଇଲେ କିଛି ଯାଏ ଆସେନି ମନେ ହୁଏ । ତେବେ ।

ତା ୩୦ ରିଖ ସନ୍ଧ୍ୟା । ଭାରତର ଶେଷ ସୀମାରେ ଆମ ଉଡ଼ାଜାହାଜର ଗର୍ଜନ । ପଶ୍ଚିମ ଆକାଶରେ ସୂର୍ଯ୍ୟଙ୍କର ଶେଷ ସ୍ପର୍ଶ ପୃଥିବୀ ଦେହରେ ଲାଗି ରହିଛି । ମୁହୂର୍ତ୍ତ ଭିତରେ ଜାହାଜଟି ଗର୍ଜନ କରି ଉଠିଲା । ମୁଁ ପଦାକୁ ଚାହିଁଥାଏ । ଦେଖିଲି ମାଛ ପାଣିରେ ଉଜାଣି ଉଠିଲା ପରି ଚାରୋଟିଯାକ ଇଂଜିନ୍ ଗର୍ଜନ କରି ଉପରମୁହାଁ ହୋଇ ଅକାଶକୁ ଉଡ଼ ଯାଉଛନ୍ତି । ତଳକୁ ଚାହିଁଦେଲେ ସୁନ୍ଦର ବମ୍ବେ ସହର, ବଣ ପାହାଡ଼ ଓ ଶସ୍ୟ କ୍ଷେତ୍ରର ନୀଳିମା ଭିତରେ କେଉଁଠି ଲୁଚି ଯାଉଛି । ତଳେ ନୀଳ ପାହାଡ଼, ସମ୍ମୁଖରେ ନୀଳ ଲହରୀମାଳା, ଉପରେ ଅନନ୍ତ ନୀଳ ଆକାଶ । ବଉଦ ଉପରେ ଶେଷ କିରଣର ଧାରା । ସୌନ୍ଦର୍ଯ୍ୟର ଇନ୍ଦ୍ରପୁରୀ ଭିତରେ ଚାଲିଛି ଏଡ଼େ ବିରାଟ ଅଥଚ ଏତେ କ୍ଷୁଦ୍ର

ଗୋଟାଏ ଜାହାଜ। ମନୁଷ୍ୟର ଗାରିମା ପ୍ରକୃତିର ସମସ୍ତ ବାଧାବିଘ୍ନକୁ ସଦର୍ପେ ଦଳି ଚାଲିଛି। ରେଳଗାଡ଼ି, ମଟର ଗାଡ଼ି, ଶଗଡ଼ ଗାଡ଼ି ଚାଲିଲାବେଳେ ପାଖରେ ଥିବା ଗଛ ଲତାମାନେ ପଳାଉ ଥିବାର ଦେଖା ଯାଉଥିବାରୁ ଗାଡ଼ିର ଗତି ଜାଣିହୁଏ। ମାତ୍ର ଆକାଶରେ ସେମିତି କିଛି ନଥିବାରୁ ଭିତରୁ ଯାତ୍ରୀକୁ ଜଣାଯାଏ, ଉଡ଼ାଜାହାଜ ମୋଟେ ଯେମିତି ଚାଲୁନାହିଁ। ହୁଏ ତ ସେତେବେଳେ ଜାହାଜ ଘଣ୍ଟାରେ ଦୁଇଶ ମାଇଲ ଚାଲୁଥାଏ। ସମୁଦ୍ର ଉପରକୁ କିଛି ଦୂର ଯିବାପରେ ଜାହାଜ ମେଘ ଭିତରେ ପଶିଗଲା। ମାଇଲ ମାଇଲ ଧରି କିଛି ଦେଖା ଗଲା ନାହିଁ। ଯେତିକି ଉପରକୁ ଉଠୁଥାଏ ବଉଦ ସେତିକି ଉପରକୁ ଲାଗି ଯାଉଥାଏ। ଅଜଣା ମନରେ ଭାରୀ ଭୟ ହେଲା। ସତେ କ'ଣ ଆଉ ରାସ୍ତା ମିଳିବ ନାହିଁ! ଏଠି କ'ଣ ସାନ୍ତାକ୍ରୁଜ୍ ଦୁର୍ଘଟଣା ଘଟିବକି? ଉଛନ୍ନ ହୋଇ ଆମେ ସବୁ ବାହାରକୁ ଚାହିଁ ରହିଲୁ। କିନ୍ତୁ ହଠାତ୍ ଦେଖିଲୁ ଆମେମାନେ ଅନେକ ଉପରକୁ ଉଠିଲୁଣି। ତଳେ କିଛି ଦେଖା ଯାଉନି। ଖାଲି ତୁଳାଗଦା ପରି ଧଳା ଧଳା ବଉଦ ପାହାଡ଼ ଭଳି ଜମି ରହିଛନ୍ତି। ଉଡ଼ାଜାହାଜ ଉପହାସ କରି ସେମାନଙ୍କ ମଥା ଉପରେ ଉଡ଼ିଯାଉଛି। ଯେଉଁ ମେଘ ସବୁଦିନେ ଆମ ମୁଣ୍ଡ ଉପରେ ଥିଲା, ସେ ଆଜି ପାଦ ତଳେ ବୋଲି ମନରେ କେତେ ଆନନ୍ଦ! କି ବିଜୟ ଗୌରବ!

■

ଆକାଶ ପଥେ

(୨)

(ବମ୍ବେରୁ ବାହରେନ୍)

ବର୍ତ୍ତମାନ ତଳେ ଧଳା ମେଘମାଳା, ଉପରେ ନବମୀ ଚାନ୍ଦର କୋମଳ ଆଲୋକ ପ୍ରବାହ। ଉଡ଼ାଜାହାଜ ଚଢ଼ାର ଭୀତି ଅଳ୍ପ ସମୟ ଭିତରେ ଚାଲିଗଲା। ଅଣ୍ଟାରୁ ବେଲ୍‌ଟକୁ ଖସାଇ ଦେଇ ବସିଲୁ। ଜାହାଜରେ ପଶିଲା ବେଳେ ଯେଉଁ ଷୋଡ଼ଶୀ ଶ୍ୱେତାଙ୍ଗିନୀ 'ଶୁଭସଂଧ୍ୟା' (God evening) ଜଣାଇ ଅଭିବାଦନ କରିଥିଲେ, ହଠାତ୍ ଗୋଟିଏ କାଗଜଥାଳୀରେ କେତେକ ଚ୍ୟୁଇଙ୍ଗ୍ ଗମ୍ (ପିପରମେଣ୍ଟ ପରି ଜିନିଷ) ଧରି ତାର ସଦ୍‌ବ୍ୟବହାର କରିବା ପାଇଁ ଅନୁରୋଧ କରିଥିଲେ। ଗୋଟିଏ ଚଉକୀ ପଛପଟ ମୁଣି ଦେହରୁ 'ସାବେନା କମ୍ପାନୀ'ର ଖଣ୍ଡେ କାଗଜ ଦେଖିଲି। ସେଥିରେ ଲେଖାଅଛି, 'ସାବେନା ତାର ଯାତ୍ରୀମାନଙ୍କୁ ଅତିଥି ପରି ସେବାକରେ।' ବୁଝିନେଲି ତରୁଣୀ ବୋଧହୁଏ ଅତିଥି ସତ୍କାର କରିବାରେ କମ୍ପାନୀକୁ ସାହାଯ୍ୟ କରନ୍ତି। ନାରୀ ଯେ କୌଣସି କ୍ଷେତ୍ରରେ ପୁରୁଷକୁ ଆନନ୍ଦ ଦେଇପାରେ, ଏହା ବୋଧହୁଏ ପାଶ୍ଚାତ୍ୟ ଜାତିର ଧାରଣା। ନାରୀ ସର୍ବତ୍ର ସେବିକା। କିଛି ସମୟ ପରେ ଚା' ବିସ୍କୁଟ୍ ମିଳିଲା। ଉଡ଼ାଜାହାଜରେ ସବୁ ଯେମିତ ଉଡୁଛି। ଚା' ଚାମଚଟି ଦିଆସିଲ କାଠିରେ ତିଆରି। କେଡ଼େ ଚିକ୍‌କଣ, ସୁନ୍ଦର ଥାଳୀ କାଗଜ ପରି ପତଳା। ଫୁଙ୍କିଦେଲେ ଉଡ଼ିଯିବ। ବ୍ୟବହୃତ ସବୁ ଜିନିଷ ଉଡ଼ାଜାହାଜ ଅନୁରୂପ।

ଜାହାଜ କେତେବାଟେ ଉଡ଼ିଗଲା ପରେ ଜଣେ ଯୁବକ ଆସି ଆମକୁ ଖବର କହିଦେଇ ଗଲେ ଯେ ଉଡ଼ାଜାହାଜ ସେତେବେଳେ ଦୁଇ ହଜାର ପାଞ୍ଚଶହ ଫୁଟ ଉପରେ ଉଡୁଥିଲା। ଆମେ ମୋଟେ ଜାଣି ନଥିଲୁ ଆମେ ପୃଥିବୀ ଉପରୁ ଏତେ ଉପରକୁ ଉଠି ଯାଇଛୁଁ। ଜାହାଜର ଗତି ଘଣ୍ଟାରେ ଦୁଇଶହ ମାଇଲ ଥିଲେ ବି ଦେହ ଏତେ

ଟିକେ ହଲୁ ନ ଥିଲା। ସାତ ଘଣ୍ଟାରେ ଆମମାନଙ୍କୁ ବାହରେନ୍‌ରେ (ଆରବ ଦେଶସ୍ଥ ଏକ ସହର) ପହଞ୍ଚିବା କଥା ଜଣାଇ ଦିଆଗଲା। ତଳକୁ ଚାହିଁଲେ ଦେଖା ଯାଉଥିଲା, ଯେମିତି ଆକାଶ ପଡ଼ିଆରେ ଧଳା ବଉଦର ଫୁଲସବୁ ବିଛା ହୋଇଛି। ନିସ୍ତବ୍ଧ ଆକାଶ ତଳେ କେବଳ ଜାହାଜ ଶବ୍ଦ କରି ଚାଲିଥାଏ।

ଉଡ଼ାଜାହାଜ ଅନେକ ଉପରକୁ ଉଠିଯିବା ଫଳରେ ଯାତ୍ରୀ ବାୟୁମଣ୍ଡଳରୁ ଅନେକ ସ୍ତର ଦେଇ ଉଠିଯାଏ। ସୁତରାଂ ଅତି ଚଞ୍ଚଳ ଅନେକ ପରିବର୍ତ୍ତନ ଅନୁଭୂତ ହୁଏ। ଆମେ ଯେତେବେଳେ ବମ୍ବେରେ ଜାହାଜ ଚଢ଼ିଲୁ ସେତେବେଳେ ଗରମ କୋଟ ପିନ୍ଧିବା ଅସହ୍ୟ ହେଉଥିଲା। ମାତ୍ର ବମ୍ବେରୁ ୧୦୦ ମାଇଲ୍ ଉଡ଼ିବା ପରେ ସ୍ୱେଟର ଓ ଗରମ କୋଟ ଉପରେ କମ୍ପାନୀ ଦତ୍ତ କମ୍ବଳ ଘୋଡ଼ି ହେବାକୁ ପଡ଼ିଲା। ମନେ ଅଛି, ବାହରେନ୍‌ଠାରେ ଯେତେବେଳେ ଆମେ ଓହ୍ଲାଇଲୁ ସେତେବେଳେ ଗରମରେ ଦେହ ଭାଜି ହୋଇଯିବାପରି ଲାଗିଲା। ଗରମ କୋଟ ଓ ସ୍ୱେଟର ପକାଇ ହାପ୍ ସାର୍ଟର ବୋତାମ୍ ଖୋଲୁ ଖୋଲୁ ତର ସହିଲା ନାହିଁ। ଉଡ଼ାଜାହାଜରେ ଏପରି ପରିବର୍ତ୍ତନ ଅତି ସ୍ୱାଭାବିକ। ଜାହାଜ ଏତେ ଦୂରକୁ ଉଠିଯାଏ ଯେ ତଳେ କିଛି ଜାଣିହୁଏ ନାହିଁ। ଚାରି ପାଞ୍ଚ ମହଲା କୋଠା ସବୁ କଣ୍ଢେଇ ପରି ଦେଖାଯାନ୍ତି। ପିଲା ଯେଉଁ ମଟର ଖେଳନା କରି ଖେଳନ୍ତି, ରାସ୍ତାଘାଟର ମଟର ରେଳ ସବୁ ସେତିକି ଛୋଟ ଛୋଟ ଦେଖାଯାନ୍ତି। ରାସ୍ତାଘାଟ, ନଦୀ, ଜଳାଶୟ ସବୁ ପୃଥିବୀ ଦେହରେ ସୂତାଖିଅ ପରି ଦେଖାଯାନ୍ତି। ସନ୍ଧ୍ୟାବେଳେ ବମ୍ବେଠାରେ ଉଠିଲାବେଳେ ସୂର୍ଯ୍ୟକିରଣ ଯେତିକି ଦେଖିଥିଲି ସେତିକି। ତା ପରେ ସବୁ ଲୁଚିଗଲା। ଆମର ସାଥୀ ଆକାଶର ତାରା ଚନ୍ଦ୍ର ଛଡ଼ା ଆଉ କେହି ନାହିଁ। ଉଡ଼ାଜାହାଜ ଯାତ୍ରାରେ ଯାତ୍ରାକଷ୍ଟ କିଛି ନାହିଁ। ଅଳ୍ପ ସମୟରେ ବହୁପଥ ଯିବାର ଏକାନ୍ତ ସୁଯୋଗ; ମାତ୍ର ନୂତନ ଦେଶ ଦର୍ଶନରୁ ଏକାବେଳକେ ବଞ୍ଚିତ ହେବାକୁ ହୁଏ। ସବୁଠାରେ ଉଡ଼ାଜାହାଜ ଷ୍ଟେସନ-ଗୁଡ଼ିକ ସହରରୁ ୫ ମାଇଲରୁ ୧୦ ମାଇଲ ଭିତରେ ଅବସ୍ଥିତ। ତେଣୁ ସହରର ନାମଟି ଶୁଣି ସନ୍ତୁଷ୍ଟ ରହିବାକୁ ହୁଏ, ପ୍ରକୃତ ସହର ଦର୍ଶନ ମିଳେ ନାହିଁ। ଯାହା ମିଳେ କେବଳ ଆକାଶ ପଥରୁ।

ବାହରେନ୍ ଆରବ ଦେଶର ପୂର୍ବକୂଳସ୍ଥ ଇରାକ ଶାସିତ ସ୍ଥାନ। ଆଶା ଥିଲା, ଆରବର ଜଳହୀନ, ଧୂଳିଧୂସର, ବିରାଟ ମରୁ, ନିର୍ଝର ଝଙ୍କାରିତ, ଖଜୁରି ଛାୟା ସେବିତ ଶ୍ୟାମଳ ମରୁଦ୍ୱୀପ ଦୃଷ୍ଟିପଥରେ ପଡ଼ିବ। ମାତ୍ର ସେ ଆଶା ଆଶାରେହିଁ ରହିଲା। ନୀରବ ନିସ୍ତବ୍ଧ ଅନ୍ଧକାର ମଧ୍ୟରେ ଆସି ଉଡ଼ାଜାହାଜ ସୁପ୍ତ ବାହରେନ୍ ସହର ଉପରେ ଉଡ଼ିବାକୁ ଲାଗିଲା। ସେତେବେଳକୁ ରାତି ୨ଟା। ମୁଁ ନିଦରୁ ଉଠି ଦେଖେ, ଚତୁର୍ଦ୍ଦିଗରେ ଆଲୋକମାଳା ଉଠୁଛି। ନକ୍ଷତ୍ର ଖଚିତ ଆକାଶକୁ ଧିକ୍‌କାର କରି ବାହରେନ୍ ସହରର

ସୌନ୍ଦର୍ଯ୍ୟ ଫୁଟି ପଡ଼ିଛି । ପୃଥିବୀର ମଣିଷ ଆକାଶର ରତ୍ନପ୍ରଦୀପ ଗୁଡ଼ିକୁ ଯେମିତି ଦେଖେ, ଆମେମାନେ ସ୍ୱର୍ଗ ପାଖାପାଖି ଥାଇ ମର୍ତ୍ତ୍ୟର ଆଲୋକକୁ ସେହିପରି ଦେଖୁଥିଲୁ । ମନେ ହେଲା, ଜୀବନଟା ଯେମିତି ଓଲଟି ଯାଇଛି । ଆମେ ଆକାଶର ଓ ଆକାଶଟା ତଳେ ରହି ଯାଇଛି ।

ରାତିରେ ଉଡ଼ାଜାହାଜ ପଡ଼ିଆରେ ସୀମା ସୂଚକ ଅନେକ ଆଲୋକ ଜଳୁଥାଏ । ଜାହାଜ ଅତିଥିମାନଙ୍କୁ ସେହି ଆଲୋକ ଗୁଡ଼ିକ ସମ୍ବର୍ଦ୍ଧନା ଜଣାଉଥାନ୍ତି । ଉଡ଼ାଜାହାଜର ଗତି ଆଦୌ ଜଣାପଡ଼େ ନାହିଁ । ମାତ୍ର ଯେତେବେଳେ ଉଠେ କିମ୍ବା ଖସେ ସେତିକିବେଳେ ଜଣାପଡ଼େ । ଅବଶ୍ୟ କାହାକୁ କେମିତି ଲାଗେ ସେକଥା ସ୍ୱତନ୍ତ୍ର । ମାତ୍ର ଦୋଳି ଖେଳିଲା ବେଳେ ଯେମିତି ଦେହ ଶୀତେଇ ପଡ଼େ, ହୁଏତ ରୋମାଞ୍ଚ ବୋଧ ହୁଏ, ମୋତେ ସେହିପରି ଲାଗେ । ମୁଁ ଭାବୁଥିଲି ଯଦି ଜାହାଜ ଏହିପରି ଅନେକ ଉପରକୁ ଉଠନ୍ତା ତେବେ ଭଲ ଲାଗନ୍ତା । ବାହରେନ୍‌ଠାରେ ଜାହାଜ ଠିଆ ହେବାରେ ଓହ୍ଲାଇ ପଡ଼ିବା ପାଇଁ ଆଦେଶ ମିଳିଲା । ଓହ୍ଲାଇ ଦେଖେ, ପାଦ ବାଲିରେ ଗଳି ଯାଉଛି । ଆଲୋକରେ ଯେତେଦୂର ଦେଖା ଯାଉଥିଲା ସର୍ବତ୍ର ବାଲିମୟ । ସେତେବେଳେ ରାତି ଦୁଇଟା । ପଥିକମାନଙ୍କ ପାଇଁ ଭୋଜନ ପ୍ରସ୍ତୁତ ଥିଲା । ମୁଁ ଆଗରୁ କହିଛି ବମ୍ବେରୁ ଅଷ୍ଟ୍ରେରିଆ ହୋଟଲ୍‌ରେ ପଶିଲାବେଳୁ ଆମଠି ସାହେବୀ ପବନ ଲାଗିଲାଣି । ଠିକ୍ କେଉଁ ସୀମାରୁ ପୂର୍ବ-ପାଶ୍ଚାତ୍ୟ ସଭ୍ୟତାର ସୀମାରେଖା ଦେଖାଯିବ, ମୁଁ ସେତିକି ଅପେକ୍ଷା କରିଥାଏ । ମାତ୍ର ବମ୍ବେ ଉପକୂଳରୁ ପ୍ରାଚ୍ୟ ଚିହ୍ନ ସଂପୂର୍ଣ୍ଣ ଲିଭିଗଲାଣି, ସର୍ବତ୍ର ଇଉରୋପ ସଭ୍ୟତାର ଅଭିଯାନ । ମରୁକେନ୍ଦ୍ର ବାହରେନ୍ ଘାଟରେ ପ୍ରାଚ୍ୟ ଚିହ୍ନ ନାହିଁ । ଭୋଜନ, ପରିବେଷଣ ସର୍ବତ୍ର ସାହେବୀ ଢଙ୍ଗ । ବିଲାତରେ ପହଞ୍ଚିବା ପୂର୍ବରୁ ସାହେବୀ ଢଙ୍ଗ ଢାଙ୍ଗ ଯେତେ ଚଞ୍ଚଳ ହାସଲ କରାଯାଏ, ତେତେ ମଙ୍ଗଳ ଭାବି ସମସ୍ତେ ବଡ଼ ବ୍ୟଗ୍ର । ଯେଉଁ ଭାରତୀୟ ନୂଆ ସାହେବ ସବୁ ବିଲାତ ଅଭିମୁଖରେ ଯାଉଥାଆନ୍ତି, ସେମାନଙ୍କ ନୂଆ ସାହେବୀ ଢଙ୍ଗ ସବୁଠାରୁ ଆନନ୍ଦଦାୟକ । ଛୁରୀ ଓ କଣ୍ଟା ଚାମଚରେ ମାଂସ ଖାଉ ଖାଉ କାହାର ମାଂସ ଖଣ୍ଡେ ଭୂଇଁରେ ପଡ଼ି ଯାଉଛି, କିଏ ବିଦେଶୀ ଖାଦ୍ୟ ଚିହ୍ନି ନପାରି ହଇରାଣରେ ପଡୁଛି, କିଏ ବା ନିରାମିଷାଶୀ ହୋଇ ଆମିଷ ଦେଖି ହତାଶ ହେଉଛି । କିନ୍ତୁ ପରିବେଷିକା ତରୁଣୀ ଏତେ ଚାଲାକ ଯେ, ମୁଖଭଙ୍ଗୀରୁ ସେସବୁ ଜାଣି ପାରୁଛି ।

ହଠାତ୍ ଆଦେଶ ମିଳିଲା, "ଯାତ୍ରୀମାନେ ପ୍ରସ୍ତୁତ ହୁଅନ୍ତୁ" (Passengers, get ready) । ଏଥର ଜାହାଜ ଉପରକୁ ଉଠିଲାବେଳେ ବମ୍ବେ ଅନୁଭୂତିର ନୂତନତା ନଥିଲା । ଯେ ଯାହା ସ୍ଥାନରେ ବସି ସିଟ୍‌ବେଲ୍‌ଟ ବାନ୍ଧିନେଲୁ । ଉଡ଼ାଜାହାଜ

ଆଲେକ୍‌ଜେଣ୍ଡାର, ପ୍ଲାଟୋ, କ୍ରେଟିସଙ୍କ ପୁଣ୍ୟ ଦେଶ ଗ୍ରୀସ୍ ଅଭିମୁଖରେ ଗର୍ଜନକରି ଉଠିଲା। ଉଡ଼ାଜାହାଜରେ ଗୋଟାଏ ଜିନିଷ ବିଶେଷ ଭଲ ଯେ, ରେଳଗାଡ଼ିରେ ଗଲାବେଳେ ଅନେକ ସମୟରେ ଗାଡ଼ି ଡେରି ହେଲେ ଭାରି ବିରକ୍ତ ଲାଗେ, ମାତ୍ର ଏଥିରେ ସମୟ ପ୍ରତି ଏତେ ସତର୍କ ହେବାକୁ ହୁଏ ଯେ ଜାହାଜରେ ଉଠିଲାମାତ୍ରେ କାଳ ବିଳମ୍ବ ନକରି ତାହା ଗର୍ଜିଉଠେ। ଗ୍ରୀସ୍ ଅଭିମୁଖରେ ଆମେ ଯେତେବେଳେ ଉଠିଲୁ, ସେତେବେଳେ ଚନ୍ଦ୍ର ଲୁଚି ଯାଇଥିଲା, କେବଳ କେତେଗୁଡ଼ିଏ ତାରା ଆମମାନଙ୍କୁ ଜୁଳୁଜୁଳୁ କରି ଚାହିଁ ରହିଥିଲେ।

■

ଆକାଶ ପଥେ

(୩)

(ବାହରେନ୍‌ରୁ ଏଥେନ୍‌ସ)

ମୁଁ ଆଗରୁ କହିଛି ଆମେମାନେ ବାହରେନ୍ ଜାହାଜଘାଟି ଛାଡ଼ିଲାବେଳେ ଆକାଶରେ ତାରାମାନେ ଆମକୁ ଜୁଳୁଜୁଳୁ କରି ଚାହିଁଥିଲେ। ଚନ୍ଦ୍ର ସେତେବେଳକୁ ଲିଭି ଯାଇଥିଲା। ରାସ୍ତାରେ ଜାହାଜ ଚାଳକ ଘଣ୍ଟାର ସମୟ ବଦଳାଇ ନେବାକୁ କହିଥିଲେ; ମାତ୍ର ମୁଁ ମୋ ଘଣ୍ଟା ବଦଳାଇ ନ ଥିଲି। କାରଣ ମୁଁ ଚାହୁଁଥିଲି ଲଣ୍ଡନ ସହରରେ ପହଞ୍ଚିଲା ବେଳକୁ ବମ୍ବେ ସମୟଠାରୁ କେତେ ତଫାତ୍ ହୋଇଥିବ ଦେଖିବି। ଗ୍ରୀସ୍ ଦେଶରେ ପଶିବା ପୂର୍ବରୁ ମଧ୍ୟ ସମୟର ଅନେକ ପରିବର୍ତ୍ତନ ଘଟି ସାରିଥିଲା। ବାହରେନ୍ ଛାଡ଼ିବା ପୂର୍ବରୁ ମୁଁ ଶୋଇ ପଡ଼ିଥିଲି। ବସିବା ଚଉକିକୁ ଟିକିଏ ମୋଡ଼ିଦେଲେ ଶୋଇବା ଚଉକି ହୋଇଯାଏ; ଅସୁବିଧା କିଛି ନାହିଁ। ମୁଁ ନିଦରୁ ଉଠି ଦେଖେ ଅନ୍ଧକାର ଚାଲିଗଲାଣି। ଫରଚା ଦେଖାପଡୁଚି। ଘଣ୍ଟାକୁ ଚାହିଁଦେବା ମାତ୍ରେ ଆଶ୍ଚର୍ଯ୍ୟ ହେଲି। ଆମ ଗାଁରେ କିମ୍ବା କଟକ ସହରରେ ଅଧଓଳିଏ ବେଳକୁ ଘଣ୍ଟା ଯେତିକି ବାଜିଥାଏ ଏଠି ସକାଳ ଫର୍ଚା ହେବା ବେଳକୁ ସେତିକି ବାଜିଛି। ସେତେବେଳକୁ ୮। ୪୫ ବାଜିଥିଲା। ଅନେକ ସମୟ ପର୍ଯ୍ୟନ୍ତ ପଦାକୁ ଅନାଇ ରହିଲି ସୂର୍ଯ୍ୟୋଦୟ ଦେଖିବାପାଇଁ। ଗଙ୍ଗାରାମ ପାହାଡ଼ ଉପରୁ, ବୁଢ଼ାରଜା ପାହାଡ଼ ଉପରୁ, ପୁରୀ ବେଳାଭୂମିରୁ ସୂର୍ଯ୍ୟ ଉଦୟ କେତେବାର ଦେଖିଛି। ଆଜି ଉଡ଼ନ୍ତା ଚଢ଼େଇର ପକ୍ଷ ଦେହରୁ ସୂର୍ଯ୍ୟୋଦୟ ଦେଖିବି ବୋଲି ଘଣ୍ଟା ଘଣ୍ଟା ଅପେକ୍ଷା କରି ରହିଲା। ଅନେକ ସମୟ ଦିଗ୍‌ବଳୟ ଲାଲହୋଇ ରହିଲା କିନ୍ତୁ ସୂର୍ଯ୍ୟ ଆସିଲା ନାହିଁ। ଅନେକ ସମୟ ପରେ ନୀଳ ସାଗର ଗହ୍ୱରରୁ ସୂର୍ଯ୍ୟ ଉଠିଲା।

ଭାରତୀୟ ଆକାଶର ତେଜ ଏଠାରେ ନାହିଁ। ଭାରତ ବୋଧହୁଏ ତେଜସ୍ୱୀମାନଙ୍କର ଲୀଳାକ୍ଷେତ୍ର। ଏଠାରେ ଯେଉଁ ସାହେବ ମଲାପରି ପଡ଼ିଥାଏ ସେ ଭାରତରେ ସିଂହ ବଳ ଧରି ଉଠେ। ଏଠି ସୂର୍ଯ୍ୟ ଦିନ ଏଗାରଟା ବେଳେ ଚୋରଙ୍କ ପରି ଲାଲ ମୁହଁ ଦେଖାଏ। କିନ୍ତୁ ଭାରତ ଆକାଶରେ ତାର ସତେ କି ତେଜ! ମଣିଷଠାରୁ ଦେବତାଙ୍କ ପର୍ଯ୍ୟନ୍ତ ଦୁର୍ବଳ ରାଜ୍ୟରେ ସମସ୍ତଙ୍କର ଏକା ବିଚାର ସିନା!

ସେ ଦିନ ସକାଳେ ଜାହାଜରେ ପାଣି ନଥିଲା। ଏ ଶୀତ ଦେଶରେ ପାଇଖାନା ଯାଇ କାଗଜ ବ୍ୟବହାର କରିବା ପୁରୁଣା କଥା। ଆମେ ବମ୍ବେ ହୋଟେଲରୁ ସାହେବୀ କାମ ଆରମ୍ଭ କରିଥିଲୁ। କିନ୍ତୁ ମୁହଁ ନଧୋଇ ଖାଇବା ଆମକୁ ବଡ଼ ଅଡୁଆ। ପାଣି ନଥିବାରୁ ଅଧୁଆ ମୁହଁରେ ସାହେବଙ୍କ 'ବେଡ୍ ଟି' ଆମର ଚାଲିଲା। ଖିଆପିଆ ସାରି ତଳକୁ ଅନାଇ ବସି ରହିଲି। ବିଜୟୀ ଆଲେକ୍‌ଜେଣ୍ଡାରଙ୍କ ଦେଶ କେମିତି ହୋଇଥିବ ଦେଖିବି। ପ୍ଲେଟୋ, ସକ୍ରେଟିସ୍‌ଙ୍କ ଜନ୍ମଭୂମି କେମିତି ଆଖିରେ ପଡ଼ିବ! ସେତେବେଳକୁ ଆମେ ସିରିଆ ଦେଶ ଉପରେ। ନିରବଚ୍ଛିନ୍ନ ଗୋଟାଏ ମରୁ, କିଛି ଦେଖାଯାଉ ନଥାଏ। ଖାଲି ବାଲି, ଅପନ୍ତରା ବାଲି ପାହାଡ଼। ସେହି ବାଲି ପାହାଡ଼ ଉପରେ ଧଳା ବଉଦ ସବୁ ଘୁମେଇ ପଡ଼ି ରହିଥା'ନ୍ତି।

ସିରିଆର ରାଜଧାନୀ ଦାମସ୍କସ୍ ସହର ଉପରେ ଆମେ କିଛି କାଳ ଉଡ଼ିଥିଲୁ। ଆମ ଗାଁ ଉପରେ ଯେତେବେଳେ ଉଡ଼ାଜାହାଜ ଯାଉଥିଲା ଆମେସବୁ ଭାବୁଥିଲୁ ଉଡ଼ାଜାହାଜ ଲୋକେ ଆମେମାନେ ତାଳି ମାରୁଥିବାର ଦେଖୁଥିବେ। କିନ୍ତୁ ଏବେ ବୁଝିଲି ଯେ ସେମାନେ କେବଳ ବଣ ପାହାଡ଼ ଦେଖିଥିବେ! ଆମ ଗାଁ ଚାଳ ପର୍ଯ୍ୟନ୍ତ ସବୁଜ ବଣ ଭିତରେ ଲୁଚି ରହିଥିବ। ପୃଥିବୀ ଉପରେ କୌଣସି ଜୀବଜନ୍ତୁ ଦଶହଜାର ଫୁଟ ଉପରୁ ଦେଖାଯାନ୍ତି ନାହିଁ।

କାଳକ୍ରମେ ଆମେମାନେ ଗ୍ରୀସ୍ ରାଜଧାନୀ ଏଥେନ୍‌ସ ସହର ନିକଟବର୍ତ୍ତୀ ହେଲୁ। ଭାରତୀୟମାନଙ୍କ ପକ୍ଷରେ ଗ୍ରୀସ୍ ଦେଶ ଅନ୍ୟାନ୍ୟ ଦେଶଠାରୁ ଭିନ୍ନ। ଗ୍ରୀକ୍‌ବୀର ଦିଗ୍‌ବିଜୟୀ ଆଲେକ୍‌ଜେଣ୍ଡାରଙ୍କ ଆକ୍ରମଣ ତଥା ଗ୍ରୀସ୍ ମନୀଷୀମାନଙ୍କର ସଙ୍ଗୀତ, ସାହିତ୍ୟ, କଳାର ଗ୍ରୀକ୍-ଭାରତୀୟ ଆଦାନ ପ୍ରଦାନ ମନରେ କେତେ ସ୍ମୃତି କେତେ ଆତ୍ମସମ୍ମାନ ନ ଆଣେ। ସିଟି ଷ୍ଟେଟର ଶାସନ, ସକ୍ରେଟିସ୍‌ଙ୍କ ବିଷପାନ ସବୁ ମନରେ ଅପୂର୍ବ ଆନନ୍ଦ ସଞ୍ଚାର କରେ। ଭକ୍ତିରେ ମଥା ନଇଁପଡ଼େ। ଉଡ଼ାଜାହାଜ ଚାଳକ ଏଥେନ୍‌ସ ସହର ଉପରେ ଆମମାନଙ୍କୁ ଅନେକ ଘୂରାଇ ଦେଖିବାର ସୁଯୋଗ ଦେଇଥିଲେ।

ସୁଦୂର ପାହାଡ଼ମାଳାର ଢାଲୁ ଭୂମି ଉପରେ ବିରାଟ ଏଥେନ୍‌ସ ନଗରୀ ଉଭା। ପାଦତଳେ ତାର ସାଗର, ଶିରୋଦେଶରେ ନଭଶ୍ଚୁମ୍ବୀ ପାହାଡ଼। ଅଖଣ୍ଡ ନୀଳିମା ଭିତରେ ଏଥେନ୍‌ସ୍‌ର ବସତି। କବିର କଳ୍ପ ଲୋକ ଏହି ନଗରୀ ମନୀଷୀ ଓ ଭାବୁକ ସୃଷ୍ଟି କରିବା ସହଜ ମନେ ହେଲା। କିନ୍ତୁ ଉଡ଼ାଜାହାଜ ତ ଯାତ୍ରୀମାନଙ୍କୁ ଅପେକ୍ଷା କରେ ନାହିଁ। କ୍ଷଣକ ଭିତରେ ସବୁ ଲୁଚାଇ ଦେଇ ସହର ବାହାରେ ଥିବା ଜାହାଜଘାଟି ପଡ଼ିଆ ଭିତରେ ବିଶ୍ରାମ ନେଲା।

ବାହରେନ୍‌ରେ ଯେଉଁ କ୍ଷୀଣ ପ୍ରାଚ୍ୟ ଗନ୍ଧଟିକ ଥିଲା ଏଥେନ୍‌ସ୍‌ରେ ତାହା ଏକାବେଳକେ ଲିଭି ଯାଇଥିଲା। ଆମେ ସ୍ପଷ୍ଟ ଅନୁଭବ କଲୁ ଯେ, ଆମେ ଏକ ସ୍ୱତନ୍ତ୍ର ଦେଶରେ ପହଞ୍ଚିଛୁ। ଉଡ଼ାଜାହାଜ ଷ୍ଟେସନ ଗୋଟିଏ ଅତ୍ୟନ୍ତ ମନୋରମ ସ୍ଥାନ। ସମ୍ମୁଖରେ ବିସ୍ତୃତ ନିରବଚ୍ଛିନ୍ନ ନୀଳସାଗର। ଭୋଜନଶାଳାର କାଚ ଝରକା ଭିତରେ ତରଳ ନୀଳ ଲହରୀର ଦୃଶ୍ୟ ଉପଭୋଗ୍ୟ। ସାନ୍ତାକ୍ରୁଜ ଜାହାଜ ଷ୍ଟେସନ କଥା ଛାଡ଼। ଆମ ଦେଶରେ ସବୁ ଯେପରି ନିସ୍ତେଜ ମଳିନ, କାଲିର ଶିଶୁ ସାନ୍ତାକ୍ରୁଜ ଠିକ୍ ସେହିପରି ନୈରାଶ୍ୟଜନକ।

ବାହରେନ୍‌ଠାରେ ଯାହା ଦେଖିଲି ଗ୍ରୀସ୍ ଜାହାଜ ଷ୍ଟେସନ ତାହାଠାରୁ ଅନେକ ଗୁଣରେ ଭଲ। ଭୋଜନଶାଳା ସାଜସଜ୍ଜାରେ ଉଜ୍ଜ୍ୱଳ। ପରିଚାରିକାମାନଙ୍କର ପରିବେଷଣ ଅତିଥି ସତ୍କାରର ନିଦର୍ଶନ କହିଲେ ଚଳେ ଭୋଜନ ପରେ ଅନେକ ଲୋକଙ୍କ ସଙ୍ଗେ ଦେଖା ହେଲା। ସମସ୍ତେ ଗ୍ରୀକ୍ ଭାଷା କହୁଥାନ୍ତି। ଆମ ଚେହେରା ଦେଖି ଚାହୁଁଥାନ୍ତି। ଇଂରେଜ ଜ୍ଞାନୀ ଭାରତୀୟ ଗ୍ରୀକ୍ ଭାଷା ଧରି ପାରିଲା ନାହିଁ। ମନରେ ଦମ୍ଭ ହେଲା ବୋଧହୁଏ ଭାଷାତତ୍ତ୍ୱ ହାସଲ କରି ଘରକୁ ଫେରିଲା ବେଳେ ଗ୍ରୀସ୍ ଭାଷା ଅଜଣା ନଥିବ। ମଣିଷ ମନ ପରା ହାର ମାନିବାକୁ ଚାହେଁନା! କଟକ ବିଦାୟ ବେଳେ ଡାକ୍ତର ମାନସିଂ ଏଥେନ୍‌ସ ସହରଟିକୁ ଭଲ କର ଦେଖିନେବାପାଇଁ ଉପଦେଶ ଦେଇଥିଲେ। ତା ବ୍ୟତୀତ ତାଙ୍କ 'ପଶ୍ଚିମ ପଥିକ' ପଢ଼ି ଗ୍ରୀସ୍ ପ୍ରତି ମୋର ଲୋଭ ଥିଲା ଅନେକ। କିନ୍ତୁ ଉଡ଼ାଜାହାଜ ଯାତ୍ରୀର ଅସନ୍ତୋଷ ଅନେକ। ସେ ସହର, ବଜାର, ବଣ, ବିଲ ସମସ୍ତଙ୍କର ଆକାଶୀ ଦୃଶ୍ୟ ମାତ୍ର ଦେଖେ। ଭୂମି ଉପରେ ତାଙ୍କୁ ଦେଖିବା ପାଇଁ ଦିଆଯାଏ ନାହିଁ।

ପ୍ଲେଟୋ ଆରିଷ୍ଟଟଲ୍‌ଙ୍କ ଦେଶକୁ ପ୍ରଣତି ଜଣାଇ ଦିନ ଗୋଟାକ ବେଳେ ପୁଣି ଜାହାଜରେ ଉଠିଲା। ପଡ଼ିଆରୁ ଉଠିବା ମାତ୍ରେ ଜାହାଜ ପାଣି ଉପରେ ଉଡ଼ିବାକୁ ଲାଗିଲା। ତଳେ ଦୁଇଟି ଜଳଜାହାଜ ଯାଉଥିବାର ଦେଖିଲୁ। ସେଗୁଡ଼ିକ ପ୍ରକୃତରେ କେତେ ବଡ଼ ଆମ ପକ୍ଷରେ କହିବା କଠିନ; ମାତ୍ର ଦଶହଜାର ଫୁଟ ଉପରୁ ପ୍ରତ୍ୟେକ ଗୋଟିଏ

ରେଳ ଡବା ପରି ଦେଖାପଡୁଥିଲ। ଜଳ ତରଙ୍ଗ ଉପରେ ସେମାନଙ୍କର କ୍ଷୀଣ ଚେଷ୍ଟାକୁ ଉପହାସ କରି ଆମ ଜାହାଜଟି ସରାଗରେ ବାୟୁ ତରଙ୍ଗରେ ଭାସି ଯାଉଥିଲା। ଜଳଯାତ୍ରୀ ସତର ଦିନରେ ପହଞ୍ଚିଲା ବେଳକୁ ଆମେ ସତାଇଶ ଘଣ୍ଟାରେ ପହଞ୍ଚିବୁ-ଏହି ଆଶାରେ ଆମ ଆଖିଗୁଡ଼ିକ ଉଜ୍ଜ୍ୱଳ ଦେଖା ଯାଉଥିଲା। ଗ୍ରୀସ୍ ଛାଡ଼ି ଇଟାଲୀ ଉପକୂଳରେ ସୌନ୍ଦର୍ଯ୍ୟର ଯେଉଁ ଇନ୍ଦ୍ରପୁରୀ ସୃଷ୍ଟି ହେଲା ତା ବାରାନ୍ତରେ କହିବି।

■

ଆକାଶ ପଥେ

(୪)

(ଏଥେନ୍‌ସ୍‌ରୁ ବ୍ରସେଲ୍‌ସ)

ଗ୍ରୀସ୍ ଦେଶର ରାଜଧାନୀ ଏଥେନ୍‌ସ୍ ସହର ଛାଡ଼ି ଆମେମାନେ ବେଲ୍‌ଜିୟମ୍‌ର ରାଜଧାନୀ ବ୍ରସେଲ୍‌ସ୍ ସହର ଅଭିମୁଖରେ ଉଡ଼ିଲୁ। ଦୁଇ-ପ୍ରହର ସମୟରେ ସାଧାରଣ ଭାରତୀୟ ଟିକିଏ ବିଶ୍ରାମ ଲୋଡ଼େ। ପୁରୁଣା ଅଭ୍ୟାସ ଦୋଷରୁ ଟିକିଏ ନିଦ ଲାଗିଗଲା। ଉଠି ଦେଖେ ଜାହାଜଟି ପୂର୍ବପରି ନୀଳସାଗର ଉପରେ ଉଡ଼ି ଉଡ଼ି ଯାଉଛି। ଯେତେ ରାସ୍ତା ଏ ପର୍ଯ୍ୟନ୍ତ ଆସିଥିଲି ସେଥିରେ ବିଶେଷ ନୂତନ ଅନୁଭୂତି ନଥିଲା। ମାତ୍ର ଗ୍ରୀସ୍ ଉପକୂଳରୁ ବେଲ୍‌ଜିୟମ୍ ଉଡ଼ାଜାହାଜଘାଟି ପର୍ଯ୍ୟନ୍ତ ସୁଖ ଦୁଃଖର ଅନେକ ଅନୁଭୂତି ହୋଇଗଲା।

ଦୁଇପ୍ରହର ନିଦ ପରେ ଯେତେବେଳେ ଉଠିଲି, ଦେଖେ ତ ସମ୍ମୁଖରେ ଶ୍ୱେତାଙ୍ଗିନୀ ତରୁଣୀ ଉଭା। ହାତରେ ଗୋଟିଏ ସୁନ୍ଦର ଥାଳୀଦେହରେ ଅନେକ ସୁସଜ୍ଜିତ କାଚର ଗ୍ଲାସ, ତରଳ ଲାଲରଙ୍ଗର ପାଣି ସାଗର ଭିତର ଲହରୀ ପରି ଥରିଉଠୁଛି। ତହିଁରୁ ଗୋଟାଏ ଗ୍ଲାସ ଉଠାଇ ନେବାପାଇଁ ତରୁଣୀ ବିନୀତ କଣ୍ଠରେ ଅନୁରୋଧ କରିବାରୁ ପଚାରିଲି, "ସେ ଗୁଡ଼ା କଣ ?" "ଦ୍ରାକ୍ଷାରସ"। ନିଦ୍ରାପରେ ବ୍ୟବହାର କରାଯାଏ ବୋଲି ଜାଣି ଅବିଶ୍ୱାସ ନକରି ଟୋପାଏ ଦିଟୋପା ଶୋଷିନେଇ ଦେଖିଲି, ନୁହେଁ ସୁଗନ୍ଧ, ନୁହେଁ ସୁସ୍ୱାଦୁ। ଅବଶ୍ୟ ପଖାଳଖିଆ ପାଟିରେ ଦ୍ରାକ୍ଷାରସ ଯା'ନ୍ତା କେମିତି ? ଅଭ୍ୟସ୍ତ ବନ୍ଧୁମାନେ ବେଶ୍ ଢକ ଢକ କରି ପିଇଦେଲେ। ମୋର ବି ଦିନେ ଏମିତି ଅଭ୍ୟାସ ହୋଇଯିବ ବୋଲି ସମସ୍ତେ କହିଲେ। ଇଚ୍ଛା ଥାଉ ବା ନଥାଉ ଖାଇଦେଇ ବିପତ୍ତି ବରଣ କଲି ନିଶ୍ଚୟ ! କାରଣ ଦୁଇଘଣ୍ଟା ପରେ ମୋ ମଥା ଧରି ବାନ୍ତି ହେଲା। ଜଳଜାହାଜରେ ଯେମିତି 'ସାଗର ଅସୁସ୍ଥତା' ହୁଏ, ଉଡ଼ାଜାହାଜରେ ସେମିତି ଆକାଶ ଅସୁସ୍ଥତା ହୁଏ। କିନ୍ତୁ ମୋ ଛଡ଼ା ଆଉ କେହି ଅସୁସ୍ଥତା ଭୋଗି ନଥିଲେ। ମୁଁ ଯଦି

ଟିକିଏ ସାବଧାନ ହୋଇଥାନ୍ତି ନିଶ୍ଚୟ ମୋର ଏ ଦୁର୍ଯୋଗ ଘଟି ନଥାନ୍ତା। ବାନ୍ତି କରିବାପାଇଁ କାଗଜର ସୁନ୍ଦର ଥଳୀ ରଖାଯାଇଥାଏ। ତା ଉପରେ 'ଏଆର୍ ସିକ୍‌ନେସ୍' ଲେଖାଥାଏ। ମୋର ବାନ୍ତିହେବା ସଙ୍ଗେ ସଙ୍ଗେ ଜାହାଜ ସେବିକା ତରୁଣୀ ଆସି ନାନା ଆଶ୍ୱାସନା ଦେଇ ଦୁଃଖ ପ୍ରକାଶ କରି କାଗଜଥଳୀ ଉଠାଇ ନେଲେ।

ସେତେବେଳକୁ ଆମେମାନେ ଇଟାଲୀ ଉପକୂଳରେ ଜଳସ୍ଥଳର ସୀମାରେଖା ଉପରେ ଉଡୁଥିଲୁ। ଆକାଶ ରାଜ୍ୟରୁ ଯେତେ ଦୃଶ୍ୟ ଦେଖୁଥିଲି ଇଟାଲୀ ଉପକୂଳ ସୁଷମା ସେ ସମସ୍ତର ବହୁ ଉପରେ। ସୁନ୍ଦର ନୀଳ ପାହାଡ଼, ଶସ୍ୟକ୍ଷେତ୍ରବେଷ୍ଟିତ ସହର ଓ ଗ୍ରାମ, ସାଗର ତୀରରେ ଉଭା ଦିଗନ୍ତବିସ୍ତାର ଶସ୍ୟକ୍ଷେତ୍ର, ଉପରେ ମେଘାଚ୍ଛନ୍ନ ଆକାଶ। ଇଟାଲୀ ଉପକୂଳରେ ପହଞ୍ଚି ଆମ ଉଡ଼ାଜାହାଜଟି ମେଘ ଭିତରେ ପଶିଲା। ଏହା ପୂର୍ବରୁ ଆମେ ଅନେକଥର ମେଘ ଭିତରେ ପଶିଛୁ, ମାତ୍ର ଏଥର ମେଘ ସହିତ ଯେଉଁ ସଂଘର୍ଷ ତା ସ୍ୱତନ୍ତ୍ର। କିଛିଦୂର ମେଘ ଭିତରେ ଯିବାପରେ ନୀଳଆକାଶ ଦେଖିବାର ଆଶା ସବୁବେଳେ ଥାଏ। ମାତ୍ର ଏଥର ସେ ଆଶା ଉଭେଇଗଲା। ଉଡ଼ାଜାହାଜଟି ଗର୍ଜନ କରି ବଂଶୀଧ୍ୱନି ସହ କେତେଥର ତଳକୁ ଉପରକୁ ହେଲା। ଯେତିକି ତଳକୁ, ସେତିକି ଉପରକୁ ଘନ ମେଘମାଳା। କିଛି ଦେଖାଯାଉ ନଥାଏ। ଛାତି ଥରିଲା। ସାନ୍ତାକ୍ରୁଜ ଦୁର୍ଘଟଣା କଥା ମନରେ ପଡ଼ିଲା। ମନେ ହେଲା ଜାହାଜଟି ଯେମିତି ମେଘ ଭିତରେ ଅଣନିଃଶ୍ୱାସୀ ହୋଇ ଏଣେତେଣେ ପଥ ଖୋଜି ବୁଲୁଛି। ସତେ ଯେମିତି ମୁମୂର୍ଷୁ ମଣିଷର ଆତ୍ମା ଘଟବନ୍ଧନ ଛାଡ଼ି ପଳାଇବାକୁ ବ୍ୟାକୁଳ ହେଉଅଛି। ଖୁବ୍ ଉଚ୍ଚରେ ମେଘ ଦେହରେ ଘଷିହୋଇ ଯାଉଥିବାରୁ ମେଘରୁ ଜଳ ପଡ଼ି ଉଡ଼ାଜାହାଜ କାଚସବୁ ମଳିନ ପଡ଼ିଯାଇଥିଲା। କିନ୍ତୁ ଯେତେବେଳେ ଜାହାଜ ପ୍ରାୟ ଅଧଘଣ୍ଟା ପର୍ଯ୍ୟନ୍ତ ମେଘ ଭିତରୁ ବାହାରି ନପାରି ଆଉ ତଳ ଉପରକୁ ନ ହୋଇ ଏକା ସ୍ତରରେ ଗତିକଲା, ସେତେବେଳେ ମୁଁ ଭାବିଲି ବୋଧହୁଏ ଚାଳକ ଠିକ୍ ରାସ୍ତାରେ ଅଛନ୍ତି। ଦେହରୁ ଶ୍ରମଝାଳ ବୋହିଗଲା ସମସ୍ତଙ୍କର। 'ଯେ ପକ୍ଷୀ ଯାଏ ଯେତେ ଦୂର, ସେ ଜାଣେ ତାହାର ବେଭାର।' ବଳଦଗାଡ଼ି ଦେଶର ଲୋକ ହଠାତ୍ ଉଡ଼ାଜାହାଜରେ ଉଠି ଚାଳକମାନଙ୍କର ସାହସ, ଦମ୍ଭ ଜାଣନ୍ତା କେମିତି ?

କିଛିକାଳ ପରେ ଯେତେବେଳେ ଆମେମାନେ ବଉଦ ଭିତରୁ ବାହାରିଲୁ ସେତେବେଳକୁ ଦେଖେ, ତଳେ ଦୂରସ୍ଥ ଉଚ୍ଚ ପାହାଡ଼ ଉପରେ ମେଘସବୁ ଘୁମାଇ ରହିଛନ୍ତି। ସେମାନଙ୍କ ଉପରେ ଅସ୍ତ ସୂର୍ଯ୍ୟର ସୁନା କିରଣ ଲିପିହୋଇ ଯାଇଛି। ହତଭାଗ୍ୟ କାଳିଦାସଙ୍କ କଥା ମନେ ପଡ଼ିଲା। କାଳିଦାସ କଳ୍ପନା ବଳରେ ରାମଚନ୍ଦ୍ରଙ୍କର ଅଯୋଧ୍ୟା ପ୍ରତ୍ୟାବର୍ତ୍ତନ କେମିତି ଜୀବନ୍ତ କରିଛନ୍ତି, ପାଠକମାତ୍ରେ ତା ସ୍ୱୀକାର କରିବେ। ସୁଦୂର

ଆକାଶର ମେଘମାଳା ଜାହାଜ ଦେହରେ ଘଷିହୋଇ ଚାଲିଥାଏ। ଅନନ୍ତ ଲହରୀମାଳା ସାଗର ବେଳାରେ ଭାଙ୍ଗିପଡ଼େ। ବର୍ଣ୍ଣନା କରିବା ପାଇଁ ମଣିଷ ଭାଷା ପାଏନି। କିନ୍ତୁ ପୃଥିବୀ ଉପରେ ଠିଆହୋଇ ସେକାଳର କାଳିଦାସ ରାମ ସୀତାଙ୍କର ପୁଷ୍ପକ ଆରୋହଣ କିପରି କଳ୍ପନା କରିଛନ୍ତି ଭାବିଲେ ଆଶ୍ଚର୍ଯ୍ୟ ହୁଏ। କାଳିଦାସଙ୍କର ଉତ୍ତରାଧିକାରୀ ଆଉ ଏ ବିଜ୍ଞାନ ଯୁଗରେ ସମ୍ଭବ ହେବନି ନା କ'ଣ ? ଦୁନିଆର ନୀତି ଯେ ଯାହା ପାଇବାର କଥା ପାଏନା। ସେତିକି ବୈଚିତ୍ର୍ୟ ନେଇ ସିନା ଆମ ଦୁନିଆ !

ଇଟାଲୀ ଉପକୂଳରେ କର୍ଷିକା ଦ୍ୱୀପ ଉପରେ ଜାହାଜ ଗଲାବେଳେ ତାହା ଦେଖିବା ପାଇଁ ଜାହାଜ ଚାଳକ ଯାତ୍ରୀମାନଙ୍କୁ ଜଣାଇଥିଲେ। ମନେ ପଡ଼ିଲା ବିଶ୍ୱବୀର ନେପୋଲିଅନଙ୍କ କଥା। ସମସ୍ତ ୟୁରୋପରେ ଯେ ଭୂମିକମ୍ପ ସୃଷ୍ଟି କରିଥିଲେ, ତାଙ୍କରି ଜନ୍ମଭୁମି ଉଦ୍ଦେଶ୍ୟରେ ଯାତ୍ରୀମାନେ ନମସ୍କାର ଜଣାଇଲେ। କେଡ଼େ କ୍ଷୁଦ୍ର ଦ୍ୱୀପଟିଏ; ସେଠି କେବଳ କେତେଗୁଡ଼ିଏ ବଡ଼ ପାହାଡ଼। ପାହାଡ଼ ଉପରେ କ୍ଷୁଦ୍ର କ୍ଷୁଦ୍ର ବୃକ୍ଷଲତା। ଚାରି ପାଖରେ ସମୁଦ୍ର ଲହରୀ। ଛୋଟ ଛୋଟ କେତେଗୁଡ଼ିଏ ଘର ଦେଖାଯାଉଥିଲା ମାତ୍ର। ସେହି କ୍ଷୁଦ୍ର ନଗଣ୍ୟ ଦ୍ୱୀପକୁ ଯୋଗଜନ୍ମା ନେପୋଲିଅନ ଆଜି ଐତିହାସିକ କରି ତୋଳି ପାରଛନ୍ତି। କିନ୍ତୁ ଭାରତର ପୁରାଣପ୍ରସିଦ୍ଧ ଇତିହାସର ଖୋଜଖବର ନେବାର ଜାଗରଣ ଏ ପର୍ଯ୍ୟନ୍ତ ଜାତିପ୍ରାଣରେ ନାହିଁ। ନୂତନ ଭବିଷ୍ୟତ ପାଇଁ ଚିନ୍ତା କରିବା ଲାଗି ମଣିଷର ଯେତିକି ଅଛି, ପଛକୁ ଫେରି ଚାହିଁବାର ବି ସେତିକି ଅଛି। ସିସିଲି, ଲମ୍ବାଡ଼ି ଉପରେ ମଧ୍ୟ ଉଡ଼ାଜାହାଜ ଉଡ଼ି ଯାଇଥିଲା। ଦାନ୍ତେ, ମାଇକେଲ ଆଞ୍ଜେଲୋ, ମୁସୋଲିନୀଙ୍କର ଦେଶ ଇଟାଲୀ ପ୍ରକୃତିର ଚାରୁଚିତ୍ରଶାଳା ପରି ସମସ୍ତଙ୍କୁ ମୁଗ୍ଧ କରିପକାଇଲା।

କ୍ରମେ ଆମେମାନେ ବେଲ୍‌ଜିୟମ୍‌ରେ ପ୍ରବେଶ କଲୁ। ଯେଉଁଆଡ଼େ ଚାହିଁବ ସୁନ୍ଦର ଶସ୍ୟକ୍ଷେତ୍ର, ପୁଷ୍ପଫଳ ଶୋଭିତ ଦିଗନ୍ତ ବିସ୍ତାରୀ ଉଦ୍ୟାନ। ପୂର୍ବଖଣ୍ଡ ଛାଡ଼ି ଲକ୍ଷ୍ମୀ ଆଜି ପାଶ୍ଚାତ୍ୟ ବିଜ୍ଞାନର ବଶବର୍ତ୍ତୀ ବୋଲି ସ୍ୱତଃ ଜଣାପଡୁଥିଲା। ଯେଉଁଆଡ଼େ ଚାହିଁବ, ବହୁ ଗୃହପୂର୍ଣ୍ଣ ସୁନ୍ଦର ସହର। ଅବଶ୍ୟ ଆମେମାନେ ବେଲ୍‌ଜିୟମ୍ ଉପରେ ଖୁବ୍ ଅଳ୍ପ ଉଚ୍ଚରେ ଉଡୁଥିଲୁ ବୋଲି ଅନେକ ସୁନ୍ଦର ଦୃଶ୍ୟ ଖୁବ୍ ନିକଟରେ ଦେଖିପାରିଲୁ। ବେଲ୍‌ଜିୟମ୍‌ରୁ ଅନ୍ତତଃ ଆମର ଧାରଣା ହେଲା ଲଣ୍ଡନ ସହର କି ପ୍ରକାର ଗୋଟିଏ ସହର ହୋଇଥିବ।

ବେଲ୍‌ଜିୟମ୍ ରାଜ୍ୟ ଆକାଶ ପଥରେ ଯାହା ଦେଖିଥିଲୁ ଉଡ଼ାଜାହାଜଘାଟି ତାଠାରୁ ଶତଗୁଣେ ଚମତ୍କାର। ଆମେ ଯେଉଁ 'ସାବେନା' ଜାହାଜ ଚଢ଼ି ଆସିଥିଲୁ, ସେହିପରି ପଚାଶ ପର୍ଯ୍ୟନ୍ତ ଜାହାଜ ଧାଡ଼ିହୋଇ ପକ୍ଷ ମେଲି ଆକାଶୋନ୍ମୁଖୀ ହୋଇ

ରହିଥିଲେ। ବିଜୁଳି ଆଲୁଅରେ ଚିକ୍‌କଣ ରାସ୍ତାଘାଟ ଜଳଧାରା ପରି ତରଳ ଢଳଢଳ ଦେଖା ଯାଉଥିଲା। ବୋଧହୁଏ ଯୁଦ୍ଧପରେ ଏହି ଘାଟୀ ନୂତନ ଧରଣର ସୃଷ୍ଟି। ଆମ ଦେଶରେ କେବଳ କଲିକତା, ଦିଲ୍ଲୀ, ବମ୍ବେ, ପ୍ରଭୃତି କେତେକ ବଡ଼ ବଡ଼ ସହର ଛାଡ଼ିଦେଲେ ଅନ୍ୟତ୍ର ଏତେ ଆଲୋକ, ଏତେ କର୍ମତତ୍ପରତା ଦେଖାଯାଏନି ବୋଲି ଇଉରୋପ ଦେଶର ଯେ କୌଣସି ସ୍ଥାନ ଦେଖିଲେ ମନରେ ଅପୂର୍ବ ଆନନ୍ଦ ଓ ବିସ୍ମୟ ଜାତ ହୁଏ। ବାହରେନ୍, ଏଥେନ୍‌ସ, ବ୍ରସେଲ୍‌ସ୍, ପ୍ରତ୍ୟେକ ସ୍ଥାନରେ ଯେଉଁ ଲୋକମାନଙ୍କ ସଙ୍ଗେ ଭେଟ ହେଲା, ସେମାନଙ୍କ ଭିତରେ କୌଣସି ପାର୍ଥକ୍ୟ ଜଣା ପଡୁ ନଥିଲା। ଆମ ଭାଷାରେ କହିଲେ ଭାରତୀୟ ଚକ୍ଷୁରେ ସମସ୍ତେ ଇଂରେଜଭାଷୀ ସାହେବ। ବେଲ୍‌ଜିୟମ୍ ଉଡ଼ାଜାହାଜଘାଟିରେ ଯେଉଁ ସାହେବ ଜଣକ ଆମକୁ ଖାନା ପରଷିଥିଲେ ତାଙ୍କରି ସ୍ମୃତି ଏ ପର୍ଯ୍ୟନ୍ତ ବି ମନେ ଅଛି। ସେ ସର୍କସପାର୍ଟିର ଜୋକର୍ ପରି ଆମକୁ କେତେ ଯେ ହସାଇଲେ ! ଭୋଜନ ପରେ ଯେଉଁ ନୂତନ ଜାହାଜରେ ଆମେମାନେ ଲଣ୍ଡନରେ ପହଞ୍ଚିଲୁ ବାରାନ୍ତରେ ତାହା ବିସ୍ତୃତଭାବେ କହିବି।

■

ଆକାଶ ପଥେ

(୫)

(ବ୍ରସେଲ୍ସ୍‌ରୁ ଲଣ୍ଡନ)

ଆକାଶ ଯାତ୍ରା ବର୍ତ୍ତମାନ ଶେଷ ପ୍ରାୟ । ଘଣ୍ଟାକ ପରେ ହୁଏ ତ ମଣିଷ ଶତସ୍ୱପ୍ନ ଓ ସାଧନାର ଶେଷରେ ପହଞ୍ଚିବ । ଲଣ୍ଡନ ସହର ଆଖିଆଗକୁ ଚାଲିଆସିବ । ସେତେବେଳକୁ ରାତି ସାଢ଼େ ସାତ । ଆମ ଦେଶରେ ରାତି ପ୍ରାୟ ଅର୍ଦ୍ଧ ହୋଇଥିବ । ଭୋଜନପରେ ଶୁଣାଇ ଦିଆଗଲା ଯେ ଗୋଟିଏ ନୂତନ ଜାହାଜରେ ଲଣ୍ଡନ ପହଞ୍ଚିବାକୁ ହେବ । କାହିଁକି ଜାହାଜ ବଦଳି ହେଲା ଜାଣିବା ପାଇଁ କୌତୂହଳ ହେଲା । ଚାଳକ ଜଣାଇ ଦେଲେ ଯେ ବେଲ୍‌ଜିୟମ୍‌ର କେତେ ମାଇଲ ଆଗରୁ ଆମ ଜାହାଜ ଇଞ୍ଜିନ୍ ଖରାପ ହୋଇ ଯାଇଥିଲା । ଦରିଦ୍ରକୁ ସିନା ଦଇବ ସାହା ! ନହେଲେ ସ୍ୱପ୍ନ ମଝିରେ ଯେ ସମାଧି ହୋଇଥାନ୍ତା । ସାନ୍ତାକ୍ରୁଜ ଦୁର୍ଘଟଣା ସେ ପର୍ଯ୍ୟନ୍ତ ମନରେ ଥାଏ । ଏବେ ଆମେରିକା ଜାହାଜ ଭାଙ୍ଗି ୪୫ ଜଣ ମରିଥିବା ଖବର ଶୁଣି ଆମେମାନେ ଯେ ଲଣ୍ଡନରେ ପହଞ୍ଚିଗଲୁ ତେଣୁ ନିଜକୁ ଭାଗ୍ୟବାନ ମନେ କଲୁ । ଉଡ଼ାଜାହାଜ ଯାତ୍ରୀମନରେ ଜୀବନର ଅନିଶ୍ଚିତତା ସର୍ବଦା ଲାଗି ରହିଥାଏ । ରେଳଗାଡ଼ି ଓ ଜଳଜାହାଜ ଭ୍ରମଣରେ ହଜାର ହଜାର ବିପତ୍ତି ଆଶଙ୍କା ଥିଲେ ମଧ୍ୟ ମଣିଷ ଗୋଡ଼ ପୃଥିବୀ ଉପରେ ଥାଏ ବୋଲି ସିନା ତାର ଏତେ ସାହସ । ଛାଡ଼ନ୍ତୁ, ବର୍ତ୍ତମାନ ଆଉ ଯାତ୍ରା କଥା କିଛି କହିବାର ନାହିଁ ବୋଲି ମନେହୁଏ । ଅଠେଇଶ ଘଣ୍ଟା ଭିତରେ ଯେ ଅନୁଭୂତି ମୁଁ କହି ସାରିଛି । ବର୍ତ୍ତମାନ ଯାତ୍ରା ଶେଷ ସହିତ ପ୍ରଥମ ଲଣ୍ଡନ ଦର୍ଶନ କଥା କହିବି ।

ବେଲ୍‌ଜିୟମ୍‌ରୁ ଜାହାଜ ଲଣ୍ଡନ ଅଭିମୁଖରେ ଛାଡ଼ିଲାବେଳକୁ ବାନ୍ତି କରି ମୁଁ ଟିକିଏ ନିସ୍ତେଜ ହୋଇ ପଡ଼ିଥିଲି । କେବଳ ଲଣ୍ଡନ ଦର୍ଶନ ଆଶାଟା ମନରେ ଯାହା ବଳ ଆଣୁଥିଲା, ଲଣ୍ଡନ ଆବହାଉଆର ପ୍ରଥମ ପରଶ ବେଲ୍‌ଜିୟମ୍‌ରେ ମିଳିଗଲା ।

ଚାରିଆଡ଼ଯାକ ସାହେବ ଲୋକ, ଚମତ୍କାର ପୋଷାକ ପତ୍ର, ପ୍ରାଣବନ୍ତ ଭାଷା ଓ ସ୍ୱତନ୍ତ୍ର ଚାଲିଚଳଣି। ଆମ ଭାରତୀୟ ଦରଜି ହାତ ତିଆରି ପୋଷାକ ଖଣ୍ଡମାନ ଆଗରୁ ଯାହା ମଇଳା ହୋଇ ଯାଇଥିଲା, ସାହେବମାନଙ୍କ ନିକଟରେ ଆହୁରି ମଇଳା ଦେଖାଗଲା। ସେତେବେଳକୁ ମନରେ ଟିକିଏ ଟିକିଏ ଲାଗିଗଲାଣି ଲଣ୍ଡନ ଲୋକେ ଆମକୁ ଦେଖି ହସିବେ କି? କିନ୍ତୁ ସୌଭାଗ୍ୟର କଥା ଏ ଦେଶରେ କେହି କାହା ପୋଷାକକୁ ଅନାନ୍ତି ନାହିଁ। ଯେଉଁ ଦେଶରେ ଲୁଗା ମିଳେ ନାହିଁ ସେଠି ସିନା ସଫାଲୁଗା ଖଣ୍ଡେ ପିନ୍ଧିଲେ ଲୋକେ ଅନାନ୍ତି। ମାତ୍ର ଏଠି ତାର ଗନ୍ଧ ନାହିଁ। ଏହି ଜାହାଜ ଭିତରକୁ ଯେତେବେଳେ ପଶେ, ଦେଖିଲି ଛୋଟକାଟର ନୂଆ ଜାହାଜଟିଏ। ପୂର୍ବ ଜାହାଜ ଅପେକ୍ଷା ବେଶି ସଫା ସୁତରା, ସୁସଜ୍ଜିତ। ଭାରତୀୟ ସାଥୀସବୁ ଇଟାଲୀ, ଗ୍ରୀସ୍, ଫ୍ରାନ୍‌ସ ଯିବା ପାଇଁ ବାଟରୁ ରହିଗଲେ। ଏଠି ବଡ଼ ବଡ଼ ସାହେବ ସବୁ ଜାହାଜରେ ପଶିଲେ। ଏଠି ବଡ଼ ବଡ଼ ଅର୍ଥ ମଣିଷ ପରି ମଣିଷ। ସେମାନଙ୍କ ଆଗରେ ଆମେମାନେ କେଡ଼େ ହୀନିମାନ ଦେଖାଯାଉଥିଲୁ ସେ କଥା ଏବେ ସାହେବ ମେଳରେ ବୁଲିଲାବେଳେ ମନେ ପଡ଼ି ହସ ମାଡ଼େ। ଅସୁସ୍ଥତା ହେତୁ ଅଳ୍ପ ସମୟ ପରେ ଜାହାଜ ଭିତରେ ଘୁମାଇ ପଡ଼ିଲି।

ହଠାତ୍ ଉଡ଼ାଜାହାଜ ଘଣ୍ଟିରେ ନିଦ ଭାଙ୍ଗିଗଲା। ଘଣ୍ଟାକୁ ଚାହିଁ ଦେଖିଲି ରାତି ଗୋଟାଏ ତିରିଶ। କିନ୍ତୁ ଲଣ୍ଡନ ସମୟ ସଙ୍ଗେ ମିଳାଇ ଦେଲାବେଳକୁ ଆଠଟା ତିରିଶ ମାତ୍ର। ବାହାରକୁ ଚାହିଁ ଦିଏ ଦୂରରେ କୋଟି କୋଟି ଆଲୋକର ମାଳା ଜଳି ଉଠୁଛି। ଭୂଇଁରୁ ଆକାଶ ପର୍ଯ୍ୟନ୍ତ ଝାଡ଼ ଖଞ୍ଜା ହେଲାପରି ଦେଖାଯାଉଛି। ଆଶ୍ୱସ୍ତ ହେଲି, ସେହି ଧରାସ୍ୱର୍ଗ ଲଣ୍ଡନ ସହର ବୋଧହୁଏ ଆଖିଆଗକୁ ଆସୁଛି। କାଲି ସନ୍ଧ୍ୟା ଓ ଆଜି ସନ୍ଧ୍ୟାର ତଫାତ୍ କି ଅଚିନ୍ତନୀୟ! ମଳିନ ଘାସପୂର୍ଣ୍ଣ ବମ୍ବେ ଜାହାଜଘାଟି ଓ ସହସ୍ର ଆଲୋକଦୀପ୍ତ ଲଣ୍ଡନର ହେଥ୍ରୋ ଉଡ଼ାଜାହାଜ କେନ୍ଦ୍ର। ରାତିରେ ଉଡ଼ାଜାହାଜ ଦେହରୁ ଲଣ୍ଡନ ପରି ବୃହତ୍ ସହରର ସୌନ୍ଦର୍ଯ୍ୟ ଉପଭୋଗ୍ୟ। ମାତ୍ର ସେ ଉପଭୋଗ ପାଇଁ ତ ଜାହାଜଚାଳକ ଅପେକ୍ଷା କରେ ନାହିଁ। ମୁହୂର୍ତ୍ତକ ଭିତରେ ନୀଳ ଆକାଶରୁ ଟାଣି ନେଇ ଧୂଳିର ଧରଣୀରେ ପୁଣି ମଣିଷକୁ ଲୋଟାଇ ଦିଏ। ମଣିଷ ଦେଖେ ସେ ସ୍ୱପ୍ନର ରାଜଯୋଗ କୁଆଡ଼େ ମିଳାଇ ଯାଇଛି।

ରାସ୍ତାରେ ସିନା କମ୍ପାନୀଘର ବାଟରେ ଚା ପାଣିର ବନ୍ଦୋବସ୍ତ ହୋଇ ଯାଉଥିଲା। କିନ୍ତୁ ଏଠି ଯାତ୍ରା ଶେଷରେ ପଚାରେ କିଏ କାହାକୁ? ଭୂଇଁକୁ ପାଦ ବଢ଼ାଇଲା ବେଳକୁ ପାଦକୁ ଯେମିତି ଶୀତ ଧରି ନେଉଥିଲା। ଭାରତର ସେହି ଗରମ ପୋଷାକ ଯେମିତି ପାଣି, ହେମକାକର।

ସମସ୍ତେ ତୁନିତାନି ହୋଇ ଗୋଟାଏ ବଡ଼ କୋଠାଘର ଭିତରେ ପଶିଲୁ। ଦେଖିଲି ପୁରୁଷ କେହି ନାହିଁ। ଶ୍ୱେତାଙ୍ଗିନୀ କେତେ ଜଣ ଆମ ହାତକୁ କାଗଜ ବଢ଼ାଇ ଦେଇଗଲେ। ସେଥିରେ ଆମ ଗାଁ, ଘରଦ୍ୱାର ସବୁ ଠିକଣା ଲେଖିଦେଲୁ। ମନେ ମନେ ବିରକ୍ତ ଲାଗୁଥିଲା ଆମକୁ କେତେବେଳ ଯାଏ ଏଠି ଅଟକାଇବେ। ହୁଏ ତ ଡେରି ହେଲେ ଲଣ୍ଡନ ସହରରେ ମୁଣ୍ଡ ଗୁଞ୍ଜିବା ପାଇଁ ଥାନ ମିଳିବ କି ନାହିଁ ତାହା ଏ ହତଭାଗ୍ୟ ଜାଣିବ କାହୁଁ? ଆମ ଦେଶରେ ଜଣକ ନିକଟକୁ ଟିକିଏ କାମ ପାଇଁ ଗଲେ ସେ ପାଞ୍ଚଜଣଙ୍କ ନିକଟକୁ ଠାରିବେ। ହୁଏ ତ ମଣିଷ ଦେଖିବ ଯେ ସେ ଗୋଟାଏ ଜାଲ ଭଉଁରୀରେ ପଡ଼ିଛି। ମାତ୍ର ଇଂରେଜ ଜାତି କର୍ତ୍ତବ୍ୟ ବୁଝେ। ସମୟର ମୂଲ୍ୟ ବୁଝେ। ଆଖି ପିଛୁଳାକେ ଆମ ପାସ୍‌ପୋର୍ଟ, ସ୍ୱାସ୍ଥ୍ୟ ସାର୍ଟିଫିକେଟ୍ ଯାଞ୍ଚ ହୋଇଗଲା। ସେ ପର୍ଯ୍ୟନ୍ତ ମନେ ନାହିଁ ଗରିବ ଯେଉଁ ଗଣ୍ଠିଲି ଖଣ୍ଡ ଆଣିଥିଲା କେଉଁ ଆଡ଼େ ଗଲା। କିନ୍ତୁ ଆଖି ମେଲି ଦେଖିଲା ବେଳକୁ ସବୁ ଗଣ୍ଠିଲିପତ୍ର ସେହି ଘରେ ଜମା ହୋଇଛି। ବମ୍ୱେରେ କିଏ ନେଲା ଏଠି କିଛି ଜାଣିଲୁ ନାହିଁ। ସତେ ଯେମିତି ବୁଢ଼ୀ ଅସୁରୁଣୀର କାଉଁରୀ କାମଚଣ୍ଡୀ ମନ୍ତ୍ରରେ ସବୁ ହୋଇଯାଇଛି।

ଲୋକେ ସତରେ କୁହନ୍ତି, କଟକ ଭଣ୍ଡାରୀ ଦେଶକୁ ରାଜା। ବିଲାତିଲୋକ ବିଲାତ ନ ଦେଖିବା ଲୋକଙ୍କୁ କେତେ କଥା କୁହନ୍ତି। ମାତ୍ର ଅନୁଭବରେ ଆସିଲେ ଅନେକ କଥା ଜାଣିହୁଏ। କେମିତି ଏ ଦେଶରେ ବିଦେଶୀମାନଙ୍କର ଜିନିଷ ଯାଞ୍ଚହୁଏ କିଛି ତ ଜାଣି ହେଲା ନାହିଁ।

ଜଣେ ଲୋକ ସମସ୍ତଙ୍କୁ ପଚାରି ଯାଉଥାନ୍ତି, ତୁମେ କ'ଣ ମାଦକ-ଦ୍ରବ୍ୟ ଆଣିଛ ? ତୁମେ କ'ଣ କେଉଁ ବନ୍ଧୁଙ୍କ ପାଇଁ ଉପହାର ଆଣିଛ ? ମୋତେ ପଚାରିଲାବେଳକୁ ମୁଁ କହିଲି, "ହଁ, ମୋର ସେ ସୌଭାଗ୍ୟ କାହିଁ ଯେ ବିଲାତରେ ଉପହାର ଦେବାଭଳି ବନ୍ଧୁ ମୋର ଥିବେ।" ସାହେବ ଜଣକ ହସି ଉତ୍ତର ଦେଲେ, "ଓଃ ଏଇକଥାତ ! ଲଣ୍ଡନ ସହରରେ ଉପହାର ନେବା ବନ୍ଧୁ ଅନେକ ଅଛନ୍ତି। ଯାଇ ଦେଖ।" ସମସ୍ତେ ହସି ଉଠିଲେ। ଲଙ୍କାପୁର ପ୍ରବେଶ ପାଇଁ ହନୁମାନର ପରୀକ୍ଷା ସରିଲା। ମଳିନବେଶ ଭାରତୀୟଗୁଡ଼ିକ ଉଡ଼ାଜାହାଜ କମ୍ପାନୀର ମଟର ଗାଡ଼ିର କୋମଳ ଗଦି ଉପରେ ଉଠିଲେ। ମଟର ପିଁ ପାଁ ଚାଲିଲା। ହଜାର ମଟର ଭିତରେ ଏ ମଟର ଛୁଟିଲା। କୋଟି ଆଲୋକ-ଦୀପ୍ତ ରାଜପଥ ଶରତ ଜଳଧାର ପରି ତରଳ, ଢଳଢଳ। ବିଦ୍ୟୁତ୍ ଆଲୋକର ଲାଲ ନୀଳ ଇସାରା ଦେଖି ଗାଡ଼ି ବନ୍ଦ ହୋଇଯାଉଥାଏ, ପୁଣି ମେଲି ଯାଉଥାଏ। ପ୍ରଥମ ରାତ୍ରିର ସେହି ଧାରଣା ଆଜିକୁ ମଳିନ ପଡ଼ିଗଲାଣି। କେବଳ ମନେ ଅଛି ମାଇଲ ମାଇଲ ଧରି ବର୍ଣ୍ଣବିଚିତ୍ର ପ୍ରାସାଦଗୁଡ଼ିକୁ ପଛରେ ପକାଇ ଗାଡ଼ି ଧାଇଁଥାଏ। ଯେଉଁଆଡ଼େ

ଚାହିଁବ ଜୀବନ ଉତ୍‌କ୍ଷିପ୍ତ, ବେଗବାନ୍। ଅଳସ, ବିଷାଦ ଯେମିତି ଏ ସହର ଜୀବନକୁ ଛୁଇଁନାହିଁ। ଯେଉଁ ସାହେବ ସାହେବାଣୀଙ୍କ ଭାରତୀୟ ରାଜପଥରେ ଦେଖି ଛାତି ଥରୁଥିଲା, ଆଜି ରାଜପଥରେ ସେହିମାନଙ୍କ ଭିଡ଼ ଦେଖି ହସ ମାଡୁଥିଲା। ଯେଉଁ ମଟର ଚାଳକ ମଟର ଚଳାଉଥିଲା ତାର ମଳିନ ପୋଷାକ ଦେଖି ଭାରତର 'ବଡା ସାହେବ' ସବୁ ଏ ଦେଶରେ ଏଭଳି ରହନ୍ତି ଦେଖି ପୂର୍ବ ବିଦ୍ୱେଷ ଆପେ ଆପେ ଶାନ୍ତ ହୋଇ ଯାଉଥିଲା।

ଅଧଘଣ୍ଟା ଭିତରେ ଗାଡ଼ି ଆସି ସହର ମଧ୍ୟସ୍ଥ ଉଡ଼ାଜାହାଜ ଅଫିସ୍ (Air office)ରେ ପହଞ୍ଚିଲା। ଗାଡ଼ିରୁ ଓହ୍ଲାଇ ଦେଖିଲି ସେଠି କେତେକ ଭାରତୀୟ ଟହଲ ମାରୁଥିଲେ। ହଠାତ୍ ଜଣେ ଭଦ୍ରଲୋକ ମୁଁ ଓ ମୋର ସହଯାତ୍ରୀ ଓଡ଼ିଆ ବନ୍ଧୁଙ୍କ ନାମ ଖଣ୍ଡିଏ କାଗଜରୁ ପଢ଼ିଲେ, ଲଙ୍କାପୁରୀରେ ବି ସୀତାଙ୍କର ସାହା ଅଛନ୍ତି ଦେଖି ଆଶ୍ୱସ୍ତ ହେଲୁ। ସେ ଭଦ୍ରଲୋକଟି ବୋଧହୁଏ ମୁସଲମାନ, ମୁହଁରେ ଅଳ୍ପ ଦାଢ଼ି, ଦେହରେ ଦୀର୍ଘ ସେରଓ୍ୱାନ୍। ଲଣ୍ଡନ ମାଟିରେ ଏପରି ଭାରତୀୟଙ୍କୁ ଦେଖି ଦମ୍ଭ ହେଲା। ସେ ବହୁ ଆଦର ଅଭିନନ୍ଦନ ସହିତ ହାତରେ ଖଣ୍ଡେ ଖଣ୍ଡେ କାଗଜ ଧରାଇଦେଲେ। ଭାରତ ହାଇକମିସନ୍‌ଙ୍କର ଅଭିନନ୍ଦନ ପତ୍ର। ଆମ୍ଭମାନଙ୍କ ଲାଗି ଗୋଟିଏ ହୋଟେଲରେ ରହିବା ପାଇଁ ଅସ୍ଥାୟୀ ବନ୍ଦୋବସ୍ତ ହୋଇଛି ଶୁଣି କୃତକୃତ୍ୟ ହେଲୁ। ଭଦ୍ରବ୍ୟକ୍ତିଙ୍କୁ ଧନ୍ୟବାଦ ଜଣାଇଲୁ। ପୁଣି ଟାକ୍‌ସି ଧରି ହୋଟେଲ ଅଭିମୁଖରେ ଚାଲିଲୁ। ମନରେ ଦମ୍ଭ, ଛାତିରେ ବଳ। ଲଣ୍ଡନ ସହରରେ ଯଦି ବିଛଣାଟାଏ ଆମ କପାଳକୁ ଜୁଟିଗଲା ଭାବିବାର କଣ ଅଛି। ମଟର ଆସି ଗୋଟିଏ ଉଦ୍ୟାନ ନିକଟରେ ଠିଆ ହେଲା। ଆଗରେ ଦୀର୍ଘ ପାଞ୍ଚ ମହଲା କୋଠା। ଗାଡ଼ିରୁ ଜିନିଷ ଉତାରି ରଖିବାପାଇଁ ହୋଟେଲ ମ୍ୟାନେଜରଙ୍କୁ ପଚାରିଲା ବେଳକୁ ସେ ବିଚରା ଆବାକାବା। ପଚାରିବାରେ ବୁଝାଗଲା ଯେ ହୋଟେଲରେ ଥାନ ନାହିଁ। ଏ ହତଭାଗ୍ୟଗୁଡ଼ା ରାତି ଦଶଟାବେଳେ କୁଆଡ଼େ? ସେମାନେ ଇଣ୍ଡିଆ ହାଉସକୁ ସକାଳୁ ଜଣାଇ ଦେଇ ସାରିଛନ୍ତି।

ହାୟରେ କପାଳ! ଭାରତୀୟମାନେ ଘରେ ବାହାରେ ସବୁଠି ସମାନ। ଯେଉଁଠି ବିଦେଶୀ ଲୋକ ସାହାଯ୍ୟ କରିବା ପାଇଁ ହାତକୁ ଅନାଇ ରହିଥାନ୍ତି ସେଠି ସ୍ୱଦେଶୀ ଲୋକ ଏପରି ଦେଶପ୍ରୀତି ଦେଖାନ୍ତି। ଧନ୍ୟ ଇଣ୍ଡିଆ ହାଉସ! ଧନ୍ୟ ଆମେମାନେ! ଖବର ମିଳିଲା ଭାରତ ସରକାର ଭାରତୀୟ ଛାତ୍ରମାନଙ୍କ ପାଇଁ ଗୋଟିଏ ଛାତ୍ରାବାସ ଖୋଲିଛନ୍ତି। ସେଠି ହୁଏ ତ ନିରାଶ୍ରୟଙ୍କୁ ଆଶ୍ରୟ ମିଳିପାରେ ଭାବି ପୁଣି ଚାଲିଲୁ। ଗିଲ୍‌ଫୋର୍ଡ ଷ୍ଟ୍ରୀଟ୍ ୮ ୯ ନମ୍ବର ଘର ଦରଜାରେ ହାତ ପକାଇବା ମାତ୍ରେ ଏକ ରୂପସୀ ଶ୍ୱେତାଙ୍ଗିନୀ ସହିତ ଅଭିବାଦନ ଜଣାଇ ନାମଧାମ ଟିପିନେଇ ପୁଣି ଭିତରକୁ ଚାଲିଗଲେ।

ଫେରିଆସି ଆମମାନଙ୍କୁ ଆଶ୍ରୟ ମିଳିଛି ବୋଲି କହିଦେଲେ। ଛାତି ଉପରୁ ହିମାଳୟ ପାହାଡ଼ ଯେମିତି ଉଠିଗଲା। ପୂରା ଓଜନ ବାକ୍‌ସଖଣ୍ଡମାନ ଉପରକୁ ଉଠାଇ ନେବାପାଇଁ ରମଣୀଙ୍କ ଆଡ଼କୁ ଅନାଇ ରହିଲୁ। ମାତ୍ର ଉତ୍ତର ମିଳିଲା "ହଁ ଡେରୀ ହେଉଛି, ଠିଆ ଠିଆ କିଆଁ? ଜିନିଷଟିମାନ ଧରି ଉପରକୁ ଉଠ।" (Help Yourself up)। ମନେ ପଡ଼ିଲା ଏପରା ସ୍ୱାଧୀନ ଲଣ୍ଡନ। ନିଜକୁ ସାହାଯ୍ୟ କରିବାପାଇଁ ଏଠିପରା ଶିକ୍ଷା ଦିଆଯାଏ। ଭାରତର ଚାରି ପଇସିଆ ଶସ୍ତାକୁଲି ଏଠାରେ କାହାନ୍ତି? ମନେ ମନେ ଭାବିଲି ଏ କଣ ଘରେ ନ ପଶୁଣୁ ଚାଳ ବାଜିଲା କି!

କିନ୍ତୁ ବମ୍ୱେରୁ ବିଲାତ, ଏ ଯେ ସାତ ହଜାର ମାଇଲ ତଫାତ୍।

ତୀର୍ଥ ଦର୍ଶନ

ଗାଁ ମାଟିରୁ ଉଠି ଲଣ୍ଡନ ସହରରେ କେମିତି ପହଞ୍ଚିଲି ସେକଥା 'ଆକାଶ ପଥେ' ପ୍ରବନ୍ଧମାନଙ୍କରେ କହି ସାରିଛି। ଯେଉଁମାନେ ମୋତେ ମାଟିରୁ ମହଲ ପର୍ଯ୍ୟନ୍ତ ଅନୁସରଣକରି ଆସିଛନ୍ତି ସେହିମାନଙ୍କର ଗୋଟିଏ ପ୍ରଶ୍ନର ଉତ୍ତର ଏହି ପ୍ରବନ୍ଧରେ ଦେଉଛି। ପୃଥିବୀ ଉପରୁ ହଠାତ୍ ଦଶ ହଜାର ଫୁଟ ଉପରକୁ ଉଡ଼ିବାକୁ ଚେଷ୍ଟା କଲେ ପୃଥିବୀଚାରୀ ମଣିଷର ଗୋଟିଏ ନୂତନ ଅନୁଭୂତି ହୁଏ। ସେହିପରି ଓଡ଼ିଶାର ଗୋଟିଏ ଭଙ୍ଗା କୁଡ଼ିଆରୁ ହଠାତ୍ ବାହାରି ଧରାସ୍ୱର୍ଗ (ଲୋକେ ଭାବନ୍ତି) ଲଣ୍ଡନ ସହରରେ ପହଞ୍ଚିଲେ ଆଖିରେ କଣ ପଡ଼େ ସେଇକଥା ଜାଣିବା ପାଇଁ ଅନୁରୋଧ। ଲଣ୍ଡନ ସହରରେ ଅନେକ ଦିନ ରହିଗଲେ ଯେ ଅନୁଭୁତି ହୋଇଥାଏ ସେ କଥା କହିବାର ଯୋଗ୍ୟତା ମୋର ହୋଇନି। କାରଣ କଳ୍ପିତ ଛତିଶ ମାସରୁ ଛପକ୍ଷ ବି ହୋଇ ନାହିଁ।

ପୂର୍ବ ଦିଗ ପଶ୍ଚିମ ଦିଗଠାରୁ ଯେମିତି ଭିନ୍ନ, ପାଣି ପଥର ଠାରୁ ଯେମିତି ପୃଥକ ଆମ ଦେଶ ଓ ଏଦେଶ ସେହିପରି ପରସ୍ପରଠାରୁ ସ୍ୱତନ୍ତ୍ର। ମଣିଷକୁ ଶହେ ଡିଗ୍ରୀ ଉତ୍ତାପରୁ ହଠାତ୍ ଶୂନ୍ ଡିଗ୍ରୀ ଭିତରକୁ ନେଇ ଆସିଲେ ତାର ଯେମିତି ଅନୁଭୂତି ହୁଅନ୍ତା ଶ୍ୟାମଳ ଶସ୍ୟକ୍ଷେତ୍ର ମଧ୍ୟରୁ ଉଠି ଏକାଦିନକେ ଲଣ୍ଡନ ସହରରେ ପହଞ୍ଚିଗଲେ ସେହିପରି ଅନୁଭୂତି ହୁଏ।

ଦଣ୍ଡକାରଣ୍ୟରୁ ଯାଇ ହଠାତ୍ ସ୍ୱର୍ଣ୍ଣପୁରୀ ଲଙ୍କା ଦେଖି ହନୁମାନର ଏହିଭଳି ଅନୁଭୂତି ହୋଇପାରିଥାଏ। ରାସ୍ତାରେ କଳାମଣିଷ ସ୍ଥାନରେ ଗୋରା, କେବଳ ପୁରୁଷ ସ୍ଥାନରେ ପୁରୁଷ ଓ ନାରୀ, ନୀରବ ନିଶ୍ଚଳ ରାଜପଥ ପରିବର୍ତ୍ତେ କୋଳାହଳପୂର୍ଣ୍ଣ ସହସ୍ର ଯାନର ଅବାରିତ ଧାରା, ଅହମଦାବାଦର ଧୋତି ଜାଗାରେ ପିକାଡିଲି ଟ୍ରାଉଜର, ସେ ଦେଶର ଗ୍ରୀଷ୍ମ ସ୍ଥାନରେ ଏ ଦେଶରେ ଶୀତ, ଆଖି ଆଗରେ ହଠାତ୍ ଏ ସବୁର ପରିବର୍ତ୍ତନ ଭାସିଯାଏ, ତା ବ୍ୟତୀତ ଅନ୍ୟ ଯେଉଁ ସବୁ ପାର୍ଥକ୍ୟ ଅଳ୍ପଦିନ ଭିତରେ ଧରାପଡ଼େ ସେ କଥା ଅଳପକେ କହୁଛି।

ସର୍ବ ପ୍ରଥମେ ମୋର ଧାରଣା ହେଲା ଯେ ଇଂରେଜମାନେ ଗୋଟିଏ ହୋଟେଲ୍ ରକ୍ଷକ ଜାତି (A nation of hotel keepers) ଗୋଟିଏ ଗୋଟିଏ ଗଳିରେ ଯେଉଁ କୋଠାକୁ ଚାହିଁବ ତାହା ଗୋଟିଏ ଗୋଟିଏ ହୋଟେଲ୍। ହୋଟେଲ୍ ବ୍ୟତୀତ ଅନ୍ୟକିଛି ନାହିଁ। ସେ କୌଣସି ଉଚ୍ଚ ଧରଣର ହୋଟେଲ୍ ଆମ ଦେଶର ଲାଟ କୋଠିଠାରୁ ଅଧିକ ସୁସଜ୍ଜିତ ଓ ସୁନ୍ଦର। ହୋଟେଲ୍ କଥା ଏଠି କହିବି ନାହିଁ। ସେ ପୁଣି ସାତଖଣ୍ଡ ପୋଥି। କେବଳ ହୋଟେଲ୍‌ରେ ଯେ ହୋଟେଲ୍ କାରବାର ହୁଏ ତା ନୁହେଁ। ସବୁ ସ୍କୁଲ କଲେଜରେ ବି ହୋଟେଲ୍ ଚାଲେ। ବଡ଼ ବଡ଼ ଅଫିସମାନଙ୍କରେ ମଧ୍ୟ ହୋଟେଲ୍‌ର ବ୍ୟବସ୍ଥା ଅଛି, ଆମ ଭାରତ ସରକାରଙ୍କ 'ଇଣ୍ଡିଆ ହାଉସ୍'ରେ ସାତ ମହଲା ଉପରେ ହୋଟେଲ୍।

ଭାରତୀୟ ହୋଟେଲ୍ ବୋଲି ସେଠିକୁ ଗଲେ 'ପ୍ରକୃତ ଭାତ' (real rice) ବୋଲି ସେଠାରେ ମୁଠାଏ ମିଳେ। ଅନ୍ୟତ୍ର ଅର୍ଥାତ୍ ଅନ୍ୟାନ୍ୟ ଭାରତୀୟ ଛାତ୍ରାବାସମାନଙ୍କରେ କୃତ୍ରିମ ଭାତ (mock rice) ବୋଲି ମୁଠାଏ ମିଳେ। ତାହା ଅଟାରେ ତିଆରି। ହୋଟେଲ୍ ଭିତର କଥା ଏତିକି କୁହାଯାଇ ପାରେ, ଯେ କୌଣସି ହୋଟେଲ୍‌କୁ ଗଲେ ଦେଖି ପାରିବ ସମସ୍ତ ପରିଷ୍କାର ପରିଛନ୍ନ ଅଥଚ ଆଦର ଅଭ୍ୟର୍ଥନା ସ୍ଥାନ ଭେଦରେ ଅଳ୍ପ ବହୁତ ହୋଇପାରେ। ମୋଟକଥା ସହରରୁ ଗ୍ରାମ ପର୍ଯ୍ୟନ୍ତ ହୋଟେଲ। ହୋଟେଲ୍‌ରେ ଖାଇ ହୋଟେଲ୍‌ରେ ଶୋଇ ଯେମିତି ଅଧିକାଂଶ ଇଂରେଜଙ୍କର ଜୀବନ ପବନରେ ଉଡୁଛି, କୌଣସିଠାରେ ଭୂଇଁରେ ଚେର ମାଡ଼ି ପାରୁନାହିଁ। ହୋଟେଲ୍ ରଖା ବିଂଶ ଶତାବ୍ଦୀର ଅପରିହାର୍ଯ୍ୟ ଅଙ୍ଗ। ଇଉରୋପରୁ ଆରମ୍ଭ କରି ଆମେରିକା ପର୍ଯ୍ୟନ୍ତ ଖାଲି ହୋଟେଲ୍। ଏ ଦେଶରେ ନିଜର ଘର କରିବାପାଇଁ ସମୟ କିମ୍ବା ସମ୍ବଳ ନାହିଁ। ଯାହାର ଘର ଅଛି ସେ ବଡ଼ ଲୋକ। ଅନ୍ୟ ସମସ୍ତେ ହୋଟେଲ୍ ବାସୀ କିନ୍ତୁ ଆମ ଦେଶରେ କାଉର ବି ନିଜର ବସା ଅଛି।

ଆମ ଦେଶରେ ଚାଲିବା ଓ ଧାଇଁବା ଦୁଇଟି କଥା। କିନ୍ତୁ ଏ ଦେଶରେ ଚାଲିବାମାନେ ଧାଇଁବା। ଯେଉଁଆଡ଼କୁ ଆଖି ଫେରାଇବ ସମସ୍ତେ ଧାଇଁଛନ୍ତି। ସ୍ତ୍ରୀ, ପୁରୁଷ, ବାଳକ, ବାଳିକା ସମସ୍ତେ ଧାଉଁଛନ୍ତି। ମଟର ବସ୍ କଥା ଛାଡ଼ନ୍ତୁ। ସେଗୁଡ଼ା ତ ମାତାଲ୍। ସତେ ଯେମିତି କେଉଁ ଗୋଟାଏ ଲକ୍ଷ୍ୟ ପାଇଁ ଧାଇଁଛନ୍ତି। ଯାହାର ଜୀବନ ଅଛି, ପାଦରେ ବଳ ଅଛି ସେ ସିନା ଧାଇଁବ। ସେ ଚିର ଅସୁସ୍ଥ, ଦୁଃସ୍ଥ, ଚିନ୍ତାଗ୍ରସ୍ତ ସେ ଧାଇଁବ କେମିତି ? ତାଙ୍କ ଧାଇଁବା ଭିତରେ କିନ୍ତୁ ସଂଯମ ରହିଛି। ପବନପରି ଛୁଟୁଥିବା ଗାଡ଼ି ଲାଲ ଆଲୁଅ ଦେଖି ମୁହୂର୍ତ୍ତକେ କାଠ ହୋଇ ଠିଆ ହୋଇଯାଆନ୍ତି। ଏ ସବୁ ଦେଖିଲାବେଳେ ସ୍ୱତଃ ମନରେ ପ୍ରଶ୍ନ ଉଠେ-କାହିଁକି ସମସ୍ତେ ଧାଇଁଛନ୍ତି ? କଟକ ବଜାରର ସନ୍ଧ୍ୟାବେଳ ଚାଲି ମନେ ପଡ଼େ। ଘୋଡ଼ାଗାଡ଼ିବାଲା ପାଟି କରି କରି ମରେ,

ଲୋକେ ଆଡ଼େଇ ବି ହୁଅନ୍ତି ନାହିଁ। ସତେ ଯେମିତି ଏଠି ଜୀବନ ଛୁଟି ଯାଉଛି, ତାକୁ ଧରିବା ପାଇଁ ସମସ୍ତେ ପ୍ରାଣାନ୍ତ ଚେଷ୍ଟାରେ ଲାଗିଛନ୍ତି। କାହାର କାହାପାଇଁ ଭ୍ରୂକ୍ଷେପ ନାହିଁ। ମନେ ହୁଏ ସବୁ ଯେମିତି all motion, no emotion ପ୍ରବଣତା ଅଛି ମାତ୍ର ଭାବପ୍ରବଣତା ନାହିଁ। ସମାଜ ଯେମିତି ମେସିନ୍‌ରେ ପରିଣତ ହୋଇ ପଡ଼ିଛି।

ପ୍ରଭାତ ସିନେମାରେ ଟିକେଟ ବିକ୍ରୀ ଦେଖିଲାବେଳେ ଓ କଟକ ଷ୍ଟେସନରେ ଟିକେଟ କାଟିଲାବେଳେ ଯେଉଁ ଠେଲା ପେଲା ସମ୍ଭାଳିବାକୁ ପଡ଼େ ତାକୁ ଦେଖିଲେ ଲଣ୍ଡନ ସହରରେ ଲୋକେ କେମିତି ଟିକେଟ କାଟୁଥିବେ ଭାବି ହେଉ ନଥିଲା। ମାତ୍ର ଘଟଣା ଏଡ଼େ ସହଜ ଦେଖିଲେ ଆଶ୍ଚର୍ଯ୍ୟ ହେବାକୁ ହୁଏ। ଅବଶ୍ୟ ବମ୍ବେ, କଲିକତା ପ୍ରଭୃତି ବଡ଼ ସହରମାନଙ୍କରେ ସେ ସବୁ ଆରମ୍ଭ ହୋଇଗଲାଣି। ଯେଉଁଠି ଦେଖିବ ଲୋକେ ଧାଡ଼ି ଧରି ଠିଆ ହୋଇଅଛନ୍ତି। ଯେ ପଛରେ ଆସୁଛି ପଛରେ ଠିଆ ହେଉଛି। ମଝିରେ ଖୁନ୍ଦି ହେବାର ଅସାଧୁତା ଆଦୌ ନାହିଁ। ସୁତରାଂ ଟିକେଟ କାଟିଲାବେଳେ ଜଣକ ପରେ ଜଣେ ପାଣି ପରି ବୋହି ଯାଆନ୍ତି। ଆମ ଦେଶରେ କଣ୍ଟ୍ରୋଲ ଦୋକାନ ନିକଟରେ ଗୋଳମାଳ ହୁଏ ସେଥିପାଇଁ ପୋଲିସ୍‌ର ଲାଠି ଅନେକ ସମୟରେ ବି ଦରକାର ହୋଇଥାଏ। ବସ୍ ଚଢ଼ିବା ବେଳେ କଣ, ହୋଟେଲ୍‌ରେ ପଶିବାବେଳେ କଣ, ଟିକେଟ କାଟିବାବେଳେ କଣ ଏଠି ସବୁବେଳେ ଲୋକେ ଧାଡ଼ି ଧାଡ଼ି ହୋଇ ଠିଆ ହୋଇଥାନ୍ତି। ସତେ ଯେମିତି କାହାର ଆଦେଶ ଶିରୋଧାର୍ଯ୍ୟ କରି ଛିଡ଼ା ହୋଇଛନ୍ତି ! କି ଶୃଙ୍ଖଳା! କି ସଂଯମ! ନବାବ ଆସିଲେ ବି ସେଇଠି, ରାଜା ମହାରାଜା ବି ସେଇଠି। ସ୍ୱାଧୀନତା ସତେ ଯେମିତି ରୂପ ଧରି ଏ ଦେଶକୁ ଆସିଛି। କେହି କାହାର ପାଦ କୁଦି ଦେବାର ନାହିଁ। କେହି କାହାରିକୁ ଠେଲି ଆଗକୁ ଚାଲିଯିବାର ନାହିଁ।

ହଠାତ୍ ଦିନେ ବସ୍‌ରେ ଉଠି ଦେଖିଲି ଜଣେ ଟିକେଟ ଦେବା ଲୋକ ପ୍ରତ୍ୟେକଙ୍କଠାରୁ ପଇସା ନେଇ ଟିକେଟ ଦେଲା ବେଳେ 'କ୍ୟୁ' 'କ୍ୟୁ' ବୋଲି କହି ଚାଲିଛି। କାନ ପାତି ବୁଝିନେଲି 'ଥାଙ୍କ୍‌ଇଉ' Thank you ଟାକୁ ଏମିତି କହୁଛି।

ପଦେ କଥା କହିବାକୁ ହେଲେ 'ଥାଙ୍କ୍ ଇଉ' (ଧନ୍ୟବାଦ) କହିବାକୁ ହେବ। ଦେହକୁ ଦେହ ଟିକେ ବାଜିଗଲେ 'ସରି' କହି ଦୁଃଖ ପ୍ରକାଶ କରିବାକୁ ହେବ। ପଦେ କଥା କାହାକୁ କହିବାକୁ ହେବ ତ 'Excuse me' କ୍ଷମାକରନ୍ତୁ ବୋଲି ପହିଲେ କହିବାକୁ ହେବ। ଲଣ୍ଡନ ସହରରେ କାହିଁକି ସାରା ଇଂଲଣ୍ଡରେ ପ୍ରତିଦିନ ଯେତେ ଶବ୍ଦ ବ୍ୟବହାର କରାଯାଏ ହିସାବ ନିଆଗଲେ ଜଣା ପଡ଼ନ୍ତା ବୋଧହୁଏ ତହିଁରୁ ଶତକଡ଼ା ଷାଠିଏ ଭାଗ 'ଥାଙ୍କଇଉ', 'ଏକସ୍‌କିଉଜ୍ ମି' ଓ 'ସରି'। ଧନ୍ୟ ଏ ଶିଷ୍ଟ ଜାତି। ମନରେ ମାୟା ଥାଉ ବା ନଥାଉ ପାଟିରେ ଉଚ୍ଚାରଣ କରିବାକୁ ହେବ। ସବୁ ଦେଶରେ

ତ ଏକା କଥା । ହରିଙ୍କଠାରେ ମନ ଥାଉ କି ନଥାଉ ତ୍ରିସନ୍ଧ୍ୟାରେ ହରିନାମ ନେବା ବିଧି । ଦରକାର ନଥିଲେ କେହି କାହାକୁ ପାଟି ଫିଟାଉ ନାହାନ୍ତି । ଲଣ୍ଡନରୁ ଅକ୍ସଫୋର୍ଡ଼, କାମ୍ବ୍ରିଜ ପର୍ଯ୍ୟନ୍ତ ପଚିଶ ପଚାଶ ମାଇଲ ରାସ୍ତାଯାଇ ବାଟରେ କୌଣସି ଇଂରେଜ ଲୋକ କଥା ହେବା ଶୁଣି ନାହିଁ । କିଏ ବହି ପଢୁଛି କିଏ ଖବର କାଗଜ ଦେଖୁଛି । କିଏ କ୍ରସ୍‌ୱାର୍ଡ ସାଧନା କରୁଛି । ସେମାନେ ବୋଧହୁଏ କାମରେ ବେଶି ବିଶ୍ୱାସ କରନ୍ତି କଥାରେ ନୁହେଁ । ପ୍ରତି ମୁହୂର୍ତ୍ତରେ କଥା କହୁଥିବା ଆମ ଭାରତୀୟମାନଙ୍କୁ ଏ ନୀରବତା ଅନେକ ସମୟରେ ଅସହ୍ୟ ଲଗେ । ପୂରା ମାଠିଆର ଶବ୍ଦ ନାହିଁ ବୋଲି କ'ଣ ବିଜ୍ଞାନୀ ଇଂରେଜ ଜାତି ଗୋଟାପଣେ ନୀରବ ! ହୋ ହା ପାଟିତୁଣ୍ଡ ଛାଡ଼ି ନୀରବରେ ଆମେ କେବେ କାମ କରିବା କେଜାଣି ?

ବିଦେଶୀ ଲୋକ ଏ ଦେଶକୁ ଆସିଲେ ବେଶି ଖୁସି ହୁଏ ଏ ଜାତିର ସହାନୁଭୂତି ଦେଖି । ସେମାନଙ୍କର ସେ ଦୋଷ ନାଶ ନାହିଁ ତା ନୁହେଁ ମାତ୍ର ସାଧାରଣ ଜୀବନରେ ସେମାନେ ଯେ ସାଧୁତା ଦେଖାନ୍ତି ମଣିଷ ତାହା ଦେଖି ଚମତ୍କୃତ ହୁଏ । ରାସ୍ତାରେ ଯାଉଁ ଯାଉଁ ଏଣିକି ତେଣିକି ଟିକିଏ ଅନାଇଲେ ପଛରୁ କିଏ କହି ପକାଏ, "ମୁଁ ଆପଣଙ୍କୁ ସାହାଯ୍ୟ କରି ପାରେକି ?" କହି ଦେବା ମାତ୍ରେ ସଙ୍ଗେ ସଙ୍ଗେ ଉଦ୍ଦିଷ୍ଟ ପଥ ଦେଖାଇ ଦିଏ । କି ଆଦର ! କି ସହାନୁଭୂତି ! ସତେ ଯେମିତି ଆମକୁ ସାହାଯ୍ୟ ଦେବାପାଇଁ ସେ କେତେବେଳୁ ଅପେକ୍ଷା କରିଥିଲା । ସ୍କୁଲ କଲେଜକୁ ଯାଅ, ଦୋକାନ ବଜାରକୁ ଯାଅ, ଅଫିସ ଅଦାଲତକୁ ଯାଅ ସବୁଠି ଲୋକ ପଚାରନ୍ତି "ମୁଁ ଆପଣଙ୍କୁ ସାହାଯ୍ୟ କରି ପାରେ କି ?" ମୁହୂର୍ତ୍ତେ ଅପେକ୍ଷା ନ କରଣୁ କାମ ହାସଲ ହୋଇଯାଏ । କି ଚଞ୍ଚଳ, କି ଫୂର୍ତ୍ତି ! କାହାକୁ କୌଣସି କଥା ପଚାରି ଦେଲେ ସେ ଯେମିତି ଅନୁଗୃହୀତ ମନେ କରୁଛି ! ଭୁଲ୍ ହେଲେ ଶିଖାଇ ଦିଅନ୍ତି । ପରିହାସ କରନ୍ତି ନାହିଁ । ବ୍ୟତିକ୍ରମ ଯେ ନାହିଁ ତା ନୁହେଁ ମାତ୍ର ସାଧାରଣ ଜୀବନରେ ସାଧୁତା, ସହାନୁଭୂତିଶୀଳତା ବେଶି । ଅନ୍ତତଃ ଶିଷ୍ଟାଚାର ବେଶି ଦେଖାଯାଏ ।

ଏ ଦେଶରେ ଆମପାଇଁ ସବୁ ନୂତନ, ସବୁ ଭିନ୍ନ । ମାତ୍ର ପ୍ରଥମେ ଇଂଲଣ୍ଡ ସହରରେ ପହଞ୍ଚି ଯେଉଁ ଅନୁଭୂତି ହୁଏ ତାହା ପ୍ରୀତିକର । ଭାରତରେ ସରକାର ସାଜିଥିବା ଇଂରେଜ ଜାତି ପ୍ରତି ହଜାରେ ବିଦ୍ୱେଷ ଥିଲେ ମଧ୍ୟ ଏଠି ସେମାନଙ୍କ ବ୍ୟବହାର ଦେଖିଲେ ମନେହୁଏ ସତେ ଯେମିତି ଆମେମାନେ ଆମେମାନେ ଇଂରେଜ ଜାତିର ଆତ୍ମା ନଦେଖି ପ୍ରେତ ଦେଖୁଥିଲୁ ଓ ସେହି ପ୍ରେତ ପ୍ରତିମୁହୂର୍ତ୍ତରେ ଆମ ରକ୍ତ ଟାଣୁଥିଲା । କିନ୍ତୁ ସେହି ଦୁର୍ବୃତ୍ତ ଶାସକମାନଙ୍କୁ ଛାଡ଼ିଦେଲେ ସାଧାରଣ ଲୋକେ କେଡ଼େ ପ୍ରିୟ, କେଡ଼େ ଆପଣାର ମନେ ହୁଅନ୍ତି ।

ଫୁଲ୍ ପ୍ରୁଫ୍ ଲଣ୍ଡନ

ଲଣ୍ଡନ ସହରରେ ପହଞ୍ଚିବା ମାତ୍ରେ ବିଦେଶୀ ମନରେ କି ଧାରଣା ସୃଷ୍ଟି ହୁଏ ସେ କଥା ମୁଁ 'ତୀର୍ଥ ଦର୍ଶନ' ପ୍ରବନ୍ଧରେ କହି ସାରିଛି। ସେଥିରେ ଯାହା ସବୁ କହିଛି ତାହା ସିଦ୍ଧାନ୍ତ ସତ୍ୟ ଭାବରେ ଗ୍ରହଣ କଲେ ପ୍ରମାଦର ଭୟ ଅନେକ। ସେଥିପାଇଁ ମୁଁ କହିଛି ତାହା କେବଳ ପ୍ରଥମ ଦର୍ଶନ ଧାରଣା। ହୁଏ ତ ଇଂରେଜ ଜାତି ଓ ଲଣ୍ଡନ ଜୀବନକୁ ଅନେକ ଦିନ ପର୍ଯ୍ୟନ୍ତ ବିଶ୍ଳେଷଣ କରି ଦେଖିଲେ ସେମାନଙ୍କ ବିଷୟରେ ଆମର ପ୍ରଥମ ଧାରଣା ପରିବର୍ତ୍ତିତ ହୋଇଯିବ। ଲଣ୍ଡନ ପ୍ରକୃତ ପରି ଲଣ୍ଡନ ଜୀବନ ଅସ୍ଥିର ଓ ପରିବର୍ତ୍ତନଶୀଳ। ଏଠି ସକାଳ ସୂର୍ଯ୍ୟଙ୍କର ସୁନା କିରଣ ଦେଖି ବର୍ଷାତି ନ ନେଇ ବାହାରି ପଡ଼ିଲେ ପନ୍ଦର ମିନିଟ୍ ଭିତରେ ବର୍ଷାମାଡ଼ ଖାଇବାର ଆଶଙ୍କା। ଏ ଦେଶରେ ପ୍ରକୃତି ଯେପରି ବହୁରୂପୀ ଓ କ୍ଷଣବ୍ୟାପୀ ଅନ୍ୟ କୌଣସି ଦେଶରେ ବୋଧହୁଏ ସେପରି ନୁହେ। ତେଣୁ ଚିରଚଞ୍ଚଳ ପରିବର୍ତ୍ତନଶୀଳ ଲଣ୍ଡନ ବିଷୟରେ ପ୍ରଥମ ଧାରଣା ପ୍ରମାଦଶୂନ୍ୟ ହେବା ଅସମ୍ଭବ।

କିନ୍ତୁ ସମସ୍ତ ସତ୍ୟାଭାସ ମଧ୍ୟରେ ଗୋଟିଏ କଥା ନିରାଟ ସତ୍ୟ ଓ ସିଦ୍ଧ। ସେ ବିଷୟରେ ମତ ପରିବର୍ତ୍ତନର ଅବକାଶ ନାହିଁ। ଆମ ଦେଶରେ 'ୱାଟର ପ୍ରୁଫ୍', 'ଫାୟାର ପ୍ରୁଫ୍', 'ସାଉଣ୍ଡ ପ୍ରୁଫ୍' ଦେଖିବାକୁ ମିଳେ। ମାତ୍ର ଗୋଟାଏ ପ୍ରୁଫ୍ ମିଳେନି ଯାହା ଲଣ୍ଡନ ସହର ଯୋଗାଏ- ଫୁଲ୍ ପ୍ରୁଫ୍। ଲଣ୍ଡନ ସହରକୁ ନିଃସନ୍ଦେହରେ ଫୁଲ୍ ପ୍ରୁଫ ସହର କୁହାଯାଇପାରେ।

କଲିକତା, ବମ୍ବେ ଭଳି ଅପେକ୍ଷାକୃତ ଛୋଟ ସହରରେ ବିଦେଶୀ ଭୁଲରେ ପଡ଼ିଯାଇ ପାରେ, ବାଟ ଭୁଲି ଯାଇପାରେ। ପୋଷ୍ଟ ଅଫିସରେ କୁଇନାଇନ ବିକ୍ରୀ ଦେଖି କୁର୍ତ୍ତା କିଣିବା ପାଇଁ ମନ ବଳାଇ ପାରେ। ବମ୍ବେର ବଡ଼ ହୋଟେଲର ଶଙ୍ଖମଲମଲ ପ୍ରସ୍ତର ନିର୍ମିତ ପାଇଖାନାକୁ ପ୍ରାର୍ଥନାଗୃହ ବୋଲି ଭୁଲ ବୁଝିପାରେ, ମାତ୍ର ଲଣ୍ଡନ ସହରରେ ଏଭଳି ପ୍ରମାଦ ଅସମ୍ଭବ। ଇଂରେଜ ଅକ୍ଷର ଜାଣିଥିବା ନିପଟ ଓଲୁ

ମଧ୍ୟ ଚାଲାକ ଲୋକ ସଙ୍ଗେ ସମାନ ସୁଯୋଗ ହାସଲ କରିପାରିବ। ଗୋଲାପ ଛିଣ୍ଡାଇ ହାତରେ କଣ୍ଟା ଫୁଟିବାର ଦୁର୍ଯୋଗ ଏ ଦେଶରେ ନାହିଁ। କଲିକତା, ବମ୍ବେ ପ୍ରଭୃତି ଭାରତୀୟ ସହରରେ ମଣିଷ ଯେମିତି ପଥହରା ଓ ଅସହାୟ ମନେ କରେ, କଲିକତାର ଅନେକଗୁଣ ବଡ଼ ଲଣ୍ଡନ ସହରରେ ତାର ଏକଶତାଂଶ ବି ଅନୁଭବରେ ଆସେନି। ମହତ୍ ଜନ ସିନା ସବୁକାଳେ ସରଳ, ସୁବୋଧ। ସ୍ୱଳ୍ପତା ସର୍ବତ୍ର ବିଡ଼ମ୍ବନା। ଅଳ୍ପ ଧନ, ଅଳ୍ପ ବିଦ୍ୟା, ଅଳ୍ପ ସଭ୍ୟତା କୁହେଳିକା ସୃଷ୍ଟି କରେ, ମଣିଷକୁ ଗୋଲକଧନ୍ଦାରେ ପକାଇ ଘୂରାଏ ସିନା।

କଟକ ସହରରେ ମଣିଷ ତ କେତେ ଭୁଲ କରିପକାଏ। ନ ଦେଖିଲା ଜିନିଷ ଦେଖି ଚମକି ପଡ଼େ। ସ୍ଥାନ ଅସ୍ଥାନ ଜାଣି ନପାରି ହଇରାଣରେ ପଡ଼େ। ଲଣ୍ଡନ ସହର ଅଭିମୁଖରେ ଯାତ୍ରା କଲାବେଳେ ମନ ଆଶଙ୍କାରେ ଭରିଯାଏ। ଏତେ ବଡ଼ ସହରରେ ପ୍ରଥମେ କ'ଣ କରିବ। ହୁଏ ତ ହଜିଗଲେ ଖୋଜି ଆଣିବ କିଏ? ମାତ୍ର ଲଣ୍ଡନ ସହରରେ ପାଦ ଦେଲା ମାତ୍ରେ ଯେଉଁ ବ୍ୟବସ୍ଥା ସବୁ ଦେଖିବାକୁ ମିଳେ, ସେଥିରେ ଆଲେକ୍‌ଜାଣ୍ଡର ସିନ୍ଧୁନଦୀ ପାର ହେଲା ଭଳି ବିଜୟ ଉଲ୍ଲାସ ଅନୁଭୂତ ହୁଏ। ନଗଣ୍ୟ ଯେ କୌଣସି ମଣିଷ ନିକଟରେ ଲଣ୍ଡନ ସହରର ବିରାଟତା ହାର ମାନିଯାଏ। ମନୁଷ୍ୟର ଅଧ୍ୟବସାୟ ନିକଟରେ ଅନନ୍ତ ଆକାଶ ଓ ଦୁସ୍ତର ସାଗର ମଧ୍ୟ ପରାଜିତ ହୋଇ ଦାସତ୍ୱ ସ୍ୱୀକାର କରିଛନ୍ତି। ଲଣ୍ଡନ ସହର ବା ସେମାନଙ୍କ ତୁଳନାରେ କି ଛାର।

ମନୁଷ୍ୟକୁ ଠିକ୍ ରାସ୍ତା ଦେଖାଇବା ପାଇଁ ଲଣ୍ଡନ ସହରର ପୋଲିସ୍, ପବ୍ଲିକ୍ ଓ ପ୍ରେସ୍ ଆଶାତୀତ ଭାବରେ ସାହାଯ୍ୟ କରିଛନ୍ତି। ପୋଲିସ୍ ମଣିଷକୁ ସାହାଯ୍ୟ କରିବା ଧାରଣା ଆମ ଦେଶରେ ଏ ପର୍ଯ୍ୟନ୍ତ ହୋଇନି। ଦୁନିଆରେ ଯେଉଁମାନେ ନିରାଶ୍ରୟର ଆଶ୍ରୟ ହୁଅନ୍ତି, ଆମରି କପାଳକୁ ସେମାନେ ଗତ ଦେଢ଼ଶହ ବର୍ଷ ହେଲା ଆଶ୍ରିତକୁ ଆଶ୍ରୟହୀନ କରୁଥିଲେ। ଇଂରେଜ ଶାସନର ସାମ୍ରାଜ୍ୟବାଦ ବାହୁଛାୟାତଳେ ପୋଲିସ୍‌ପଗଡ଼ି ଭାରତରେ କେଡ଼େ ଭୀତିପ୍ରଦ ହୋଇଥିଲା ଆଜିର କଂଗ୍ରେସ ଶାସକମାନେ ବି ସ୍ୱପ୍ନ ଦେଖି ଥରୁଥିବେ, ଜନସାଧାରଣଙ୍କ କଥା ଛାଡ଼ିଦିଅନ୍ତୁ। କିନ୍ତୁ ଲଣ୍ଡନ ସହରର ପୋଲିସ୍ ସସ୍ନେହ ସାହାଯ୍ୟ ଦେବା ପାଇଁ ଚବିଶ ଘଣ୍ଟା ରାସ୍ତା ଉପରେ ଉଭା। ଯେଉଁଠି ଇଚ୍ଛା ସେଠି ପୋଲିସ୍ ଦେଖିଲେ ମନରେ କେଡ଼େ ଆଶ୍ୱାସନା ଓ ବଳ ଆସେ। ପ୍ରଶ୍ନ ନ ସରୁଣୁ ଉତ୍ତର ଚାଲିଆସେ। ଲଣ୍ଡନ ସହରର ଶତ ଶତ ଗଳି କନ୍ଦିର ଇତିହାସ ପୋଲିସ୍‌ର ନଖ ଦର୍ପଣରେ ଥୁଆ ହୋଇଥାଏ। ସଭ୍ୟ ଦେଶରେ ପୋଲିସ୍ ମନୁଷ୍ୟକୁ ସବୁଠାରୁ ବେଶି ସାହାଯ୍ୟ କରି ଶାନ୍ତିରକ୍ଷା କରିଥାଏ ବୋଲି ଫରାସୀ ଭାଷାରେ ପୋଲିସ୍‌କୁ ଗାଡ଼ିଅନ ଅଫ ଦି ପିସ୍ ଅର୍ଥାତ୍ ଶାନ୍ତିରକ୍ଷକ ବୋଲି କହନ୍ତି। ପୋଲିସ୍

ସାଧାରଣଙ୍କ ଅର୍ଥରେ ପରିପାଳିତ ବୋଲି ଏଠି ସାଧାରଣ ସେବା ସେମାନଙ୍କର କର୍ତ୍ତବ୍ୟ। ତା' ଛଡ଼ା ସାଧାରଣ ଲୋକଠାରୁ ସାହାଯ୍ୟ ଆଶା କରିବା ଆମ ଦେଶରେ ଅତି କଷ୍ଟକର। ମାତ୍ର ଏଠି ଲୋକ ସାଧାରଣ ବିଶ୍ୱସ୍ତ ବନ୍ଧୁ ପରି ପଥହରାଙ୍କୁ ପଥ ଦେଖାଇ ଦିଅନ୍ତି।

ଯେଉଁ ଜାତିର ଲୋକେ ଶହ ଶହ ବର୍ଷ ଧରି ମଶା ଡାଆଁସ ପରି ଭାରତୀୟଙ୍କର ରକ୍ତ ଶୋଷି ଖାଉଛନ୍ତି ଓ ଭାରତ ରକ୍ତରେ ଲଣ୍ଡନ ସହରର ସୁଖ, ସୌନ୍ଦର୍ଯ୍ୟ, ସମୃଦ୍ଧି ସୃଷ୍ଟି କରିଛନ୍ତି, ସେହି ଜାର ଲୋକେ ଏତେ ଭଦ୍ର ସୁନ୍ଦର ସହାୟ-ସମ୍ପନ୍ନ ହୋଇ ପାରନ୍ତି ଦେଖିଲେ ଆଶ୍ଚର୍ଯ୍ୟ ହେବାକୁ ହୁଏ। ଅବଶ୍ୟ ବ୍ୟକ୍ତିଗତ ତିକ୍ତ ଅନୁଭୂତିକୁ ବାଦ୍ ଦେଇ ଏ ସବୁ ବିଚାର କରିବାର କଥା। ଲଣ୍ଡନ ସହରର ଯେ କୌଣସି ସ୍ଥାନରେ ଜଣକୁ ଆକାଶମାର୍ଗରୁ ଓହ୍ଲାଇ ଦେଲେ ବି ସେ ତାର ନିର୍ଦ୍ଦିଷ୍ଟ ସ୍ଥାନରେ ପହଞ୍ଚିବାକୁ କୌଣସି ଅସୁବିଧାରେ ପଡ଼ିବନି, ଅବଶ୍ୟ ସେ କୌଣସି ସ୍ଥାନରେ ତ ଲୋକେ ଲୋକଙ୍କୁ ସାହଯ୍ୟ କରନ୍ତି। ଆମ ଦେଶରେ କଣ ଲୋକ ପଚାରି କଟକ ବାରାଣସୀ ଯାନ୍ତି ନାହିଁ? ମାତ୍ର ଆମ ଦେଶରେ ଜାଣିଥିବା ଲୋକଠାରୁ ଯେଉଁ ବ୍ୟବହାର ମିଳେ ତା ଏ ଦେଶ ଲୋକଙ୍କ ବ୍ୟବହାର ଠାରୁ ଅନେକ ଗୁଣରେ ନୀଚ। ଏ ଦେଶରେ କେହି ସାହାଯ୍ୟ ଦେଲାବେଳେ ପର ଉପକାର କରି ପାରିଲା ବୋଲି ନିଜକୁ ଅନୁଗୃହୀତ ମନେ କରେ। ମଣିଷ ତ ମଣିଷକୁ ସାହାଯ୍ୟ କରିବା ମାମୁଲି କଥା; ତେଣୁ ଏ ଦେଶରେ ପ୍ରେସ୍ ଏବଂ ପୋଷ୍ଟର କେମିତି ସାହାଯ୍ୟ କରନ୍ତି ସେତିକି ଦେଖିବାର କଥା।

ଲଣ୍ଡନ ସହରର ପ୍ରତ୍ୟେକ ଗଳିକନ୍ଦି ରାସ୍ତା ଘାଟ ସହର ବଜାରର ସ୍ଥାନ ନିର୍ଦ୍ଦେଶ କରି ଶହ ଶହ ସଚିତ୍ର ପୁସ୍ତକ ସ୍ୱଳ୍ପ ମୂଲ୍ୟରେ ମିଳିଥାଏ। ଲଣ୍ଡନ ସହରରେ ରାସ୍ତାଘାଟ ଚିତ୍ରଥିବା ପୁସ୍ତକ ଗଣନା କରାଗଲେ ଭାରତର ଯେ କୌଣସି ସାଧାରଣ ଲାଇବ୍ରେରୀର ସଂଖ୍ୟା ସଙ୍ଗେ ସମାନ ହେବ। ଆଶ୍ଚର୍ଯ୍ୟ ଲାଗେ, ଆମ ଦେଶରେ ଆବଶ୍ୟକୀୟ ପୁସ୍ତକ ଛପାଇବା ପାଇଁ କଣ୍ଟ୍ରୋଲ ଅଫିସକୁ ଦୌଡ଼ି ଦୌଡ଼ି ଦଶ ଦିସ୍ତା କାଗଜ ବି ମିଳେ ନାହିଁ ମାତ୍ର ଏଠି ପ୍ରତିଦିନର ପାମ୍ପଲେଟ, ପୋଷ୍ଟର ଓ ରାସ୍ତାଘାଟ ସମ୍ବନ୍ଧୀୟ ଯେତେ ବହି ଆଖିରେ ପଡ଼େ, ହିଂସା ହୁଏ ଦିନକୁ କେତେ କାଗଜ ସେମାନେ ଖର୍ଚ୍ଚ କରୁଛନ୍ତି। ଲଣ୍ଡନ ସହରରେ ବୋଧହୁଏ ଏମିତି ଲୋକ ନଥିବେ ଯାହା ପକେଟରେ ଲଣ୍ଡନ ସହରର କୌଣସି ନା କୌଣସି ମାନଚିତ୍ର ନଥିବ। କାରଣ ଏତେ ବଡ଼ ସହରରେ ସବୁ ରାସ୍ତାଘାଟ ଜାଣିବା କଠିନ। କୌଣସି ସ୍ଥାନକୁ ଯିବାକୁ ଦରକାର ହେଲେ ଶବ୍ଦ କୋଷରୁ ଶବ୍ଦାର୍ଥ ବାହାର କଲାପରି ଲଣ୍ଡନ ମାନଚିତ୍ରରୁ ସ୍ଥାନ ଖୋଜି ବାହାର କରିବାକୁ ହେବ। ପ୍ରତ୍ୟେକ ଘର ଉପରେ ନମ୍ବର, ପ୍ରତ୍ୟେକ ଗଳିକନ୍ଦି ରାସ୍ତା ଉପରେ ବଡ଼ ବଡ଼ ଅକ୍ଷରରେ ନାମ ଛାପା ହୋଇ ତୀରଦ୍ୱାରା ରାସ୍ତା ଦେଖାଇ ଦିଆଯାଇଛି। ବସ୍ ଦେହରେ

ଷ୍ଟ୍ରୀଟ୍‌ମାନଙ୍କର ନାମ ଲେଖା ଅଛି। ବସ୍ ଯେଉଁ ଷ୍ଟ୍ରୀଟ୍ ପାରହୋଇ ଯାଉଛି ସେ ନାମଟି ଲିଭିଯାଇ ଆଗାମୀ ଷ୍ଟ୍ରୀଟ୍ ନାମ ଆପେ ଆପେ ଲେଖି ହୋଇ ଯାଉଛି। ଲଣ୍ଡନରେ ସବୁଠାରୁ ବଡ଼ ଆଶ୍ଚର୍ଯ୍ୟ ଜିନିଷ ଟିଉବ୍ ଅର୍ଥାତ୍ ଭୂମିତଳେ ଚାଲୁଥିବା ରେଳଗାଡ଼ି। ଆମ ଦେଶରେ କଲିକତାରେ ବି ସେ ସ୍ୱପ୍ନ ଏ ପର୍ଯ୍ୟନ୍ତ ସତ୍ୟ ହୋଇନି। ମାଟିର ବକ୍ଷ ଚିରି ଦଉଡୁଥିବା ଏଇ ରେଳ ପଥରେ ମଣିଷ ନିଜକୁ ବେଶି ହଜାଇବାର ସମ୍ଭାବନା। କଟକରୁ ତାଲଚେର ଗାଡ଼ି ନୁହେଁ ଯେ, ବସି ପଡ଼ିଲେ, ଢେଙ୍କାନାଳ କିମ୍ବା ହିନ୍ଦୋଳ ନିଶ୍ଚୟ ଯିବ। ଲଣ୍ଡନ ସହର ତଳଯାକ ଜାଲପରି ବିଛାଇ ହୋଇ ଏହି ରେଳପଥ ସବୁ ରହିଛି। କେଉଁଠି ୫୦ ଫୁଟ ତଳେ, କେଉଁଠି ୩୦୦ ଫୁଟ ତଳେ। ସେ ଗୋଟିଏ ସ୍ୱତନ୍ତ୍ର ଦୁନିଆ। ସତେ ଯେମିତି ବାହାର ପୃଥିବୀ ସଙ୍ଗେ ତାର ସମ୍ପର୍କ ନାହିଁ। ଲେଖା ମଣିଷକୁ କେମିତ ସାହାଯ୍ୟ କରେ ତାର ଚୂଡ଼ାନ୍ତ ନିଦର୍ଶନ ଏବଂ ଟିଉବ୍ ଅନୁଭୂତିରେ ମିଳେ। ଗୋଟିଏ ଷ୍ଟେସନଠାରୁ ଅନ୍ୟ ଏକ ଷ୍ଟେସନକୁ ଯିବା ପାଇଁ ରାସ୍ତା। ଠିକ୍ ରାସ୍ତାଟି ଧରି ନ ପାରିଲେ ଉଦ୍ଦିଷ୍ଟ ସ୍ଥାନରେ ନ ପହଞ୍ଚି ଭୂତ ଉଠାଇ ନେଲାପରି ଆଉ ଗୋଟିଏ ସ୍ଥାନରେ ଉଠିବାକୁ ହୁଏ।

ମାଟିତଳ ଟିଉବ୍ ରେଳପଥର ବୈଚିତ୍ର୍ୟ ବର୍ଣ୍ଣନା କରିବା ଏଠି ଆଦୌ ଉଦ୍ଦେଶ୍ୟ ନୁହେଁ। ସେହି ପାତାଳପୁରରେ ମଣିଷ କେମିତି ସହଜରେ ବିନା ପ୍ରମାଦରେ ଗାଡ଼ି ଚଢ଼ି ଲଣ୍ଡନ ସ୍ୱର୍ଗର ଯେ କୌଣସି ଜାଗାକୁ ଯାଏ ସେହି କଥା କହିବାହିଁ ଉଦ୍ଦେଶ୍ୟ। ରାସ୍ତାରେ ଯାଉଁ ଯାଉଁ ହଠାତ୍ ଆଖିରେ ପଡ଼େ ବଡ଼ ବଡ଼ ଅକ୍ଷରରେ ଲେଖାଥାଏ "ଅଣ୍ଡର ଗ୍ରାଉଣ୍ଡ"- ଭୂଇଁ ତଳକୁ ବାଟ। ସେଇଠି ପଶିଗଲା ମାତ୍ରେ ଆଖି ଆଗରେ ତୀର ଚିହ୍ନ ଦେଖାଯାଏ। ତୀରର ମୁହଁ ପାଖରେ ଲେଖା ଥାଏ 'ଗାଡ଼ିକୁ ରାସ୍ତା'। ଯନ୍ତ୍ର ସାହାଯ୍ୟରେ ଆଖି ପିଛୁଳାକେ ପାତାଳ ପ୍ରବେଶ ହୋଇଯାଏ। ସେଇଠି ମଣିଷର ବୁଦ୍ଧି ଦରକାର ହୁଏ କେମିତି ବାସୁକୀ ଦଳନ କରିବାକୁ ହେବ ରେଳଗାଡ଼ି ଧରିବାକୁ ହେବ। କେତେ ଗାଡ଼ି ଚାଲୁଛି, ଆଉ ପଛ କେତେ ସୁଡ଼ଙ୍ଗ ଅଛି। ମାତ୍ର ଖାଲି ଆଖି ଖୋଲି ରଖିଲେ ହେଲା। 'ପିକାଡିଲି ରାସ୍ତା', 'ହାଇଡ୍ ପାର୍କ ରାସ୍ତା', 'ରସେଲ ପାର୍କ ରାସ୍ତା', ପ୍ରତ୍ୟେକ ଲେଖା ନିକଟରେ ଗୋଟିଏ ତୀର ଚିହ୍ନ ଅଛି। ନିଜ ଯିବା ରାସ୍ତାର ନାମଟି 'ଲଣ୍ଡନ ଗାଇଡ୍' ବହିରୁ ଦେଖି ନେବାକୁ ହେବ। ନଚେତ୍ ଷ୍ଟେସନ ବାଡ଼ରେ ସୁନ୍ଦର ଚିତ୍ରିତ ମାନଚିତ୍ରରୁ ଦେଖିବାକୁ ହେବ। ଯେଉଁ ରାସ୍ତାରେ ଯିବା କଥା, ସେହି ରାସ୍ତାର ତୀର ଯେଉଁଆଡ଼କୁ ମୁହଁ କରିଛି ସେହି ଦିଗରେ ଗଲେ ନିଜ ଗାଡ଼ିକୁ ୫ ମିନିଟ୍ ଭିତରେ ଯାଇ ପାରିବ। ପୁଣି ଯେଉଁ ଷ୍ଟେସନରେ ଓହ୍ଲାଇବ ସେଠି ଅନେକ ବାଟ। ସେଠାରେ "ପଦାକୁ ରାସ୍ତା" ବୋଲି ବଡ଼ ବଡ଼ ଅକ୍ଷରରେ ଲେଖା ଅଛି। ସେହି ବାଟରେ ଆସି ଉପରକୁ ଉଠିବା ଯନ୍ତ୍ର

ଦେହରେ ପ୍ରବେଶ କଲେ ସେ କ୍ଷଣକରେ ପଦାକୁ ବାହାର କରିଦେବ। ପଥ ହରାଇବାର ଆଶଙ୍କା ଏତେ ଟିକେ ବି ନାହିଁ। ପାତାଳ ପୁରରେ ନାଗ କନ୍ୟାମାନେ ରାସ୍ତା ଭୁଲିପାରନ୍ତି ମାତ୍ର ଲଣ୍ଡନ ଟିଉବ୍‌ରେ ଆଖି ଥିଲା ଲୋକ ଯଥାସ୍ଥାନରେ ପହଞ୍ଚିବ। ଭାରତରେ ଏ ବ୍ୟବସ୍ଥା ଏ ପର୍ଯ୍ୟନ୍ତ ସମ୍ଭବ ହୋଇନାହିଁ। ସବୁଠାରେ ଲେଖା। ହୋଟେଲ ଭିତରକୁ ଗଲେ ଖାଦ୍ୟ ପଦାର୍ଥର ନାମ ଲେଖାହୋଇଛି। ଅଫିସ ଭିତରକୁ ଗଲେ ଯିବା ଆସିବା ରାସ୍ତା ଚିହ୍ନିତ କରାଯାଇଛି। ଦୋକାନ ଭିତରେ କେଉଁଠି କେଉଁ ଜିନିଷ ମିଳିବ ସେଥିପାଇଁ ନିର୍ଦ୍ଦେଶ ରହିଛି। ଏତେ ସତ୍ତ୍ୱେ ଭୁଲରେ ବି ଭଦ୍ର ଇଂରେଜ ସାହାଯ୍ୟ କରିବାପାଇଁ ସବୁବେଳେ ଅନାଇ ରହିଲା ପରି ରହନ୍ତି। କଟକ ସହରରେ କଲେଜ ରାସ୍ତା ଭୁଲିବା ଲୋକ ବି ଲଣ୍ଡନ ସହରରେ ପିକାଡ଼ିଲି ସର୍କସରେ ବି ରାସ୍ତା ଭୁଲିବ ନାହିଁ। ପ୍ରତି ମୁହୂର୍ତ୍ତରେ ମନେହୁଏ, ଯେମିତି ଲଣ୍ଡନ ସହରଟା ବାସ୍ତବରେ ଫୁଲ୍ ପ୍ରୁଫ୍। ତା ଛଡ଼ା ଲଣ୍ଡନରେ କେମିତି ରହିବାକୁ ହୁଏ, ଏ ଦେଶ ଲୋକଙ୍କ ସଙ୍ଗେ କେମିତି ମିଶିବାକୁ ହୁଏ ସେ ବିଷୟରେ ଶହ ଶହ କୌତୂହଳପୂର୍ଣ୍ଣ ପୁସ୍ତକ ପ୍ରତି ପୁସ୍ତକ ଦୋକାନରେ ମିଳେ। ମନେହୁଏ ଯେମିତି ଇଂରେଜ ଜାତି ସାରା ବିଶ୍ୱକୁ ନିଜ ଗର୍ଭରେ ନିଜର କରି ମିଶାଇ ଦେବାପାଇଁ ଯଥାଶକ୍ତି ଚେଷ୍ଟାରେ ଲାଗି ପଡ଼ିଛି। ଲଣ୍ଡନର ପ୍ରେସ୍, ପବ୍ଲିକ୍, ପୋଲିସ୍ ସମସ୍ତେ ମିଶି ଦେଶକୁ ଯଥାସାଧ୍ୟ ଫୁଲ୍ ପ୍ରୁଫ୍ କରି ପାରିଛନ୍ତି। ଶିକ୍ଷା ଓ ସଭ୍ୟତାର ସୁଫଳ ଏ ଦେଶରେ ଫଳିଛି, ଏଥିରେ ସନ୍ଦେହ ନାହିଁ।

ଜୀବନ ଦୌଡ଼

ଆଗରୁ ମୁଁ କହି ସାରିଛି ଏ ଦେଶରେ ସମସ୍ତେ କିପରି ଦୌଡୁଛନ୍ତି। ରେଳ, ମଟରଠାରୁ ଆରମ୍ଭ କରି ମଣିଷ, କୁକୁର, ଘୋଡ଼ା, ସମସ୍ତେ ଦୌଡୁଛନ୍ତି। ଯାର ପେଟକୁ ଭାତ ଓ ହାତକୁ ପଇସା ଅଛି ତା ମନ ପବନରେ ଉଡ଼ିବା କଥା, ଯାର ସବୁଥିରେ ଅଭାବ ତାର ଧାଇଁବା-ପାଇଁ ମନରେ ଉତ୍ସାହ ନାହିଁ କିମ୍ବା ପାଦରେ ବଳ ନାହିଁ। ସେ ଏ ଯୁଗର ଉଡ଼ାଜାହାଜ ନୁହେଁ ବରଂ ବଳଦ ଗାଡ଼ି। ଏ ଯୁକ୍ତିରେ ପୂର୍ବ ପଶ୍ଚିମକୁ ଦୁଇ ଭାଗରେ ବିଭକ୍ତ କରାଯାଇ ପାରେ। ଚୀନ, ବର୍ମା, ଭାରତ ଏବେ ସିନା ମୁକ୍ତିମଣ୍ଡପକୁ ଆସିଛନ୍ତି କିନ୍ତୁ ପୁରାତନ ଶିଥିଳ ଜୀବନଧାରା ପୂର୍ବପରି ଚାଲିଛି। ମାତ୍ର ଇଂଲଣ୍ଡ, ଆମେରିକା ପ୍ରଭୃତି ପାଶ୍ଚାତ୍ୟ ଦେଶରେ ଜୀବନ ବେଲୁବେଲ ଅଧିକ ଜୋର୍‌ରେ ଛୁଟୁଛି।

ତେଲିଆ ମୁଣ୍ଡରେ ତେଲ କଥାଟା ନିହାତି ମିଛ ନୁହେଁ। ଏହି ଭାଗ୍ୟବାନ ଜାତିମାନଙ୍କୁ ପ୍ରକୃତି ଅନେକ ସାହାଯ୍ୟ କରିଛି। ଭାରତରେ କି ଖରା, କି ବର୍ଷା, କା ଗୁଣ ଗାଇବି, ଖଜୁରୀ ଗଛ ତ ସେଠି ମୂଳୁ ପାହାଚ ପାହାଚ। ଖରାର ସେଠି ରାଜତ୍ୱ। ବସନ୍ତ ଆରମ୍ଭରୁ ବର୍ଷାର ଶେଷ ପର୍ଯ୍ୟନ୍ତ ଟାଇଁ ଟାଇଁ ଖରାରେ ମୁଣ୍ଡ ଝାଇଁ ମାରିନିଏ। ମଣିଷ ସେଥିରେ କାମ କରିବ କେମିତି ? ବର୍ଷା ଯଦି ହେଉଛି ତେବେ ମାଠିଆରୁ ଅଜାଡୁଛି। ପାଣି କାଦୁଅରେ ରାସ୍ତାଘାଟ ବନ୍ଦ। ବଳଦ କାଦୁଅରେ ଭିଡ଼ିପାରିବ ନାହିଁ କିମ୍ବା ମଟର ପଶିପାରିବ ନାହିଁ।

ଏ ହେଲା ଆମ ଦୌଡ଼। ଏ ଦେଶରେ ଯେ ବର୍ଷା ତାହା ଦେବତାର ଶୁଭ ଆଶୀର୍ବାଦ ପରି ଆକାଶରୁ ଝରେ। ଦେହରେ ପଡ଼ିଲେ ଝାଡ଼ିଦେଲେ ଉଡ଼ିଯାଏ। ଏଠି ଶୀତ ଓ ବର୍ଷା ଦୁହେଁ ଭାରୀ ସାଥୀ। ସେଥିପାଇଁ କିଏ କେତେବେଳେ ଆସି ଜୁଟିଯାଆନ୍ତି ଜାଣିବା ଭାରୀ କଠିନ। ଚିହ୍ନା କୁଣିଆକୁ ଦୁଆର ସବୁବେଳେ ଖୋଲା। ସେଥିପାଇଁ ଶୀତ ଦେଖି ଶୀତ କୋଟ୍ ପିନ୍ଧି ପାଞ୍ଚ ପଦିକା ନ ଯାଉଣୁ ବର୍ଷା ଆସି ହଇରାଣ କରେ।

ଶୀତଦିନେ ଅଧିକାଂଶ ଦିନ ଉତ୍ତାପ ବରଫ ପଏଣ୍ଟ ତଳେ ଥାଏ। ତେଣୁ ରକ୍ତ ଗରମ ରଖିବାକୁ ହେଲେ ଧାଇଁବାକୁ ହେବ। ଘରେ, ବାହାରେ, ରାସ୍ତାରେ ତେଣୁ ସମସ୍ତେ ଦୌଡ଼ିଲା ପରି ଯାଉଥାନ୍ତି। ମଝିରେ ମଝିରେ ବର୍ଷା, ବାଦଲ, ବରଫ, କୁହୁଡ଼ି ପରେ ଲଣ୍ଡନ ଉପରେ ଯେତେବେଳେ ସୂର୍ଯ୍ୟକିରଣ ଲାଗିଯାଏ, ସେତେବେଳେ ଜୀବନଧାରା ଆଷାଢ଼ ନଦୀପରି କ୍ଷିପ୍ର ହୋଇ ଉଠେ। ଗ୍ରୀଷ୍ମ ଏ ଦେଶରେ ନାହିଁ। ସେ ପୂର୍ବ ଦେଶଗୁଡ଼ିକର ଶାସନ ନିଜ ହାତରେ ନେଇ ପଶ୍ଚିମ ରାଜ୍ୟଗୁଡ଼ିକ ବସନ୍ତର ଚିରନ୍ତନ ରାଜତ୍ୱରେ ଛାଡ଼ି ଦେଇଛି। ତେଣୁ ବୃଷ୍ଟି, ବାଦଲ ପରେ ପରେ ମାର୍ଚ୍ଚଠାରୁ ଅକ୍‌ଟୋବର ପର୍ଯ୍ୟନ୍ତ ଦେଶସାରା ପତ୍ରପୁଷ୍ପରେ ଭରିଯାଏ; କାଉ କୋଇଲିଙ୍କ ରାବରେ ମୁଖର ହୋଇଉଠେ। ସୁତରାଂ କିବା ଶୀତ କିବା ବସନ୍ତ ଏଠି କାୟକଷ୍ଟ କିଛି ଜଣାପଡ଼େନି ବୋଲି ମଣିଷ ସହଜରେ ଦୌଡ଼େ। ଆମ ଦେଶରେ ଛ ଘଣ୍ଟା ସ୍ଥାନରେ ଏ ଦେଶରେ ଜଣେ ବାରଘଣ୍ଟା କାମ କରେ ବିନା କ୍ଳେଶରେ।

ଆମ ଦେଶରେ କାମ କରିବା ଢଙ୍ଗଟା ଏମିତି ଯେ, ସେଥିରେ ଛୁଟିର ମୂଲ୍ୟ କିଛି ନଥାଏ ମାତ୍ର ଶନିବାର ରବିବାର ଏ ଦେଶ ଲୋକଙ୍କ ପକ୍ଷରେ କେତେ ମୂଲ୍ୟବାନ ଆମ ଦେଶରେ ତାହା କଳ୍ପନା କରିବା ଅସମ୍ଭବ। ଏ ଦେଶକୁ ଆସି ତାଙ୍କ ଛାଞ୍ଚରେ ପଡ଼ି ସେ ଯୁଗର ବଳଦ ଗାଡ଼ିକୁ ଏ ଯୁଗର ଉଡ଼ାଜାହାଜ ସଙ୍ଗରେ ଦୌଡ଼ାଇଲା ବେଳକୁ ଯେଉଁ ଅନୁଭୂତି ହୁଏ, ସେଥିରେ ମଣିଷ ଶନିବାର, ରବିବାରକୁ ଚାତକ ପରି ଅନାଇ ରହିଥାଏ। ସୋମବାରଠାରୁ ଶୁକ୍ରବାର ପର୍ଯ୍ୟନ୍ତ ଚକଟା କେତେ ଚଞ୍ଚଳ ଘୂରେ କଳ୍ପନା କରି ହୁଏନି। ସେହି ନୂତନ ଅନୁଭୂତିଟି ସବୁ ଅଣଇଂରେଜମାନଙ୍କୁ ଭାରୀ ନୂତନ ନୂତନ ବୋଧହୁଏ। ବିଶେଷତଃ ଶୀତ ଦିନରେ ଖାଲି ରାତିଟା ଚାଲିଛି ବୋଲି ମନେ ହୁଏ। ଶେଷ ନଭେମ୍ବରରୁ ଜାନୁୟାରୀ ଶେଷ ପର୍ଯ୍ୟନ୍ତ ଦିନ ପ୍ରାୟ ମୋଟେ ସାତ ଘଣ୍ଟା ହୁଏ। ରାତି ହୁଏ ସତର ଘଣ୍ଟା। ସୂର୍ଯ୍ୟ ସକାଳ ଆଠଟାରେ ଆସି ସାଢ଼େ ତିନିଟାରେ ଛୁଟି ନିଅନ୍ତି। ଅନେକ ସମୟରେ ଚାରିଟା ବେଳେ ସ୍କୁଲରୁ ଫେରିଲା ବେଳେ ଆକାଶରେ ଜହ୍ନ ଉଠି ସାରିଥାଏ। ଭାରତରେ ଶୀତ ଚନ୍ଦ୍ର ଯେତେ ଚଞ୍ଚଳ ଉଠିଲେ ବି ସାଢ଼େ ପାଞ୍ଚଟା ପୂର୍ବରୁ କେବେ ଉଠେନି। ଏଠି ଅବଶ୍ୟ ଖରାଦିନେ ଠିକ୍ ଏହାର ଓଲଟା ହୋଇଯାଏ। ଅନେକ ରାତି ପର୍ଯ୍ୟନ୍ତ ଆଲୋକ ଥାଏ; ମାତ୍ର କାମ କରିବାଟା ଏତେ ବେଶି ଯେ, ଦିନ ଛୋଟ ବଡ଼ ସଙ୍ଗେ କିଛି ଯାଏ ଆସେନା। ସକାଳ ଆଠଟା ବେଳେ ଉଠି ପ୍ରଥମ ଖିଆ ସାରି ସମସ୍ତେ କାମ ଉପରକୁ ଯାଆନ୍ତି। ସେଠି କେବଳ ମଝିରେ ଲଞ୍ଚ୍ ଖାଇବା ପାଇଁ ଘଣ୍ଟାଟିଏ ଛୁଟି ନେଇ ସନ୍ଧ୍ୟା ପାଞ୍ଚଟା ଛଅଟା ପର୍ଯ୍ୟନ୍ତ କାମରେ ଲାଗନ୍ତି। ଏ ଦେଶରେ କାମର ଓଜନ ଖୁବ୍ ବେଶି। ତା’ ଛଡ଼ା ବ୍ୟକ୍ତିଗତ ଦାୟିତ୍ୱ ଖିଆଲ ବଡ଼ତ

ବେଶି। ଏମାନେ କାମ କଲାବେଳେ ମନପ୍ରାଣ ଖଟାଇ କାମଟିକୁ ହାସଲ କରନ୍ତି। ସକାଳ ଓ ସନ୍ଧ୍ୟା ଭିତରେ ତଫାତ୍‌ଟା ଆଦୌ ଜଣା ପଡ଼େନି। ମଣିଷ ରାସ୍ତାରେ ଯିବାବେଳେ ମାଇଲ ଖୁଣ୍ଟଗୁଡ଼ିକୁ ଅନାଇଁ ଅନାଇଁ ଯାଏ। ତା'ର ଗାଡ଼ି ଯେତେ ଚଞ୍ଚଳ ଚାଲେ ମାଇଲ ଖୁଣ୍ଟଗୁଡ଼ିକ ସେତେ ଚଞ୍ଚଳ ଚଞ୍ଚଳ ଦେଖାଦିଏ। ଏଠି ଦୈନନ୍ଦିନ ଜୀବନରେ ମାଇଲ୍ ଖୁଣ୍ଟ ମୋଟେ ତିନିଗୋଟି। ତୃତୀୟ ଖୁଣ୍ଟଟି ପହଞ୍ଚି ଗଲେ ଦିନ ସରିଯାଏ।

ପହିଲି ଖୁଣ୍ଟଟି ପ୍ରଥମେ ଭୋଜନ, ପ୍ରଥମ ଭୋଜନ ପରେ ପରେ ଦ୍ୱିତୀୟ ଖୁଣ୍ଟଟି ଲଞ୍ଚ୍ ବା ମଧ୍ୟାହ୍ନ ଭୋଜନ, ଯେଉଁଠି ବାଟୋଇ ଟିକିଏ ବିଶ୍ରାମ ନିଏ। ତୃତୀୟ ଖୁଣ୍ଟ ଡିନର ବା ରାତ୍ରି ଭୋଜନ ନିକଟରେ ପହଞ୍ଚିଗଲେ ଦିନ ସରିଯାଏ। ଏତେ ଖଟେଣି ପରେ ସ୍ୱପ୍ନହୀନ ନିଦ୍ରା ମଣିଷକୁ ଅଜାଣତରେ ତହିଁ ଆରଦିନ ପ୍ରଥମ ଭୋଜନ ନିକଟରେ ପହଞ୍ଚାଇ ଦିଏ। ଏହିପରି ଅଣନିଶ୍ୱାସୀ ହୋଇ ଦଉଡ଼ି ଦଉଡ଼ି ଶୁକ୍ରବାର ସନ୍ଧ୍ୟା ଭୋଜନ ନିକଟରେ ପହଞ୍ଚିଗଲେ ମଣିଷ ଟିକିଏ ନିଶ୍ୱାସ ମାରେ। ମାତ୍ର ପଛକୁ ଫେରି ଚାହିଁଲେ ଆଶ୍ଚର୍ଯ୍ୟ ହୁଏ। କେତେ ଚଞ୍ଚଳ ସୋମବାରଠାରୁ ଶୁକ୍ରବାର ପର୍ଯ୍ୟନ୍ତ ପାଞ୍ଚଟି ଦିନ କଟିଯାଏ। ସହର ଅର୍ଦ୍ଧ ଶ୍ମଶାନରେ ପରିଣତ ହୁଏ। ରବିବାର ଦିନ କେହି ଲଣ୍ଡନରେ ପହଞ୍ଚିଗଲେ ଦେଖିବ ସାହେବ ପିଲା ମୂଷା ଗାତରେ ଛପିଲା ପରି କୁଆଡ଼େ ଛପି ଯାଇଛନ୍ତି। ମଉଜ, ମଜଲିସ୍, ନାଟ, ତାମସା, ପାନ, ଗାନ ସବୁ ଏଇ ଦୁଇଦିନ ଭିତରେ। ସୋମବାର ଦିନ ରାତି ନପାହୁଣୁ ଘୁଘୁ ସୁସୁ ଶବ୍ଦରେ କାନ ଅତଡ଼ା ପଡ଼ିଯାଏ। ଆଷାଢ଼ ନଈପରି କାମର ସୁଅ ଛୁଟେ। ପାଦ ଭୂଇଁରେ ଲାଗେନି, ମଣିଷ କାମ ସଙ୍ଗେ ସଙ୍ଗେ ଉଡ଼ି ଚାଲିଥାଏ। ଠିକ୍ ଯଦି ଏହି ନିରବଚ୍ଛିନ୍ନ କଠିନ କର୍ମଧାରାକୁ ଆମଦେଶରେ ଲଗାଇ ଦିଆ ଯାଆନ୍ତା, ତେବେ ଅନେକ ହଇରାଣରେ ପଡ଼ି ଯାଆନ୍ତେ। ତା ବ୍ୟତୀତ ସେଠି ବିଜ୍ଞାନର ସାହାଯ୍ୟ ନ ନେଇ ଏ ଭଳି ଆଶା କରିବା ଅସମ୍ଭବ। କାରଣ ପ୍ରବଳ ବର୍ଷା ଯାହା ନୁହେଁ, ପ୍ରଖର ସୂର୍ଯ୍ୟ କିରଣ ତାଠୁ ବେଶି ଆମମାନଙ୍କର ଶତ୍ରୁତା କରେ। ସେଥିପାଇଁ ସେଠି ଜୀବନଧାରା ଶିଥିଳ ହେବାକୁ ବାଧ୍ୟ। ଅବଶ୍ୟ ସେହି ସାଧାରଣ ସ୍ରୋତରେ ପଡ଼ି ଅଜାଣତରେ ବି ମଣିଷ ଅନେକ ସୁଖରେ କାମ କରି ପକାଏ, କିନ୍ତୁ ଓଧ ସଙ୍ଗେ ବଣଭୁଆ ବାଇ ହେଲେ ଫଳ ଭଲ କି ମନ୍ଦ ସେ ତ ଭବିଷ୍ୟତ ହାତର କଥା।

ଏଠି ଯେ ଦିନଟା ଏତେ ଚଞ୍ଚଳ କଟେ, ତାର ଅନ୍ୟ ଏକ ବାସ୍ତବ କାରଣ ହେଉଛି ଜୀବନ ଉପଭୋଗ। ଦୁଃଖର ଦିନ ଯୁଗପରି ଲାଗେ, ମାତ୍ର ସୁଖର ଦିନ ପାଣି ପରି ପଳାଏ। ସ୍ୱାସ୍ଥ୍ୟ, ଶିକ୍ଷା, ପାନ, ଭୋଜନ ସବୁ ସୁଖରେ ମିଳିଥାଏ। ତେଣୁ କେବଳ

କର୍ତ୍ତବ୍ୟ କରିଗଲେ ଅନ୍ୟ ଚିନ୍ତା ବେଶି କରିବାକୁ ପଡ଼େନି। ଅଣ୍ଟାରେ ପଇସା ଧରି ଉପବାସ ରହିବାର ଦୁର୍ଭାଗ୍ୟ ଏ ଦେଶରେ ଆଦୌ ଘଟେ ନାହିଁ। ମଣିଷର ଜୀବନ ଉପଭୋଗ ପାଇଁ ବିଜ୍ଞାନର ଉଦ୍ଭାବନକୁ ଯେତେ ଦୂର ଖଟା ଯାଇପାରେ ତା ହୋଇଛି ଓ ହେଉଛି। ଅବଶ୍ୟ ସେ ଦୃଷ୍ଟିରେ ବିଚାର କଲେ ଆମେରିକା ଜୀବନ ଲଣ୍ଡନ ଜୀବନ ଅପେକ୍ଷା ଅଧିକ ଉପଭୋଗ୍ୟ ଓ କାମ୍ୟ ହୋଇପଡ଼ିଅଛି। ସେଠି ଜୀବନର ଗତି କ୍ଷିପ୍ରତର ହୋଇ ପଡ଼ିଛି ବୋଲି ସମସ୍ତଙ୍କର ବିଶ୍ୱାସ। ମାସ ଏ ପ୍ରକାର ଜୀବନ ଦୌଡ଼ରେ ଭଲ ମନ୍ଦ କିଏ କହିବ ? ସୁଖ ଅନୁସନ୍ଧାନରେ ଯଦି ପରମାଣୁ ପରେ ପରେ ହାଇଡ୍ରୋଜେନ୍ ବୋମା ସତ୍ୟ ହୁଏ ତେବେ ସବୁ ଦୌଡ଼ ସେହି ମୋଡ଼ ବାଙ୍କଠି ଶେଷ ହେବ। ମାତ୍ର ପୃଥିବୀର ସଭ୍ୟତା ତୁଳାଦଣ୍ଡକୁ ସମାନ ରଖିବାକୁ ହେଲେ ପୂର୍ବ ଲୋକେ ପଶ୍ଚିମ ଲୋକଙ୍କ ପରି ଦୌଡ଼ି ନଶିଖିଲେ ଚଳିବ ନାହିଁ। ପଶ୍ଚିମ ପାଖ ବରାବର ଓଜନ ରହିବା ଫଳରେ ଆନ୍ତର୍ଜାତିକ ସାମ୍ୟମୈତ୍ରୀ ଅସମ୍ଭବ ହୋଇ ଉଠିବ।

■

ସାହେବୀ ଶିଷ୍ଟାଚାର

ଦୁନିଆରେ ଯେତେ କଥା ଘଟୁଛି ତା ଭିତରେ ଅଛି ଦୁଇଟି ସାର କଥା-ମୁଁ ଓ ସେ। ମଣିଷ ପ୍ରଥମେ ସବୁ କରେ ନିଜ ପାଇଁ। ମୁଁ ଖାଇବି, ମୁଁ ପିନ୍ଧିବି, ମୁଁ ସୁଖୀ ହେବି। କିନ୍ତୁ ବଣର ମଣିଷ ଯେତିକି ଯେତିକି ସଭ୍ୟ ହୁଏ ସେତିକି ସେତିକି ସେ ସାଇ ପଡ଼ୋଶୀଙ୍କ କଥା ଭାବେ। ମୁଁ ଭଲରେ ରହିବା ସଙ୍ଗେ ସଙ୍ଗେ ସେ ବି ଭଲରେ ରହିବ ଏହି ଚିନ୍ତାରେ ଲାଗିରହେ। ଏହି 'ମୁଁ' ଓ 'ସେ' ଚିନ୍ତା ମାନଦଣ୍ଡରେ ବର୍ତ୍ତମାନ ସଭ୍ୟତାର ମାପ ହେଉଛି। ଯେଉଁ ଜାତି ଯେତିକି ସଭ୍ୟ, ପରପାଇଁ, ଦେଶପାଇଁ, ଜାତିପାଇଁ ତାର ଚିନ୍ତା ସେତିକି ବେଶି। ସେଥିପାଇଁ ସଭ୍ୟ ଦେଶମାନଙ୍କରେ ନାଗରିକ ଜ୍ଞାନ ଯେତିକି ବେଶି, ଅଶିକ୍ଷିତ ଦେଶମାନଙ୍କରେ ତେତିକି କମ୍। ଆମ ଦେଶରେ ଯେ କୌଣସି ଲୋକ ଇଉରୋପ ବା ଆମେରିକା ପ୍ରଭୃତିରେ ପହଞ୍ଚିଗଲେ ସାମ୍ରାଜ୍ୟବାଦୀ ସାହେବମାନଙ୍କ ପ୍ରତି ରାଗ ଥିଲେ ବି ପ୍ରଶଂସା ନକରି ରହିପାରେନି। ଏମାନଙ୍କର ଯାହା ହୋଇଛି ଆମର ଯେ ନହେବ ଏମିତି କଥା ନାହିଁ, ମାତ୍ର ସମୟ ଓ ଶିକ୍ଷା ଦରକାର। କେବେ ଓ କାହାଠାରୁ ଶିକ୍ଷାଟା ଯେ ଆରମ୍ଭ ହେବ ସେତିକି ଦେଖିବାର କଥା। କଖାରୁ ଡାଙ୍ଗକୁ ଥରେ ଚାଳ ଉପରେ ଚଢ଼ାଇଦେଲେ ସେ ଚାଲିଲା। ଅବଶ୍ୟ ସେହି ଚାଳ ଚଢ଼ିବାଟକ ତ ଭିଡ଼।

ଯେଉଁଥିରେ ପଇସା ପଡ଼ିବ ସେପରି କଥା ଛାଡ଼ିଦେଇ ଯେଉଁଥିରେ ପଇସା ନ ପଡ଼ିବ ସେହିଭଳି କଥା ତ ସହଜରେ ଆରମ୍ଭ କରିହେବ। ଏମାନଙ୍କର ନାଗରିକ ଜୀବନର ଗୋଟିଏ ବଡ଼ ଜିନିଷ ହେଉଛି 'କିଉ'। କଥାଟି ଫରାସୀ ଭାଷାରୁ ଆସିଅଛି। ତାର ଅର୍ଥ ହେଉଛି ଲାଞ୍ଜ। ଯାହାକୁ ଓଡ଼ିଆରେ ଅର୍ଥ କଲେ ଲାଞ୍ଜି ଧରିବା କିମ୍ବା ଧାଡ଼ି ହୋଇ ଛିଡ଼ା ହେବା। ଏ ଦେଶରେ ଯେଉଁଠିକି ଯାଆନ୍ତୁ ଲୋକେ ଧାଡ଼ି ଧରି ଠିଆ ହୁଅନ୍ତି। ରେସନ୍ ଅଫିସ୍, ପୋଷ୍ଟ ଅଫିସ୍‌ଠାରୁ ଆରମ୍ଭ କରି ହାଟ, ହୋଟେଲ୍, ବ୍ୟାଙ୍କ,

ବଜାର, ଯେଉଁଠିକି ଗଲେ ଦେଖିବ ମଣିଷ ଧାଡ଼ି ଧାଡ଼ି ହୋଇ ଠିଆ ହୋଇଛନ୍ତି। ଉପର ପାଣି ତଳକୁ ମାଡ଼ିଗଲା ପର ଜଣକ ପରେ ଜଣେ କାମ ହାସଲ କରି ଚାଲି ଯାଆନ୍ତି। ପେଲାପେଲି ନାହିଁ, ପାଟିତୁଣ୍ଡ ନାହିଁ, ଆଖୁବାଡ଼ିରେ ଭାଲୁ ପଶିବା ନାହିଁ। ଅନେକ ସମୟରେ ଲମ୍ବ 'କିଉ' କିମ୍ବା ଧାଡ଼ି ଦେଖି ମନେ ହେବ, ଆଜି କଣ ଏଠି ରାତି ପାହିବ ନା କାମ ହେବ। କିନ୍ତୁ ଥରେ ଧାଡ଼ିରେ ପଶିଲେ ଏତେ ଚଞ୍ଚଳ ନିଜ ପାଳି ପଡ଼ିଯିବ ଯେ ଅପେକ୍ଷା କଷ୍ଟ ମୋଟେ ଜଣାପଡ଼ିବ ନାହିଁ। କଟକ ଷ୍ଟେସନ ଟିକେଟ୍ କଟା, କଣ୍ଟ୍ରୋଲ୍ ଅଫିସ୍ କିରୋସିନି ବଣ୍ଟାବେଳେ ଯେ ଦୃଶ୍ୟ ହୁଏ, ତାହା ଏ ଦେଶରେ ସ୍ୱପ୍ନ।

ଆମ ଦେଶରେ ବଡ଼ ସାନ ତଫାତ୍‌ଟା ଏତେ ବେଶି କି ନା! ହାତୀ ଚାଲିଗଲାବେଳେ କେତେ ନିରୀହ ପ୍ରାଣୀ ଆଉଜି ଯା'ନ୍ତି, ସେଟା ତ ହାତୀ ଜାଣେ ନା। କିନ୍ତୁ ଏ ଦେଶରେ ହାତୀ ପିମ୍ପୁଡ଼ି ତଫାତ୍‌ଟା ଏତେ ବେଶି ନୁହେଁ। ରାଜା ଯେଉଁଠି, ପ୍ରଜା ସେଇଠି, ସ୍ୱାଧୀନତାରେ ଭାଗ ସମସ୍ତଙ୍କର ସମାନ। ମାଂସ ଅଭାବ ହେଲେ, ଅଣ୍ଡା ଅଭାବ ହେଲେ ଅଟ୍‌ଲିଙ୍କ ଘରେ ଯାହା, ଅରକ୍ଷିତଙ୍କ ଘରେ ବି ସେଇଆ। ଆମର ତ 'ମାରି ନିଅନ୍ତି ମହାପାତ୍ରେ, ଚାହିଁ ରହନ୍ତି ଜଳକା'। ସେ ଆଗ ଆସିଲା ସେ ଆଗ ପାଉ, ଏହି ନୀତିଟା ବିନା ପଇସାରେ ସହଜରେ ସବୁଠାରେ ହୋଇପାରିବ। ଖାଲି ଲୋକଙ୍କର ଅଭ୍ୟାସ ଦରକାର। ଅବଶ୍ୟ କଥାଟା ଏତେ ସହଜ ହେଲେ ମଧ୍ୟ ଅନେକ ଦେଶରେ ଲୋକେ ଏ ପର୍ଯ୍ୟନ୍ତ ବି ଶିଖି ପାରିନାହାନ୍ତି। ଏବେ ଜଣେ ବିଦେଶୀ ଲଣ୍ଡନ ଦେଖି କହିଛନ୍ତି ଯେ, ଲଣ୍ଡନ ଗୋଟାଏ ଭଦ୍ରଲୋକଙ୍କର ଜାଗା। ଏଠି ରାସ୍ତାରେ ଗଲାବେଳେ କେହି କାହାକୁ ଠେଲି ଚାଲିଯିବାର ଚେଷ୍ଟା କରେ ନାହିଁ ବା କାହା ପାଦ କୁଦି ଦେବାର ଅଭିସନ୍ଧି କରେ ନାହିଁ। କଥାଟା ଯେତିକି ସାମାନ୍ୟ ମନେ ହେଉଛି ସେତିକି ମୂଲ୍ୟବାନ।

ଏହି ସବୁ ପାଶ୍ଚାତ୍ୟ ଦେଶରେ ସାଧାରଣ ଭଦ୍ରତା ଜ୍ଞାନ ଭାରୀ ତୀକ୍ଷ୍ଣ। ଆମ ଦେଶରେ ସରକାରୀ ଅଫିସରୁ ଆରମ୍ଭ କରି ବ୍ୟବସାୟୀ ପର୍ଯ୍ୟନ୍ତ କାହାକୁ ପତ୍ର ଲେଖି କାମ ହାସଲ କରିବା ଅସମ୍ଭବ। ମୁହଁରେ ହଜାର ମନା କଲେ ମଧ୍ୟ ଏହା ପ୍ରତ୍ୟେକଙ୍କର ଅନୁଭୂତି, ଏଥିରେ ସନ୍ଦେହ ନାହିଁ। ବଡ଼ଲୋକ ଛୋଟଙ୍କୁ ଉତ୍ତର ଦେବା ର ସୌଭାଗ୍ୟର କଥା। ମାତ୍ର ପତ୍ରର ତୁରନ୍ତ ଉତ୍ତର ଏ ଦେଶର ସାଧାରଣ ଭଦ୍ରତା। ପଇସାଟିଏ ଯଦି ଚିଠିରେ ଖର୍ଚ୍ଚ ହୋଇଛି ନିଶ୍ଚୟ ଦୁଇପଇସାର ସୁନ୍ଦର ଛପେଇ ଚିଠି ଖଣ୍ଡେ ଆସିବଇ ଆସିବ। ମାସେ ପରେ ନୁହେଁ, ଛ ମାସ ପରେ ନୁହେଁ, ଦିନେ ବା ଦୁଇଦିନ ଭିତରେ, ଖୁବ୍ ଡେରି ହେଲେ ସାତ ଦିନ ଭିତରେ। ଯଦି କୌଣସି ଖବର ଜାଣିବା ପାଇଁ କାହାକୁ

ଲେଖ, ମାତ୍ର ତାଙ୍କଠୁ ସେ ଖବର ମିଳିବା କଥା ନୁହେଁ, ତେବେ ସେ ମିଳିବା ସ୍ଥାନକୁ ତମ ଚିଠିଟି ପଠାଇ ଦେଇ ତୁମକୁ ସଙ୍ଗେ ସଙ୍ଗେ ଜଣାଇବେ। "ଆମ ପାଖରେ ତ ନାହିଁ, ଆମର ଏତେ କିଏ ଖୋଜି ଯାଉଛି" କହି ଅଳିଆ ଗଦାକୁ ଫୋପାଡ଼ି ଦେବାଭଳି ଦାରୁଣ ନିର୍ଦ୍ଦୟତା ଏମାନେ କେବେ କରନ୍ତି ନାହିଁ। ଅଫିସ କାରବାର କଥା ତ ଛାଡ଼। କେତେ ଯୁଗପରେ ଯେ ଆମେମାନେ ତାଙ୍କପରି ହେବା ଆଖି ପାଏନା।

ଯେଉଁ ଅଫିସକୁ ଯିବ ମନେ ହେବ ସତେ ଯେମିତି ସେମାନେ ତୁମକୁ କେତେ ଯୁଗ ହେଲା ଅନାଇ ବସିଥିଲେ। ଦୁନିଆରେ ଯେମିତି କେବଳ ତୁମେ ତାଙ୍କର ଚିନ୍ତାର ବିଷୟ ଓ ସେ ତୁମର ଆଜ୍ଞାଧୀନ ଭୃତ୍ୟ। ମୁହୂର୍ତ୍ତକ ଭିତରେ ତୁମ ଫାଇଲ ବାହାରି ପଡ଼ିବ ଓ ତୁମ କାମ ସରିଯିବ। ହୁଏତ କାମ ସରିଛି କିମ୍ବା ଠିଆ ଠିଆ ସରିଯିବ, କିନ୍ତୁ "କେଉଁଠି ଅଛି ପାଉନି, କାଲି ଆସିଲେ ଦେଖିବା" - ଏକଥା ପୃଥିବୀର ଏ ପାଖରେ ସମ୍ଭବ ନୁହେ। ସେସବୁ ଭିତରେ ସରସ ଓ ସାଧୁ ବ୍ୟବହାର, ସତେ ଯେମିତି ସାତ ଯୁଗର ଚିହ୍ନା ପରିଚିତ, କିନ୍ତୁ ଏ ବିରାଟ ଲଣ୍ଡନ ସହର ଭିତରେ ଯେତେ ପ୍ରକାରର ଭାରତୀୟ ଅନୁଷ୍ଠାନ ଅଛି ସବୁଠି ଆମ ଚରିତ୍ର ସମାନ। ଯେ କେହି ଭାରତୀୟ ସେଠି ଦିନକ ପାଇଁ ପାଦ ଦେଇଛନ୍ତି, ସେ ନିଶ୍ଚୟ ଜାଣିଥିବେ ଆମ କାରବାର କେଡ଼େ ଜଟିଳ, ଶିଖିବା ଜାଗାରେ ବି ଶିକ୍ଷାଟା ହେଉନି। ତେବେ କ'ଣ "ସଂସର୍ଗଜାଃ ଦୋଷଗୁଣାଃ ଭବନ୍ତି" କଥାଟା ମିଛ ?

ଏମାନଙ୍କର ସବୁଠୁ ବଡ଼ ଗୁଣ ସ୍ୱଦେଶ ଓ ସ୍ୱଜାତି ପ୍ରୀତି। ନିଜ ଜାତି, ନିଜ ଦେଶପାଇଁ ଏମିତି କିଛି ନାହିଁ ଯାହା ସେମାନେ ନ କରିବେ। ଶୋଷଣ, ପେଷଣ, ନିଷ୍ପେଷଣଠାରୁ ଆରମ୍ଭ କରି ଲାଳନ, ପାଳନ, ଆତ୍ମ-ଦାନ ପର୍ଯ୍ୟନ୍ତ ସବୁ କରିପାରନ୍ତି ଓ ସବୁ ସଂଯତ ଓ ବିଧିବଦ୍ଧ ଭାବରେ କରନ୍ତି। କୋରିଆ ଯୁଦ୍ଧ ଚାଲିଛି, ଦେଶସାରା ଡାକ ପଡ଼ିଛି-ଖାଦ୍ୟ କାଟ, ସାଧାରଣ ସୁଖ ସମ୍ଭୋଗ କାଟ, ସ୍ୱାଧୀନତା ପାଇଁ ଛିଡ଼ା ହୁଅ ତାଙ୍କର ସ୍ୱାଧୀନତା ଧାରଣା ଯା ହେଉ ପଛେ)। ପ୍ରଧାନମନ୍ତ୍ରୀଙ୍କ ଘରଣୀ ଶ୍ରୀମତୀ ଅଟ୍‌ଲି ବି ଯୁଦ୍ଧରେ ନାମ ଲେଖାଉଛନ୍ତି। ପନ୍ଦର ଦିନରେ ପଚାଶ ହଜାର ଲୋକ ସୈନ୍ୟ ତାଲିକାଭୁକ୍ତ ହେଲେଣି। ସହାନୁଭୂତି, ସମବେଦନା ସଭ୍ୟତାର ଚରମ ଲକ୍ଷଣ; ଦରିଦ୍ର ଅଶିକ୍ଷିତ ଦେଶରେ ତାର ଅଭାବ ଖୁବ୍ ବେଶି। ସେଠି ମଣିଷ ଜୀବନର ମୂଲ୍ୟ ନାହିଁ, ଚେରମୂଳ ଖାଇ ଦେବତାକୁ ଡାକି ଡାକି ଜୀବନକୁ ଯେତିକି ଦିନ ଯେ ରଖି ପାରିଲା। କିନ୍ତୁ ଏ ଦେଶମାନଙ୍କରେ ମନୁଷ୍ୟ ଜୀବନ ଅବହେଳିତ ହେବା ଅସମ୍ଭବ। ଏବେ ଜଣେ ସାଧାରଣ ସ୍ତ୍ରୀ ଡାକ୍ତରଖାନାରେ ପଡ଼ିଥିଲେ। ତାଙ୍କ ପାଇଁ ଗୋଟିଏ ସ୍ୱତନ୍ତ୍ର ପ୍ରକାର ରକ୍ତ ଦରକାର ହେଲା। ରେଡ଼ିଓ ଜରିଆରେ ଲୋକ-ସାଧାରଣଙ୍କ ସାହାଯ୍ୟ ମଗା

ଯାଇଥିଲା । ତହିଁ ଆରଦିନ ପନ୍ଦର ହଜାର ଲୋକଙ୍କର ରକ୍ତଦାନ ମିଳିଲା । ବହୁ ପରୀକ୍ଷା ପରେ ଜଣକର ରକ୍ତରେ ସେ ଆରୋଗ୍ୟ ହେଲେ । ଆମ ଦେଶରେ ଠାକୁର ଠାକୁରାଣୀଙ୍କୁ ସିନା ଛେଳିମେଣ୍ଢାଙ୍କ ରକ୍ତ ଦିଅନ୍ତି, ସାଧାରଣ ଜୀବନ ପାଇଁ ରକ୍ତ ଦେବ କିଏ ?

ଏବେ ଗୋଟିଏ କୋଇଲାଖଣିରେ ଛାତ ଖସି ପଡ଼ିଲା । ୧୬୦ ଜଣ କୁଲି ଖଣି ଭିତରେ ଦୁଇ ଦିନ ଦୁଇ ରାତି କାଳ ବନ୍ଦୀ ହୋଇ ରହିଲେ । ସେମାନଙ୍କୁ ପାତାଳ ଭିତରୁ ଉଠାଇ ଆଣିବାକୁ ଯାବତୀୟ ସରକାରୀ ଶକ୍ତି ଖଟାହେଲା । ହଜାର ହଜାର ଲୋକ ବର୍ଷା ବାଦଲ ସତ୍ତ୍ୱେ ଖଣି ମୁହଁରେ ୪୮ ଘଣ୍ଟା ଠିଆହୋଇ ରହିଲେ । ଶେଷରେ ଘରକୁ ଯାଇ ବିଶ୍ରାମ ନେବା ପାଇଁ ପୋଲିସ ଜନତାକୁ ବହୁ ଅନୁରୋଧ କଲେ, କିନ୍ତୁ କେହି ପାଦେହେଲେ ଘୁଞ୍ଚିଲେ ନାହିଁ । ୧୩ ଜଣଙ୍କ ଛଡ଼ା ସମସ୍ତେ ଜୀବନ୍ତ ବାହାରିଲେ । ସେହି ୧୩ ଜଣଙ୍କ ପାଇଁ ରଜାଙ୍କଠାରୁ ଆରମ୍ଭ କରି ପ୍ରଧାନମନ୍ତ୍ରୀ ପର୍ଯ୍ୟନ୍ତ, ରାଜ ନଅରରୁ ଆରମ୍ଭ କରି ପାର୍ଲିଆମେଣ୍ଟ ପର୍ଯ୍ୟନ୍ତ ସବୁଠି ଶୋକସଭା ଓ ସମ୍ଭାଷଣରେ ଦେଶସାରା ଚହଳ ପଡ଼ିଲା । ଆମ ରାଜ୍ୟରେ ଥରେ ଦୁଇଶ ଘରଥିବା ଗୋଟିଏ ଗାଁ ସମ୍ପୂର୍ଣ୍ଣରୂପେ ପୋଡ଼ିଜଳି ଭୂଇଁରେ ମିଶି ଯାଇଥିଲା । ସେ କାଳର ରାଜ ସରକାର ଶହେଟି ମାତ୍ର ଟଙ୍କା ବଦାନ୍ୟ ଦାନ କରିଥିଲେ । ଆମ ଭାଗ ପଡ଼ିଥିଲା କେତେ ଅଣା ମାତ୍ର ! ଏବେ ମନେ ପଡ଼ିଲେ ହସମାଡ଼େ । ହାୟରେ ହତଭାଗ୍ୟ ଦେଶ ! ପୋଡ଼ିମଲେ ବି ସେଠି ସହାନୁଭୂତି ପାଇବା କଷ୍ଟ ।

ଯେତେକଥା କୁହାଗଲା, ଏଥିରେ ଯେ ବ୍ୟକ୍ତିଗତ ବ୍ୟତିକ୍ରମ ନାହିଁ, ଏମିତି ନୁହେଁ । ସବୁ ମଣିଷ ତ ସମାନ ନୁହନ୍ତି । ପାଞ୍ଚ ଆଙ୍ଗୁଠି ତ ପୁଣି ସମାନ ନୁହେଁ । ଆମେରିକା ପରି ସଭ୍ୟ ଦେଶରେ ତ ପୁଣି କଥା ଅଛି every minute a rape, every few hours a murder. ସେଥିପାଇଁ ତ ସେମାନଙ୍କୁ ଅସଭ୍ୟ କହିବାର କିଛି ନାହିଁ । କିନ୍ତୁ ସମୂହ ଦୃଷ୍ଟିରୁ ସଭ୍ୟଜାତିମାନଙ୍କଠାରୁ ଅନେକ ଦୈନନ୍ଦିନ ସାଧାରଣ ବ୍ୟବହାର ଶିଖିବାର ଅଛି । ଅବଶ୍ୟ ଅନେକ ସମୟରେ ଗତାନୁଗତିକତା ଭଲ ଲଗେ ନାହିଁ । ମୋର ଜଣେ ବନ୍ଧୁ ଶ୍ରୀ ବିଧୁଭୂଷଣ ଦାସ ସାହେବମାନଙ୍କ 'କିଉ' ଦେଖି ଥଟ୍ଟାରେ କହନ୍ତି "ସାହେବମାନେ ସବୁବେଳେ 'କିଉ' କରି ପାରିବେ, କେବଳ ମଲାବେଳେ ନୁହେ । ଯମ କେବେ 'କିଉ'କୁ ଅପେକ୍ଷା କରିପାରେ ନାହିଁ । ନିତିଦିନିଆ ମୁରୁକିହସା 'ଥ୍ୟାଙ୍କ୍ ଇଉ' ଓ 'ସରି' ବି ଅନେକ ବେଳେ ଦେହଘଷା ହୋଇ ବିରକ୍ତିକର ବୋଧହୁଏ । ତଥାପି ମୋର ମନେହୁଏ, ସାମାଜିକ ଶିଷ୍ଟାଚାର ସର୍ବଦା ଅନୁକରଣୀୟ । କଥା ଅଛି ପରା କାମ ତ ଯାହା ହେଉଛି ହେଉ, "ବଚନେ କା ଦରିଦ୍ରତା ?"

ନାଁ କଟିକିଆଣୀ

ବୋହୂ କଟିକିଆଣୀ ବୋଲି ଆଉ ଟେକରେ ସୀମା ନାହିଁ। ଦେଖିଲାବେଳକୁ ନାକରୁ ସିଙ୍ଘାଣୀ ଛାଡ଼ିନି। ମଣିଷ ପ୍ରକୃତି କ'ଣ ସବୁଠି ସମାନ ? ଦୀପ ତଳ କ'ଣ ସବୁଠି ଅନ୍ଧାର ? ଚକ ଚକ ଚାଇନା ବାସନ ଭିତରଟା କ'ଣ ଖାଲି ମାଟି ? ସାଇବମାନଙ୍କ କଥା ମନେ ପଡ଼ିଲେ ଏହିପରି କେତେ କଥା ମନେ ପଡ଼େ। କିଏ ଜାଣେ ଏ ଦେଶରେ ଅଧିକ ଦିନ ରହିଲେ "କିଂ ଅନଭିମତଂ ଦର୍ଶୟିଷ୍ୟତି।"

ଆମ ଦେଶରେ ଭାରି ଟେକ ଯେ ଗୋରା ଲୋକଙ୍କ ପରି କିଏ ସଫାସୁତୁରା ହେବ। କିରେ ବାବୁ, ପର ହାଣିଲା କୋଡ଼ି ପାଣିପରି ବୋହି ଯାଉଥିଲା, ସାଇବଙ୍କ କୁକୁର ରଖିବା ପାଇଁ ତ ପୁଞ୍ଜା ପୁଞ୍ଜା ଲୋକ ଖଟିଥିଲେ। ଆଉ ସାଇବ ସଫା ହୁଅନ୍ତେ ନାହିଁ କାହିଁକି ? ମାତ୍ର ଏଠି ତ ଲଙ୍କାରେ ସବୁଠୁ ସାନ ଯେ ଷାଠିଏ ହାତ, ଚାକର ମିଳିବେ କାହୁଁ ? ବୈଜ୍ଞାନିକ ପ୍ରଣାଳୀ ପ୍ରଚଳନ ଯୋଗୁଁ ଏ ଜାତି ସୁସ୍ଥ ଜୀବନ ଯାପନ କରନ୍ତି। ହେଲେ, ବ୍ୟକ୍ତିଗତ ପ୍ରକୃତି ଦେଖିଲେ ଭାରତୀୟ ମନରେ ଭୀଷଣ ଘୃଣା ଆସେ। ଆମ ଦେଶରେ ବ୍ରାହ୍ମଣମାନେ ଆଜି ସୁଦ୍ଧା ମୂତ୍ରତ୍ୟାଗ କରି ପାଣିରେ ଧୋଇ ହୁଅନ୍ତି। ଏଠି ତ ମଳତ୍ୟାଗ କଲେ ବି ପାଣିର ଆବଶ୍ୟକତା ପଡ଼େ ନାହିଁ। ହେଲା, କହିପାର, ଏଡ଼େ ଶୀତରେ କିଏ ପାଣି ବ୍ୟବହାର କରୁଛି। ମାତ୍ର ଏମାନେ ଯେମିତି ନିର୍ବିକାର ଭାବେ ଛେପ ବ୍ୟବହାର କରନ୍ତି ପୃଥିବୀର ଆଉ କେଉଁ ସଭ୍ୟଜାତି କରନ୍ତି କି ନାହିଁ ସନ୍ଦେହ। କଲେଜ କ୍ଲାସରେ ବ୍ଲାକବୋର୍ଡ଼ ପୋଛା କନା ନଥିଲେ ଉଚ୍ଚପଦସ୍ଥ ଅଧ୍ୟାପକମାନେ ଛେପରେ ବ୍ଲାକବୋର୍ଡ଼ ପୋଛିବା ଦେଖି ମଣିଷ ତଟସ୍ଥ ହୋଇଯାଏ। ଏଭଳି ଅସୁନ୍ଦର ଅନୁଭୂତିରେ ମୁଁ ତଟସ୍ଥ ହୋଇଛି। ଆଖିରେ ଦେଖିନି ମାତ୍ର ଜଣେ ଭାରତୀୟ ଡାକ୍ତରାଣୀଙ୍କଠୁ ଶୁଣିଛି ଯେ ଅନେକ ସମୟରେ ସେମାନେ ଛେପ ପକାଇ ରୁମାଲରେ ପିଲାମାନଙ୍କ ମୁହଁ ସଫା କରି ଦିଅନ୍ତି। ଯେଉଁ ଦେଶର ଲୋକେ ସ୍ୱାସ୍ଥ୍ୟ

ନିୟମ ମାନି ରାସ୍ତାରେ କୁଟାଖଣ୍ଡେ ବି ପକାନ୍ତି ନାହିଁ, ସେଠି ଏପରି ଅସୁନ୍ଦର ବ୍ୟବହାର କେମିତି ଚଳୁଛି ବୁଝି ହୁଏ ନାହିଁ। ବଡ଼ ମାନଚିତ୍ରରେ ଛୋଟ ଅକ୍ଷର ଦେଖା ନଗଲା ପରି ବଡ଼ ଜାତିର ଛୋଟ କଥାକୁ ନଜର ନାହିଁ ନା କ'ଣ ?

ତା ବ୍ୟତୀତ ସ୍ନାନ ତ ସାତ ସପନ। ଭାରତୀୟ ଏ ଦେଶର ଜାଡ଼ରେ ବି ସ୍ନାନ ନକରି ରହିପାରେ ନାହିଁ। ମାତ୍ର ସାହେବ ଖାଲି ମୁହଁଟି ଧୋଇ ପକାଏ। ଯେତିକି ପଦାକୁ ଦେଖାଯିବ ସେତିକି ଚକଚକ, ଆଉ ଦେହ ଗୋଟିକ ଯାକ ମଇଳା। ମଣିଷର ଦେହ ଯେମିତି, ଏ ଦେଶର ସଭ୍ୟତା ସେମିତି। ବିଜ୍ଞାନ ଗବେଷଣାର ସୀମା ନାହିଁ। ମାତ୍ର ଅନ୍ତର୍ଦର୍ଶନ ଏପର୍ଯ୍ୟନ୍ତ ଆରମ୍ଭ ହୋଇନି। ବିଛଣାରେ ପଡ଼ି ସାହେବ ପହିଲି ଭୋଜନଟି ପକାଏ। ଦାନ୍ତଘଷା, ଜିଭଛୋଲା ତାର ମନେ ପଡ଼େ ନାହିଁ। ହଜାରେ ସଭ୍ୟ ହୁଅନ୍ତୁ ପଛକେ ଏ ଅଭ୍ୟାସ କୌଣସି ବିଦେଶୀ ଆଖିରେ ଯାଏନି। ଫରହାନ୍ସ୍, ମାକ୍ଲିନ, ଡକ୍ଟର ୱେଷ୍ଟ, ଲିଷ୍ଟରିନ, ସବୁ ଦାନ୍ତ ମଲମ ପରା ବିଦେଶ ବଜାରକୁ ଚାଲିଯାଏ। ଏଠି ଯାହାହେଉ, ସାହେବ ପିଲା ଦାନ୍ତ ନଘଷୁ ପଛକେ, ସ୍ୱଦେଶ ବାଣିଜ୍ୟକୁ ବଜାଏ କରିବାକୁ ସାହାଯ୍ୟ କରେ ତ !

ମନେ ଅଛି ପିଲାଦିନେ ଲଫାଫା ଦାଢ଼ରେ ଛେପ ଲଗାଇ ଲଫାଫା ବନ୍ଦ କରିଥିଲି ବୋଲି ମାଷ୍ଟ୍ରେ କେତେ ଗାଳି ଦେଇଥିଲେ। ମାତ୍ର ଏ ସାହେବ ଜାତିର ପାଟିଟା ଅଠା-ଶିଶିର କାମ ଦିଏ। ଏତେ ବଡ଼ ବଡ଼ ପୋଷ୍ଟ ଅଫିସ୍‌ରେ ବା ପାଣିର ବ୍ୟବସ୍ଥା ନାହିଁ। ସାହେବମାନେ ଛେପ ଲଗାଇ ବରାବର ବହିର ପୃଷ୍ଠା ଲେଉଟାନ୍ତି। ମା'ମାନେ ଯେଉଁ କୁକୁର ସାଙ୍ଗରେ ଧରିଥାନ୍ତି, ସେହି କୁକୁରଗୁଡ଼ା ତାଙ୍କ ଛୋଟ ପୁଅଝିଅଙ୍କ ମୁହଁରେ ଚୁମ୍ବନ ଦେବାକୁ ଯାଇ ବ ଚାଟି ପକାନ୍ତି। ଛେପ ବିଷୟରେ ଏ ଦେଶ ବିଜ୍ଞାନରେ କ'ଣ ପଢ଼ାହୁଏ ଜାଣିବାର କୌତୂହଳ ହେଲେ ବି ଏ ପର୍ଯ୍ୟନ୍ତ ବୁଝିନି। ହୋଇପାରେ, "ଏ ଯେଉଁ ବଡ଼ଲୋକ ମତ, ଅଳପ ଲୋକେ ବିପରୀତ"। ଧର୍ମ ଯୁଧିଷ୍ଠିରଙ୍କ ସ୍ୱର୍ଗସାଥୀ ବୋଲି ଏ ଦେଶରେ କୁକୁରଙ୍କ ଭାରୀ ସମ୍ମାନ ବୋଧହୁଏ।

ବୋହୂଟିର ଅଭ୍ୟାସ ଯାହାଥାଉ ପଛେ ଯଦି କିଛି ଅର୍ଥ ଆଣିଛି ତେବେ ମନରେ ଗୋଟାଏ ଆଶ୍ୱାସନା ଆସେ। ମାତ୍ର ଉପର ଚକଚକ ଟ୍ରଙ୍କଟି ଖୋଲିଦେଲା ବେଳକୁ ବାପଘରୁ ଆଣିଛି ଆଠଅଣା ପଇସା ମାତ୍ର। ଏଠିକାର ଅର୍ଥନୀତି ଠିକ୍ ସେହିପରି ମନେ ହୁଏ। ଯେଉଁଠି ଧନ ସଂପତ୍ତିର ଢେଉ ଉଠିଛି, ଆଠ ମହଲା କୋଠା ଆକାଶ ଚୁମ୍ବୁଛି, ସେଠି ନିଃସହାୟ ଦରିଦ୍ର ଭିକ୍ଷା ଲାଗି ହାତ ପତାଏ ଦେଖିଲେ ଦୁଃଖ ହୁଏ। ଅନେକ ହତଭାଗ୍ୟ ଦରିଦ୍ରଙ୍କର ତ ଘର ନଥାଏ, ସେମାନେ ଏଠି ସେଠି ଶୋଇ ସମୟ କଟାଇ ଦିଅନ୍ତି। ରାସ୍ତାରେ ଗଲାବେଳେ କେତେ ଦିନ ଦୁଃଖୀ ଆଖିଆଗରେ ପଡ଼ନ୍ତି, ଛିଣ୍ଡା

ମଇଳା, ଅସନା ପିନ୍ଧି ଯୋତା ସଫାକରିଦେବା ପାଇଁ ଲୋକ ରାସ୍ତା ପାଖରେ ଅପେକ୍ଷା କରି ବସିଥାନ୍ତି। ଦେଖିଲେ ମନରେ ଯେମିତି କରୁଣା ହୁଏ ସେତିକି ବି ବିଦ୍ରୋହ ଜାତହୁଏ। ହଜାର ହଜାର ଫୋର୍ଡ, ଅଷ୍ଟିନ୍, ରୋଲ୍ସ୍‌ର ଏସ୍ ଗାଡ଼ି ରାସ୍ତା ଉପରେ ମାଡ଼ି ଚାଲିଛନ୍ତି ଅଥଚ ରାସ୍ତା କଡ଼ରେ ଯୋତା ସଫା କରିବା ପାଇଁ ମଣିଷ ଯୋତା ଆଡ଼କୁ କରୁଣ ଦୃଷ୍ଟିପାତ କରି ଚାକି ରହିଛି। ଆମ ଦେଶରେ ଯେ ଦରିଦ୍ର ନାହାନ୍ତି ଆମେ ସେ କଥା କହୁନାହୁଁ। ଯେ ଦରିଦ୍ର, ତାର ଖାଇବାକୁ ନାହିଁ, ଏଥିରେ ଆଶ୍ଚର୍ଯ୍ୟ ହେବାର କିଛି ନାହିଁ। ମାତ୍ର ଯେଉଁଠି ହଜାର ହଜାର କୋଟି କୋଟି ଟଙ୍କା ଚେକ୍ ଭଙ୍ଗା ଚାଲିଛି, ସେହି ସଭ୍ୟତା ତଳେ କ'ଣ ଏହି ଦାରିଦ୍ର୍ୟ କାହା ଆଗରେ ପଡ଼େ ନାହିଁ! ନିତାନ୍ତ ଦୁର୍ବଳ, ଅସ୍ଥିଚର୍ମସାର ବୁଢ଼ା ବୁଢ଼ୀ ବାଦ୍ୟଯନ୍ତ୍ର ବଜାଇ ରାସ୍ତାରେ ପଇସା ପାଇଁ ହାତ ପତାନ୍ତି। ଥରେ ଗୋଟିଏ ହୋଟେଲରେ ମୁଁ ଓ ମୋର ବନ୍ଧୁ ଡାକ୍ତର ବସନ୍ତକୁମାର ବେହୁରା ଖାଇସାରି କେତେକ ଅଇଁଠା ଖାଦ୍ୟ ପଦାର୍ଥ ଛାଡ଼ି ଆସିଥିଲୁ। ସେତକ ଜଣେ ବୃଦ୍ଧଲୋକ ଉଠାଇ ନେଇ ଖାଇଲା ବେଳେ ମୋର ବନ୍ଧୁ ମୋତେ କହିଲେ, ମାତ୍ର ମୁଁ ବିଶ୍ୱାସ କରି ପାରିଲି ନାହିଁ। ମାତ୍ର ସେହିଦିନୁ ହୋଟେଲ୍‌ରେ ପଶିଲାବେଳେ ବରାବର ଲକ୍ଷ୍ୟ କରି ଦେଖିଲି ଯେ କେତେକ ଦରିଦ୍ର ଲୋକ ଏହି କାମ ବରାବର କରୁଛନ୍ତି। ଆଶ୍ଚର୍ଯ୍ୟ ହେଲି, ଦାରିଦ୍ର୍ୟ ତେବେ ଏ ଦେଶରୁ ଯାଇନାହିଁ! ହୁଏତ ଏହା ପୁଞ୍ଜିବାଦର ଅବଶ୍ୟମ୍ଭାବୀ ଫଳ; ଅର୍ଥନୀତିର ଗଲ୍‌ତି କିମ୍ବା ମଣିଷ ପ୍ରତି ମଣିଷର ଅତ୍ୟାଚାର ପ୍ରବୃତ୍ତିର ପରିଣତି।

ଯୁଦ୍ଧ ପରେ ଏହି ଜାତିର ସମସ୍ତ ସୌଭାଗ୍ୟ ଯାଇଛି। ଅବଶ୍ୟ ଚେଷ୍ଟା ଫଳରେ ସେମାନେ ଯେ ବଞ୍ଚି ରହିଛନ୍ତି ସେତିକି ଯଥେଷ୍ଟ। ଖାଦ୍ୟାଭାବ ଲାଗି ରହିଛି। ସବୁ ରେସନ୍ ମିଳୁଛି। ବିଦେଶୀମାନେ ତ ଏ ଦେଶର ଘରଣୀ (Land Lady) ମାନଙ୍କ ପକ୍ଷରେ ଅତିଥି ହୋଇ ରହନ୍ତି। ଆଜିକାଲି ସେମାନଙ୍କୁ ଯେଉଁ ପଡ଼ି ମିଳେ ସେଥିରେ ଅତିଥିମାନଙ୍କୁ ଇଚ୍ଛାମତେ ଖାଦ୍ୟ ଯୋଗାଇ ପାରନ୍ତି ନାହିଁ। ତେଣୁ ପଇସା ପାଇଁ, ନିଜ ପଡ଼ିରୁ ବଞ୍ଚାଇ ପେଟରୁ କାଟି ଅତିଥିମାନଙ୍କୁ ଦେଇ ପଇସା କମାନ୍ତି। ଉପରକୁ ଯେଉଁ ଚକ୍‌ଚକ୍ ଓ ଭିତରେ ଏ ଯେଉଁ ଅଭାବ, ଦେଖିଲେ ଦୁଃଖ ଲାଗେ। ଯାହାହେଉ ଏତେ ଅଭାବ ସତ୍ତ୍ୱେ ବି କଟିକିଆଣୀଙ୍କ ଯେଉଁ ଛଟକ ସେତିକି ଦେଖିଲେ ମନରେ ଦୟା ଓ ଆଶ୍ୱାସନା ଆସେ। କିନ୍ତୁ ଘର ଯେତେବେଳେ କଟକରେ, ପେଟରେ ପଖାଳ ନପଡୁ ପଛେ, ମୁହଁରେ ପାଉଡ଼ର ନମାଖିଲେ ସଭାସମିତିକୁ ଯିବେ କେମିତି ? ସେଥିପାଇଁ ବିଶ୍ୱଦରବାରରେ ଆପଣା ସ୍ଥାନ ବଜାୟ ରଖିବା ପାଇଁ ଏ ଲୋକଙ୍କର ଅଦ୍ୟମ ଚେଷ୍ଟା। ଏଣେ ଖାଇବାକୁ ନଥାଉ ପଛେ ତେଣେ ଜାତୀୟ 'ସ୍ୱାସ୍ଥ୍ୟସେବା' (National Health

Service) ଠିକ୍ ଚାଲିଛି। ବିନା ପଇସାରେ ଔଷଧ, ଚିକିତ୍ସା, ସେବା ସବୁ ମିଳିଯାଏ। ଏହି ବ୍ୟବସ୍ଥା ଦେଖି ଏବେ ଆମେରିକାର ଜଣେ ବିଶିଷ୍ଟ ରାଜନୀତିଜ୍ଞ ଚମକି ଯାଇଛନ୍ତି। ଭିତରଟା ଯାହାହେଉ, କିଏ ଦେଖୁଛି, ବାହାରଟା ବଜାୟ ରଖିବା ପାଇଁ ଏ ଜାତି ଭାରି ତତ୍ପର। ସେଥିପାଇଁ ଅନେକ କଥା ଘୋଡ଼ାଇ ହୋଇଯାଏ। କାହା ନିକଟରେ ଅଣ୍ଟା ଭାଙ୍ଗି ଛିଡ଼ା ହେବା ପାଇଁ ଇଚ୍ଛା ନଥିଲେ ବି ଦଇବ ଆଜି ସେମାନଙ୍କର ପ୍ରତିକୂଳ ପରି ଜଣାପଡୁଛି।

ଏସିଆର ତପ୍ତ ନିଶ୍ୱାସରେ ଏ ଜାତି କଳା ପଡ଼ିଯାଇଛି ନା କ'ଣ? କର୍ପୂର ଯାଇଛି ଖାଲି କନା ଖଣ୍ଡ ପଡ଼ି ରହିଛି। ହେଲେ ସେ କନାକୁ ଚିପୁଡ଼ି ଏ ଜାତି କର୍ପୂର ଗନ୍ଧ ବାହାର କରି ଶିଖିଛି। ଏତିକି ରକ୍ଷା, ଏତିକି ଆଶ୍ୱାସନା, ଅନ୍ୟ କେଉଁ ଜାତି ହୋଇଥିଲେ ଆଉ ଛିଡ଼ା ହେବାର ଆଶା ନ ଥିଲା। ଭୁବନେଶ୍ୱର ରାଜଧାନୀ ହେଉ ପଛେ, କଟକର ନାଁ ତ ତଳେ ପଡ଼ିବ ନାହିଁ! ପାଟ ଚିରିଗଲେ ସିନା ପାଟକନା ହେବ!

ଲଣ୍ଡନରେ ଆମେ କେଉଁଠି

ଦୁଇଶ ବର୍ଷ କାଳ ଏହି ସାହେବ ଜାତି ଆମକୁ ଶାସନ କଲେ ଓ ଶୋଷଣ କଲେ। ଚାଳିଶ କୋଟି ଲୋକ କାଙ୍ଗାଳ ହେଲେ, ବାଳବୃଦ୍ଧ ସମସ୍ତେ ସାହେବ ନାମରେ ଶଙ୍କି ଯାଉଥିଲେ। ଭାରତରେ ଅନେକଙ୍କ ଧାରଣା ଯେ ଯେଉଁ ସାହେବ ଜାତି ଆମରି ଧନରେ ଛାତି ଫୁଲାଇ ଦୁନିଆ ଦାଣ୍ଡରେ ବଡ଼ ଲୋକ ବୋଲି ଡିଙ୍ଗୁରା ପିଟୁଛନ୍ତି, ସେମାନେ ନିଶ୍ଚୟ ଆମମାନଙ୍କ ବିଷୟରେ ପୁଙ୍ଖାନୁପୁଙ୍ଖ ରୂପେ ଜାଣିଥିବେ। କିନ୍ତୁ ସବୁଠୁ ଆଶ୍ଚର୍ଯ୍ୟର କଥା, ଇଂରେଜ ଜାତି ନିଜ ଜାତିର ହଜାର ହଜାର ବର୍ଷର ଇତିହାସ ସାଇତି ରଖିଛି। ମାତ୍ର ଭାରତର ଭାତ ଖାଇ, ସିନ୍ଧୁ ନଦୀର ଜଳ ସଙ୍ଗେ ହିନ୍ଦୁସ୍ଥାନର ରକ୍ତ ପିଇ ଭାରତ କଥା ଗୋଟାପଣେ ଭୁଲିଯାଇଛି। ଏଠି ଲୋକସାଧାରଣ ଭାରତ ବିଷୟରେ ଏତେ ଅନ୍ଧ ଯେ ଆମକୁ ଆଶ୍ଚର୍ଯ୍ୟ ଲାଗେ, ଏଇ ଲୋକ ଶହ ଶହ ବର୍ଷ ଧରି ଆମକୁ ଶାସନ କରି କେମିତି କିଛି ଜାଣିନାହାନ୍ତି ! ଭାରତ ଶାସନ ପ୍ରକୃତରେ ସାଧାରଣ ଇଂରେଜ ଜୀବନକୁ ମୋଟେ ପ୍ରଭାବିତ କରିନାହିଁ। ବୋଧହୁଏ କେତେଜଣ ବଡ଼ବଡ଼ିଆ ମହନ୍ତ ସ୍ୱତନ୍ତ୍ର ଶିକ୍ଷାପ୍ରାପ୍ତ ଲୋକଙ୍କ ସାହାଯ୍ୟରେ ଉପନିବେଶ ଶାସନ ଚଳାଇଥିଲେ। 'ଦୀପ ତଳ ଅନ୍ଧାର' ପରି ଏ ସାରା ଜାତିକୁ ସେମାନେ ଭାରତ ବିଷୟରେ ଅନ୍ଧକାର କରି ରଖିଥିଲେ। ଅନ୍ତତଃ ବ୍ରିଟିଶ୍‌ମାନଙ୍କ କୂଟନୀତିକୁ ନମସ୍କାର !

ଭାରତ ରିପବ୍ଲିକ୍ ଘୋଷିତ ହେଉଛି ବୋଲ ଲଣ୍ଡନରେ ସ୍ୱାଗତ ବିଲ୍ ପାଶ୍ ହେଉଛି। କି କରୁଣା, କି ବିଶ୍ୱପ୍ରୀତି, କି ଆନ୍ତର୍ଜାତିକତା ! ପାର୍ଲିଆମେଣ୍ଟ କୋଠାରୁ ଇଟାଖଣ୍ଡେ କାଢ଼ିନେଲେ ଭାରତର ରକ୍ତ ନିଗିଡ଼ି ପଡ଼ିବ। କିନ୍ତୁ ଏ ଜାତି ଏପର୍ଯ୍ୟନ୍ତ ଭାରତ ବିଷୟରେ ଅଜ୍ଞ। ସାତଖଣ୍ଡ ରାଜନୀତି-ରାମାୟଣ ସରିଛି, ମାତ୍ର ଭାରତ-ସୀତା ପୁରୁଷ କି ସ୍ତ୍ରୀ ପୁରାଣ-ପଣ୍ଡାଙ୍କ ବ୍ୟତୀତ ଆଉ କେହି ଜାଣିନାହିଁ। ଭାରତୀୟ ଅପମାନିତ ହୁଏ, ବିଦ୍ରୋହୀ ହୁଏ, ଛାଡ଼। "ନ ଗଙ୍ଗଦତ୍ତଃ ପୁନରେତି କୂପମ୍"। ଏ ଅଶ୍ଳୀଳ ଦୁଃସ୍ୱପ୍ନ

ଭୁଲିଯିବାରେ ଲାଭ ଅଛି। ତଥାପି ଏଡ଼େବଡ଼ ଲଣ୍ଡନରେ ଭାରତୀୟ ନିଜର ବୋଲି କି ଚିହ୍ନ ଦେଖେ, ସେହିକଥା କହିବି। ମଣିଷ ସବୁବେଳେ ଆତ୍ମପ୍ରତିଷ୍ଠା ପ୍ରିୟ। ନିଜକୁ ପରଲୋକେ କେତେ ମନେ ରଖିଛନ୍ତି ସେତିକି ଦେଖିଲେ ଆନନ୍ଦ ଆସେ, ଆତ୍ମପ୍ରସାଦ ଅନୁଭୂତ ହୁଏ। ଆମ ଦେଶକୁ ଇଂରେଜମାନେ ଏତେ କାଳ ଶାସନ କରିଥିଲେ। ଆମକୁ ଲଣ୍ଡନ ସହରରେ, ଏହି ଆନ୍ତର୍ଜାତିକ ଲୀଳାଭୂମିରେ କେମିତି ସ୍ଥାନ ଦେଇଛନ୍ତି, ସେତିକି ଏଠି ଦେଖିବାର କଥା।

ନିଶ୍ଚୟ ଲଣ୍ଡନ ସହରରେ ଆଉ କିଛି ନଥିଲେ ବି 'ଇଣ୍ଡିଆ ହାଉସ୍' ଅଛି ବୋଲି ଧରିନେବାକୁ ହେବ। ଭାରତ ଛାଡ଼ିବା ପୂର୍ବରୁ ବି 'ଇଣ୍ଡିଆ ହାଉସ୍' ସଙ୍ଗେ ଚିଠିପତ୍ର କାରବାର ଚାଲିଥାଏ। ଏ ଦେଶରେ ଇଣ୍ଡିଆ ହାଉସ୍ ଭାରତୀୟର ଏକମାତ୍ର ଭରସାସ୍ଥଳ। ସେ ପୂର୍ବ ଇଣ୍ଡିଆ ହାଉସ୍ ନାହିଁ। ମିଷ୍ଟେର.....ନାହାନ୍ତି। ଶ୍ରୀ କୃଷ୍ଣମେନନ୍ ଏବେ ମାଲିକ। ଭାରତୀୟ ମନରେ ଏବେ ଆଶ୍ୱାସନା ଆସେ ଯେ ସେ ନିଜ ଘର ମାଲିକ। ସାଇବ ପୁଅ ହୁଏତ ସେହିବାଟେ ଗଲାବେଳେ 'ଇଣ୍ଡିଆ ହାଉସ୍'କୁ ଚାହିଁ ଭାବୁଥିବେ, କି ହେଲାରେ! 'କ୍ୱ ଗତଃ ଯଦୁପତିଃ, କ୍ୱ ଗତାଃ ମଥୁରା ପୁରୀ'। ଖାଲି ଭାରତୀୟ ପଣ୍ଡାମାନଙ୍କର କାରବାର ଚାଲିଛି। ଯେଉଁ ଟେବୁଲ ଚଉକି ଉପରେ 'ଚାର୍ଲସ୍‌ଲାମ୍ବ' ଜାତିପୁଅମାନଙ୍କ ସଙ୍ଗେ ଘୁମାଉଥିଲେ, ସେଠି ଆଜି କେତେ କଳା ଗୋରା ଭାରତୀୟ ପୁରୁଷ ଓ ନାରୀ ଆଡ୍ଡା ଜମାଇ ବସିଛନ୍ତି। ହାତରେ ବିଲାତି ବ୍ୟାଗ୍ ଥିଲେ ବି ଦେହରେ ବମ୍ବେଇ ଶାଢ଼ୀ ଦେଖି ମନରେ ଆଶ୍ୱସ୍ତି ଆସେ। ନାରୀ ମହଲରେ "ନମସ୍ତେ" ଶୁଣିଲେ ବି ପୁରୁଷ ମହଲରେ ପୂର୍ବପରି "ଗୁଡ୍ ମର୍ଣ୍ଣିଂ" ଅଛି। ଲଣ୍ଡନ ସହରରେ 'ଇଣ୍ଡିଆ ହାଉସ୍' ଭାରତୀୟତାର ପ୍ରଥମ ଚିହ୍ନ।

ଅନେକ ଭାରତୀୟ ବନ୍ଧୁ ଚିଠି ଲେଖିଲା ବେଳେ ଭାରତ ଖବର ଲେଖିବା ପାଇଁ ଭୁଲିଯାଇ କହିଥାନ୍ତି "ଖବରକାଗଜରୁ ଭାରତ ଖବର ପାଉଥିବେ, ଆଉ କଣ ଲେଖିବି।" ମାତ୍ର ବନ୍ଧୁ ଜାଣନ୍ତି ନାହିଁ ଯେ ଲଙ୍କାରେ ରାମନାମ ପରି ଏ ଦେଶରେ ଭାରତ ନାମ ଦୁର୍ମୂଲ୍ୟ। ମଝିରେ ମଝିରେ ଲଙ୍କାପୋଡ଼ି ହେଲେ ରାମଙ୍କ କଥା ଲଙ୍କା ଖବରକାଗଜରେ ସ୍ଥାନ ପାଏ। ଭାରତର ମୁଦ୍ରାହ୍ରାସ ବା ଜବାହାରଲାଲଙ୍କ ପରି ବିରାଟ ବ୍ୟକ୍ତିଙ୍କ କଥା ଏଠିକାର ଲଣ୍ଡନ କାଗଜରେ ପାଞ୍ଚ ଦଶ ଧାଡ଼ି ବାହାରେ। ଏବେ ଭାରତ 'ରିପବ୍ଲିକ୍' ଘୋଷଣା କରାଗଲା ପରେ ପାର୍ଲିଆମେଣ୍ଟରେ ସ୍ୱାଗତ ବିଲ୍ ପାଶ୍ ହୋଇଛି ବୋଲି ଖବରକାଗଜରେ ପ୍ରକାଶ। ଉଦୟଶଙ୍କର ପରି ବିଖ୍ୟାତ ନର୍ତ୍ତକ ପିକାଡ଼ିଲି ଥିଏଟରରେ ଶତ ଶତ ଇଂରେଜଙ୍କୁ ସପ୍ତାହେ କାଳ ମୁଗ୍‌ଧ କରିଥିଲେ ବୋଲି ମାନ୍‌ଚେଷ୍ଟରର "ଗାର୍ଡିଆନ୍" ବହୁ ପ୍ରଶଂସା କରି ପନ୍ଦର ଧାଡ଼ି ଲେଖିଛନ୍ତି। ସେହିଦିନୁ

ଖବରକାଗଜରେ ଭାରତ କଥା ନାହିଁ। ସୁତରାଂ ଏ ଦେଶ ଖବରକାଗଜରେ ଭାରତର ବିଶେଷ ଭାଗ ଅଛି ବୋଲି ଭାବିବା ଭୁଲ୍। ବରଂ ଚାଇନାର ପ୍ରେତରୂପ ଦେଖି ପୁଞ୍ଜିପତିମାନେ ଥର ଥର ବୋଲି ସେହିକଥା ଅନେକ ରୂପରେ ବାହାରେ। ରେଡ଼ିଓରେ ଅବଶ୍ୟ ଭାରତ ସମ୍ବାଦ ଶୁଣିବା କଥା। ମାତ୍ର ଲଣ୍ଡନରେ ଦିନ ଦୁଇଟାବେଳେ ଭାରତରେ ସନ୍ଧ୍ୟା ସାତ। ତେଣୁ ଦୁଇଟା ବେଳେ ସମସ୍ତେ କାର୍ଯ୍ୟବ୍ୟସ୍ତ। ତେଣୁ ରେଡ଼ିଓରୁ ଭାରତ ସମ୍ବାଦ ଶୁଣିବା ଅସମ୍ଭବ ହୋଇପଡ଼େ। ଏକୋଇଶ ଦିନ ଲୁଣିହାଉଆ ଖାଇ ଖାଇ ଯେଉଁ ବିରୂପ ଭାରତ କାଗଜ ଖଣ୍ଡି ଏଠି ପହଞ୍ଚେ, ସାଧାରଣ ସ୍ନେହାଧିକ୍ୟ ହେତୁ ସେ କାହାର ହୋଇପାରେ ନାହିଁ। ସେ ପୁଣି ସପ୍ତାହେ ବା ପନ୍ଦର ଦିନରେ ଦିନକର କଥା। ବିଶ୍ୱବାର୍ତ୍ତା ରାଜ୍ୟରେ ଆମେ କେଉଁଠି ତା ଏବେ ପାଠକଙ୍କ ନିକଟରେ ସ୍ପଷ୍ଟ।

ଭାରତୀୟ ହଷ୍ଟେଲ୍ ଓ ହୋଟେଲ୍ କଥା। ବର୍ତ୍ତମାନ ଲଣ୍ଡନରେ ଅନେକ ଭାରତୀୟ ଅଛନ୍ତି। ବିଶେଷତଃ ଛାତ୍ରମାନଙ୍କର ଛାତ୍ରାବାସ ଅଛି। 'ଇଣ୍ଡିଆନ୍ ଷ୍ଟୁଡେଣ୍ଟସ୍ ବ୍ୟୁରୋ', 'ଇଣ୍ଡିଆନ୍ ଷ୍ଟୁଡେଣ୍ଟସ୍ ହୋଟେଲ୍', 'ଇଣ୍ଡିଆନ ଲୀଗ୍', ଏହିଭଳି କେତେଗୁଡ଼ିଏ ଭାରତୀୟ ଆଖଡ଼ା ଅଛି। ଯେଉଁ ଭାରତୀୟ ଛାତ୍ରାବାସ ସଙ୍ଗେ ସରକାରୀ ସମ୍ପର୍କ ଅଛି, ସେଟି ଭାରତ ପରି ଦରିଦ୍ର, ଦୁଃସ୍ଥ, ଅବହେଳିତ ପରି ଦେଖାଯାଏ। କୌଣସି ଇଂରେଜ ବନ୍ଧୁଙ୍କୁ ଡାକି ସେଠି ନିଜର ଦାରିଦ୍ର୍ୟ ଦେଖାଇବାକୁ ଲାଜ ଲାଗେ। ଅବଶ୍ୟ ଲଣ୍ଡନ ସହରରେ ଭାରତୀୟ ଘରଗୁଡ଼ିକ ବଡ଼ ବଡ଼ ମହାରାଜଙ୍କ ଘରଠାରୁ ଢେର ଭଲ ଓ ସୁସଜ୍ଜିତ। ଛୋଟିଆ ରାଜାମାନଙ୍କ କଥା ମୋଟେ ମନରେ ନେବେ ନାହିଁ। ତାହାହେଲେ ଲଣ୍ଡନ ବିଷୟରେ ଭୁଲ ଧାରଣା ହେବାର ସମ୍ଭାବନା ଅଛି। ଭଲମନ୍ଦ ଦିନରେ ଏହି ଘର ଉପରେ ତ୍ରିରଙ୍ଗ ପତାକା ଉଡ଼ିଲେ କେତେ ତରୁଣ, ତରୁଣୀ ଆଖି ପକାଇ ଚାଲିଥାନ୍ତି। ଭାରତୀୟ ହୋଟେଲ ଛୋଟ ବଡ଼ କେତେଗୁଡ଼ିଏ ଅଛି। ପ୍ରଧାନ କେତୋଟି- 'ନୁରୁଜାହାନ, ଦିଲ୍ଲୀ ଦରବାର, ବମ୍ବେ ଇଣ୍ଡିଆ।' ସେଠି ଭାରତୀୟ ଖାଦ୍ୟ ମିଳେ। ରେସନ ଯୁଗରୁ ଇଂରେଜ ହୋଟେଲରେ କାଙ୍ଗାଳ ଭୋଜନରେ ମନ ନମାନିଲେ ଭାରତୀୟମାନେ ସେଇଠି ଭୁକନ୍ତି। କିନ୍ତୁ ପଇସାଟା ଅବଶ୍ୟ ଜୋର୍। ଜାତିପୁଅଠାରୁ ହାତୀ ଆଦାୟ କରିବା କଥା। ରୁଟି, ପରଟା, ଡାଲି, ତରକାରୀ, ଭାତ ଭାରତୀୟ ସ୍ୱାଦୁ ଦିଏ ସତ, ମାତ୍ର ରସଗୋଲାଟା ଆମ କଟକ ରସଗୋଲା ନୁହେଁ। କାହିଁକି କେଜାଣି ଏ ଦେଶରେ ଭାରତୀୟ ମିଷ୍ଟାନ୍ନ ଖାଇବାକୁ ମିଳେନି। ସାହେବ ପୁଅ ଭାରତରୁ ସବୁ ଆଣିଲେ, ରନ୍ଧନ କଳାଟା ଆଣି ପାରିଲେ ନାହିଁ କାହିଁକି ? ହାକିମ ସାହେବ ଜାତି ଖାନସମା କାମଟା କରିବାକୁ ବେମର୍ଯ୍ୟାଦା ବୋଲି ମନେ କରୁଥିଲା

ନା କଣ ? ହୁଏ ତ ସେ ସାଧନାଟା ହୋଇଯାଇଥିଲେ ଖାଦ୍ୟ ବଜାରରେ ଭାରତୀୟଙ୍କୁ ବେଶ୍ ଭୁଲାଇ ହୋଇ ପାରନ୍ତା।

ଶିକ୍ଷା ସଭ୍ୟତାର ପ୍ରଧାନ ଉପାଦାନ। ପୁସ୍ତକ ଶିକ୍ଷାର ସାଧନା। ଏ ଦେଶରେ କଳକବଜା ମନୁଷ୍ୟଙ୍କୁ ଯେତେ ମୁଗ୍ଧ କରେ ବଡ଼ ବଡ଼ ବହି ଦୋକାନ ତାଠୁ ବେଶି କରେ। ବୋଧହୁଏ ମନୁଷ୍ୟ ସଭ୍ୟତାର ଏମିତି ଜିନିଷ ନାହିଁ, ଯେଉଁ ବର୍ଷରେ ଏ ଦେଶରେ ବହି ନାହିଁ। ଘାସକଟାଠାରୁ ଘୋଡ଼ା ଚଢ଼ା ପର୍ଯ୍ୟନ୍ତ ମଣିଷ ଜୀବନରେ ଯେତେ ବିଭାଗ ଓ ବ୍ୟବସାୟ ଅଛି ସମସ୍ତଙ୍କ ବିଷୟରେ ବହି ଅଛି। ଗୋଟିଏ ଗୋଟିଏ ବହି ଦୋକାନରେ ପଶିଲେ ବର୍ଣ୍ଣବିଚିତ୍ର ହଜାର ହଜାର ବହି ଦେଖି କେବଳ ଦାରିଦ୍ର୍ୟ ସ୍ମରଣ କରିବାକୁ ହୁଏ। ଇଂରେଜ ବଜାରରେ ଭାରତୀୟ ପୁସ୍ତକର କାଟତି କେମିତି, ସେତିକି ଜାଣିବାକୁ କୌତୂହଳ ହୁଏ। ଗାନ୍ଧି, ଜବାହରଲାଲ ଓ ରବୀନ୍ଦ୍ରନାଥଙ୍କର ଅନେକ ବହି ସଜ୍ଜିତ ଥାଏ। ଭାରତ ସଭ୍ୟତା ଓ ରାଜନୀତି ବିଷୟରେ ଅନେକ ବହି ଅଛି। ସବୁଠାରୁ ସୁଖର କଥା, ଯେଉଁ ପୁରାତନ ସଂସ୍କୃତି ଆମ ଦେଶରେ ମିଳନ୍ତା କି ନାହିଁ ସନ୍ଦେହ ତାହା ଏ ଦେଶର ଗୋଟିଏ ଗୋଟିଏ ବହି ଦୋକନରେ ଭରିଥାଏ। ବିଶେଷତଃ ଭାରତର ସଂସ୍କୃତି ପୁସ୍ତକର ଏଠି ସ୍ୱତନ୍ତ୍ର ସଂଗ୍ରହ କରାଯାଇଛି। ଯା ହେଉ ବହି ଦୋକାନରେ ପଶିଲେ ଇଂରେଜମାନଙ୍କ ପ୍ରତି ଟିକିଏ ମମତା ହୁଏ। ଲାଇବ୍ରେରୀମାନଙ୍କରେ ଭାରତୀୟ ପୁସ୍ତକ ସଂଗ୍ରହ ମନ୍ଦ ନୁହେଁ; ବିଶେଷତଃ ପ୍ରାଚ୍ୟଶିକ୍ଷା ମନ୍ଦିରରେ ହଜାର ହଜାର ଭାରତୀୟ ପୁସ୍ତକ ଭରି ରହିଛି-ହିନ୍ଦୀ, ବଙ୍ଗଳା, ଗୁଜରାଟୀ, ମହାରାଷ୍ଟ୍ରୀ। ପ୍ରାଚ୍ୟ-ଶିକ୍ଷା ମନ୍ଦିରରେ ଥରେ ବହି ଖୋଜୁ ଖୋଜୁ ଦିନେ କେତେକ ଓଡ଼ିଆ ବହି ଦେଖି କେତେ ଯେ ଆନନ୍ଦ ହେଲା କ'ଣ କହିବି। "ଓଡ଼ିଆ ବ୍ୟାକରଣ" ଓ "ଓଡ଼ିଆ ବର୍ଣ୍ଣ ପରିଚୟ" ପରି କେତେ ଖଣ୍ଡି ମାତ୍ର। ନାହିଁ ମାମୁଁ ଠାରୁ କଣା ମାମୁଁ ନିଶ୍ଚୟ ଭଲ, ଅନ୍ତତଃ ଆମ ଲାଇବ୍ରେରୀକୁ ଓଡ଼ିଆ ଢଗଢମାଳି ଠାରୁ ଆରମ୍ଭକରି 'ପୂର୍ଣ୍ଣଚନ୍ଦ୍ର ଭାଷାକୋଷ' ପର୍ଯ୍ୟନ୍ତ ଶତାଧିକ ଓଡ଼ିଆ ପୁସ୍ତକ ଆଣିବା ପାଇଁ ଚିଠା କରି ଦେଇଛି। ପ୍ରାଚ୍ୟଭାଷା ଶିକ୍ଷା ଅନୁଷ୍ଠାନରେ ଗୋଟିଏ ଭାରତୀୟ କଲେଜରେ ରହିଲା ପରି ଲାଗେ। ଏଠି ଇଂରେଜ ପିଲାମାନେ ହିନ୍ଦୀ, ବଙ୍ଗଳା, ଆରବୀ, ଫାରସୀ, ମାଳୟ, ତେଲଗୁ, ତାମିଲ ପଢ଼ନ୍ତି। ଅନେକ ସମୟରେ ଇଂରେଜ ତରୁଣ ତରୁଣୀମାନଙ୍କଠାରୁ 'କ୍ୟା କରତା ହେ', 'କେସେ ହେଁ' 'ଧନ୍ୟବାଦ' ପ୍ରଭୃତି ଶବ୍ଦ ଅପ୍ରତ୍ୟାଶିତ ଭାବରେ ଶୁଣି ଚମକ ଲାଗିଯାଏ। ବିଗତ ଯୁଦ୍ଧ ପରେ ପରେ ଅଧିକାଂଶ ଇଂରେଜ ସୈନ୍ୟ ଭାରତୀୟ ଭାଷା ହାସଲ କରି ପାରିଛନ୍ତି। ଇଂରେଜ ପିଲା ଯାତ୍ରାଦେଖା ସଙ୍ଗେ ସଙ୍ଗେ କଦଳୀ ବିକ୍ରୀକରି ବେଶ୍ ଫାଇଦା ଉଠାଇ ଜାଣେ।

ଦିନେ ଦିନେ ଭାରତୀୟ ନୃତ୍ୟଗୀତ ପ୍ରଦର୍ଶନୀ ହୁଏ। ଭାରତୀୟମାନେ ଦେଖନ୍ତି। ଏବେ ବି ଲଣ୍ଡନରେ ହିନ୍ଦୀ କଥାଚିତ୍ର 'କିସ୍‌ମତ୍' ଚାଲିଛି। ଭାରତୀୟ ହୋଟେଲ୍‌ମାନଙ୍କରେ ଘୋଷଣା ପତ୍ର ଦିଆ ଯାଇଛି, ଅନ୍ୟତ୍ର କ'ଣ ହୁଏ ଜାଣେନି। ଅବଶ୍ୟ 'ଉଦୟ ଶଙ୍କର ନୃତ୍ୟ' ଦେଖିବା ନିମିତ୍ତ ସାତ ଦିନ ପାଇଁ ପିକାଡ଼ିଲା ଥିଏଟର ଲୋକ ଗହଳିରେ ଭାଙ୍ଗି ପଡୁଥିଲା। ବର୍ଣ୍ଣବିଚିତ୍ର ଭାରତୀୟ ନାରୀମାନଙ୍କର ଅଙ୍ଗଭଙ୍ଗୀ ଓ ଲଳିତ-ସଙ୍ଗୀତ ସାହେବମାନଙ୍କୁ ମୁଗ୍ଧ କରୁଥିଲା। ଭାରତୀୟ ନୃତ୍ୟଗୀତର ଭାରି ପ୍ରଶଂସା ତ!

ଚିଡ଼ିଆଖାନା ଓ ମିଉଜିଅମରେ ଭାରତର ଚିହ୍ନ ଅନେକ ମିଳେ। ଲଣ୍ଡନ ଚିଡ଼ିଆଖାନାରେ ଭାରତୀୟ ବାଘ, ଭାଲୁ, କେନ୍ଦୁଆ, ହରିଣ, ମାଙ୍କଡ଼, ବିଲୁଆ, କାଉ ଓ କେତେକ ସାପଜାତୀୟ ଜୀବ ଅଛନ୍ତି। ଭାରତ ଜଙ୍ଗଲର ମହାବଳ ଲଣ୍ଡନ ସହର ଚିଡ଼ିଆଖାନା ଭିତରେ ବି ହୀନବଳ ହୋଇ ପଡ଼ିଥାଏ। ଶହ ଶହ ଇଂରେଜ ବାଳ ବୃଦ୍ଧ-ବନିତା କେତେ କୌତୂହଳ କରି ଚାଲିଥାନ୍ତି। ଦେଖିଛି, ମୃତପ୍ରାପ୍ତ ମହାବଳଟି କେବଳ କରୁଣ ଦୃଷ୍ଟିପାତ କରି ପଡ଼ିଥାଏ। ବାସ୍ତବରେ "ସ୍ଥାନଭ୍ରଷ୍ଟା ନ ଶୋଭନ୍ତେ।" ବାଘ ମୁହଁରେ ମଣିଷ ଖେଳ, ବିଧିର ବିଡ଼ମ୍ବନା ସିନା! ସିଂହର ସଦନେ ପୁଣି ଶୃଗାଳର କ୍ରୀଡ଼ା! ସ୍ଥାନ ନେଇ ସିନା ମଣିଷ ବଡ଼ ସାନ! ଶୀତରେ ଚମଡ଼ା ଫାଟି ଧଳା ହୋଇ ଯାଇଛି, ନିହାତି ସାନ ସାନ ଦୁଇଟି ହାତୀ। ଛୋଟ ଛୋଟ ଇଂରେଜ ପିଲା ପଇସା ଦେଇ ସେମାନଙ୍କ ଉପରେ ପାଞ୍ଚ ମିନିଟ୍ ଲେଖାଏ ବସି ଭାରି ଖୁସି। ପରିବର୍ତ୍ତିତ ଜଳବାୟୁ ପାରିପାର୍ଶ୍ୱିକ ଅବସ୍ଥା ଭିତରେ ସମସ୍ତ ଜୀବଜନ୍ତୁ ନିସ୍ତେଜ, ନିଶ୍ଚଳ ପ୍ରାୟ। ବ୍ରିଟିଶ ମିଉଜିୟମରେ ଭାରତ ବିଶେଷ ସ୍ଥାନ ପାଇଛି ବୋଲି ମନେ ହୁଏ ନି। ପୂର୍ବ ଖଣ୍ଡରୁ ଆରବ, ପାରସ୍ୟ, ଚୀନ ବିଶେଷ ସ୍ଥାନ ଅଧିକାର କରିଛନ୍ତି। ତଥାପି ଏଠାରେ ଯାହା ରହିଛି ସେଥିରେ ଆମେ ଗୌରବ ଅନୁଭବ କରିବା କଥା। ପୁରୁଣା କାଳର ପୋଥିମାନଙ୍କ ଭିତରେ ଆମ ଓଡ଼ିଆ ପୋଥି ବି ଅଛି। ସେଥିରେ ରାଧାକୃଷ୍ଣ ଚିତ୍ର ରହିଛି, ଚାରୁକଳା ଭିତରେ ପୁରାତନ ପ୍ରସ୍ତର ମୂର୍ତ୍ତି ଅନେକ ପ୍ରକାରର ଅଛି।

ଏହିପରି ଦେଖିଲେ ଲଣ୍ଡନ ସହରରେ ଭାରତର ସେ ଆଶାନୁରୂପ ସ୍ମୃତି ଅଛି ମନେ ହୁଏନା। କିନ୍ତୁ ବିଜିତ ଭାରତ ଦେହରେ ବିଜେତା ଇଂରେଜ ବିବିଧ ସ୍ମୃତି ସ୍ଥାପନ କରି ଆପଣାକୁ ଅମର କରିବା ପାଇଁ ତ କମ୍ ଚେଷ୍ଟା କରି ନାହାନ୍ତି!

■

ଲଣ୍ଡନ ପୋଲିସ୍

ଭାରତରେ ଯେଉଁ ଜାତିର କଥା ଶୁଣି ଶ୍ରମଝାଳ ବହିଯାଏ ଓ ଯାହାଙ୍କ ନାଁ ଶୁଣିଲେ ନାହି ଚମକି ଉଠେ, ଆଜି ଲଣ୍ଡନର ସେହି ଲୋକମାନଙ୍କ କଥା କହିବି। ସେମାନେ ହେଉଛନ୍ତି ଲଣ୍ଡନ ପୋଲିସ୍। ଏହି ଲଣ୍ଡନ ପୋଲିସ୍ ଯେ କେବଳ ଭାରତ ପୋଲିସ୍‌ଙ୍କଠାରୁ ଭିନ୍ନ ତା ନୁହେଁ, ସେମାନେ ଇଉରୋପର ଅନ୍ୟାନ୍ୟ ଦେଶ ପୋଲିସ୍‌ମାନଙ୍କଠାରୁ ବି ସ୍ୱତନ୍ତ୍ର। ଭାରତର କଳା ମଣିଷ ଦେହରେ ଖାକି ପୋଷାକ ଉପରେ ଲାଲ ପଗଡ଼ି ଦେଖି ରକ୍ତ ଶୁଖିଯାଏ କିନ୍ତୁ ଏ ଦେଶର ଧଳା ଚମଡ଼ା ଉପରେ ପୂରା କଳାପୋଷାକ ସୁନ୍ଦର କଳା ଟୋପିଟି ମନରେ ଆଶ୍ୱାସନା ଆଣେ। ଇଂରେଜ ସରକାର ଭାରତରେ ଯେତେ ଅସୁନ୍ଦର ଅନୁଷ୍ଠାନ ସୃଷ୍ଟି କରିଥିଲେ, ତା ଭିତରୁ ପୋଲିସ୍ ଅନୁଷ୍ଠାନଟି ବୋଧହୁଏ ଅସୁନ୍ଦରତମ। ପୋଲିସ୍ କହିଦେଲେ ରକ୍ତ ପାଣି। ଜୁଲମ, ଅତ୍ୟାଚାର ନିଷ୍ପେଷଣ, ଯାହା କିଛି କହ ସବୁ ପୋଲିସ୍। ଏହି ପୋଲିସ୍ କଣ୍ଟାଟି ଉପରେ ଇଂରେଜଙ୍କ ସାମ୍ରାଜ୍ୟଟି ଲଟକି ରହିଥିଲା। ଗଲା ଆନ୍ଦୋଳନରେ ସାହେବମାନେ କହୁଥିଲେ, ଯେ ଯେତେଦିନ ପର୍ଯ୍ୟନ୍ତ ଭାରତୀୟ ମାଜିଷ୍ଟ୍ରେଟ୍ ଓ ପୋଲିସ୍ ତାଙ୍କ ହାତରେ ଅଛନ୍ତି, ସେତେଦିନ ପର୍ଯ୍ୟନ୍ତ ଗାନ୍ଧୀଙ୍କ ଅହିଂସା ଆନ୍ଦୋଳନକୁ ତାଙ୍କର ଭୟ ନାହିଁ। ବ୍ରିଟିଶ-ଭାରତ ପୋଲିସ୍‌ଙ୍କ ଅପେକ୍ଷା ଗଡ଼ଜାତ ପୋଲିସ୍ ଆହୁରି ଦୁର୍ଦ୍ଦାନ୍ତ, ନୀଚ। ପୋଲିସ୍ ଅତ୍ୟାଚାରର ଚରମ କାହାଣୀ ଆପଣମାନେ ୧୯୩୮-୩୯ରେ ପ୍ରକାଶିତ ଓଡ଼ିଶା ଗଡ଼ଜାତ ରିପୋର୍ଟରୁ ଦେଖି ପାରିବେ। ଆଶା ଅଛି ସ୍ୱାଧୀନ ଭାରତରେ ସେ ଅବସ୍ଥା ଶୀଘ୍ର ବଦଳିଯିବ। ଦୋଷ ତ ପୋଲିସ୍ ଅନୁଷ୍ଠାନର ନୁହେଁ, ଦୋଷ ଶାସକମାନଙ୍କର। ଇଂଲଣ୍ଡ କେତେଦୂର ସ୍ୱାଧୀନ ତା ତାଙ୍କ ପୋଲିସ୍‌ଙ୍କ କଥାରୁ ଜଣାଯିବ। ମୁଁ ବର୍ତ୍ତମାନ ଯାହା ଲେଖୁଛି ତା ଏଠି ଟ୍ରେନିଂ ପାଉଥିବା ଜଣେ ଭାରତୀୟ ପୋଲିସ୍‌ଙ୍କଠାରୁ ସଂଗ୍ରହ କରିଛି। ସେ ନିଜେ ଭାରତୀୟ ପୋଲିସ୍ ଅଫିସର ହେଲେ ବି ଇଂରେଜ ପୋଲିସ୍‌ର ଉଦାରତା ଦେଖି ଅବାକ୍ ହୁଅନ୍ତି। ମୁଁ ଅବଶ୍ୟ କେତେକ ଲଣ୍ଡନ ପୋଲିସ୍‌ଙ୍କ ସଙ୍ଗେ ବ୍ୟକ୍ତିଗତ ଆଳାପ କରିଛି।

ପୋଲିସ୍ ବିଭାଗ ଓ ଦରମା

୧।	କନ୍‌ଷ୍ଟେବଲ - ମାସିକ ପ୍ରାୟ	ଟ ୪୦୦ଙ୍କା
୨।	ସର୍ଜେଣ୍ଟ	ଟ ୫୦୦ଙ୍କା
	ଷ୍ଟେସନ୍ ସର୍ଜେଣ୍ଟ-କିଛି ଅଧିକା	
	(ଭାରତୀୟ ସବ୍ ଇନ୍‌ସପେକ୍‌ଟର ପାହ୍ୟା)	
୩।	ଇନ୍‌ସପେକ୍‌ଟର ମାସିକ ପ୍ରାୟ	ଟ ୬୫୦ଙ୍କା
	ଚିପ୍ ଇନ୍‌ସପେକ୍‌ଟର "	ଟ ୭୫୦ଙ୍କା
୪।	ସୁପରିଣ୍ଟେଣ୍ଡେଣ୍ଟ୍ ମାସିକ	ଟ ୯୦୦ଙ୍କା
	ଚିଫ୍ ସୁପରିଣ୍ଟେଣ୍ଡେଣ୍ଟ୍ କିଛି ଅଧିକା	
୫।	ଡେପୁଟି କମାଣ୍ଡର,	
	କମାଣ୍ଡର ମାସିକ ପ୍ରାୟ	ଟ ୧୩୦୦ଙ୍କା
୬।	ଆସିଷ୍ଟାଣ୍ଟ କମିଶନର	
	କମିଶନର ମାସିକ ପ୍ରାୟ	ଟ ୨୪୦୦ଙ୍କା

ଇଂରେଜ ଲୋକ ପାଉଣ୍ଡ ହିସାବରେ ଦରମା ପା'ନ୍ତି ବୋଲି ମୁଁ ତାକୁ ଆମ ଭାରତୀୟ ଟଙ୍କାରେ ପରିଣତ କରିଥିବାରୁ ପ୍ରାୟ ବୋଲି ଲେଖିଛି। ଏଠି ତେବେ ସବୁଠାରୁ ବଡ଼ ଅଫିସର କମିଶନରଙ୍କର ଦରମା ସବୁଠାରୁ ଛୋଟ ଅଫିସର କନେଷ୍ଟବ୍ଲଙ୍କ ଦରମାର ସାଢ଼େ ପାଞ୍ଚଗୁଣ ହେବ ପ୍ରାୟ। ମାତ୍ର ଆମ ଦେଶରେ କମିଶନରଙ୍କ ଧରମା କନେଷ୍ଟବ୍ଲ ଦରମାର କେତେଗୁଣ ଜାଣିଥିବା ଲୋକେ ହିସାବ କରି ଦେଖିନେବେ। ବର୍ତ୍ତମାନ ପୋଲିସ୍‌ଙ୍କ ବିଷୟରେ ମାମୁଲି କେତୋଟି କଥା କହୁଛି।

୧। କନଷ୍ଟେବ୍ଲ - ଏ ଚାକିରୀ ପାଇଁ କୌଣସି ଉଚ୍ଚ ଧରଣର ଶିକ୍ଷା କିମ୍ବା ଡିଗ୍ରୀ ଦରକାର ନାହିଁ। ଉତ୍ତମ ଲେଖିପଢ଼ି ପାରୁଥିବା ଦରକାର, ଉତ୍ତମ କହିପାରୁଥିବା ଦରକାର। ପାଟି ନ ଫିଟିଲେ ପୁଲିସ ହେବ କେମିତି ? ଆମର ଅନେକଙ୍କ ଧାରଣା ଯେ ଲଣ୍ଡନ ପୋଲିସ୍ ବି.ଏ. ପଢ଼ା ଲୋକ, ମାତ୍ର ତା ନୁହେଁ। ଅବଶ୍ୟ ଆଜିକାଲି ଅନେକ ବି.ଏ., ଏମ୍.ଏ., ପି.ଏଚ୍.ଡି., ବାଲା ବି କନ୍‌ଷ୍ଟେବ୍ଲରେ ପଶିଲେଣି।

ଅବଶ୍ୟ ସେଥିରେ କିଛି କ୍ଷତି ନାହିଁ। କମାଣ୍ଡର ପର୍ଯ୍ୟନ୍ତ ସମସ୍ତେ ଦିନେ ନା ଦିନେ କନଷ୍ଟେବ୍ଲ ଥିଲେ। ଏକା କମିଶନର ଚାକିରୀଟି ଛାଡ଼ିଦେଇ କମାଣ୍ଡର ପାହ୍ୟା ପର୍ଯ୍ୟନ୍ତ ସମସ୍ତେ କନଷ୍ଟେବ୍ଲ ଗାଦିରୁ ଉଠିଛନ୍ତି। କନଷ୍ଟେବ୍ଲ ଚାକିରୀଟା ମଧ୍ୟ ଅଫିସର ପାହ୍ୟା। ତାଙ୍କୁ ଅଫିସର ବୋଲି ଡକାଯାଏ। ସୁତରାଂ ଆମ ଦେଶରେ ବଡ଼ ଅଫିସରଙ୍କ

ଯେଉଁ ବୃଥା ଅଭିମାନ ଥାଏ, ଏଠି ସେତକ ଅଭାବ; କାରଣ ଦିନେ ନା ଦିନେ ସେମାନେ କନଷ୍ଟେବଲ୍ ଥିଲେ। ତା'ଛଡ଼ା ଯଦି କାହାର ଅଭିମାନ ଥାଏ, ତେବେ ସେଟା ବି ନ୍ୟାଯ୍ୟ ଅଭିମାନ। କାରଣ କାହା ସୁପାରିଶରୁ ନୁହେଁ, ନିଜ ଅଧ୍ୟବସାୟ ବଳରେ ସେ ଯୋଗ୍ୟତା ଲାଭ କରିଥାନ୍ତି। ବଡ଼ଠାରୁ ଛୋଟ ଅଫିସର ପର୍ଯ୍ୟନ୍ତ ସମସ୍ତଙ୍କ ଭିତରେ ସ୍ନେହ ମମତାର କାରବାର, ଲାଲ ଆଖିର କାରବାର ନୁହେଁ। ଆମ ଦେଶରେ ବଡ଼ ଅଫିସର ସଲାମ ପାଇଁ ବିକଳ ହୋଇ ଅନାଇଥାନ୍ତି; ମାତ୍ର ଏଠି କନଷ୍ଟେବଲ୍ ଯଦି ଟେବୁଲ୍ ଉପରେ କିଛି ଲେଖୁଛି, ସେଠି ଇନ୍‌ସପେକ୍ଟର ତାଙ୍କ ତଳେ ଠିଆ ହୋଇ କଥା ହେଉଛନ୍ତି। ବ୍ୟକ୍ତିର ସମ୍ମାନ ନାହିଁ, କର୍ତ୍ତବ୍ୟର ସମ୍ମାନ ଏଠି ବଡ଼। ସାନ ବଡ଼ ସମସ୍ତେ ବେଶ୍ ମିଳାମିଶା କରିପାରନ୍ତି। ଆମ ଦେଶର ପୋଲିସ୍‌ମାନେ ଚବିଶ ଘଣ୍ଟା ଡିଉଟିରେ ଥାନ୍ତି। ମାତ୍ର ଏଠି କନଷ୍ଟେବଲ୍ ପର୍ଯ୍ୟନ୍ତ ଆଠଘଣ୍ଟା କାମ କରନ୍ତି। ଆଠଘଣ୍ଟା କାମ ସରିଗଲେ ଆଉ ତାଙ୍କର ଦେଖାଦର୍ଶନ ମିଳେ ନାହିଁ। ତେଣିକି ତାଙ୍କ ଘରେ ସେ ମାଲିକ। ରାତି ଅଧରେ ଆଉ ତାଙ୍କୁ ଉଠାଇବା କଥା ପଡେ ନାହିଁ। ସବୁକାମ ପ୍ରାୟ କନଷ୍ଟେବଲ୍ କରନ୍ତି। ଉପରପାହ୍ୟା ହାକିମମାନେ ଟିକିଏ ଆରାମରେ ଥାନ୍ତି। ପୋଲିସ୍‌ଚାକିରୀ ପାଇଲାବେଳେ ଗୋଟିଏ ସିଭିଲ୍ ସର୍ଭିସ୍ ପରୀକ୍ଷା ଦେବାକୁ ହୁଏ। ଏ ଦେଶରେ ଯେ କୌଣସି ଚାକିରୀ କଲେ ସେହି ପରୀକ୍ଷା ଭିତର ଦେଇ ଯିବାକୁ ହୁଏ। ପୋଲିସ୍ ଚାକିରୀରେ ସାଧାରଣ ଜ୍ଞାନ ଖୁବ୍ ବେଶି ଦରକାର। ବିଶେଷତଃ ସ୍ଥାନମାନଙ୍କର ଭୌଗୋଳିକ ଅବସ୍ଥିତି ଜାଣିବା ସେମାନଙ୍କ ପକ୍ଷରେ ସବୁଠୁ ବେଶି ଦରକାର। ଲଣ୍ଡନ ସହରର ପୋଲିସ୍ ଏତେ ବଡ଼ ସହରର ଗଳି, କନ୍ଦି, ବଡ଼ ଅଫିସରଙ୍କ ନାମ ଓ ଘର ନଖଦର୍ପଣରେ ରଖିଥାଏ। ଯେଉଁ ବିରାଟ ସହରରେ ମଣିଷ ଏ ଗଳିରୁ ଯାଇ ସେ ଗଳି ଭୁଲିଯାଏ, ସେଠି ଏତେ ବଡ଼ ସହରର ବିଷୟ ପୁଙ୍ଖାନୁପୁଙ୍ଖ ରୂପେ ଜାଣିବା ଭାରି ସହଜ କଥା ନୁହେଁ। ଆମ ଦେଶ ଲୋକେ ପୋଲିସ୍ ଦେଖିଲେ ବାଟ ଛାଡ଼ି ପଳାନ୍ତି। ଏ ଦେଶ ଲୋକେ ବାଟ ଭୁଲିଗଲେ ପୋଲିସ୍ ପାଖକୁ ଯାନ୍ତି। ପୋଲିସ୍ ସମସ୍ତ ପଥହରାଙ୍କର ପଥପ୍ରଦର୍ଶକ, ନିଃସହାୟର ସହାୟ। ପୂର୍ବ ଓ ପଶ୍ଚିମରେ ଏହି ପୋଲିସ୍ ପ୍ରତି ଧାରଣା ଆଶ୍ଚର୍ଯ୍ୟଭାବେ ବିପରୀତ। ପୋଲିସ୍‌କୁ ଲୋକେ ଡରନ୍ତି, ଏଠା ଲୋକଙ୍କର ଏ ଧାରଣା ପର୍ଯ୍ୟନ୍ତ ନାହିଁ। ସେମାନେ ପରା ନିରାଶ୍ରୟର ଆଶ୍ରୟ। ଡାକ୍ତରଖାନା ଯିବ ତ ରାସ୍ତାରେ ବୁଲୁଥିବା ପୋଲିସ୍‌କୁ କହ, ସେ ସଙ୍ଗେ ସଙ୍ଗେ ଫୋନ୍‌ଦ୍ୱାରା ଆମ୍ବୁଲାନ୍‌ସ ଗାଡ଼ି ମଗାଇ ଦେବେ। ରାସ୍ତା ଭୁଲିଛି ତ ଯାହା କହନ୍ତି ଖାଲି ତାଙ୍କ ଆଡ଼କୁ ଚାହିଁଦେଲେ, ସେ ବତାଇ ଦେବେ। ସେବକ-ଜାତିର ଓ ଦେଶର ନିମକସଚ୍ଚା ସେବକ।

ପୋଲିସ୍‌କୁ ଏଠି ନ ଡରିବାର ଆଉ ଗୋଟିଏ କାରଣ ତାଙ୍କ ପୋଷାକ। ଆମ ଦେଶରେ କନେଷ୍ଟବଲ୍ ହାତରେ ନିର୍ଦ୍ଦୋଷ ବାଉଁଶମୂଳୀ। ମଧୁର ଲାଠି ଚଳାଇ ସେମାନେ ଜନତାକୁ ଘୋଡ଼ା କୁକୁର ପରି ଘଉଡ଼ାନ୍ତି। ଇନ୍‌ସପେକ୍ଟରଙ୍କ ଅଣ୍ଟାରେ ଝୁଲୁଥାଏ

ରିଭଲଭର। ଜୀବନ ପ୍ରତି ମାୟା ଥିଲେ ପୁଣି ନ ଡରିବ କିଏ? ଲଣ୍ଡନ ପୋଲିସ୍‌ର ବିଶେଷତ୍ୱ, ସେମାନେ ଆଦୌ ଅସ୍ତ୍ର ବ୍ୟବହାର କରନ୍ତି ନାହିଁ। ହାତେ ମାପର ଖଣ୍ଡେ ବାଡ଼ି ପୋଲିସ୍‌ର ଚିହ୍ନ ବୋଲି ଧରିଥାନ୍ତି। ସେତେବେଳେ ଧର୍ମଘଟ ବା ଗଣ୍ଡଗୋଳ ହୁଏ, ସେଠି ପୋଲିସ୍ ମଣିଷଙ୍କ ଭିତରେ ପଶି ସେମାନଙ୍କୁ ବୁଝାନ୍ତି, କାକୁତି ମିନତି କରନ୍ତି। ବରଂ ଲୋକଙ୍କଠାରୁ ଟେକା ପଥର ସହନ୍ତି ମାତ୍ର ଲାଲ ଆଖି ପର୍ଯ୍ୟନ୍ତ ଦେଖାଇବାର ଜୁ ନ ଥାଏ। ଏପରି ଅବସ୍ଥାରେ ଭାରତରେ କ'ଣ ଘଟେ ସେକଥା କାହିଁକି କହିବା? ସେ ତ ଦିନ ଆଲୁଅ ପରି ସ୍ୱଷ୍ଟ।

ଆମ ଦେଶର ପୋଲିସ୍‌ମାନଙ୍କର ଗୋଟିଏ କାମ ଦାଗୀ ଭିଜିଟ କରିବା। ଯଦି ଜଣେ ଥରେ ଦିଥର ଦାଗୀ ହୋଇଯାଇଛି ପୋଲିସ୍ ଯେତେବେଳେ ଇଚ୍ଛା ସେତେବେଳେ ତା'କୁ ସନ୍ଦେହ କରି ଡକାଇ ପାରେ। ମାତ୍ର ଏ ସ୍ୱାଧୀନ ଦେଶରେ ବ୍ୟବସ୍ଥା ଭିନ୍ନ। ଏଠି ଦଶଥର ଜେଲ୍ ଗଲେ ବି ଜେଲ ପରେ ତମେ ସ୍ୱାଧୀନ। ତେଣୁ ପୋଲିସ୍ କେବେ ତମ କବାଟରେ ଟିପଦେଲେ ତମେ ମନ୍ତ୍ରୀଙ୍କ ପର୍ଯ୍ୟନ୍ତ ଅଭିଯୋଗ ଜଣାଇ ପାରିବ। ଦୋଷ କଲେ କନଷ୍ଟେବ୍‌ଲ୍‌କୁ ୨୬ ଟଙ୍କା ପର୍ଯ୍ୟନ୍ତ ଜୋରିମାନା ହୁଏ। ମାତ୍ର ଏହି ଜୋରିମାନା ବିରୁଦ୍ଧରେ କନଷ୍ଟେବ୍‌ଲ୍ ମଧ୍ୟ ସେକ୍ରେଟରୀ ଅଫ୍ ଷ୍ଟେଟ୍‌ସ୍ ପର୍ଯ୍ୟନ୍ତ ଯାଇପାରେ। ଆମ ଦେଶ ବ୍ୟବସ୍ଥା ଅବଶ୍ୟ ଆମକୁ ଜଣାନାହିଁ।

ଦରମା ଛଡ଼ା ସେମାନେ ବିନା ଭଡ଼ାରେ ଘର ଓ ପୋଷାକ ପାଆନ୍ତି। ବଡ଼ ବଡ଼ ପାହ୍ୟାର ଅଫିସରମାନେ ସରକାରୀ ଘର, ପୋଷାକ ଛଡ଼ା ସରକାରୀ ଗାଡ଼ିରେ ଯିବାଆସିବା କରନ୍ତି।

ଦୁଇ ନମ୍ବର ଷ୍ଟେସନ ସର୍ଜେଣ୍ଟ୍ ଛୋଟ ଛୋଟ ଥାନା ଚାର୍ଜରେ ଓ ତିନି ନମ୍ବର ଇନ୍‌ସିପେକ୍‌ଟର ବଡ଼ ଥାନା ଚାର୍ଜରେ ରହନ୍ତି। ସୁପରିଣ୍ଟେଣ୍ଡେଣ୍ଟ ଓ କମାଣ୍ଡର ଡିଭିଜନ ଚାର୍ଜରେ ରହନ୍ତି। କମିଶନର ଓ ଆସିଷ୍ଟାଣ୍ଟ କମିଶନରଙ୍କ ସ୍ଥାନ, ମାନ, ସମ୍ମାନ ସବୁଠୁଁ ଟିକିଏ ଭିନ୍ନ ପ୍ରକାର। ସେ ପୋଲିସ୍‌ମାନଙ୍କ ଭିତରୁ ବଛାହୋଇ ନ ଥାନ୍ତି। ଯେଉଁ ପାର୍ଟିର ଲୋକେ ମନ୍ତ୍ରୀତ୍ୱ ନେଇଥାନ୍ତି, ସେହି ପାର୍ଟିରୁ ନିଯୁକ୍ତ ହୋଇଥାନ୍ତି। ମନ୍ତ୍ରୀତ୍ୱ ବଦଳିଗଲେ ଅନ୍ୟ ପାର୍ଟି କ୍ଷମତା ପାଇଲାମାତ୍ରେ ପୂର୍ବ କମିଶନର ଆସନ୍ତି। ପୋଲିସ୍ ବିଭାଗର ସମସ୍ତ କାମ ଏହି କମିଶନରଙ୍କ ନାମରେ ଚାଲୁ ରହେ। ମଣିଷ ସେହି ଦିନକୁ ଚାତକ ପରି ଚାହିଁ ରହିଛି, କେବେ ଭାରତ ଭୂଇଁରେ ପୋଲିସ ଦେଖି ମଣିଷ ଛାନିଆ ନ ହୋଇ ଛାତି ମୋଟ କରି ଚାଲିବ। ପୋଲିସ୍ ନିଷ୍ପୀଡ଼ନ, ନିଷ୍ପେଷଣର କାଳିମା ଯେତେ ଚଞ୍ଚଳ ଯାଏ ରକ୍ଷା। ■

ଇଂଲଣ୍ଡରେ ସ୍ୱାସ୍ଥ୍ୟ ବ୍ୟବସ୍ଥା

ବର୍ଲିନ୍ ବୋମାରେ ଲଣ୍ଡନ ଯେମିତ ଲଣ୍ଡା ହୋଇଥିଲା, ହିଟ୍‌ଲରର ହୁଙ୍କାରରେ ଚର୍ଚ୍ଚିଲ ଛାତିରେ ଯେଉଁ ହୁଙ୍କାର ଲାଗିଥିଲା ସେଥିରେ କ'ଣ ଆଉ ଆଶା ଥିଲା ସତେ ଏ ସାହେବ ଘର ପିଲାଏ ଘରସଂସାର କରି ରହିବେ! କିନ୍ତୁ ଯୁଦ୍ଧ ସରିବାର ପାଞ୍ଚଟି ବର୍ଷ ନ ପୂରୁଣୁ ସାହେବମାନେ ଯେମିତି ସଫା ସୁତୁରା ହୋଇ ବାହାରିଲେଣି ସେଥିରେ ମଣିଷ ସେମାନଙ୍କୁ ପ୍ରଶଂସା କରେ ଯେତିକି, ଅବାକ୍ ହୁଏ ବି ସେତିକି। ଯୁଦ୍ଧ ପରେ ଏ ଦେଶରେ ଯେପରି ଆଶ୍ଚର୍ଯ୍ୟଜନକ ଜାତୀୟ ବ୍ୟବସ୍ଥାସବୁ ହେଉଛି, ସେଥିମଧ୍ୟରୁ ସ୍ୱାସ୍ଥ୍ୟ ବ୍ୟବସ୍ଥା ସର୍ବପ୍ରଥମ ଓ ସର୍ବପ୍ରଧାନ। ରୁଷିଆ ବ୍ୟବସ୍ଥା ମୁଁ ଜାଣେନି, ମାତ୍ର ପୃଥିବୀକୁବେର ଆମେରିକାରେ ଯେଉଁ କଥା ସମ୍ଭବ ହୋଇ ପାରିନି ଲଣ୍ଡନରେ ତା ଆଶ୍ଚର୍ଯ୍ୟଭାବେ ଫଳପ୍ରଦ ହୋଇପାରିଛି। ଜଣେ ଆମେରିକା ପ୍ରତିନିଧି ଓସ୍କାର ଏଡ୍ୱିନ ଏମାନଙ୍କର ଜାତୀୟ ସ୍ୱାସ୍ଥ୍ୟ ବ୍ୟବସ୍ଥା ଦେଖି ବହୁ ପ୍ରଶଂସା କରି ଫେରିଛନ୍ତି ଓ ଆମେରିକାରେ ଏହି ବ୍ୟବସ୍ଥା ଚାଲୁ କରିବା ପାଇଁ ସରକାରଙ୍କୁ ସୁପାରିଶ କରିଛନ୍ତି। ଲଣ୍ଡନରେ ଏହି 'ନେସ୍‌ନାଲ୍ ହେଲ୍‌ଥ୍ ସ୍କୀମ୍' ବା ଜାତୀୟ ସ୍ୱାସ୍ଥ୍ୟ ବ୍ୟବସ୍ଥା, ଜାତି, ଗୋତ୍ର, ସ୍ୱଦେଶୀ, ବିଦେଶୀ ନିର୍ବିଶେଷରେ କେମିତି ଲୋକସେବା କରିପାରୁଛି ତାହା ସଂକ୍ଷେପରେ କହୁଛି।

ଅଟ୍‌ଲି ସରକାରଙ୍କ ସପକ୍ଷରେ ଯଦି କିଛି ନଥାଏ ଅନ୍ତତଃ ଜାତୀୟ ସ୍ୱାସ୍ଥ୍ୟବ୍ୟବସ୍ଥା ଅଛି। ଏହି ବ୍ୟବସ୍ଥା ମୋଟେ ଦେଢ଼ବର୍ଷ ହେଲା କାର୍ଯ୍ୟକାରୀ ହୋଇଛି। ଡାକ୍ତରଙ୍କ ଆଡୁ ବିଚାର କଲେ ଏହି ବ୍ୟବସ୍ଥା ଭିତରର ସମସ୍ତ ଡାକ୍ତର ସରକାରୀ କର୍ମଚାରୀ। ଏଥିରେ ସାନ ବଡ଼ର ବିଚାର ନାହିଁ। ଦରମା ସମସ୍ତଙ୍କର ସମାନ। ଅବଶ୍ୟ ଖୁବ୍ ଉଚ୍ଚଧରଣର ଦରମା ପାନ୍ତି। ମାସକୁ ପ୍ରାୟ ୯୦୦ ଟଙ୍କା। ସ୍ୱତନ୍ତ୍ର ଡିଗ୍ରୀ ପାଇଁ ପ୍ରାୟ ୧୫୦୦ ଟଙ୍କା ହେବ। ମାତ୍ର ସମସ୍ତଙ୍କୁ ଏକ ନିକିତିରେ ତଉଲିବା ଫଳରେ ବେଶି ରୋଜଗାରୀ ଡାକ୍ତରମାନଙ୍କର କ୍ଷତି ହୋଇଛି; କିନ୍ତୁ ଯେଉଁ ଡାକ୍ତରମାନେ ସ୍ୱାଧୀନ

ଭାବରେ କାମ କରି ବେଶି ପଇସା ପାଉନଥିଲେ, ସେମାନଙ୍କ ପାଇଁ ସୁବର୍ଣ୍ଣ ସୁଯୋଗ ଜୁଟିଯାଇଛି। ଏଥିପାଇଁ ବଡ଼ ବଡ଼ ଡାକ୍ତରମାନଙ୍କ ଭିତରେ ଅସନ୍ତୋଷ ପ୍ରକାଶ ପାଉଛି। କିନ୍ତୁ ବଡ଼ବଡ଼ିଆଙ୍କୁ ମୋଟା ଭତ୍ତା ନ କମିଲେ ମଣିଷ ଜାତିର ମଙ୍ଗଳ ନାହିଁ। ସେଥିପାଇଁ ସରକାର ଏ ପର୍ଯ୍ୟନ୍ତ ସେ ଅସନ୍ତୋଷକୁ ନଜର ଦେଇ ନାହାନ୍ତି।

ଲୋକସାଧାରଣଙ୍କ ଦୃଷ୍ଟିରୁ ବିଚାର କଲେ ଜଣାଯିବ ଯେ, ପ୍ରତ୍ୟେକ ଲୋକ ବିନା ମୂଲ୍ୟରେ ଡାକ୍ତରୀ ଚିକିତ୍ସା ପାଉଛି। ଲଣ୍ଡନରେ ଯେତେ ଲୋକ ଅଛନ୍ତି ସମସ୍ତଙ୍କର ଡାକ୍ତର ଅଛନ୍ତି ବୋଲି ଧରିନେବାକୁ ହେବ। ଆମ ଦେଶରେ ପାଞ୍ଚ ଗାଁରେ ଗୋଟିଏ ବୈଦ୍ୟ ବି ନାହାନ୍ତି। ପୋଷ୍ଟ ଅଫିସ୍‌ମାନଙ୍କରେ ଡାକ୍ତର ତାଲିକା, ନାମଧାମ ରଖାଯାଇଛି। ସେଥିରୁ ଡାକ୍ତରଙ୍କ ଠିକଣା ଦେଖି ଯାହାର ଯେଉଁଠି ରେଜିଷ୍ଟ୍ରି ହେବାର ଇଚ୍ଛା ସେ ତାଙ୍କ ନିକଟରେ ରେଜିଷ୍ଟ୍ରି ହେବେ। ଘର ପାଖ ଡାକ୍ତରଙ୍କ ପାଖେ ରେଜିଷ୍ଟ୍ରି ହେଲେ ସୁବିଧା, କାରଣ ତାଙ୍କଠୁ ଚଞ୍ଚଳ ପରାମର୍ଶ ମିଳିପାରିବ। ଜଣେ ଜଣେ ଡାକ୍ତରଙ୍କ ଭାଗରେ ହଜାରରୁ ଅଧିକ ଲୋକ ପଡ଼ିଛନ୍ତି। ଏହି ହଜାର ସଂଖ୍ୟା ଦେଖି ଚମକିବାର କିଛି ନାହିଁ। କାମ କେମିତି ହୁଏ ସେତିକି ଦେଖିବାର କଥା। ଜଣଙ୍କର ଦେହ ଖରାପ ହେଲେ ସେ କେମିତି ଆଶୁ ବ୍ୟବସ୍ଥା ପାଏ ସେହିକଥା କହୁଛି। ଦେହ ଖରାପ ହେବା ମାତ୍ରେ ଟେଲିଫୋନ୍‌ଟି ଉଠାଇବାକୁ ହୁଏ। ଖୁବ୍ ଦୁର୍ଯୋଗ ନହେଲେ ସଙ୍ଗେ ସଙ୍ଗେ ଫୋନ୍‌ରେ ଉତ୍ତର ମିଳେ - 'ଯାଉଛି'। ଅବସ୍ଥା ଚକ୍ରରେ ଡାକ୍ତର ୧୫ ମିନିଟରୁ ପାଞ୍ଚଘଣ୍ଟା ଭିତରେ ଆସି ଘରେ ପହଞ୍ଚନ୍ତି। ରୋଗ ଦେଖି ବ୍ୟବସ୍ଥା ଲେଖି ଦିଅନ୍ତି। ବ୍ୟବସ୍ଥାପତ୍ରଟି ହାତରେ ନେଇ କେମିଷ୍ଟ ଦୋକାନରେ ପହଞ୍ଚି ଯିବାମାତ୍ରେ ବିନା ପଇସାରେ ଔଷଧ ମିଳିଯାଏ। ଦେଶସାରା ଏହି କେମିଷ୍ଟ ଦୋକାନ ପୂରି ରହିଛି। ସେମାନେ ରୋଗୀଠାରୁ ଚିଠାଟି ନେଇ ଖାଣ୍ଟି ଔଷଧ ଦିଅନ୍ତି ଓ ସରକାରଙ୍କଠୁ ପଇସା ନିଅନ୍ତି। ଆମ ଦେଶ ଡାକ୍ତର ମୁହଁ ଶୁଖାଇ କହନ୍ତି-ବାବୁ, ଏ ଔଷଧ ତ ଆମ ଡାକ୍ତରଖାନାରେ ନାହିଁ, ତା ଛଡ଼ା କଲିକତାରେ ମିଳିବ କି ନା ସନ୍ଦେହ। ନିଜ ଦେଶରେ ୧୬ଟି କୁଇନାଇନ୍ ବଡ଼ିକୁ ଆଠ ଟଙ୍କା ଦେବାର ପ୍ରହସନ ମନେ ପଡ଼ିଲେ ଏବେ ବି ହସ ମାଡ଼େ। ମାତ୍ର ଏ ଦେଶରେ ଯେ କୌଣସି ମୂଲ୍ୟବାନ ଔଷଧ ବିନା ପଇସାରେ ସଙ୍ଗେ ସଙ୍ଗେ ମିଳିଯାଏ। ଅଧା ଔଷଧ, ଅଧା ପାଣି ବ୍ୟବସ୍ଥା ବ୍ରିଟିଶ୍ ଜାତକରେ ନାହିଁ। ଯେଉଁ ରୋଗ ପାଇଁ ବର୍ଷ ବର୍ଷ ଧରି ଔଷଧ ଖାଇବାକୁ ହେବ, ସେଥିରେ ମଧ୍ୟ କୌଣସି ଅସୁବିଧା ହୁଏନାହିଁ। ସରକାର ପରା ସ୍ୱାସ୍ଥ୍ୟରକ୍ଷା କରିବେ ବୋଲି ଶପଥ କରିଛନ୍ତି! ରୋଗ ହେଲେଇ ଖାଲି ଡାକ୍ତର ସାହେବଙ୍କୁ ଫୋନ୍ କଲେ ହେଲା। ଜଣେ ଡାକ୍ତରଙ୍କ ବ୍ୟବହାର ଭଲ ନହେଲେ ଅନ୍ୟ ଯେ କୌଣସି ଡାକ୍ତରଙ୍କ ପାଖକୁ ନାମ ବଦଳାଇ ଦେବାକୁ ହେବ। ଇଚ୍ଛାକଲେ

ପୂର୍ବ ଡାକ୍ତରଙ୍କ ନାମରେ ସରକାରୀଭାବେ ଆପତ୍ତି ଦାଏର କରି ପାରିବେ। ଆମ ଦେଶରେ ଯେଉଁ ବ୍ୟବସ୍ଥା, ସେଥିରେ ପାଣି ଭିତରେ ଘର କରି କୁମ୍ଭୀର ସଙ୍ଗେ କଳିକରି ସମ୍ଭାଳିବ କିଏ ? ମାତ୍ର ଏଠି କୁମ୍ଭୀର କାହିଁକି, ତିମି ସଙ୍ଗେ ବି ଲଢ଼ାଇ ହୋଇପାରିବ। "ଏଠି ଡର କାହାକୁ, ସରକାର ସାହା ଚାରିବାହାକୁ।" ଏବେ ଜଣେ ଡାକ୍ତର ଜଣେ ଦରିଦ୍ର ରୋଗୀପ୍ରତି ଅବହେଳା କରିଥିବାର ପ୍ରମାଣ ମିଳିବାରୁ ତାଙ୍କୁ ୫୦ ପାଉଣ୍ଡ ଅର୍ଥାତ୍ ଟ ୬୫୦ଙ୍କା ଜୋରିମାନା ହେବା ଖବରକାଗଜରେ ପ୍ରକାଶ ପାଇଛି।

ରକ୍ତ ପରୀକ୍ଷା, ମଳମୂତ୍ର ପରୀକ୍ଷା ଏତେ ମାମୁଲି ଯେ, ଜ୍ୱର, ମୁଣ୍ଡବ୍ୟଥା ରୋଗରେ ବି ଏ ପରୀକ୍ଷା ଚାଲିଥାଏ। ଅସ୍ତ୍ର ଚିକିତ୍ସାର ଆବଶ୍ୟକ ହେଲେ ନିଜ ରେଜିଷ୍ଟର୍ଡ ଡାକ୍ତରଙ୍କ ଠାରୁ ଖଣ୍ଡିଏ ଚିଠି ନେଇ ଯେକୌଣସି ଡାକ୍ତରଖାନାକୁ ଗଲେ ଅସ୍ତ୍ରଚିକିତ୍ସାର ବ୍ୟବସ୍ଥା ଅତି ସହଜରେ ହୋଇଯାଏ। ବିଦେଶୀମାନଙ୍କ ପକ୍ଷରେ ଏ ବ୍ୟବସ୍ଥା କେତେ ଉପକାରୀ ତା ଭୁକ୍ତଭୋଗୀ ମାତ୍ର ଜାଣନ୍ତି। ସ୍ୱଦେଶରେ ଡାକ୍ତରଖାନା ବାରଣ୍ଡା ଉପରକୁ ଉଠିବା ପାଇଁ ଯାହାକୁ ଡର ମାଡ଼େ ବିଦେଶରେ ଖୋଦ୍ ଗୋରା ସାଇବଙ୍କୁ ଫୋନ୍ ଉଠାଇ ଏଫ୍. ଆର୍. ସି. ଏସ୍., ଏମ୍. ଆର୍. ସି. ପି. ଡାକ୍ତରମାନଙ୍କୁ ବିନା ପଇସାରେ ଖଟାଇଲା ବେଳେ, କେତେ ଯେ ଆତ୍ମପ୍ରସାଦ ଆସେ, ତା ପରୀକ୍ଷା ସାପେକ୍ଷ। ଏହି ଦେଢ଼ ବର୍ଷର ବ୍ୟବସ୍ଥା ଭିତରେ ୧୦,୫୦୦୦୦ ଚଷମା ବିନା ପଇସାରେ ମିଳିଛି। ୧୦୯୦ ଜଣ ଦନ୍ତ-ଚିକିତ୍ସକ ପିଲାଙ୍କ ଠାରୁ ଆରମ୍ଭ କରି ବୁଢ଼ା ବୁଢ଼ୀଙ୍କର ଦାନ୍ତ ଲଗାଇବାରେ ଲାଗିଛନ୍ତି। ହସିବା ପାଇଁ ପରା ସାହେବାଣୀଙ୍କର ସୁନ୍ଦର ଦାନ୍ତ ଦରକାର। ବିଧାତା ଆକୃତି ଗଠନରେ ଯେଉଁ ପକ୍ଷପାତ କରିଛନ୍ତି, ବିଜ୍ଞାନ ବଳରେ ମଣିଷ ତା ଉଠାଇ ହେବ ବୋଲି ଦିନ ରାତି ଲଢୁଛି। ଦାନ୍ତ; ଆଖି, କାନ, ଗୋଡ଼, ହାତ, ଯାହା ଦରକାର ସବୁ ମିଳିଯାଏ। ଗୋଟିଏ ବର୍ଷ ଭିତରେ ୫୦୦୦ ବିଦେଶୀ ଏହି ସୁବିଧା ଉପଭୋଗ କରିଛନ୍ତି ବୋଲି ଖବରକାଗଜରେ ପ୍ରକାଶ। ସେଥିରେ ଆମେରିକାନ୍, ଫ୍ରେଞ୍ଚ୍, ଭାରତୀୟମାନଙ୍କର ନାମ ଉଲ୍ଲେଖଯୋଗ୍ୟ।

ଡାକ୍ତରଖାନାରେ ରହିବା ବ୍ୟବସ୍ଥା ଅତି ଚମତ୍କାର। ଭୁକ୍ତଭୋଗୀ ନ ହେବା ପର୍ଯ୍ୟନ୍ତ କହିହେବ ନାହିଁ। ମାତ୍ର ଶଯ୍ୟାଶାୟୀ ବନ୍ଧୁମାନଙ୍କୁ ଦେଖିବା ପାଇଁ ଯାଇ ମୋର ଯେଉଁ ଧାରଣା ହୋଇଛି, ସେଥିରେ ଏତିକି କହିଲେ ଯଥେଷ୍ଟ ହେବ ଯେ ରୋଗରେ ଯେଉଁମାନେ ଭୋଗ କାମନା କରନ୍ତି, ସେମାନେ ସେଠି କିଛି ଦିନ ରହି ଆସିବା ଦରକାର। ରେଡ଼ିଓରେ ରୋଗୀମାନଙ୍କର ବିଶେଷ ପରିତୃପ୍ତି ହେଉନି ବୋଲି ଟେଲିଭିଜନ୍ ବ୍ୟବସ୍ଥା କରିବା ପାଇଁ ସରକାରୀ କଳ୍ପନା ଜଳ୍ପନା ଚାଲିଛି। ମଣିଷ ଯେତେବେଳେ ରୋଗରେ ପଡ଼େ, ଜୀବ ଯେତେବେଳେ ଭାରାକ୍ରାନ୍ତ ହୋଇପଡ଼େ, ସେତେବେଳେ

ଆଦର ଅଭ୍ୟର୍ଥନା, ସାହାଯ୍ୟ ସହାନୁଭୂତି ପାଇଲେ ପ୍ରାଣ କି ଆରାମ ହୁଏ, ତାହା ଏହି ଲଣ୍ଡନ ଡାକ୍ତରଖାନାରେ ମିଳେ। ଏ ଦେଶରେ ପ୍ରତ୍ୟେକେ ଆଜି ଅନୁଭବ କରୁଛନ୍ତି ଯେ, ତାଙ୍କର ଜଣେ ଡାକ୍ତର ଅଛନ୍ତି ଯାହାଙ୍କୁ ସେ ଆବଶ୍ୟକମତେ ଖଟାଇ ପାରିବେ। ଏଠି ଅଧିକାଂଶ ଭାରତୀୟ ଭାବନ୍ତି ଯେ, ଯଦି ଆମ ଦେଶରେ ଏହି ବ୍ୟବସ୍ଥା ଛୋଟ କାଟରେ ପ୍ରଥମେ ସହରରୁ ଆରମ୍ଭ ହୁଅନ୍ତା, ତେବେ ଡାକ୍ତର ଓ ସହରବାସୀ ଉଭୟେ ଉପକୃତ ହୁଅନ୍ତେ। ଅବଶ୍ୟ ଏହି ବ୍ୟବସ୍ଥାକୁ ବି ସମାଲୋଚନା କରିବାର ଅନେକ ଅଛି। ମାତ୍ର ଅପକାର ପରିବର୍ତ୍ତେ ଉପକାର ଏତେ ବେଶି ଯେ, ଅପକାର କଥା ମୋଟ ଦୃଷ୍ଟି ଉପରକୁ ଆସେନି। ଏମାନଙ୍କର ସ୍ୱାସ୍ଥ୍ୟ ବ୍ୟବସ୍ଥା ଦେଖିଲେ ମନେ ହୁଏ ଆମ୍ଭେମାନେ ଆଦିମ ଅବସ୍ଥାରେ ଅଛୁ। ଏବେ ମଧ୍ୟ ଗୁଣୀ ଗାରଡ଼ି କରି ଲୋକେ ରୋଗ ଛଡ଼ାନ୍ତି। ଦରିଦ୍ର ଲୋକ ରୋଗ ବାଧାରେ ନିଃସହାୟ ଭାବରେ ପଡ଼ିରହି ଭାଗ୍ୟବିଶ୍ୱାସୀ ହେବାକୁ ବାଧ୍ୟ ହୁଏ। ରୋଗ ଯେମିତି ଇଚ୍ଛା ଅନୁସାରେ ଆସେ, ସେମିତି ଇଚ୍ଛା ଅନୁସାରେ ଯାଏ। ମାତ୍ର ବିଜ୍ଞାନପ୍ରବଳ ବିଂଶ ଶତାବ୍ଦୀରେ ବ୍ୟାଧିନାଶର ଆଶୁ ବ୍ୟବସ୍ଥା ନହେଲେ ସଭ୍ୟତାର ଅପମାନ ହେବ ସିନା।

ରୋଗର ପ୍ରତିରୋଧ ପାଇଁ ଏହିସବୁ ବ୍ୟବସ୍ଥା ଚାଲୁହେବା ସଙ୍ଗେ ସଙ୍ଗେ ବହୁ ବ୍ୟୟରେ ଗବେଷଣା କାର୍ଯ୍ୟ ଚାଲିଛି। ମନସ୍ତତ୍ତ୍ୱ ପରୀକ୍ଷା କରି ରୋଗ ଭଲ କରିବାର ବ୍ୟବସ୍ଥା ଆମେରିକାରେ ବର୍ତ୍ତମାନ ବିଶେଷ ଅଗ୍ରଗାମୀ ହେଲେ ମଧ୍ୟ ଇଂଲଣ୍ଡର ବ୍ୟବସ୍ଥା କୌଣସି ଅଂଶରେ କମ୍ ନୁହେଁ। ମୂକ ବଧିର ଶିଶୁମାନଙ୍କୁ ଶିକ୍ଷାଦେଇ ସମାଜରେ ସମାନ ଆସନ ଦେବାପାଇଁ ସରକାର ଲାଗି ପଡ଼ିଛନ୍ତି। ସ୍ୱାସ୍ଥ୍ୟ ପତ୍ରିକାରୁ ଜଣାଯାଏ ଯେ, ମୂକ ବଧିର ଶିଶୁମାନଙ୍କୁ ଦିନେ ଅଧେ ନୁହେଁ, ଚଉଦବର୍ଷ ପର୍ଯ୍ୟନ୍ତ ସରକାର ପାନ, ଭୋଜନ ଓ ଶିକ୍ଷା ଦେଇ ମଣିଷ କରୁଛନ୍ତି। ଏହି ସ୍ୱାସ୍ଥ୍ୟ ବ୍ୟବସ୍ଥାରେ ସରକାରୀ ଅର୍ଥର ବିଶେଷ ଭାଗ ବ୍ୟୟ ହୋଇଯାଉଛି ବୋଲି ପାର୍ଲିଆମେଣ୍ଟରେ ବିରୋଧୀ ଦଳ ପାଟି କଲେ ମଧ୍ୟ ଅଟଳି ଦଳ ତେଲ ଘଡ଼ିକ ଆଖି ନଦେଇ ପୁଅ ମୁଣ୍ଡକୁ ଦୃଷ୍ଟି ଦେଇଛନ୍ତି।

ଇଂରେଜ ରମଣୀ

ନାରୀ ଓ ପୁରୁଷ ସମାଜର ଦୁଇଟି ପକ୍ଷ। ଜୀବସୃଷ୍ଟିରେ ନାରୀର ଦାୟିତ୍ୱ ଚରମ। ସେ କାବ୍ୟ, କଳା, କବିତାର ଚରମ ବିକାଶ ବୋଲି କବି ତାର ପ୍ରଶସ୍ତି ଗାଏ, ତଥାପି ନାରୀ ପୁରୁଷ ସହିତ ସମାନ ନୁହେଁ ବୋଲି ସବୁଦିନେ ପୁରୁଷ ନାରୀ ଦୁର୍ବଳ ବୋଲି ହୀନ ଦୃଷ୍ଟିରେ ଦେଖେ। ନାରୀ ପୁରୁଷର ଅସାମଞ୍ଜସ୍ୟ ଓ ଦୁଇଜାତି ଭିତରେ ଆକାଶ ପାତାଳ ପ୍ରଭେଦ ଆମ ପୂର୍ବ ଖଣ୍ଡରେ ଖୁବ୍ ବେଶି। ପାଶ୍ଚାତ୍ୟ ଜଗତରେ ପୁରୁଷ ସହିତ ନାରୀ କାନ୍ଧ କଷିବା ପାଇଁ ଯେପରି ଚେଷ୍ଟିତା, ତା ଦେଖିଲେ ଆଶ୍ଚର୍ଯ୍ୟ ହେବାକୁ ହୁଏ। ନାରୀ ଯେ କୌଣସି ଗୁଣରେ ପୁରୁଷଠାରୁ କମ୍ ନୁହେଁ, ପ୍ରତି ମୁହୂର୍ତ୍ତରେ ତାହା ସେ ପ୍ରମାଣ କରିଦେବାକୁ ଚାହେଁ। ଆମର ସାମାଜିକ ବ୍ୟବସ୍ଥା ଯାହା ସେଥିରେ ନାରୀ କେବଳ ପଙ୍ଗୁ ହୁଏନା, ପୁରୁଷର ଗଳଗ୍ରହ ହୋଇ ତାକୁ ବି ପଙ୍ଗୁ କରି ପକାଏ। ବିଶେଷତଃ ମଧ୍ୟବିତ୍ତ ଶ୍ରେଣୀରେ ଏ ଦୃଶ୍ୟ ସବୁଠାରୁ ବେଶି। ଦରିଦ୍ର ପରିବାରରେ ସୁବିଧା ଅନୁସାରେ ନାରୀ ପୁରୁଷକୁ ସାହାଯ୍ୟ କରେ। କିନ୍ତୁ ଯାହାଙ୍କୁ ଆମେ ବାବୁ ବୋଲି କହୁ, ସେହିମାନଙ୍କ ଘରେ ବାବୁଆଣୀମାନେ ସବୁଠୁ ବେଶି ଅପଦାର୍ଥ। ପ୍ରକାର ବିଚିତ୍ର ଜୀବ। ବିଶ୍ୱବିଦ୍ୟାଳୟ ମାଡ଼ିଲେ ତ କଥା ଆହୁରି ସ୍ୱତନ୍ତ୍ର। ସେମାନଙ୍କଠାରୁ 'ଯଃ ପଳାୟତି ସଃ ଜୀବତି।' ଛାଡ଼, ଘର କଥା କହି ଲାଭ କଣ ? ଏ ଦେଶ କଥା ଦେଖିବା, ଦରକାର ହେଲେ ଶିଖିବା।

ପାଶ୍ଚାତ୍ୟ ଜଗତରେ ନାରୀ ସଂପୂର୍ଣ୍ଣ ସ୍ୱାଧୀନ। ପୁରୁଷ ଯାହା କରିପାରେ ନାରୀ ତାହା କରିବ ବୋଲି ଲାଗି ପଡ଼ିଛି।

ପହିଲି ବିଦେଶୀ ଏଠାରେ ପାଦ ଦେଲାମାତ୍ରେ ତାକୁ ସବୁଠୁ ବେଶି ଆଶ୍ଚର୍ଯ୍ୟ ଲାଗେ ଯେ, ନିଜ ଦେଶରେ ପୁରୁଷ ଯାହା କରିବା ପାଇଁ ଏପର୍ଯ୍ୟନ୍ତ ଯୋଗ୍ୟ ହୋଇନି, ନାରୀ ଏଠି ତା ଏତେ ସହଜରେ କରି ପାରୁଛି। ଯେଉଁଠି ଦେଖିବ ନାରୀ। ଦୋକାନ, ବଜାର, ହୋଟେଲ୍ , ସ୍କୁଲ, କଲେଜ, କିରାଣୀ ଅଫିସ ସବୁଠି ନାରୀର ରାଜତ୍ୱ।

ରାସ୍ତାରେ ଯେତେ ମଟର ଗାଡ଼ି ଚାଲିଛି ସେଥିରୁ ଅଧା ଗାଡ଼ିର ଡ୍ରାଇଭର୍ ନାରୀ। ସୈନ୍ୟ ବିଭାଗରେ ପ୍ରତିଦିନ ଅଧିକ ସଂଖ୍ୟକ ନାରୀ ଭର୍ତ୍ତି ହେଉଛନ୍ତି। ଭୟ ହୁଏ ଚକ କଣ ଦିନେ ସଂପୂର୍ଣ୍ଣ ଘୂରି ଯିବ କି? ନାରୀ ପୁରୁଷର ସବୁ କାମ କରିନେବ, ହୁଏତ ହତଭାଗ୍ୟ ପୁରୁଷ ସେ ଦିନ ରୋଷାଇ କରିବା ପାଇଁ କିମ୍ବା ପିଲା ପାଳିବା ପାଇଁ ଘର ଭିତରେ ବସି ରହିବ। କେବଳ ଯେ ସ୍ତ୍ରୀମାନେ ହାତକୁ କାମ ନେଇଛନ୍ତି ତା ନୁହେଁ, ତାକୁ ସୁଚାରୁରୂପେ ଚଳାଇବାର କ୍ଷମତା ବି ତାଙ୍କର ଅଛି। ବ୍ୟବସାୟ କ୍ଷେତ୍ରରେ ନାରୀର ବ୍ୟବହାର ପୁରୁଷର ବ୍ୟବହାର ଅପେକ୍ଷା ନିଶ୍ଚୟ ଭଲ। ଅମ ଦେଶର ପୁରୁଷ କିରାଣୀ ଓ ଏ ଦେଶର ସ୍ତ୍ରୀ କିରାଣୀ ତୁଳନା କରିବାର କିଛି ନାହିଁ। ସ୍ୱଭାବ-କୋମଳ ନାରୀ କର୍ମପଟୁତାରେ ଶାସନକଳକୁ ସରଳ ଓ ଚଞ୍ଚଳ କରି ଦେଇଛି; ଶିକ୍ଷକ ହିସାବରେ କେବଳ ଶିଶୁକୁ ଶିକ୍ଷା ଦେଉନି, ମାତ୍ର ସ୍ନେହର ମଧୁର ପରଶରେ ଶିଶୁ ମନକୁ ବାନ୍ଧିରଖୁଛି। ବଡ଼ ବଡ଼ କଳକାରଖାନାରେ ବି ନାରୀମାନେ କାମ କରୁଛନ୍ତି। କେତେକ ସୂତାକଳ, ଚଟକଳ ଓ ଆଲ୍‌ମିନିୟମ କାରଖାନା ଦେଖିବାକୁ ଯାଇଥିଲି। ସେଠି ସହସ୍ର ଯୁବତୀଙ୍କର କର୍ମକୁଶଳତା ଦେଖି ଅବାକ୍ ହେଲି। ଯାହା ମୁଁ ପୁରୁଷ ହୋଇ କରିବାକୁ ପଶ୍ଚାତ୍‌ପଦ ନାରୀ ତାହା ଖୁବ୍ ସହଜରେ କରିପାରୁଛି ଦେଖି ଆତ୍ମଅବଜ୍ଞା ହେଲା ମାତ୍ର। କୋମଳାଙ୍ଗୀ ନାରୀ କଳକବଜା ସଙ୍ଗରେ ଯେଉଁ ଲଢ଼ାଇ କରୁଛି ତା ଦେଖି ମନେ ହେଲା ମେହେର ଦେଖିଥିଲେ ବୋଧେ ଦୀର୍ଘ ନିଶ୍ୱାସ ପକାଇ କହିଥାନ୍ତେ, ଏ ସାହେବ ଲୋକେ "ପାଟ ଦଉଡ଼ିକୁ ଲଗାଇ ଅଛନ୍ତି କାନନ ଗଜ ବନ୍ଧନେ।" କିମ୍ବା ରାଧାନାଥ କହିଥାନ୍ତେ "କୁସୁମ କିପାଇଁ କଣ୍ଟକେ ଜଡ଼ିତ।" କିନ୍ତୁ ପାଶ୍ଚାତ୍ୟ ରମଣୀ ଯେ ଆଉ କୁସୁମ କିମ୍ବା କାବ୍ୟ କବିତାର ହୀନ ଉପଜୀବ୍ୟ ହେବାକୁ ଚାହେନା। ସେ ପୁରୁଷ ସହିତ ଲଢ଼ିବ ଓ ଅସ୍ତ୍ର ଛଡ଼ାଇ ନେବ ବୋଲି ଦୃଢ଼ପ୍ରତିଜ୍ଞ।

ଗଲା ଯୁଦ୍ଧରେ ପୃଥିବୀର ବିଭିନ୍ନ ଅଂଶରେ ଲଢ଼ିବା ପାଇଁ ସମସ୍ତ ଇଂରେଜ ଲୋକେ ବାହାରି ଗଲେ। ଲଣ୍ଡନରେ କେବଳ ରହିଲେ ନାରୀ। ପିଲା ପାଳିବାଠାରୁ ଧରି ହୋମଗାର୍ଡ ସୈନ୍ୟ ସାଜିବା ପର୍ଯ୍ୟନ୍ତ ସବୁ କାର୍ଯ୍ୟ ନାରୀମାନେ କଲେ। ଆମକୁ ଏଠି ଗୋଟିଏ ୬୦ ବର୍ଷର ବୁଢ଼ୀ ଭାତ ପରଷେ। ଅବଶ୍ୟ ତାକୁ ବୁଢ଼ୀ ବୋଲି କହିଲେ ସେ ପ୍ରତିବାଦ କରେ। ମାତ୍ର ଆମ ଦେଶରେ ୩୫ ବର୍ଷ ନ ହେଉଣୁ ମଣିଷ ନିଜକୁ ବୁଢ଼ାଙ୍କ ଭିତରେ ଗଣେ। ଗଲା ଯୁଦ୍ଧରେ ବୁଢ଼ୀ କେମିତି ମଟର ଚଳାଉଥିଲା, A. R. P. କାମ କରୁଥିଲା, ହଜାର ହଜାର ହିଟ୍‌ଲରୀ ଉଡ଼ାଜାହାଜ ଲଣ୍ଡନ ଆକାଶରେ ଘୂରୁଥିଲାବେଳେ ଲଣ୍ଡନ ରାସ୍ତାରେ ସେ ପହରା ଦେଉଥିଲା, ସେହିସବୁ ଗପ ଆମକୁ ଶୁଣାଇ ତାଜୁବ କରାଏ। କେବଳ ସେତିକି ନୁହେଁ, ସେ ପଚାରେ, "ଡିକସନ୍ ପଢ଼ିଛକି? ସ' ଓ ସେକ୍ସପିଅର ଦୁହିଁଙ୍କ ଭିତରେ ତୁମେ କାହାକୁ ବେଶି ଭଲ ପାଅ? ଏଲିଅଟ୍‌ଙ୍କ

ବିଷୟରେ ତୁମ ମତ କ'ଣ ? ଏ ଘରେ ଯେ ଗ୍ୟାସ ବଏଲର ଅଛି, ବିଗିଡ଼ିଗଲେ ତୁମେ ସଜ କରି ପାରିବ କି? ତୁମେ ମୋ ସଙ୍ଗେ କୁସ୍ତି କରିପାରିବ କି ?" ଆମ ଗାଁ ମୁଣ୍ଡ ବରମୂଳ ପରି ସେ ବୁଢ଼ୀର ଗଣ୍ଡି। ମୋ ଭଳି ସଜନାଛୁଇଁ ସରୁ ଭାରତୀୟ ତା ସଙ୍ଗେ ଲଢ଼ାଇ କଲେ ସିଂହ ଶାର୍ଦ୍ଦୁଳ ଲଢ଼ାଇରେ ମୂଷାଙ୍କ ପରି ଦଳି ହୋଇଯିବା କଥା। ଭାତ ପରଷିବା ପାଇଁ ମାସକରେ ଯେ ଚାଳିଶ ଟଙ୍କାରୁ ଅଧିକା ନିଏ, ତା ଜୀବନ ବୋଧହୁଏ ମୋଠୁ ଅଧିକ ମୂଲ୍ୟବାନ୍, ଅନ୍ତତଃ ଅର୍ଥ ଦୃଷ୍ଟିରୁ।

ଜାତିକୁ ଟେକି ଧରିବା ପାଇଁ କଠିନ କାମ କରିବା ସଙ୍ଗେ ସଙ୍ଗେ ଜୀବନ ସମ୍ଭୋଗ ପାଇଁ ନାରୀ ମଧ୍ୟ ଘର ସଂସାର କରେ। କହିବା ବାହୁଲ୍ୟ ଯେ ସେ ତାର ପ୍ରଣୟୀ ଆପେ ବାଛି ନିଏ। ସେଥିପାଇଁ କ୍ଷେତ୍ର ଅନେକ; ସ୍କୁଲ, କଲେଜ, ଚର୍ଚ୍ଚ ଓ ନୃତ୍ୟଶାଳା। ପାଶ୍ଚାତ୍ୟ ସଭ୍ୟତାର ବିଶିଷ୍ଟ ଅଙ୍ଗ ନୃତ୍ୟ। କ୍ଲବ୍ ଘରେ ଓ ନୃତ୍ୟଶାଳାରେ ପାଶ୍ଚାତ୍ୟ ରମଣୀ ପୃଥିବୀର ଯେ କୌଣସି ଦେଶର ଲୋକଙ୍କ ସଙ୍ଗେ ପାଦମିଳାଇ ନାଚେ। ସେଇଠି ମଧ୍ୟ ସାରା ଜୀବନ ପାଇଁ ସାଥୀ ବାଛି ନେଇପାରେ। ଗୃହସଂସାର ଏମାନଙ୍କର ଅନେକ ଦୃଷ୍ଟିରୁ ସରଳ। ଶିଶୁ-ପାଳନ ବିଶେଷ ବୈଜ୍ଞାନିକ ଦୃଷ୍ଟିରୁ କରିଥାନ୍ତି। ରନ୍ଧାବଢ଼ା କାମ ଅତି ସହଜ। ଗ୍ୟାସ ଚୁଲିରେ ଅଧଘଣ୍ଟା ଭିତରେ ସବୁ ରୋଷେଇବାସ ସରିଯାଏ। କଞ୍ଚା ଆମ୍ବ କାଠ କିମ୍ବା କଇଁଆ ପତର ପୂରାଇ ଫୁଙ୍କି ଫୁଙ୍କି ଆଖିରୁ ପାଣି ଗଡ଼ାଇ ବିଧାତାକୁ ଅଭିଶାପ ଦେବାକୁ ପଡ଼େ ନାହିଁ। ନିଜ ହାତରେ ସେମାନେ ସବୁ କରନ୍ତି। ରୋଷେଇ କରିବା, ବାସନ ମାଜିବା, ଲୁଗା କାଚିବା, ଛିଣ୍ଡା ଦଦରା ସିଲେଇ କରିବା, ସବୁ କରିବା ପାଇଁ ଘରେ ଆବଶ୍ୟକ ଯନ୍ତ୍ରପାତି ଅଛି ବୋଲି ଜୀବନ ଏଡ଼େ ସହଜ। ଆମର ପଇସା ଥିଲେ ଓ ଶିକ୍ଷା ଥିଲେ ଆମ ସ୍ତ୍ରୀମାନେ ଯେ ନ କରନ୍ତେ ଏମିତି କିଛି ନାହିଁ। ଆମରି ପଇସାରେ ସିନା ସାଇବ ପିଲାମାନଙ୍କର ଏ ଇନ୍ଦ୍ରଜାଲ ବିଦ୍ୟା। ଭାରତରେ ସାଇବ ପିଲା ପାଳିବା ପାଇଁ ପାଞ୍ଚ ପାଞ୍ଚଟା ଚାକରାଣୀ ରଖୁଥିଲେ। ଏଠି କେଇଟା ସାହେବ ଚାକରାଣୀ ମୁହଁ ଦେଖନ୍ତି ? ସବୁ ନିଜ ହାତରେ କରନ୍ତି। ସବୁ କଥାରେ ହନ୍ତସନ୍ତ ହେବା ଏ ଜାତିର ଲକ୍ଷଣ ନୁହେଁ। ଯେଉଁ ଚକ ପଙ୍କରେ ଥରେ ପଡ଼ି ଯାଇଛି, ତାକୁ ଉପରକୁ ଉଠାଇବା ପାଇଁ ସମସ୍ତ ଦଳାଦଳି ଭୁଲିଯାଇ ସେମାନେ ଏକାଠି କାନ୍ଧ ଲଗାନ୍ତି। ପୁରୁଷ ଯେତିକି କରେ ନାରୀ ତାଠୁ କୌଣସି ଗୁଣରେ କମ୍ କରେନି। ମନେହୁଏ ଯେ ପର୍ଯ୍ୟନ୍ତ ନାରୀକୁ ଶିକ୍ଷା, ସ୍ୱାଧୀନତା ଓ ସୁଯୋଗ ନ ଦେଇଛୁ; ସେ ପର୍ଯ୍ୟନ୍ତ ଆମର ଭବିଷ୍ୟତ ନାହିଁ। ଜୀବନ ଯୁଦ୍ଧରେ ଶର ଯୋଗାଇବା ପାଇଁ ନାରୀକୁ ଯେ ପର୍ଯ୍ୟନ୍ତ ଶିକ୍ଷା ଦିଆଯାଇ ନାହିଁ ପୁରୁଷ ସେତେଦିନ ହାରୁଥିବ। ଯେଉଁ ଜାତିର ପ୍ରକୃତ ମାଆ ନାହିଁ ସେ ଜାତିର ସାହା ନାହିଁ, ଯଥାର୍ଥରେ କେହି ନାହିଁ।

ବିଲାତି ଶିଶୁ

ବିଲାତର ପିଲାଗୁଡ଼ିକ ଦେଖି ମନରେ ଯେ ଆନନ୍ଦ ଜନ୍ମେ, ତା ମୁଁ ଅନ୍ୟ କୌଣସି ଜିନିଷରେ ପାଏ ନି। ରାସ୍ତାଘାଟ, ହୋଟେଲ, ପାର୍କ ପଡ଼ିଆରେ, ଶିଶୁଗୁଡ଼ିଙ୍କୁ ଦେଖିଲେ ହାତ ପତାଇ ତୋଳିନେବାକୁ ଇଚ୍ଛା ହୁଏ। ମାତ୍ର କଳା ବିଦେଶୀର ମୁହଁ ଦେଖି ଶିଶୁ ଅନେକବାର ତଟସ୍ଥ ହୁଏ, କିଛି ନବୁଝି ହସି ପକାଏ। କୋମଳ ଅଧର ତଳୁ ଖସିପଡ଼େ କୋଟି ମୂଲ୍ୟର ଦରୋଟି ଭାଷା, ହତଭାଗ୍ୟ ବିଦେଶୀର ଫୋନେଟିକ୍ସ ଶିକ୍ଷା ହାର ମାନେ ଶିଶୁ ନିକଟରେ। କିଛି ନବୁଝି ହସିବାକୁ ହୁଏ ଖାଲି।

ମନେପଡ଼େ ଆମ ଗାଁ ଦୀନାର ଅନ୍ଧ ପିଲାଟି। ସାଇପଡ଼ିଶାର ପିଲାଗୁଡ଼ିକ ଦେହରେ ନାହିଁ କନା, ପେଟରେ ନାହିଁ ଦାନା, ନାକରେ ସିଙ୍ଘାଣି, ଦେହରେ ପଙ୍କ, କେଉଁଠି ଧୂଳିରେ ଗଡ଼ୁଛି ତ କେଉଁଠି ମୂତରେ ପହଁରୁଛି। କରୁଣା ହୁଏ, ଲଜ୍ଜା ବି ଲାଗେ। ସତେ ଯେମିତି ଏହି ସଂସାରରେ କେହି ତାକୁ ଲୋଡ଼ି ନଥିଲା। ସେ ଆପେ ପେଲି ଠେଲି ହୋଇ ସଂସାର ଭିତରକୁ ଚାଲି ଆସିଛି ନିଜେ ଜଳିପୋଡ଼ି ମରିବା ପାଇଁ ଓ ମୂର୍ଖ ଅନ୍ଧ ବାପ ମା'ଙ୍କୁ ଜାଳିପୋଡ଼ ମାରିବା ପାଇଁ।

ଇଂରେଜ ଶିଶୁ ! କି ଚମତ୍କାର ତାର ପୋଷାକପତ୍ର ! କି ଶୁଭ୍ର ସୁନ୍ଦର ତାର ସାଜସଜ୍ଜା ! ଚିର ଜାଗ୍ରତ ଫୁଟନ୍ତା ଫୁଲପରି ତାର ମୁହଁ- ସ୍ୱାସ୍ଥ୍ୟ, ସ୍ୱାଛନ୍ଦ୍ୟ ଫୁଟି ପଡୁଛି ଆଖିରେ ଆଉ ଓଠରେ। ଶୁଖିଲା, ଧଡ଼ିଆ ଓ ମରମର ପିଲା କେବେ ମୋ ଆଖିରେ ପଡ଼ିନି। ଏ ଦେଶର ବାପ ମା ଚିରକାଳ ଆଣ୍ଠୁକୁଡ଼ା ଓ ଆଣ୍ଠୁକୁଡ଼ୀ ରହିବାକୁ ପ୍ରସ୍ତୁତ, କିନ୍ତୁ ଅବାଞ୍ଛିତ ରୋଗଗ୍ରସ୍ତ ଅର୍ଦ୍ଧନଗ୍ନ, ଅର୍ଦ୍ଧଭୁକ୍ତ, ପଙ୍ଗପାଳ ଶିଶୁଙ୍କୁ ଜନ୍ମଦେଇ ଜୀବନ୍ତ ମରଣ ଦେବାପାଇଁ କେବେ ପ୍ରସ୍ତୁତ ନୁହନ୍ତି। ରାସ୍ତାଘାଟରେ ମା କୋଳରେ ମାସକର ଛୁଆକୁ ବି ଦେଖିବାକୁ ମିଳେ। ଆମ ଦେଶରେ ମଧ୍ୟଶ୍ରେଣୀୟ ଲୋକଙ୍କ ପିଲା ବର୍ଷକ ପର୍ଯ୍ୟନ୍ତ ଦାଣ୍ଡ ଦୁଆର ଦେଖେନି-ଭୂତ ପ୍ରେତ ଲାଗିବ ବୋଲି ବା

ସାଇପଡ଼ିଶାଙ୍କ ଆଖି ପଡ଼ିଯିବ ବୋଲି। ମାତ୍ର ସଭ୍ୟ ଦେଶରେ ମା’ ମାସକର ଛୁଆକୁ କୋଳରେ ଧରି ବୁଲେ। ଅଧିକାଂଶ ପିଲାଙ୍କର ଛୋଟ ଗାଡ଼ି ଅଛି। ମା’ ଯୁଆଡ଼େ ଗଲେ ଛୁଆକୁ ଗାଡ଼ିରେ ବସାଇ ଠେଲି ଠେଲି ନେଇଯାଏ। ଅନେକ ସମୟରେ କେତେକ ଦୃଶ୍ୟ ଦେଖି କରୁଣା ଜାତ ହୁଏ। ମାତ୍ର ଇଂରେଜ ଶିଶୁ ପକ୍ଷରେ ତାହା କିଛି ନୁହେଁ। ସ୍କୁଲକୁ ଗଲାବେଳେ ଦେଖେ ପାଞ୍ଚ ମାସର ଶିଶୁଟିଏ ଗାଡ଼ିରେ ବସିଛି। ପାଖରେ କେହି ବୋଇଲେ କେହି ନାହିଁ। କାଳେ ବାହାରି ଡେଇଁ ପଡ଼ିବ ବୋଲି ମା ତାକୁ ଚମଡ଼ା ଫିତାରେ ଟାଇଟ୍ କରି ବାନ୍ଧିଦେଇ ଯାଇଛି। ପିଲାଟି ବେଳେ ବେଳେ ମଝିରେ ମଝିରେ କାନ୍ଦୁଛି। ମା ହୁଏତ କାମ କରିବାକୁ ଯାଇଛି। କାମ ସରିଲେ ଆସି ନେଇଯିବ। ଏହିପରି କେତେ ଶିଶୁଙ୍କ ସଙ୍ଗେ ଦଶ ପନ୍ଦର ମିନିଟ୍ ସମୟ କାଟିଛି ଅନେକ ବାର। ଧରିବା ପାଇଁ ମଣିଷ ମନରେ ମାୟା ମମତାର ଧାର ଛୁଟି ଗଲେ ବି ସେ ପାରେନା ! ପର ପିଲା ଯେ ! ଶିଶୁଟି ବନ୍ଧା ହୋଇଛି ଗାଡ଼ି ଭିତରେ। ଚାଲିଗଲେ ପୁଣି ଶିଶୁଟି କାନ୍ଦି ଉଠେ। ମା ଯେତେବେଳେ ପେଟ ପୋଷିବ ବୋଲି ଛାଡ଼ି ଯାଇଛି, ସତେ କ’ଣ ପର ଲୋକ ଆଉ ନିଜ କାମ ଛାଡ଼ି ଅନାଇ ରହିବ ! ନା, ତାର ସେ ସୌଭାଗ୍ୟ କାହିଁ ! ଦିନେ ଦିନେ ଦେଖିଛି ଆଣ୍ଠିଏ ବରଫ ଉପରେ ନିର୍ଜନ ଗଳିରେ ହୁଏତ ପିଲାଟିଏ ଗହନ ନିଦରେ ଶୋଇ ପଡ଼ିଛି। ମା ତାକୁ ଘୋଡ଼େଇ ଘାଡ଼େଇ ଦେଇ କାମକୁ ଚାଲି ଯାଇଛି। ଆକାଶରୁ ପଡୁଛି ବରଫ। ଗାଡ଼ି ଉପରଯାକ ଧଳା ବରଫର ଗଦା। ପିଲାଟି ନିଶ୍ଚିନ୍ତରେ ଗାଡ଼ିର ଛାତ ତଳେ ଆରାମରେ ନିଦ ଯାଇଛି। ଇଂରେଜ ରମଣୀର କେମିତି ଛାତି ପତାଏ ପିଲାକୁ ଏମିତି ଛାଡ଼ି ଯିବାକୁ କେଜାଣି ! କିନ୍ତୁ ଭାରତୀୟ ପୁରୁଷର ହୃଦୟ ସହେନା। ଉଠାଇ ନେଇଯିବା ପାଇଁ ମନ ହେଉଥିଲେ ବି ପରପିଲାଙ୍କୁ ଛୁଇଁବ କେମିତି ? ମନେ ମନେ ଭାବେ କାକର, କୁହୁଡ଼ି, ବର୍ଷା, ବରଫ ଭିତରେ ବଢ଼ି ଇଂରେଜ ଶିଶୁ ଏରେ ସ୍ୱାଧୀନଚେତା ହୁଏ ନା କ’ଣ ? ସତରେ ଯାହା କହନ୍ତି, ବନସ୍ତ କଣ୍ଟା ମୂଳରୁ ଗୋଜା।

ଚାଲବୁଲ କରିବା ବୟସରେ ଦୁଷ୍ଟ ଶିଶୁଙ୍କ ଦେହରେ ଘୋଡ଼ା ମୁହଁରେ ଲଗାମ ଲଗାଇଲା ପରି ଚମଡ଼ାର ଛନ୍ଦ ଲଗାଇ ମା ହାତରେ ଧରି ଚାଲିଥାଏ। ପିଲାଟି ଆଗରେ ବା ପଛରେ ଚାଲିଥାଏ ଖେଳି ଖେଳି। ଦୁଷ୍ଟ ପିଲା କାଳେ ରାସ୍ତା ଦେହକୁ ପଳାଇଯିବ, ଏଥିପାଇଁ ଏହି ପଟି ଦ୍ୱାରା ବରାବର ବନ୍ଧା ହୋଇଥାଏ। ଆଉଟିକେ ବଡ଼ ବୟସର ପିଲା ହେଲେ ପ୍ରାୟ ଶତକଡ଼ା ସତୁରିଙ୍କର ତିନି ଚକିଆ ସାଇକେଲ୍ ଥାଏ। ବାପ ମା’ଙ୍କ ସଙ୍ଗେ ସାଇକେଲ ଚଢ଼ି ଯିବା ଆସିବା କରନ୍ତି।

ସହର ଭିତରେ ପିଲାମାନଙ୍କ ପାଇଁ ଅନେକ ଖେଳପଡ଼ିଆ ଅଛି। ଚାରିପାଖ ହତା ବାଡ଼, ବଡ଼ ମଣିଷଙ୍କରେ ପ୍ରବେଶ ନିଷେଧ। ମାତ୍ର ପଦାରୁ ପିଲାଙ୍କ ଖେଳ ଦେଖିହେବ। ପହଁରିବା ପାଇଁ ଗରମ ପାଣିର ଗାଡ଼ିଆ। ଝୁଲିବା ପାଇଁ ଲୁହାର ଦୋଳି। ଆମ ଆଡ଼େ ଯେମିତି ଶଗଡ଼ର ଦୁଇ କଡ଼ରେ ବସି ଢିପିଢିପି ଖେଳନ୍ତି, ସେମିତି ଖେଳିବାର ବ୍ୟବସ୍ଥା ବି ଅଛି। ସାହେବ ପିଲାଙ୍କ ଅଣ୍ଟାରେ ଝୁଲୁଥାଏ ସବୁବେଳେ ବନ୍ଧୁକ, ବୁଲାଚଲା ବେଳେ ଏହି ବନ୍ଧୁକ ଖେଳ ଅନେକ ବାର ଦେଖିଛି। ବାଟି ଖେଳ ବି ସାଧାରଣ ଖେଳ ଭିତରୁ ଗୋଟିଏ। ଅନେକ ସମୟରେ ଦୁଷ୍ଟ ପିଲାମାନେ ରାସ୍ତାରେ ଫୁଟବଲ୍ ଖେଳି ପ୍ରତିବନ୍ଧକ ସୃଷ୍ଟି କରନ୍ତି। ଏ ଦେଶରେ ସେଥିପାଇଁ ଗାଡ଼ି ଧକ୍କାରେ ଅନେକ ଶିଶୁ ପ୍ରାଣ ହରାନ୍ତି। ଏବେ ଗୋଟିଏ ରିପୋର୍ଟରୁ ଏହିପରି ଶିଶୁମୃତ୍ୟୁ ପ୍ରତି ସରକାରଙ୍କ ଦୃଷ୍ଟି ଆକର୍ଷଣ କରାଯାଇଛି। ବିଦେଶୀଙ୍କୁ ଦେଖିଲେ ସାଧାରଣ ଶିଶୁ ଲଜ୍ଜା ପାଏ। ପାଞ୍ଚପଦ ପଚାରିଲେ ପଦେ ଉତ୍ତର ଦଏ। ଗୋଟିଏ ମଜା କଥା ମନେ ପଡ଼େ। ଥରେ ଗୋଟିଏ ପିଲା ଦୋକାନ ସାମନାରେ ଠିଆ ହୋଇ କ'ଣ ଗୋଟିଏ ଜିନିଷ ପାଇଁ କାନ୍ଦୁଥିଲା। ବାପ ବିଚରା ସ୍ନେହ ବଶରୁ କିଛି କହିପାରୁ ନଥିଲା। ମୁଁ ସେହି ରାସ୍ତାରେ ଯାଉଥିବା ବେଳେ ସେହି ପିଲାଟି କାନ୍ଦୁଥିବା ଦେଖି ତା ନିକଟକୁ ଗଲି। ମୋତେ ଦେଖି ସେ ଏମିତି ଛାନିଆଁ ହୋଇ ଖଣ୍ଡେବାଟ ପଳାଇ ଗଲା ସେ ତା ବାପ ବିଚରା ଆଶ୍ଚର୍ଯ୍ୟ ହେଲା। ମୋ ଆଡ଼କୁ ହାତ ଠାରି ତା ବାପକୁ ପିଲାଟି ପଚାରିଲା, ମୁଁ ଗୋଟିଏ କି ପ୍ରକାର ଜୀବ? ମୁଁ ସେତେବେଳେ ନୀରବରେ କୌତୁକ ଦେଖୁଥାଏ। ତାର ବାପା ତାକୁ କହିଲେ, “ସେ ଭାରତୀୟ। ସେ ଆମର ବନ୍ଧୁ, ଚାଲ, ତାଙ୍କୁ ଗୁଡ୍ ମର୍ଣ୍ଣିଂ କହ।” ପିଲାଟି ବଡ଼ ସାହସ କରି ତା ବାପ ସଙ୍ଗରେ ଆସି ଗୁଡ୍ ମର୍ଣ୍ଣିଂ କହିଲା। ମୁଁ ତାକୁ ଛାତି ଉପରକୁ ଉଠାଇ ନେବାରେ ହସି ପକାଇଲା।

ଭାରତୀୟ ଅର୍ଥରେ ମୁଁ କଳା ନୁହେଁ ତଥାପି ମୋତେ ତ ଦେଖି ସାହେବ ପିଲାମାନଙ୍କର ଏ ଅବସ୍ଥା! ଆଫ୍ରିକାର ହାଣ୍ଡିକଳା ନିଗ୍ରୋମାନଙ୍କୁ ସେମାନେ ଦେଖି କିପରି ଅନୁଭବ କରନ୍ତି ଦେଖିବାର କଥା। ଅନେକ ଥର ଦେଖିଛି ଗାଡ଼ିରେ ନିଗ୍ରୋମାନଙ୍କୁ ଦେଖି କେତେକ ପିଲା କ'ଣ ଭାବି ଚିହିରି ଛାଡ଼ନ୍ତି। ତାଙ୍କ ବାପ ମା ଆମକୁ ଅନାଇ ହସଭରା କ୍ଷମା ସୂଚକ କଣ୍ଠରେ କହନ୍ତି, “ଡରିବାର କିଛି ନାହିଁ। ସେମାନେ ଆମମାନଙ୍କର ଆଫ୍ରିକାନ୍ ବନ୍ଧୁ।”

ମେଳା ମହୋତ୍ସବ, ଯାତ୍ରା ତୀର୍ଥରେ ଖେଳିବା ପାଇଁ ଛୋଟ ମଟର ଗାଡ଼ି ଓ ଚକ୍ରଦୋଳି ରଖା ହୋଇଥାଏ। ସେଗୁଡ଼ିକ ଇଲେକ୍‌ଟ୍ରିକ୍ ସାହାଯ୍ୟରେ ଚଳେ। ପିଲାମାନେ ପଇସା ଦେଇ ମଟର ଚଢ଼ି ପରସ୍ପର ସହିତ ଲଢ଼ାଇ କରନ୍ତି। ଆମ ଦେଶର ପିଲା

କାଠର ଛୋଟ ଶଗଡ଼ କରି ଖେଳେ। ପଇସା ଓ ବିଜ୍ଞାନର ତାରତମ୍ୟ ନେଇ ଆମ ଜୀବନର ତାରତମ୍ୟ ଏତେ ବେଶି ସିନା। ଅନେକ ସ୍ଥାନରେ ମୁଁ ପିଲାଙ୍କ ଫଟୋ ଉଠାଇଛି। କ୍ୟାମେରା ଦେଖିଲେ, ଫଟୋ ଉଠାଇବାର ଛଳନା କଲେ ସେମାନେ ଆନନ୍ଦରେ ଆସି କ୍ୟାମେରା ଆଗରେ ଛିଡ଼ା ହୁଅନ୍ତି।

ଇଂରେଜ ଜାତି ପିଲା ସାଇତି ଜାଣେ। ଯେ କୌଣସି ବିଦେଶୀ ବିଲାତର ପିଲାଗୁଡ଼ିଙ୍କୁ ଦେଖି ପ୍ରଶଂସା ନକରି ରହି ପାରିବ ନାହିଁ। ଆସନ୍ତା ଶନିବାର ଦିନ ଆନ୍ତର୍ଜାତିକ ଶିଶୁଦିବସ। ପୃଥିବୀର ସବୁ ଦେଶରେ ଶିଶୁମାନଙ୍କ କଥା କାଗଜ ପତ୍ରରେ ବାହାରୁଛି। ଆଜି ଇଂରେଜ ଶିଶୁ ସୁଖ ସ୍ୱାଚ୍ଛନ୍ଦ୍ୟରେ ଭାସୁଥିବାବେଳେ ଯୁଦ୍ଧଗ୍ରସ୍ତ କୋରିଆର ଶିଶୁଗୁଡ଼ିକ ଘରଦ୍ୱାର, ବାପ ମା ଶୂନ୍ୟ ହୋଇ କୁହୁଡ଼ି ବର୍ଷା ବାଦଲରେ କେମିତି ସଢ଼ୁଛନ୍ତି, ତାର କରୁଣ କାହାଣୀ ଶୁଣିଲେ ଏହି ତଥାକଥିତ ସଭ୍ୟତା ଉପରେ ମଣିଷର ଅକ୍ଷମଣୀୟ ଅଭିମାନ ହୁଏ। ଯୁଦ୍ଧୋତ୍ତର ଇଉରୋପରେ ଅଧିକାଂଶ ସ୍ଥାନରେ ବିଶେଷତଃ ଜର୍ମାନୀରେ ଶିଶୁମାନଙ୍କର ଅବସ୍ଥା ଅତି କରୁଣ। ବିହାର ଦୁର୍ଭିକ୍ଷରେ ଅନାହାରରେ ମରୁଥିବା ଶିଶୁମାନଙ୍କର କଙ୍କାଳ ଇଂରେଜ ପତ୍ରିକାରେ କରୁଣ ଭାବରେ ଚିତ୍ରିତ ହୋଇଛି। ଭାରତୀୟମାନେ ଅନ୍ଧ ବିଶ୍ୱାସରେ ଅବାଞ୍ଛିତ ଅଯାଚିତ ଶତ ଶତ ଶିଶୁ ଜନ୍ମ କରି କି କଷ୍ଟ ଭୋଗୁଛନ୍ତି ତା ଉପରେ ଅନେକ ଟିପ୍‌ପଣୀ ବାହାରିଛି। ଭାରତରେ ସତେ ସେ ସୁଦିନ କେବେ ଆସିବ ଯେତେବେଳେ ଦାୟିତ୍ୱସଂପନ୍ନ ତରୁଣ ତରୁଣୀମାନେ ସନ୍ତାନ ପ୍ରସବକୁ ଖିଆଲ ମନେ ନକରି ଗୁରୁ ଦାୟିତ୍ୱ ବୋଲି ବୁଝିବେ। ଅବାଞ୍ଛିତ ଶିଶୁ ସଂଖ୍ୟା ଯଥେଷ୍ଟ ପରିମାଣରେ ନ କମିଲେ ଶିଶୁ ସଂସାରର ଉଜ୍ଜ୍ୱଳ ଭବିଷ୍ୟତ୍ ଅସମ୍ଭବ।

■

ବିଲାତି ରଜା

ପୃଥିବୀ ଇତିହାସରେ ରାଜଭକ୍ତି ଗୋଟାଏ ଅତି ପୁରୁଣା କଥା। ରଜା ବୋଲି କୌଣସି ବ୍ୟକ୍ତିବିଶେଷଙ୍କୁ ସମ୍ମାନ ଦେଖାଇବା ପାଇଁ ଏ ଯୁଗର ସ୍ୱାଧୀନ ମଣିଷ ପସନ୍ଦ କରେ ନା। ଏପରିକି ଭାରତ ପରି ଦେଶରେ, ଯେଉଁଠି ରଜା ଚଳନ୍ତି ବିଷ୍ଣୁ ଥିଲେ, ସେଠି ବି କାଳକ୍ରମେ ରାଜପଦ ଲୋପ ହେବାକୁ ବସିଲାଣି। କର୍ପୂର ତ ଯାଇଛି, ଖାଲି କନା ଖଣ୍ଡମାନ ପଡ଼ି ରହିଛି ଯାହା। ଆମେରିକା ଓ ରୁଷିଆ ପରି ବଡ଼ ଦେଶରେ ଲୋକମାନଙ୍କର ରାଜ ଅନୁଭୂତି ମୋଟେ ନାହିଁ କହିଲେ ଚଳେ। ଇଂଲଣ୍ଡର ରାଜଗାଦିର ଇତିହାସ ବୋଧହୁଏ ସବୁଠାରୁ ଜଟିଳ ପରିସ୍ଥିତି ଦେଇ ପାର ହୋଇ ଆସିଛି। ସ୍ୱାଧୀନତାକାମୀ ଇଂରେଜ ବ୍ୟକ୍ତି-ସ୍ୱାଧୀନତା ପାଇଁ ନିର୍ଦ୍ଦୟ ଭାବରେ ରଜାଙ୍କର ମୁଣ୍ଡକାଟ ଆଦେଶ ଦେଇଛି। ଇଂରେଜ ଇତିହାସର ଆରମ୍ଭରୁ ଗଣତନ୍ତ୍ର ସ୍ଥାପନ ପର୍ଯ୍ୟନ୍ତ ରଜା ପ୍ରଜାଙ୍କ ଭିତରେ ଯେ କେତେ ତୁମୁଳ ଝଡ଼ ହୋଇଛି ତା ସମସ୍ତଙ୍କୁ ଜଣା। ମାତ୍ର ବିଂଶ ଶତାବ୍ଦୀର ମଧ୍ୟଭାଗରେ ପରମାଣୁ ଯୁଗରେ ବି ଏ ଦେଶର ଲୋକେ ଏମିତି ରାଜଭକ୍ତି ଦେଖାନ୍ତି ଯେ, ଅନେକ ସମୟରେ ବଡ଼ ଆଶ୍ଚର୍ଯ୍ୟ ଲାଗେ। ଦୁନିଆରେ ଯେଉଁଠି କ୍ଷମତା, ସେଠି ସମ୍ମାନ, ମାତ୍ର ଇଂଲଣ୍ଡର ରାଜପଦବୀ ରାଜନୀତି କ୍ଷେତ୍ରରେ ଯେତିକି ନିରର୍ଥକ, ସମାଜ କ୍ଷେତ୍ରରେ ସେତିକି ସାର୍ଥକ। 'ନମସ୍କାରଂ ସହସ୍ରାଣି, ଖଡ଼ାପତ୍ରଂ ନ ଦୀୟତେ' ନୀତିରେ ସାଇବ ପିଲାଏ ରଜାଙ୍କୁ ସଲାମ ଉଠାନ୍ତି। 'ଗଡ୍ ସେଭ୍ ଦି କିଂ' ବୋଲି ପାଟିକରି ରଜାଙ୍କ ପାଇଁ ଆଶୀର୍ବାଦ ଭିକ୍ଷା କରନ୍ତି ସତ, କିନ୍ତୁ କ୍ଷମତା ବୋଲି ପାହୁଲାଟାକର ଦିଅନ୍ତି ନାହିଁ। ଏବେ ମଧ୍ୟ ଏ ଦେଶ ଲୋକେ କେମିତି ରଜା ପୂଜା କରନ୍ତି, ସେଇ ବିଷୟରେ ଦୁଇ ତିନି କଥା କହିବି।

ବିଲାତ ରଜାଙ୍କୁ ବାଟଘାଟରେ ଯେଉଁଠି ଇଚ୍ଛା ସେଠି ଭେଟିବା ଭାରି କଠିନ। କିନ୍ତୁ ଖବରକାଗଜ ଓ ସିନେମାରେ ରଜାରାଣୀଙ୍କ କଥା ଓ ଚିତ୍ର ସବୁବେଳେ ଦେଖିବାକୁ

ମିଳେ। ବର୍ଷେ ହେଲା ମୁଁ ବରାବର ଲକ୍ଷ୍ୟ କରି ଦେଖିଛି, ଇଂଲଣ୍ଡର ପ୍ରଧାନ ପ୍ରଧାନ ଖବରକାଗଜରେ ପ୍ରତିଦିନି ରଜାଙ୍କ କଥା କିଛି ନା କିଛି ଥିବ। ରଜାଙ୍କର ନଥିଲେ ରାଣୀଙ୍କର, ରାଣୀଙ୍କର ନ ଥିଲେ ରାଜଜେମାଙ୍କର କିମ୍ବା ଜେମାଙ୍କର ପିଲା ଛୁଆଙ୍କର। ରଜାଙ୍କ କଥା ନଥାଇ ଖବରକାଗଜ କମ୍ ଅଛି। ରାଣୀଙ୍କ ହାତ ତିଆରି ଖଣ୍ଡେ କମ୍ବଳ ଏବେ ଆମେରିକାରେ ବିକ୍ରିହେବାକୁ ଯାଇଥିଲା। ପ୍ରତିଦିନ ସେହି କମ୍ବଳ ବିଷୟରେ ଖବରକାଗଜରେ କିଛି ନା କିଛି ବାହାରିବ ନିଶ୍ଚୟ। ଆମେରିକାରେ ଅନେକ ଦିନ ବୁଲି ବୁଲି ଯେତେବେଳେ ସେ କମ୍ବଳଟି ଲକ୍ଷାଧିକ ଟଙ୍କାରେ ବିକ୍ରୀ ହେଲା, ସେତେବେଳେ ସ୍ଥାନୀୟ କାଗଜରେ ଭାରି ବଡ଼ ବଡ଼ ଅକ୍ଷରରେ ବାହାରିଲା। ରଜା ରାଣୀ ଆଜି ଫୁଲମେଳାରେ, ଆଜି ପଶୁମେଳାରେ, ଆଜି ଘୋଡ଼ା ଦଉଡ଼ରେ, ଆଜି ଜାହାଜ ବନ୍ଦରରେ- ଏହିଭଳି ଖବର ତ ବରାବର ବାହାରେ। ଇଂରେଜ ଲୋକେ ଯାହାଙ୍କ ହାତରୁ ସବୁ କ୍ଷମତା କାଢ଼ି ନେଇଛନ୍ତି, ତାଙ୍କ କଥା କେମିତି ଏତେ ଭାବନ୍ତି, ସେତିକି ଆଶ୍ଚର୍ଯ୍ୟ ଲାଗେ। ଅଷ୍ଟମ ଓଡ଼୍ୱାର୍ଡ ସିମ୍ପ୍‌ସନ୍ ନାମକ ଏକ ସାଧାରଣ ସ୍ତ୍ରୀଙ୍କ ପ୍ରେମରେ ପଡ଼ି କିପରି ରାଜଗାଦି ଛାଡ଼ିଲେ, ସେହି ଇତିହାସକୁ ଏବେ ଧାରାବାହିକ ଭାବେ ଲେଖୁଛନ୍ତି। ସେଥିରେ ଇଂରେଜ ରଜାଘର କଥା ଯାହା ଲେଖିଛନ୍ତି, ସେ ସବୁ ଦେଖିଲେ ବିଲାତି ରଜାଙ୍କ ପରାଧୀନତା କେତେ ତା ସହଜରେ ଜଣାପଡ଼େ। ରାଜକୁମାର କୌଣସି ସ୍ଥାନକୁ ବୁଲିଯିବା ବେଳେ ପ୍ରଧାନ ମନ୍ତ୍ରୀଙ୍କୁ ଜଣାଇବା ଆଇନଗତ ନ ହେଲେ ମଧ୍ୟ ଅନେକ ସମୟରେ ଜଣାଇବାକୁ ପଡ଼େ। ପାର୍ଲିଆମେଣ୍ଟ ବରାବର ରାଜକୁମାରଙ୍କର ଦୈନନ୍ଦିନ ଗତିବିଧି, ବୁଲାଚଲା ଉପରେ ଆଖି ରଖିଥାନ୍ତି। ଆଉ କଥା ତ ତେଣିକି ଥାଉ, ତାଙ୍କ ପ୍ରେମ କରିବା ଉପରେ ମଧ୍ୟ ପାର୍ଲିଆମେଣ୍ଟର ଆଖି। ଯେଉଁ ଦେଶରେ ପ୍ରଣୟସ୍ୱାଧୀନତାର ଚରମ ବିକାଶ, ସାତବର ବରଣ କରି ମଧ୍ୟ ନାରୀ ସତୀ ବୋଲାଏ, ସେହି ଦେଶର ରଜାପୁଅ ମନ ମୁତାବକ ସ୍ତ୍ରୀ ଗ୍ରହଣ କଲେ ପାର୍ଲିଆମେଣ୍ଟର ଚାବୁକ ଖାଇ ରାଜଗାଦି ଛାଡ଼ିବାକୁ ପଡ଼େ। ଏଇ ହେଲା ରଜାଙ୍କ ସ୍ୱାଧୀନତା। ରଜାପୁଅଙ୍କ ଜୀବନ ଅସୁରୁଣୀ ବୁଢ଼ୀର ସୁନା ଫରୁଆ ଭିତରେ ଥିବା ଜୀବନ ପରି ସାଇତା। ରଜାପୁଅ ଘୋଡ଼ା ଚଢ଼ିଲେ, ଶିଆଳ ଶିକାର କରିଗଲେ, କ୍ଲବ୍‌କୁ ଗଲେ, ସାଧାରଣ ଲୋକଙ୍କ ସଙ୍ଗେ ମିଶିବାକୁ ଗଲେ ଲୁଚି ଲୁଚି ସବୁ କରନ୍ତି। ସେ ପରା ନରଶ୍ରେଷ୍ଠ ! ତେଣୁ ତାଙ୍କୁ ଜୀବନର ସାଧାରଣ ଅନୁଭୂତିରୁ ବାହାରେ ରଖାଯାଏ। ରଜା ଦିନେ ରାସ୍ତାରେ ଛତା ଧରି ଚାଲିଥିଲେ ବୋଲି ପାର୍ଲିଆମେଣ୍ଟରେ ନାନା ସମାଲୋଚନା ହୋଇଥିଲା। ଅନେକେ ନାକ ଟେକି ଯୁକ୍ତି କଲେ, "ଲକ୍ଷ ଲକ୍ଷ ଟଙ୍କାର ଗାଡ଼ି ଥାଉ ଥାଉ ପାଦରେ ଚାଲିଯିବା ରଜାଙ୍କ ପକ୍ଷେ ଅସୁନ୍ଦର।"

ରଜାଙ୍କ ଜନ୍ମ ଦିନ ଓ ରଜା ଯେଉଁ ଦିନ ପାର୍ଲିଆମେଣ୍ଟ ଉଦ୍‌ଘାଟନ କରନ୍ତି, ସେହିଦିନ ରଜା ପଦାକୁ ବାହାରନ୍ତି। ସୁନାର ମୁକୁଟ ପିନ୍ଧି ରଜା ରାଣୀ ସୁନା ଛୁଆଁଣି ଘୋଡ଼ା ଗାଡ଼ିରେ ରାଜପଥରେ ଯାତ୍ରା କରନ୍ତି। ସେନା ସୈନ୍ୟ, ଘୋଡ଼ସବାର ଆଗପଛ ଘେରିଥାନ୍ତି। ମାସିକିଆ ଛୁଆଠାରୁ ଆରମ୍ଭ କରି ବୁଢ଼ାବୁଢ଼ୀ ପର୍ଯ୍ୟନ୍ତ ସାହେବ ସବୁ ରାସ୍ତା ଦୁଇପାଖରେ ପିମ୍ପୁଡ଼ି ପରି ରୁଣ୍ଡ ହୁଅନ୍ତି, ସଲାମ ଉଠାନ୍ତି। କିନ୍ତୁ ପାର୍ଲିଆମେଣ୍ଟ ଘରେ ସିଧା ପଶିଯିବାର ସ୍ୱାଧୀନତା ତାଙ୍କୁ ଦିଅନ୍ତି ନାହିଁ। ପୂର୍ବପୁରୁଷ ରାଜାମାନେ ପ୍ରଜାମାନଙ୍କ ଇଚ୍ଛା ବିରୁଦ୍ଧରେ ପାର୍ଲିଆମେଣ୍ଟରେ ଗଣ୍ଡଗୋଳ କରୁଥିଲେ ବୋଲି ତାଙ୍କ ପିଲାମାନେ ଆଜି ସିଧା ପାର୍ଲିଆମେଣ୍ଟରେ ପଶିପାରନ୍ତି ନାହିଁ। ରଜା ପ୍ରଥମେ ପାର୍ଲିଆମେଣ୍ଟ ଘର କବାଟ ପାଖରେ ଠିଆ ହୋଇ ତିନି ଥର ଠକ୍ ଠକ୍ କରନ୍ତି। ଭିତରୁ ସ୍ୱାଗତ ବାଣୀ ଶୁଣି ପ୍ରବେଶ କରନ୍ତି। ପ୍ରଜାମାନଙ୍କ ପ୍ରତି ଖାତିର ଦେଖାଇବା ପାଇଁ ରଜାଙ୍କ ପାଇଁ ଏହିପରି ଅନେକ ବିଧି ବିଧାନ ପାର୍ଲିଆମେଣ୍ଟ ଯୋଗାଡ଼ କରି ରଖିଛନ୍ତି। ଇଂରେଜ ଲୋକେ ପୁରୁଣା ନାଁଟାକୁ ବଜାୟ ରଖିଥାନ୍ତି, କିନ୍ତୁ ଭିତରୁ ଚେର କାଟି ପଙ୍ଗୁ କରି ଦିଅନ୍ତି। ରଜା ରଜା ବୋଲି ପାଣି ପିଅନ୍ତି ନାହିଁ। ବାହାର ସମ୍ମାନରେ ସୀମା ନାହିଁ କିନ୍ତୁ ଭିତିରି କ୍ଷମତା ପାହୁଲାଟାକର ନାହିଁ।

ଗଡ଼ଜାତ ରଜା ଓ ବିଲାତି ସାଇବ ସୁବା ଗହଣରେ ବାହାରିଲା ବେଳେ ଆମ ଦେଶରେ ଯେମିତି ବେଠିରେ ରାସ୍ତା ସଜଡ଼ା ହୁଏ, ପତ୍ର-ପୁଷ୍ପରେ ତୋରଣ ତିଆରି ହୁଏ, ବିଲେଇ କୁକୁର ଆଦି ରାସ୍ତା ମାଡ଼ିବାକୁ ମନା ହୁଏ, ଆଜି ଯୁଗରେ ବି ବିଲାତରେ ଦିନେ ଦିନେ ସେହି ଉତ୍ସବ ହୁଏ। ରଜା ଆସିବେ ବୋଲି ଗୋଟିଏ ଦୁଇଟା ରାସ୍ତାରେ ସାଧାରଣ ପ୍ରବେଶ ନିଷେଧ କରାଯାଏ। ପତ୍ରପୁଷ୍ପରେ ସଜାଇବାପାଇଁ ଜନସାଧାରଣଙ୍କୁ ଅନୁରୋଧ କରାଯାଏ। ସ୍ୱାଧୀନ ଦେଶ ବୋଲି କାହାକୁ ବେଠି କରିବାକୁ ପଡ଼େ ନାହିଁ, ଏତିକି ମାତ୍ର ତଫାତ୍। ଏବେ ଫରାସୀ ସଭାପତି ବିଲାତ ଆସିଲାବେଳେ ଏହିପରି ଗୋଟିଏ ପହଣ୍ଡି ବିଜେ ଯୋଗାଡ଼ ହୋଇଥିଲା। ମଣିଷ ପ୍ରକୃତି ବୋଧହୁଏ ସବୁଠି ସମାନ। ରଜା, ରାଜଜେମା କିମ୍ବା ତାଙ୍କ ବଂଶର କେହି ପିଲା ପର୍ଯ୍ୟନ୍ତ ରାସ୍ତାରେ ମଟର ନେଇ ଯାଉଥିବା ବେଳେ ହଜାର ହଜାର ଲୋକ କାମ ଛାଡ଼ି ରାସ୍ତାକୁ ଦଉଡ଼ନ୍ତି। ହାତ ଠାରି ସ୍ୱାଗତ ଜଣାନ୍ତି। ଗୋଟିଏ ଗଡ଼ଜାତରେ ରାଜଦର୍ଶନ ବେଳେ ଭୂଇଁରେ ମୁଣ୍ଡ ଲଗାଇ ତିନିଥର ବେଠିରେ ନମସ୍କାର କରିବାକୁ ପଡ଼େ ବୋଲି ଲୋକେ ରଜାଙ୍କ ମଟର ଶବ୍ଦ ଶୁଣି ଯେମିତି ଏ ଗଳି ସେ ଗଳି ପଶୁଥିଲେ, ଏଠି ସେ ଦୃଶ୍ୟ ଅବଶ୍ୟ ମିଳେ ନାହିଁ। ଏଠି ରଜା ବୋଲି ଲୋକେ ପାଗଳ ହୁଅନ୍ତି।

ମୋଟ ଉପରେ ଏ ଦେଶର ରଜା ପାଟ କନାର କୁଣ୍ଢେଇ । ପିଲା କୁଣ୍ଢେଇକୁ ମହାପ୍ରଭୁ କହି ମୁଣ୍ଡିଆ ମାରେ, ପୁଣି ବିରକ୍ତ ହେଲେ ଧୂଳିରେ ଗଡ଼ାଇ ଦିଏ, କିନ୍ତୁ ସେ ସବୁ ସତ୍ତ୍ୱେ କୁଣ୍ଢେଇ ପିଲାର ଆଦରର ଧନ । ଏବେ କାଗଜରେ ବାହାରିଛି ଯେ, ରଜା ହଂସ ମାରି ଯିବେ ବୋଲି ତାଙ୍କ ଡାକ୍ତରମାନେ ସ୍ୱତନ୍ତ୍ର ପୋଷାକ ତିଆରି କରିବାରେ ଲାଗି ପଡ଼ିଛନ୍ତି । ୧୯୪୭ ମସିହାରେ ଥରେ ରଜା ପାଣିରେ ଠିଆ ହୋଇ ଅସୁସ୍ଥ ହୋଇ ପଡ଼ିଥିଲେ ବୋଲି ଏବେ ଗୋଟିଏ ପୋଷାକ ତିଆରି ହେଉଛି, ଯାହା ପିନ୍ଧି ସେ ପାଣିରେ ଛିଡ଼ା ହେଲା ବେଳେ ଇଲେକ୍‌ଟ୍ରିକ୍ ସାହାଯ୍ୟରେ ଯେମିତି ତାଙ୍କ ଗୋଡ଼ ଦୁଇଟି ଗରମ ରହିବ ।

■

ବି. ବି. ସି.

ଆମ ସ୍ୱାଧୀନତା ପରେ କଟକ ରାସ୍ତାରେ ନାଳିଧୂଳି ଛପିନାହିଁ ସତ, ଏବେ ଅନୁଗୁଳର ମାଳ ଜଙ୍ଗଲରୁ ଆରମ୍ଭ କରି କଟକର କୋଠାତଳ ପର୍ଯ୍ୟନ୍ତ 'ରନ୍ତଲେଇ' ଲୀଳା ଲଗି ରହିଛି ସତ, ତଥାପି ଆମେ ଯେ, ମୋଟେ ଆଗେଇନେ ଏ କଥା ନୁହେଁ। ଦେଶକୁ ଆଗେଇ ନେବାପାଇଁ ଯେତେ ଜିନିଷ ହୋଇଛି, ତା ଭିତରେ ଗୋଟିଏ ମୂଲ୍ୟବାନ ଜିନିଷ ନିଶ୍ଚୟ କଟକ ବେତାର କେନ୍ଦ୍ର। ଏବେ ଡଗର କାଗଜରେ କଟକ ବେତାର କେନ୍ଦ୍ରର କେତେକ ବିଷମ ବେଭାରର ସମାଲୋଚନା ପଢ଼ି ମନେ ପଡ଼ିଲା ବି. ବି. ସି. କଥା। ବେତାର କେନ୍ଦ୍ର ଏ ଦେଶରେ କେତେ କାମ କରେ, ସମୂହ ଜାତିକୁ କିପରି ଭାବରେ ସେବା କରେ, ତା ଦେଖିଲେ ମନେ ହୁଏ; କୌଣସି ସଭ୍ୟଦେଶର ନୂଆ ରାଜଧାନୀ, ନୂଆ ନଦୀବନ୍ଧ, ନୂଆ ଶିକ୍ଷାଦୀକ୍ଷା, ଯେ କୌଣସି ନୂତନ ସୃଷ୍ଟି ମଧ୍ୟରେ ବେତାର ସ୍ଥାପନ ଅନ୍ୟତମ। ବେଶି କହିବାର ଅବସର ନାହିଁ। ବୁଢ଼ା ବୟସରେ ବିଲାତି ବିଶ୍ୱବିଦ୍ୟାଳୟର ବିଷମ ପରୀକ୍ଷାରେ ପହଞ୍ଚିବା ପାଇଁ ଦିନ ଦିନ ରାତି ରାତି କେମିତି ବର୍ମକର୍ଷଣ ସହିବାକୁ ପଡ଼େ ତା ଅନୁଭବୀ ଜାଣେ। ସେହି ନିର୍ମମ ରୁଟିନ୍ ଭିତରୁ କେତେବେଳେ ଟିକିଏ ଅବ୍ୟାହତି ମିଳିଗଲେ ତାରି ଭିତରେ ଯେତିକି ହେଲା ସେତିକି ଲେଖା ହୁଏ। ନିଜର ଅବସର ବିନୋଦନ ସଙ୍ଗେ ଅନ୍ୟକୁ ଯଦି ମାମୁଲି ଖବର କିଛି ଦେଇହେଲା, ଲାଭ ନ ଥାଇପାରେ, କ୍ଷତି କ'ଣ ?

ସାରା ଓଡ଼ିଶାରେ ରେଡ଼ିଓ ସଂଖ୍ୟା ଏକ ହଜାର ନ'ଶହ, ମାତ୍ର କେବଳ ଲଣ୍ଡନ ସହରରେ ୫୦ ଲକ୍ଷରୁ ଅଧିକ ରେଡ଼ିଓ ଅଛି। କୋଇଲା-ଖଣିର କୁଲିପଡ଼ାକୁ ଏଠି ଥରେ ବୁଲି ଯାଇଥିଲି। ଗୋଟିଏ ଘରେ ପହଞ୍ଚି ଦେଖିଲି ଜଣେ କୁଲିକୁ। ଦେହମୁଣ୍ଡ, ଲୁଗାପଟା କୋଇଲା ଗୁଣ୍ଡରେ ସବୁ- ଗୋଟା କଳା। ସଦ୍ୟ ଖଣିରୁ ବାହାରି ଆସି ଲୁଗା ନ ବଦଳାଇ ରେଡିଓ ଉପରେ ସେ ହାତ ପକାଇଛି। ରେଡ଼ିଓ ଗର୍ଜୁଛି- "Sir Benigal

Rau, the Indian Member at Lake Success"... ଚାଲିଛି । ବିଚରା ଚା' କପ୍‌ଟାଏ ହାତରେ ଧରି ଖବର ଶୁଣୁଛି । ପଛକୁ ଅନାଇଲି । ମନେ ପଡ଼ିଲା ସମ୍ବଲପୁରଠି ମୋର ବସା କଥା । ସବୁଦିନ ରାତିରେ ଡରମାଡ଼େ ବୁଢ଼ାରଜା ପୁରୁଣାଘର ଚାଳଟା ମୋ ଉପରେ ଭାଙ୍ଗି ପଡ଼ିବ କି ! ରେଡିଓ- ସେ ତ ସାତ ସପନ । ମାଷ୍ଟ୍ରଜୀବନ ଭିତରେ ସେ ଗୋଟାଏ ବିଳାସର ସ୍ୱପ୍ନ । ଜାଣେ ନି ଆଜି ଅବା ଅବସ୍ଥା ସୁଧୁରିଯିବଣି । ଆମ ଚାକରାଣୀ ଘରେ ଏଠି ଟେଲିଭିଜନ୍ । ବ୍ରେକ୍‌ଫାଷ୍ଟ ଟେବୁଲ୍ ଉପରେ ଚା' ପରଷି ଚାକରାଣୀ କହେ ଆନ୍ତର୍ଜାତିକ ରାଜନୀତି, ସମାଲୋଚନା କରେ ଭାରତର ଫରେନ୍ ପଲିସି । ନିଃଶ୍ୱାସ ପକାଏ । ମନେ ମନେ ଭାବେ, ହାୟରେ କପାଳ ! ଲଙ୍କାରେ ସବୁଠୁ ସାନ ଯେ, ସେ ବି ଷାଠିଏ ହାତ ! ହଉ, ଏବେ ବେତାରର ଦୈନନ୍ଦିନ କାମ କଥା କହେ ।

ରାତି ପା ପା ବେଳକୁ ବିଗ୍‌ବେନ୍ ଘଣ୍ଟା ଶୁଭେ ସାତ । ଲଣ୍ଡନ ଆକାଶରେ କାଳି ଲାଗିଥାଏ । ସୂର୍ଯ୍ୟ ଉଠିବ ଆଠଟା ବେଳେ । ରେଡିଓ ଉପରେ ହାତ ଦେଲାମାତ୍ରେ ଝରିଆସେ ସଙ୍ଗୀତର ମଧୁଧାରା । ବିଲାତି ଜୀବନର ଜନ୍ମହୁଏ ସଙ୍ଗୀତର ଆଦ୍ୟ ଆଳାପ ଭିତରେ । ତା ପରେ ? ତା ପରେ ବିଲାତି ଜୀବନର ବଡ଼ କଥା - ପାଣିପାଗ । ତାରି ଉପରେ ଅନେକ କଥା ନିର୍ଭର କରେ । ରେଡ଼ିଓ ଖବର ଆରମ୍ଭ ହୁଏ "Good morning, every body : Here is the weather forecast." ସକାଳୁ ସଞ୍ଜ ପର୍ଯ୍ୟନ୍ତ ଦିନକର କାହିଁକି, ଦୁଇ ଦିନର ପାଣିପାଗ ସୂଚନା ଦିଏ । କେତେବେଳେ କେତେ ଘଣ୍ଟା ବରଫ, କେତେ ସୂର୍ଯ୍ୟାଲୋକ, କେତେ ପବନ... ଗୋଟି ଗୋଟି କହିଯାଏ । ସୂର୍ଯ୍ୟାଲୋକର ସନ୍ଧାନ ମିଳିଲେ ମନରେ ଯେତିକି ସ୍ୱପ୍ନ ଭରିଯାଏ, ବରଷା ପବନ କଥା ଶୁଣିଲେ, ସେତିକି ହାଲକ ଶୁଖିଯାଏ ।

ତା' ପରେ ଦୈନନ୍ଦିନ ହିସାବ ।

ସପ୍ତାହରେ ପୋଷ୍ଟଅଫିସରେ ମୋଟରେ ଏତେ କୋଟି ପାଉଣ୍ଡ ଜମା ହୋଇଛି, ଏତେ କାଢ଼ି ନିଆହୋଇଛି । ସପ୍ତାହରେ ଏତେ କୋଇଲା ଉତ୍ପାଦନ କରାହୋଇଛି, ଏତେ ଲୋକ ମରିଛନ୍ତି । କିଏ କେଉଁଠି ହଜିଛି, କିଏ କାହାକୁ ଖୋଜୁଛି, ଏ ବିଷୟରେ ପୋଲିସ୍ ସମ୍ବାଦ ଶୁଣାଇ ଦିଆଯାଏ । ତା ପରେ ଖେଳପଡ଼ିଆ ଖବର । ସିଡ୍‌ନିର କ୍ରିକେଟ୍ ମ୍ୟାଚ୍‌ଠାରୁ ଆରମ୍ଭ କରି ସରେରେ ଗାଁ ଫୁଟବଲ୍ କ୍ଲବ୍ ପର୍ଯ୍ୟନ୍ତ । ତା ପରେ ଦିନର ଖବର "Here is the Seven O' clock runs" for to-day ... । ତା ପରେ ସୃଷ୍ଟି ହୁଏ ଇନ୍ଦ୍ରଜାଲ । ଚଳଚ୍ଚିତ୍ର ଭଳି ଆଖି ଆଗରେ ଭାସିଯାଏ ସାରା ପୃଥିବୀ । ଲକ୍ଷ ଲକ୍ଷ ଯୋଜନର ବ୍ୟବଧାନ ମୁହୂର୍ତ୍ତରେ ମେଣ୍ଟିଯାଏ କ୍ଷୁଦ୍ର କୋଠରୀର ଚାରିକାନ୍ଥ ଭିତରେ ।

କୋରିଆରେ ଆମେରିକା ସୈନ୍ୟ ଆଗେଇଛନ୍ତି, ଅଷ୍ଟ୍ରେଲିଆର ପ୍ରଧାନମନ୍ତ୍ରୀ ଦିଲ୍ଲୀରେ ଡିନର୍ ଖାଉଛନ୍ତି, ନେହେରୁଙ୍କ ଲଣ୍ଡନମୁଖୀ ଉଡ଼ାଜାହାଜ ଗ୍ରୀସ୍‌ରେ ଲାଗିଛି, ନିଉଗିନିର ଅଗ୍ନି ଉଦ୍‌ଗୀରଣରେ ଚାରିହଜାର ଲୋକ ମରିଛନ୍ତି-ଏହିପରି ମାଳୟ ବଣ ଜଙ୍ଗଲରେ କମ୍ୟୁନିଷ୍ଟ ଅତ୍ୟାଚାର କଥା ମନେ ମନେ ଚିତ୍ର କରୁ କରୁ ହଠାତ୍ ଚକ ଘୂରିଯାଏ, ଆଖି ଫେରେ ହଜାର ମାଇଲ ସେପାରି ଆମେରିକା ଉପରେ। ପିଟ୍‌ସବର୍ଗ ଉପରେ ୨୫ ଫୁଟ ବରଫ-ଆମେରିକା କଂଗ୍ରେସରେ ଆଣବିକ ବୋମା ବିଚାର-ଲଣ୍ଡନ ଡାକ୍ତରଖାନାରେ ବସନ୍ତ ରୋଗରେ ଜଣେ ନର୍ସଙ୍କର ମୃତ୍ୟୁ-ମାଂସପଡ଼ି ଅଭାବ ଯୋଗୁ ଖାଦ୍ୟମନ୍ତ୍ରୀଙ୍କ ନିକଟରେ ଇଂରେଜ ଗୃହିଣୀମାନଙ୍କର ବିକ୍ଷୋଭ ପ୍ରଦର୍ଶନ-ପାର୍ଲିଆମେଣ୍ଟରେ ଚର୍ଚ୍ଚିଲ୍ ଅଟଳି ପାଲା-ଆନ୍ତର୍ଜାତିକ ଭୂମିକାରେ ନିରପେକ୍ଷ ନେହେରୁ-ପର୍ସିଆର ସାହାଙ୍କର ବାହାଘର – ତାଙ୍କ ପ୍ରଣୟିନୀଙ୍କ ବିବାହ ପୋଷାକରେ ୬ ହଜାର ମୋତି, ୬୦ ହଜାର ଧଳାପକ୍ଷୀ ଓ ପାଦତଳେ ଗାଡ଼ି ଗାଡ଼ି ଗୋଲାପ ଫୁଟୁଛି ଓ ଲୋଟୁଛି। ଏହା ହେଲା ସକାଳ ଦଶ ମିନିଟ୍ ସମ୍ବାଦ। ବିଚିତ୍ର ଦୁନିଆର ସଚିତ୍ର ସମ୍ବାଦ। କହ ରାଜନୀତି, କହ ଅର୍ଥନୀତି, କହ ବରଫ ବୃଷ୍ଟି, କହ ଅଗ୍ନି ଉଦ୍‌ଗୀରଣ, କହ ଆମେରିକା, କହ ଅଷ୍ଟ୍ରେଲିଆ, ସବୁ କଥା କହିଦିଏ ଏତେ ଅଳ୍ପ ସମୟ ଭିତରେ। ଟେବୁଲ ଉପରେ ଥିବା ଛୋଟ ଗ୍ଲୋବଟି ଉପରେ ଆଖି ପକାଏ। ସତରେ କେଡ଼େ ବଡ଼ ପୃଥିବୀଟାକୁ ବି. ବି. ସି. ମୁହୂର୍ତ୍ତକରେ କେଡ଼େ ଛୋଟ କରି ଦେଇଛି ! ଗୋଟିଏ ଛୋଟ କୋଠରି ଭିତରେ ମଣିଷ ଜନ୍ମ ମୃତ୍ୟୁ, ସମ୍ଭୋଗ ସାଧନା ସବୁର ପରଶ ପାଇଯାଉଛି। ଏ ସକାଳର ପହିଲି ଖବର। ଦିନରେ ଛଅ ଥର ଖବର କୁହାହୁଏ ଦୁଇଟି ପ୍ରୋଗ୍ରାମରେ। ରେଡ଼ିଓକୁ ଯେମିତି ବ୍ୟବହାର କରାଯାଏ, ତା କହି ବସିଲେ ଗୋଟାଏ ଗ୍ରନ୍ଥ ହେବ। ମୌଳିକ କେତେଟା କଥା ମାତ୍ର କହି ଶେଷ କରିବି।

ରେଡ଼ିଓ ଜ୍ଞାନ ବିଜ୍ଞାନ ପ୍ରଚାରର ପ୍ରଧାନ ଅସ୍ତ୍ର ରୂପରେ ଧରା ହୋଇଛି। ଶିଶୁ ବିଜ୍ଞାନଠାରୁ ଆରମ୍ଭ କରି ଉଚ୍ଚ ବିଜ୍ଞାନ ପର୍ଯ୍ୟନ୍ତ ସବୁ ପ୍ରକାର ଭାଷଣ ଦିଆଯାଏ। ବଡ଼ ବଡ଼ ଖ୍ୟାତନାମା ଭାବୁକ, ନାୟକ, ଅଧ୍ୟାପକ ବରାବର କହନ୍ତି। ପିଲାମାନଙ୍କ ପାଇଁ ସ୍ୱତନ୍ତ୍ର ସମୟ ଅଛି। ଗପ, ରାଜନୀତି, ରାସ୍ତା ନିୟମ ସବୁକଥା ତାଙ୍କୁ ଶୁଣାଇ ଦିଆଯାଏ। ଘରଣୀମାନଙ୍କ ପାଇଁ ଯେଉଁ ସମୟ ଅଛି, ସେଥିରେ ନାରୀ ଜୀବନକୁ ସଲୀଳ ଓ ସରସ କରିବା ପାଇଁ ଶୁଭେ ସଙ୍ଗୀତ, ଗୃହ ଜୀବନକୁ ସୁସ୍ଥ ସଂଯତ କରିବା ପାଇଁ ମିଳେ ବିଭିନ୍ନ ଉପଦେଶ। ପୃଥିବୀରେ ଯେତେବେଳେ ଯେଉଁ ଘଟନା ପ୍ରଧାନ ହୋଇ ଉଠେ, ସେହିମାନଙ୍କ ବିଷୟରେ ବେଶି ଖବର ଦିଆହୁଏ। ଧରନ୍ତୁ, ବର୍ତ୍ତମାନ କୋରିଆ କଥା ଜୋର ହୋଇଛି। ତେବେ କୋରିଆ କେଡ଼େ ଦେଶ-କି ଲୋକ ସେଠି ଥାନ୍ତି-

ସେମାନଙ୍କ ଜୀବନ କେମିତି; ସେ ବିଷୟରେ ବାରମ୍ବାର କହି ଲୋକଙ୍କ ମନରେ ଜୀବନ୍ତ ଚିତ୍ର ସୃଷ୍ଟି କରାଇଦିଆଯାଏ। ଆମେରିକାରୁ ଚିଠି, ଅଷ୍ଟ୍ରେଲିଆର ଭ୍ରମଣ କାହାଣୀ, ଆଟମ୍ ବମ୍‌ର ମାରାତ୍ମକତା ଇତ୍ୟାଦି ସବୁଦିନ କିଛି କିଛି ନୂଆ ଚମକପ୍ରଦ କଥା ଶୁଣିବାକୁ ମିଳିବ। ଦଳଗତ ରାଜନୀତିରେ ବି. ବି. ସି.କୁ ଆଦୌ ବ୍ୟବହାର କରଯାଏନି। ମାତ୍ର ସରକାରୀ ସମ୍ବାଦର ଭଲ ମନ୍ଦ ବାଛି ବିଶେଷ ଭାବରେ ବିଚାର ହୁଏ। ମୁଁ ଜାଣେ ନା ସେ ଯୋଗାଡ଼ଟା କେମିତି କରାଯାଏ। ମାତ୍ର ଏକ ସମୟରେ ଆଟଲାଣ୍ଟିକ୍‌ର ଦୁଇ ପାଖରୁ ନିୟୁୟର୍କ ଓ ଲଣ୍ଡନର ପ୍ରଶ୍ନ ଉତ୍ତର ଏକାବେଳକେ ଶୁଣାଯାଏ। ବଡ଼ ବଡ଼ ଘଟଣାରେ ଘଣ୍ଟାକୁ ଘଣ୍ଟା ସମ୍ବାଦ ମିଳେ। ବର୍ତ୍ତମାନ ଟ୍ରୁମାନ ଡିନର୍ ଖାଉଛନ୍ତି। ଘଣ୍ଟାକ ପରେ ମିଳେ-ସେ ବର୍ତ୍ତମାନ ସିନେଟ୍‌ରେ ବକ୍ତୃତା ଦେଉଛନ୍ତି। ନେହୁରୁ ବର୍ତ୍ତମାନ ଡେନ୍‌ମାର୍କରେ ଭାଷଣ ଦେଉଛନ୍ତି। ଘଣ୍ଟାକ ପରେ ତାଙ୍କ ଉଡ଼ାଜାହାଜ ଉଡ଼ିବ। ଏହି ବର୍ତ୍ତମାନ ହଜାର ହଜାର କୋରିଆ ଆଶ୍ରୟପ୍ରାର୍ଥୀ ବୃଷ୍ଟି ବାଦଲ ବରଫ ଭିତରେ ଜୀବନ ପ୍ରମାଦ ଗଣୁଛନ୍ତି। ତେଣେ ଆମେରିକାର କେଉଁ ମରୁଭୂମିରେ ଆଣବିକ ବୋମା ପରୀକ୍ଷା ଚାଲିଛି। ଲେକ୍ ସକ୍‌ସେସର ଯେଉଁ ବିବରଣୀ ମିଳେ, ମନେ ହୁଏ ରୁଷିଆ ପ୍ରତିନିଧି ଅନ୍ୟାନ୍ୟ ଇଉରୋପ ଆମେରିକା ସଭ୍ୟମାନଙ୍କୁ କେନ୍ଦୁ ପାଞ୍ଚଣରେ ସିଧା କରୁଛନ୍ତି।

ଦୈନନ୍ଦିନ ଘଟଣା ଛାଡ଼ିଦେଲେ ଭଲ ମନ୍ଦ ଦିନମାନଙ୍କରେ କିମ୍ବା ବିଶେଷ ଦରକାର ପଡ଼ିଲେ ରଜା, ପ୍ରଧାନମନ୍ତ୍ରୀ କିମ୍ବା ବିଶିଷ୍ଟ ବକ୍ତା ଭାଷଣ ଦିଅନ୍ତି। ଦେଶ ତାକୁ କାନ ଡେରି ପ୍ରଣିଧାନର ସହିତ ଶୁଣେ। ତହିଁ ଆରଦିନ ଖବରକାଗଜ ସମାଲୋଚନାରେ ଭରିଯାଏ। ଛୋଟ କଥା ଘର ସଫା କରିବା ଠାରୁ ଆରମ୍ଭ କରି ବଡ଼ କଥା ଆଣବିକ ପ୍ରମାଦ ପର୍ଯ୍ୟନ୍ତ ସବୁ କଥା ଲୋକଙ୍କୁ ଶିକ୍ଷା ଦିଆଯାଏ ରେଡ଼ିଓ ଜରିଆରେ। କୁକୁର, ବିଲେଇ, କୁକୁଡ଼ାମାନଙ୍କ ଦେହ ଅସୁସ୍ଥ ହେଲେ ମଧ୍ୟ ରେଡ଼ିଓ ଜରିଆରେ ଉପଦେଶ ମିଳେ ସେଥିରୁ ମୁକ୍ତି ପାଇବାପାଇଁ। ଜୀବନ ପ୍ରତି କି ଖାତିର!

ବେତାର ଭାଷଣ ଦେବାପାଇଁ ବିଦେଶୀମାନଙ୍କୁ ବି ବେଶ୍ ସୁଯୋଗ ଦିଆଯାଏ। ଯେ କୌଣସି କଥା ଶୁଣିବା ପାଇଁ ଇଂରେଜ ପିଲାମାନଙ୍କର କାନ ଖୋଲା ଅଛି। କହ ଆଫ୍ରିକା ଜଙ୍ଗଲ କଥା କିମ୍ବା ଭାରତ ଫକୀରଙ୍କ କଥା। ଦାମଟା ଜାଣନ୍ତ ତ? ମିନିଟକୁ ଚଉଦ ଟଙ୍କା! ସାହେବୀ ଟଙ୍କା ତ-ବହି ଖଣ୍ଡେ କିଣିବାକୁ ବି ଅଣ୍ଟେ ନାହିଁ। ଆମ ଦେଶରେ ଛୋଟ ବାହାଘରଟିଏ ହୋଇଯାନ୍ତା।

ଆମର ଧାରଣା ଆମରି ଲୋକେ ଭାରି ଧର୍ମବିଶ୍ୱାସୀ, ମାତ୍ର ଏ ଦେଶର ଜୀବନସଂସ୍ଥା ବିଶ୍ଳେଷଣ କଲେ ମନେହୁଏ, ଏମାନେ ବିଶେଷ ଧର୍ମସଂଯତ। ରେଡ଼ିଓ ବାର୍ତ୍ତା ଶେଷ ହୁଏ ଯୀଶୁ ପ୍ରାର୍ଥନାରେ। ସେହି ପ୍ରାର୍ଥନା ଭିତରେ ଏମିତି ଲାଳିତ୍ୟ ଓ ସ୍ୱର

ବ୍ୟଞ୍ଜନା ଥାଏ ଯେ ସତରେ ଭାରି ଭଲ ଲାଗେ। ତାପରେ ସଙ୍ଗୀତର ମଧୁ ମୂର୍ଚ୍ଛନା ତଳେ ରାତି ବାରଟା ବେଳେ ରେଡ଼ିଓ ନୀରବ ହୁଏ ମାତ୍ର ସାତ ଘଣ୍ଟା ପାଇଁ। ଇଂରେଜୀ ଜୀବନର ଆରମ୍ଭ ଓ ଶେଷ ହୁଏ ସଙ୍ଗୀତ ଭିତରେ - ମଧ୍ୟ ଭାଗଟା କେବଳ ଜୀବନ-ସଂଗ୍ରାମ, ଦାରୁଣ ଲଢ଼ାଇ, ନିର୍ମମ କର୍ତ୍ତବ୍ୟ-ପରାୟଣତା-ସମ୍ଭୋଗର ବନ୍ଧନୀ ଭିତରେ ସାଧନାର ଚରମ ବିକାଶ। ଧନ୍ୟ ସେ ଜାତି !

■

ବିଚରା ମାଷ୍ଟର !

ବିଚିତ୍ର ଦୁନିଆରେ ସବୁଠାରୁ ବିଚିତ୍ର ବୋଧହୁଏ ମାଷ୍ଟ୍ରର ଜୀବନ ! ସକ୍ରେଟିସଙ୍କ ଅମଳରୁ ଶ' ଅମଳ ପର୍ଯ୍ୟନ୍ତ ତାର କାମ ଏକ ପ୍ରକାରର ରହିଛି- ପିଲା ପାଳିବ, ଅନ୍ଧର ଆଖି ଫିଟାଇବ-ପଶୁକୁ ମନୁଷ୍ୟ କରିବ। ଆଖିଫିଟା ମଣିଷ ତା' ପାଇଁ - ଯେତେ ନିର୍ଯ୍ୟାତନା ସୃଷ୍ଟି କରିବ ତା ସେ ନୀରବରେ ସହିବ। ଦୁନିଆ କହିବ ବିଚରା ମାଷ୍ଟରଟିଏ !

ଭାରତ ଛାଡ଼ିଲାବେଳେ ଭାବିଥିଲି ବିଲାତର ନୂତନ କିଛି ଦୃଶ୍ୟ ଦେଖିବି, ହୁଏତ ସାନ୍ତ୍ୱନା ଅନେକ ପାଇବି। ମାତ୍ର ଏଠି ଦେଖିଲି ସେଇ ଦଶା। ପୁଲିସ୍, ପଠାଣ, ଟାଇପିଷ୍ଟ୍ ଗାର୍ଲଙ୍କଠାରୁ ଶିକ୍ଷକଙ୍କ ଅବସ୍ଥା ଢେର ଖରାପ। ଅବଶ୍ୟ ଏଠି ଶିକ୍ଷକମାନେ ଯାହା ଦରମା ପାନ୍ତି ତା ଆମ ଦେଶ ତୁଳନାରେ ଯଥେଷ୍ଟ ବେଶି। କିନ୍ତୁ ଏ ଦେଶକୁ ଅନାଇଲା ବେଳକୁ କିଛି ନୁହେଁ। ଘର ଝାଡ଼ୁ କରୁଥିବା ଚାକରାଣୀ ମାସରେ ତିନିଶ ଟଙ୍କାରୁ କମ୍ ପାଏନି; ତଥାପି ସେ ଏ ଦେଶ ଅର୍ଥନୀତି ଦୃଷ୍ଟିରୁ ଦରିଦ୍ର; କିନ୍ତୁ ବଞ୍ଚି ରହିବାର ସାଧାରଣ ବିଳାସ ତାର ଅଭାବ ନ ଥାଏ ବୋଲି ଜୀବନଟା ସେତେ ବାଧେ ନାହିଁ। ଯଥା ସାଧାରଣ ଚାକରାଣୀର ବି ରେଡ଼ିଓ ଟେଲିଭିଜନର ଅଭାବ ନାହିଁ, କୁସନ ଚେୟାର ବା ଇଲେକ୍‌ଟ୍ରିକ୍ ପରିଚାଳିତ ରନ୍ଧନଶାଳାର ଅଭାବ ନାହିଁ। ସିନେମା, ଥିଏଟର, ସାପ୍ତାହିକ ପାନ, ଗାନ, ଭ୍ରମଣର ଅଭାବ ସେ ଅନୁଭବ କରେ ନା। ତଥାପି ଜୀବନ ଦିନକୁ ଦିନ ସମସ୍ୟାପୂର୍ଣ୍ଣ ହୋଇଉଠୁଛି ବୋଲି ସେମାନେ ବରାବର ପାଟି କରୁଛନ୍ତି। ସାଧାରଣ ଶିକ୍ଷକଙ୍କ ଜୀବନ ଏମାନଙ୍କ ଠାରୁ କୌଣସି ଗୁଣରେ ବିଶେଷ ଭଲ ନୁହେଁ। ପୃଥିବୀର ବଡ଼ ବଡ଼ ସଭ୍ୟ ଦେଶକୁ ଚାହିଁଲେ ମନେହୁଏ, ମାଷ୍ଟର ସତେ ଯେମିତି ପୂର୍ବଜନ୍ମରେ ପାପ କରିଛନ୍ତି କିମ୍ବା ଋଣ ଖାଇଛନ୍ତି ଯେ, ଏ ଜନ୍ମରେ ସେ ପାପର ପ୍ରାୟଶ୍ଚିତ୍ତ କରିବା ପାଇଁ ବା ଋଣର ପରିଶୋଧ କରିବା ପାଇଁ ସମସ୍ତଙ୍କ ତଳେ ରହି ଖଟିବେ। ଏବେ ଆମେରିକାରେ ଛାତ୍ରମାନେ ଶିକ୍ଷକମାନଙ୍କ ସପକ୍ଷରେ ଧର୍ମଘଟ

କରିଛନ୍ତି। ଦରିଦ୍ର ଶିକ୍ଷକ ବିଚରା ଧର୍ମଘଟ କରିବାକୁ ଲଜ୍ଜା ବୋଧ କରେ। ଶିକ୍ଷା ବୃତ୍ତିଟାକୁ ଅନ୍ୟାନ୍ୟ ବ୍ୟବସାୟ ସ୍ତରକୁ ଖସାଇ ଆଣି କୁଲି ମଜଦୁରଙ୍କ ପରି ଧର୍ମଘଟ କରି ଦରମା ବଢ଼ାଇବାକୁ ସେ ନାରାଜ। ମାଷ୍ଟର ଆଉ ମୂଲିଆଙ୍କ ଭିତରେ ଏଇଠି ମାନବିକ ତଫାତ୍। ତେଣୁ ସେମାନଙ୍କ ଦରମାବୃଦ୍ଧି କରିବା ପାଇଁ ଛାତ୍ରମାନେ ପ୍ରତିବାଦ ଜଣାଇ ସ୍କୁଲ ଛାଡୁଛନ୍ତି। ଆମ ଦେଶରେ ତ ବାଜେ କାରଣରେ ଧର୍ମଘଟ କରି କରି ଛାତ୍ରମାନେ ବେଦମ୍, ମାଷ୍ଟ୍ରଙ୍କ ପାଇଁ ଭାବିବେ କେତେବେଳେ? ତା ଛଡ଼ା ଆମ ଦେଶର ଶିକ୍ଷକ ଛାତ୍ର ସଂପର୍କ ଅତି ବିଚିତ୍ର। ଅନେକ କ୍ଷେତ୍ରରେ ସ୍ନେହ ମମତାର ସମ୍ପର୍କ ନ ହୋଇ ଶାସକ ଶାସିତର ସମ୍ପର୍କ। ଅବଶ୍ୟ ଆଜିକାଲି ସମ୍ପର୍କ ଅନେକ ସ୍ଥାନରେ ଭଲ ଆଡ଼କୁ ଗତି କରୁଛି।

ବିଲାତରେ ବର୍ତ୍ତମାନ ଶିକ୍ଷକ ସମସ୍ୟା ତୁମୁଳ ଆକାର ଧାରଣ କରିଛି। ଦେଶସାରା ଶିକ୍ଷକମାନଙ୍କ ପାଇଁ ଭାବନା ପଡ଼ିଛି। ବର୍ତ୍ତମାନ ଯାହା ଦେଖାଯାଉଛି, ମାଷ୍ଟ୍ର ହେବାକୁ କେହି ରାଜି ହେଉ ନାହାନ୍ତି। ଅଳ୍ପ ଦରମା ସଙ୍ଗେ ସାମାଜିକ ଅସମ୍ମାନ ସେମାନଙ୍କୁ ବାଧୁଛି। ଆମ ଦେଶରେ ଶିକ୍ଷକଙ୍କର ସାମାଜିକ ଅବସ୍ଥା ସବୁଠୁ ଖରାପ। ପୁଲିସ୍ କନଷ୍ଟେବଲ୍‌ର ଯାହା ସମ୍ମାନ, ତା ଗାଁ ମାଷ୍ଟରଙ୍କର ନାହିଁ। ବାପ କହେ କି ଚାକିରି କଲୁ? କ'ଣ ଏତେ ପଢ଼ି ପଢ଼ି ଶେଷରେ ମାଷ୍ଟର-ସପ୍ଲାଇ ଅଫିସରେ ତୋତେ କ'ଣ ନେଲେ ନାହିଁ? ଭାବୀ ଶ୍ୱଶୁର ମାଷ୍ଟର ନାଁଟା ଶୁଣିଲାମାତ୍ରେ ଜୁଆଇଁ ତାଲିକାରୁ ନିର୍ଦ୍ଦୟ ଭାବରେ ନାଁଟା କାଟିଦିଅନ୍ତି। ଯଦି ସ୍ୱୟମ୍ବର ବିବାହ ହେଉଥାନ୍ତା, ବୋଧହୁଏ ସବୁ ଶିକ୍ଷକ ଏ ଯୁଗରେ ଅବିବାହିତ ରହିବାକୁ ବାଧ୍ୟ ହୁଅନ୍ତେ। ଭଗବାନ କରନ୍ତୁ ସେ ପ୍ରଥାଟା ଭାରତରେ ଯେମିତି ପ୍ରଚଳିତ ନ ହେଉ। ସାମାଜିକ ସଂସ୍ଥାରେ ଗାଁ ଚଉକିଆ, ଗାଁ ପଧାନ, କଷ୍ଟମ୍ ପୁଲିସ ସମସ୍ତେ ସ୍ଥାନ ପାଇ ସାରିଲେ ଗାଁ ମାଷ୍ଟର ପ୍ରତି ଲୋକଙ୍କର ନଜର ପଡ଼େ। ବଡ଼ପାହିଆ ଶିକ୍ଷକମାନଙ୍କର ସାମାଜିକ ଅବସ୍ଥା କୌଣସି ଗୁଣରେ ଅଧିକ ନୁହେଁ। ମନେ ଅଛି, ଥରେ ଜଣେ କଲେକ୍‌ଟର ସାହେବ, (ଚାକିରୀ ଯୋଗୁଁ ସାହେବ, ଜାତି ବର୍ଣ୍ଣରେ ଓଡ଼ିଆ) ଗୋଟିଏ ସାଧାରଣ ସଭାରେ ରେଡ୍‌କ୍ରସ୍ ସମ୍ପର୍କରେ ବକ୍ତୃତା ଦେବା ପାଇଁ ପ୍ରିନ୍‌ସିପାଲଙ୍କ ଜରିଆରେ ମୋତେ ଅନୁରୋଧ କରିଥିଲେ। ମୁଁ ସେତେବେଳକୁ ଗୋଟିଏ କଲେଜରେ ସହକାରୀ ଅଧ୍ୟାପକ ହିସାବରେ କାମ କରୁଥାଏ। ସାହେବ ଜାଣନ୍ତି ନି ଯେ ମୁଁ ମୋର ନାଗରିକ ଦାୟିତ୍ୱ ତୁଲାଇବା ପାଇଁ ବକ୍ତୃତା ଦେବା ଲାଗି ଯାଇଥିଲି, ତାଙ୍କ ଅନୁରୋଧ ଖାତିରିରେ ନୁହେଁ। ସାହେବ ସଭାପତି, ମୁଁ ବକ୍ତା। ଦେଖାହେବାରେ ସାହେବଙ୍କୁ ନମସ୍କାର ହେଲି। ହାତ ତାଙ୍କର ଅଧା ଉଠିଲା, ମାତ୍ର ପାଟି ଫିଟିଲା ନାହିଁ। ଭାବିଥିଲି ବକ୍ତୃତା ଶେଷରେ ବୋଧହୁଏ ସାହେବଙ୍କ ପାଟି ଫିଟିଯିବ।

ଏଠିତ ପଇସା ପତ୍ରର ପ୍ରଶ୍ନ ନାହିଁ, ବକ୍ତୃତା ଶେଷରେ ବୋଧହୁଏ ମାମୁଲି ଧନ୍ୟବାଦଟା ଦେବାକୁ ଭୁଲିବେ ନାହିଁ। କିନ୍ତୁ ମୁଁ ଭୁଲି ଯାଇଥିଲି ଯେ, ସେ ଅତ୍ୟାଚାରୀ ଇଂରେଜ ଅମଳରୁ ପୁରୁଣା ପ୍ରତିନିଧି, ଜିଲା ସାରା ତାଙ୍କର ଅଖଣ୍ଡ ଆଧିପତ୍ୟ, ସମସ୍ତ ସାମାଜିକ ଶିଷ୍ଟାଚାରର ବହୁ ଉପରେ ସେ, ସୁତରାଂ ମୋ ବକ୍ତୃତା ଶେଷରେ ସେ ଦୁଇ ପଦ କ'ଣ ବକ୍ତୃତା ଦେଲେ, ପ୍ରଥମ ବେଞ୍ଚର ପାଞ୍ଚଜଣଙ୍କୁ ଶୁଭିଥିବ କି ନାହିଁ ସନ୍ଦେହ। କିନ୍ତୁ ମୋ ନାମ ଗନ୍ଧ ଉଠାଇ ନାହାନ୍ତି କିମ୍ବା ମୁଁ ଭୂତ କି ପ୍ରେତ କିଛି ହେଲେ ମୋତେ ବି ପଚାରି ନାହାନ୍ତି। ବିଲାତ ଦେଶ ହୋଇଥିଲେ ଏ ପ୍ରକାର ଦାରୁଣ ଅଶିଷ୍ଟାଚାର ପାଇଁ ଅନେକ କିଛି ଶୁଣିବାକୁ ପଡ଼ିଥାନ୍ତା। ମାତ୍ର ସେ ଦେଶରେ କଲେକ୍‌ଟର ଅଧ୍ୟାପକ, କାହିଁ ରାମ କାହିଁ ରାମିଆ, କିନ୍ତୁ ମନେ ରଖିବା ଉଚିତ ଯେ, ବିଲାତରେ ସାଧାରଣ ଶିକ୍ଷକଙ୍କର ଅବସ୍ଥା ଯାହା ହୋଇଥାଉ ପଛେ ହାଇକୋର୍ଟ ଜଜ୍ ଓ ପ୍ରଫେସରଙ୍କ ସାମାଜିକ ଆସନ ପ୍ରାୟ ସମାନ।

'ପ୍ରଫେସର' ଶବ୍ଦକୁ ସାଧାରଣ ଅଧ୍ୟାପକ ଅର୍ଥରେ ବୁଝିବେ ନାହିଁ। ଆମ ଦେଶର କଲେଜରେ Head of the Departmentଙ୍କୁ ପ୍ରଫେସର କହିଲେ ଚଳିବ; ମାତ୍ର ତାଙ୍କୁ ଠିକ୍ ପ୍ରଫେସର କୁହାଯାଇ ପାରିବ ନାହିଁ। ଆମ ସେଠି ବାଇଶି ବର୍ଷିଆ ଅଜାତଶ୍ମଶ୍ରୁ ଅର୍ବାଚୀନ ଏମ୍.ଏ. ପଢୁଆ ଯେ କୌଣସି ଛାତ୍ର ଅଧ୍ୟାପକ ଶବ୍ଦର ଗୌରବ ପାଇଯାନ୍ତି, ମାତ୍ର ଏଠି ପ୍ରଫେସର କହିଲେ ଅନ୍ତତଃ ବୟସ ଷାଠିଏ, ବାଳ ପାଚିଲା। ଅତି ସାଧାରଣ ଜୀବନ ସେମାନଙ୍କର। ମୋର ବନ୍ଧୁ ଡାକ୍ତର ପଟ୍ଟନାୟକ ଥରେ କେମ୍ବ୍ରିଜରେ ମୋତେ ଜଣେ ନୋବେଲ ପୁରସ୍କାରପ୍ରାପ୍ତ ପ୍ରଫେସର ରାସ୍ତାରେ ଯାଉଥିବା ବେଳେ ହାତ ଠାରି ଦେଖାଇ ଦେଇଥିଲେ। ଦୁଇଖଣ୍ଡି ହାଡ଼-ଦୁଇଖଣ୍ଡି ଯାହି ତାହି ପ୍ୟାଣ୍ଟ, କୋଟ ଅଶିଆ କାଳର ମସିଆ, କଳଙ୍କି ସାଇକେଲ ଖଣ୍ଡେ ହାତରେ। କିନ୍ତୁ ଦେଶରେ ଯୁଦ୍ଧ ଡାକ ପଡ଼ିଲେ ସେହିମାନଙ୍କ ପାଦତଳେ ସରକାର ମୁଣ୍ଡ ଗଡ଼ାନ୍ତି, ମାରାତ୍ମକ ମାରଣ ଅସ୍ତ୍ର ସୃଷ୍ଟି ପାଇଁ ତାଙ୍କରି ହାତକୁ ଅନାଇ ରହନ୍ତି। ପ୍ରଫେସର ରକ୍ଷା କରି ନ ପାଇଲେ ଦେଶ ଭାସିବ ! ମୁଁ ବି ଦେଖିଛି ଆମ ପ୍ରଫେସରଙ୍କୁ ଯୁଦ୍ଧ ସମ୍ପର୍କରେ ମନ୍ତ୍ରୀମଣ୍ଡଳର ଘନଘନ ଡାକରା, କୋରିଆ ଭାଷାକୁ ସୈନ୍ୟମାନେ ତିନି ମାସରେ କେମିତି ହାସଲ କରିବେ ତାର ଉପାୟ ବାହାର କରିବାକୁ ହେବ। ସାରା ଡିପାର୍ଟମେଣ୍ଟ ସେଥିପାଇଁ ଦିନରାତି ଖଟି ଭାଷା ଶିକ୍ଷାର ନୂତନ ପ୍ରଣାଳୀ ପ୍ରସ୍ତୁତ କରୁଛନ୍ତି। ଦେଶ- ପାଇଁ, ଜାତିପାଇଁ ଶିକ୍ଷା ବିଭାଗର ମୂଲ୍ୟ ଏ ଦେଶରେ ଭାରି ବେଶୀ। ତେଣୁ ବର୍ତ୍ତମାନ ଭଲ ଶିକ୍ଷକ ନ ମିଳୁଥିବାରୁ ବିଲାତ ସାରା ଚିନ୍ତା ପଡ଼ିଛି। ସେମାନେ ହିସାବ କରି ଦେଖୁଛନ୍ତି ଯେ, ଆସନ୍ତା ତିନିବର୍ଷ ଭିତରେ ଅନେକ ଶିକ୍ଷକ ଦରକାର ହେବେ, କାରଣ ଯୁଦ୍ଧୋତ୍ତର ଇଂଲଣ୍ଡରେ ଶିଶୁ

ସଂଖ୍ୟା ଆଶାତୀତ ଢଙ୍ଗରେ ବଢ଼ିଯାଇଛି। କି ପ୍ରକାର ବ୍ୟବସ୍ଥା କଲେ ପ୍ରଥମ ଶ୍ରେଣୀ ଅନର୍ସ ଛାତ୍ରମାନେ ସାଧାରଣ ଶିକ୍ଷକ ଭାବରେ କାମ କରିବାକୁ ରାଜି ହେବେ, ସରକାର ସେହି ଉପାୟ ବର୍ତ୍ତମାନ ଖୋଜୁଛନ୍ତି। ବ୍ରିଟିଶ୍ ଜାତିର ବିଶ୍ୱାସ, ଉତ୍ତମ ଶିକ୍ଷକ ବ୍ୟତିରେକେ ଏ ଗଣତନ୍ତ୍ର, ଏ ସମାଜ ସଂସ୍ଥା ସବୁ ଭୁଶୁଡ଼ି ପଡ଼ିବ। ତେଣୁ ସବୁ ପତ୍ରପତ୍ରିକା "ବେଳହୁଁ ସାବଧାନ" ନୋଟିସ ସରକାରଙ୍କ ଉପରେ ଜାରି କରି ସାରିଲେଣି। ଏ ଦେଶରେ ଡାକ୍ତରମାନେ ବହୁତ ପଇସା ପା'ନ୍ତି। ପତ୍ରିକାମାନଙ୍କର ଯୁକ୍ତି ଯେ ଡାକ୍ତରମାନଙ୍କଠୁ ଅଧିକା ଦରମା ଦେଇ ଶିକ୍ଷକ ବୃତ୍ତିଟାକୁ ଚିତ୍ତାକର୍ଷକ କରି ଦିଆଯାଉ। ଯେଉଁମାନେ ଜାତିର ମଣିଷ ସୃଷ୍ଟି କରିବେ, ସେହିମାନେ ଅନ୍ନାଭବରେ ମରିବାର ଦୁର୍ନୀତି ବିଂଶ ଶତାବ୍ଦୀ ଆଉ ସହ୍ୟ କରିବା ଉଚିତ ନୁହେଁ। ଶିକ୍ଷକମାନଙ୍କର ବ୍ୟକ୍ତିଗତ ଆବଶ୍ୟକୀୟ ବହି ଓ ଖବରକାଗଜ ପର୍ଯ୍ୟନ୍ତ ସରକାର ଯୋଗାଇ ଦିଅନ୍ତୁ। ସେ କୌଣସି ଲୋକଙ୍କୁ ଶିକ୍ଷା-ବିଭାଗରେ ନ ପୂରାଇ ପ୍ରଥମଶ୍ରେଣୀୟ ଛାତ୍ରମାନଙ୍କୁ ସେଥିରେ ଭର୍ତ୍ତି କରନ୍ତୁ। ସମାଜରେ ସେମାନଙ୍କର ସମ୍ମାନ ବଜାୟ ରଖିବା ପାଇଁ ସରକାର ପ୍ରସ୍ତୁତ ହୁଅନ୍ତୁ। ଏହି ସାମାଜିକ ସମ୍ମାନ ପ୍ରଶ୍ନ ଉଠିଲେ ମୋର ଜଣେ ଢେଙ୍କାନାଳିଆ ସ୍କୁଲ୍ ସୁପରଭାଇଜରଙ୍କ କଥା ମନେ ପଡ଼େ। ଏବେ ବି ପଚାରିଲେ ମାଷ୍ଟରମାନେ କହିବେ, ସୁପରଭାଇଜର ସ୍କୁଲ ହତା ଭିତରେ ପଶି ପାଟି କରନ୍ତି, "ଏ ମାଷ୍ଟର, ଚଉକି ଆସୁ। ଏ ମାଷ୍ଟର, ପାଣି ଆସୁ। ଏ ମାଷ୍ଟର, ତୁ ବର୍ତ୍ତମାନ ହତା ବାହାରକୁ ଚାଲି ଯା, ମୁଁ ପିଲାଙ୍କୁ ପରୀକ୍ଷା କରିବି।" ଘଟଣା ଢେଙ୍କାନାଳ ପରି ବୀରଭୂମିରେ ସମ୍ଭବ ହୋଇପାରୁଥିଲା, ସେତିକି ମୋତେ ଆଶ୍ଚର୍ଯ୍ୟ ଲାଗେ, ସେଥିପାଇଁ ଲାଜ ବି ମାଡ଼େ ଆଜି କହିବାପାଇଁ। ଏ ପ୍ରକାର ବ୍ୟବସ୍ଥା ଦେଖି ସ୍କୁଲର ସରଳମତି ବାଳକ ବାଳିକା ତଥା ଉପସ୍ଥିତ ଗ୍ରାମବାସୀମାନଙ୍କର ଶିକ୍ଷକଙ୍କର ସାମାଜିକ ଆସନ ବିଷୟରେ କି ଧାରଣା ହେବ, ଭାବନ୍ତୁ ତ! ଦୁଃଖ ଲାଗେ ବାସ୍ତବରେ ଜୀବନ, ଜାତିକୁ ତାର ଅମୂଲ୍ୟଦାନ କିଭଳି ଭାବରେ ହତାଦୃତ, ଲାଞ୍ଛିତ। ଅନ୍ତତଃ ଦରିଦ୍ର ଶିକ୍ଷକମାନଙ୍କର ସମ୍ମାନ ରକ୍ଷା ପାଇଁ ଉପରିସ୍ଥ ହାକିମମାନେ ତାଙ୍କୁ ମଣିଷ ଦୃଷ୍ଟିରେ ଦେଖିଲେ ସେ ଅନେକ ଆଶ୍ୱସ୍ତ ହେବେ ନିଶ୍ଚୟ। କହି ବସିଲେ ଗାଁ ସ୍କୁଲରୁ ଆରମ୍ଭ କରି କଲେଜ ପର୍ଯ୍ୟନ୍ତ ଏହିପରି ଅନେକ କଥା। ମାତ୍ର ଜାତିପାଇଁ ଶିକ୍ଷାର ଯଦି ମୂଲ୍ୟ ଥାଏ, ଦେଶବାସୀ ଶୃଙ୍ଖଳା ସହାନୁଭୂତି ନ ଦେଖାଇ ଶିକ୍ଷକଙ୍କୁ ମଣିଷର ଆସନ ଦିଅନ୍ତୁ। ତା ନ ହେଲେ ଶାମୁକା ଗର୍ଭରୁ ମାଣିକ୍ୟ ସୃଷ୍ଟି କରିବ ସେ କେମିତି ?

ରନ୍ତଲେଇ

ମଣିଷ କପାଳରେ ଯେତେବେଳେ ଲୋକହସା ହେବାକୁ ଥାଏ ସେତେବେଳେ "ରନ୍ତଲେଇ'' ଯୋଗ ପଡ଼େ। ହାତ ଛୁରୀ ଯେତେବେଳେ ମଣିଷ ଅନ୍ୟକୁ ବଢ଼ାଇ ଦିଏ ସେତେବେଳେ ଗଳା କଟିଗଲା ବୋଲି ଆପତ୍ତି କରେ କାହିଁକି ? ଭାରତରେ ତ ଆଖିଦୃଶିଆ ଆଉ କିଛି କାମ ହୋଇ ପାରେନା, 'ରନ୍ତଲେଇ' ପରି ବିରାଟ କାଣ୍ଡ ସେଠି ଭାରି ଚଞ୍ଚଳ ଗଢ଼ିଉଠେ। ଆସାମର ଭୂକମ୍ପ, ଓଡ଼ିଶା ବନ୍ୟାପ୍ରକୋପ ରନ୍ତଲେଇ ଆଗରେ କୁଆଡ଼େ ଲିଭିଗଲା। ଦିନେ ସକାଳେ ହଠାତ୍ ଦେଖିଲା ବେଳକୁ ଲଣ୍ଡନର ସବୁ କାଗଜରେ "ରନ୍ତଲେଇ" ଗଳି କନ୍ଦି ଭରି ଯାଇଛି। ଯେଉଁଠି ଯାହା ମୁହଁରୁ ଶୁଣିବ ସେହି କଥା। ସାହେବ ପିଲାଏ କଳା ଆଦିମ୍‌ଙ୍କୁ ଦେଖି ପଚାରୁଛନ୍ତି, "Hallow, what it that wonder drug and what is that Rantalai (ରଣ୍ଟଲାଇ) ?" କି ଉତ୍ତର ମଣିଷ ଦେବ। ପାଞ୍ଚ ଦିନ ପରେ ପୁଣି କାଗଜରେ ଉଠିଲା, ଅଦ୍ଭୁତ ଔଷଧ ଓ ଅସଂଖ୍ୟ ମୃତ୍ୟୁ।" ଯାହା ହେଉ 'ରନ୍ତଲେଇ'ଟା ଆମ ଜିଲା ଭିତରେ ବୋଲି ଲଜ୍ଜା ଓ ଗୌରବ ଉଭୟଟା ଅନୁଭବ କରିବାକୁ ହେଲା ଏବେ ବି ଲୋକଙ୍କ ମନରୁ ରନ୍ତଲେଇ ଯାଇନି। ଓଡ଼ିଆ କାଗଜ ଦେଖିଲି, ଖବର ବି ପାଇଲି, ମିଛ ନୁହେଁ, ଲୋକେ ମରୁଛନ୍ତି। କାଉ ଶାଗୁଣାଙ୍କର ଖାଦ୍ୟ ହେଉଛି ଅବହେଳିତ ମଣିଷର ଶବ। ମିଳିତ ରାଜ୍ୟଗୋଷ୍ଠୀର ପ୍ରଧାନମନ୍ତ୍ରୀମାନେ ରୁଣ୍ଡ ହୋଇଛନ୍ତି ଲଣ୍ଡନରେ ମନୁଷ୍ୟ ଜାତିକୁ ସମ୍ମାନ ଦେବାପାଇଁ, ଶାନ୍ତି ଦେବା ପାଇଁ। କି ବିଡ଼ମ୍ବନା !!

ମଣିଷ ଜୀବନକୁ ମଣିଷ କି ମୂଲ୍ୟ ଦିଏ, କି ସମ୍ମାନ ଦିଏ ! ମଣିଷ କଥା ଦୂରେ ଥାଉ, ପଶୁପକ୍ଷୀଙ୍କୁ ବି ସଭ୍ୟ ମଣିଷ କି ଦୃଷ୍ଟିରେ ଦେଖେ, ସେହି ସମ୍ପର୍କରେ ଦୁଇ ଚାରି କଥା କହୁଛି।

ଜାହାଜ ଚାଲିଗଲାବେଳେ ପାଣିରେ ତେଲ ଓ କୋଇଲାର ଚିକିଟା ଛାଡ଼ି ଚାଲିଯାଏ। ସେଥିରେ ପାଣି ଚଢ଼େଇମାନଙ୍କର ପକ୍ଷୀ ତେଲ ଅଠାରେ ବାନ୍ଧି ହୋଇ ଯିବାରେ ସେମାନେ ଉଡ଼ି ନ ପାରି ମରିଯାନ୍ତି। ସେଥିପାଇଁ ଆନ୍ତର୍ଜାତିକ ପ୍ରାଣୀରକ୍ଷା ବିଭାଗରୁ ବହୁ ଆପତ୍ତି ଉଠିଛି। କୁକୁଡ଼ାମାନଙ୍କୁ କ'ଣ ରୋଗ ହୋଇଛି ଯେ, ବିଲାତର ଖାଦ୍ୟମନ୍ତ୍ରୀ ପ୍ରତିଦିନ ବି. ବି. ସି. ରେଡ଼ିଓ ଜରିଆରେ ଦୁଇଥର ଲେଖା ଉପଦେଶ ଦେଉଛନ୍ତି ଇଞ୍ଜେକ୍‌ସନ୍ ପାଇଁ। ଗେ ଫକ୍‌ସ ଉତ୍ସବ ଦିନ ରାତିରେ ଲଣ୍ଡନରେ ବହୁତ ବାଣ ମରାହୁଏ। କୁକୁରମାନେ କାଳେ ଚମକିବେ ବୋଲି ରେଡ଼ିଓ ରିପୋର୍ଟର କୁକୁରମାନଙ୍କୁ ଘରେ ସାବଧାନ ରଖିବା ପାଇଁ ସର୍ବସାଧାରଣଙ୍କୁ ରେଡ଼ିଓ ଜରିଆରେ ଜଣାଇ ଦେଇଥିଲେ। ପାର୍କମାନଙ୍କରେ କେହି ଚଢ଼େଇ ମାରି ପାରିବେନି ବୋଲି ବିଲାତ ପାର୍ଲିଆମେଣ୍ଟର ବିଲ୍ ପାଶ ହେଉଛି। ଜୀବନ ପ୍ରତି ସଭ୍ୟ ମଣିଷର ମାୟା କେଡ଼େ ଏତିକିରେ ଯଥେଷ୍ଟ ହେଲାନି। ମଣିଷ ସ୍ୱାସ୍ଥ୍ୟପ୍ରତି କି ଯତ୍ନ ନିଆଯାଉଛି ତା ପୁଣି କହିବାକୁ ପଡ଼ିବ। ଗୋଟିଏ ଦୁଇଟି ମାତ୍ର ଉଦାହରଣ ଦିଏ। ଶୀତ, ବରଫ ଓ ବାତ୍ୟା ଜାନୁୟାରୀ ଓ ଫେବୃୟାରୀ ମାସରେ ଇଂଲଣ୍ଡରେ ଆଣେ ବିପତ୍ତି। କାଶ, ସର୍ଦ୍ଦି ଲୋକଙ୍କର ବହୁତ ହୁଏ। ଏବେ ମାସକ ଭିତରେ ଠାକୁରାଣୀ ରୋଗରେ ଦୁଇ ଜଣ ନର୍ସ ମରିଥିଲେ। ଆଜି ହିସାବରୁ ଜଣାପଡ଼େ ପାଞ୍ଚ ଜଣ ବୋଲି। ଲଣ୍ଡନ ରେଡ଼ିଓ ଓ ଲଣ୍ଡନ କାଗଜରେ ଚହଳ ଦେଖେ କିଏ? ସତେ ଯେମିତି ଇଂଲଣ୍ଡ ଜର୍ମାନୀ ସଙ୍ଗେ ଯୁଦ୍ଧ ଘୋଷଣା କରୁଛି। ମଣିଷ ସବୁ ସୃଷ୍ଟି କରିପାରେ ମାତ୍ର ଜୀବନ ସୃଷ୍ଟି କରିପାରୁନି ବୋଲି ବୋଧହୁଏ ଜୀବନ ପ୍ରତି ଏ ମମତା। ସର୍ଦ୍ଦି ରୋଗରୁ କେମିତି ରକ୍ଷା ପାଇବ, ସେଥିପାଇଁ ଆଶୁ ବ୍ୟବସ୍ଥା ପ୍ରଚାର ଉପଚାର ଘଣ୍ଟାକେ ଦେଶ ସାରା ଖେଳି ଯାଉଛି। ମାତ୍ର ଭାରତରେ ମଣିଷ ତ ଅଲୋଡ଼ା ଭାବରେ ଜନ୍ମ ହେଉଛି, ତାର ମୃତ୍ୟୁ ହେଲେ ସେ କଥା ଆଲୋଡ଼ନ କରୁଛି କାହାକୁ? "ରନ୍ତଲେଇ"ର ହଜାର ମୃତ୍ୟୁର ବା ମାନେ କ'ଣ?

ଏଠିକାର ସ୍ୱାସ୍ଥ୍ୟ ବ୍ୟବସ୍ଥା ମୁଁ ପୂର୍ବେ ଗୋଟିଏ ପ୍ରବନ୍ଧରେ ସାରିଛି। ମୋଟ ଉପରେ ବିନା ପଇସାରେ ଖାଲି ଫୋନ୍ ଉଠାଇଲେ ଡାକ୍ତର ତମ ଦୁଆରେ ଠିଆ ଓ ଔଷଧ ମାଗଣା ଇଂଲଣ୍ଡରେ ଯେ କୌଣସି ସ୍ଥାନରେ ମିଳିବ। ପାଶ୍ଚାତ୍ୟ ଜଗତରେ ରୁଷିଆ କଥା ମୁଁ ଜାଣେନି। ନଚେତ୍ ଅନ୍ୟ କେଉଁଠି ଏ ବ୍ୟବସ୍ଥା ଏ ପର୍ଯ୍ୟନ୍ତ କାର୍ଯ୍ୟକାରୀ ହୋଇପାରିନି କେବଳ ଇଂଲଣ୍ଡ ଛାଡ଼ିଦେଲେ। କି ବ୍ୟବସ୍ଥା ସତେ! ମଣିଷ ଜୀବନ ପାଇଁ କି ମମତା! କି ଯତ୍ନ! ସାତ ହଜାର ମାଇଲ ସେପାରିର କଳା-ଲୋକ ବି ଲଣ୍ଡନରେ ପାଦ ଦେଲେ ଏହା ସୁବିଧାର ଅଧିକାରୀ ହୁଏ। ରୋଗ ହେଲେ କେଉଁଠୁ

ଔଷଧ ଆଣିବ ଏଥିପାଇଁ ତାର ମୁଣ୍ଡବ୍ୟଥା ହୁଏ ନି। ଚଷମା ଓ ଦାନ୍ତ, ମାହାଳିଆ ମିଳେ ବୋଲି ଗଲାବେଳକୁ ଅନ୍ତତଃ ଗୋଟିଏ ଖଣ୍ଡେ ମାଗଣା ନେଇଯିବାର ଚେଷ୍ଟା ଥାଏ। ନେଇଯାଇଛନ୍ତି ମଧ୍ୟ ଅନେକ। ଭାରତରେ ଥରେ ଆଖି ପରୀକ୍ଷାକୁ ଗଲେ, ନା ଥରେ ରକ୍ତ ପରୀକ୍ଷା କରିବାକୁ ହେଲେ କେତେ ଦିନ ଅପେକ୍ଷା କରିବାକୁ ହୁଏ, କି ଭୂତ କାରଖାନା ଉପରେ ପଡ଼ିବାକୁ ହୁଏ, ଯେ ଭାରତରେ ଜନ୍ମ ହୋଇଛି ତାକୁ ବୁଝାଇବାକୁ ପଡ଼ିବ ନାହିଁ। ମାତ୍ର ଏଠି ଥରେ ଦେହରେ ଉତ୍ତାପ ହେଲେ ପାଞ୍ଚ ଥର ରକ୍ତ ପରୀକ୍ଷା ହୋଇଥାଏ ଏକା ସପ୍ତାହ ଭିତରେ। ଏହି ହେଲା ଏଠିକାର ବ୍ୟବସ୍ଥା। ଜନ୍ମହେଲା ପରଠାରୁ ମଣିଷର ପ୍ରଧାନ ଚିନ୍ତା ଏ ମାଟିର ଶରୀରଟାକୁ ଯମଠାରୁ ଯେତେ ବେଶୀ ଦିନ ଅଲଗା ରଖିବ ସେତେ ଭଲ। ଯମ ସଙ୍ଗେ ଲଢ଼ିବାପାଇଁ ଏକମାତ୍ର ଔଷଧ ପନ୍ଥା ଡାକ୍ତରଙ୍କ ଛୁରୀ, ଔଷଧ ଓ ବୋତଲ ପ୍ରୟୋଗ କୌଶଳ। କିନ୍ତୁ ଯେଉଁଠି ଛୁରୀରେ କଳଙ୍କ, ବୋତଲରେ ଖାଲି ପାଣି, ସେଠି ଜୀବନର ଅବସ୍ଥା କ'ଣ ଚିନ୍ତା କରିବା କଥା ?

ଏଠି ଯେ କୌଣସି ଦିନରେ ଡାକ୍ତରଖାନା ୱାର୍ଡ଼ରେ ପଶି ବୁଲିବାପାଇଁ ସାଧାରଣ ଲୋକଙ୍କର ସୁଯୋଗ ନ ଥାଏ। ଗଲା କ୍ରୀସ୍‌ମାସ୍ ପର୍ବ ଅବସରରେ ଅନୁମତି ପାଇଥିଲି ଗୋଟିଏ ଡାକ୍ତରଖାନା ୱାର୍ଡ ଦେଖିବା ପାଇଁ। ଆମ ଡାକ୍ତରଖାନା କଥା ମନେ ପଡ଼ିଲେ ଆପେ ଆପେ ନାକକୁ ଔଷଧ ଗନ୍ଧ ଚାଲିଆସେ। ଆମେ ଯେଉଁମାନେ ଡାକ୍ତର ନୋହୁ ଆମକୁ ଡାକ୍ତରଖାନା ଗନ୍ଧ ଅତି ତିକ୍ତ ମାଲୁମ ହୁଏ। ଲଣ୍ଡନ ସହରରେ ବସି ମଧ୍ୟ କେତେକ ଡାକ୍ତରଖାନାର ଗନ୍ଧର ସ୍ମୃତି ଏବେବି ମନେ ପଡ଼ିଯାଉଛି। ମଣିଷର ବିକଳ କାନ୍ଦଣା, ଖଟ ଅଭାବରେ ଭୂଇଁରେ ଗଡୁଥିବା ରୋଗୀ, ଶହେ ରୋଗୀରେ ଜଣେ ନର୍ସ, ଏହି ବ୍ୟବସ୍ଥା ଯେ ଦେଖିଛି, ଡାକ୍ତରଖାନା ନାଁ ମନେ ପଡ଼ିଲେ ଯା ଛାତିରେ ଛନକା ଲାଗିଯାଏ, ସେହି ଲୋକ ଏଠି ପାଞ୍ଚ ମହଲା ଡାକ୍ତରଖାନା ଉପରକୁ ଲିଫ୍‌ଟରେ ଉଠିଲା ବେଳେ ଜାଣିପାରେ ନା ସେ କେଉଁଠି ଅଛି। ନାହିଁ ତୀବ୍ର ଗନ୍ଧ, ନାହିଁ କୋଳାହଳ, ନାହିଁ ଆବର୍ଜନା, ସବୁ ଶାନ୍ତ ଶିଷ୍ଟ ଶୁଭ୍ର। ଆଶ୍ୱାସନା ବାଣୀ ଦେବତାର ଆଶୀର୍ବାଦ ଯେମିତି ସବୁଠି ଭରି ରହିଛି। ସେ ଦିନ କ୍ରୀସ୍‌ମାସ୍। ୱାର୍ଡ଼ ଭିତରେ ଗଛ ଲତା, ପତ୍ର ଫୁଲ, ଆଲୋକ ସାଜସଜ୍ଜା ଦେଖିଲେ ରଜା ନଅର କଥା ମନେ ପଡ଼େ। କିଏ କଳ୍ପନା କରିବ ଏହି ସାଜସଜ୍ଜା ଭିତରେ ରୋଗୀସବୁ ବିଛଣା ଧରି ରହିଛନ୍ତି। ଘର ଭିତରେ ପଶିଗଲେ ହସ ହସ ମୁହଁରେ ରୋଗୀ ଦର୍ଶକଙ୍କୁ ଅଭିବାଦନ ଜଣାଉଛନ୍ତି- "Good afternoon"। ବିଛଣା କି ଶୁଭ୍ର ! କି କୋମଳ ! ମଣିଷ ରୋଗୀ ହୁଅନ୍ତା ପଛକେ ସେହି କୋମଳତା ଭିତରେ ନିଜକୁ ଦିନେ ଲୋଟାଇ ଦିଅନ୍ତା ମହାର୍ଘ ବହୁଦର୍ଶିତାର ଅନୁଭୂତି ପାଇଁ। ହାତକୁ ଗୋଡ଼କୁ ଅନାଇ ଛିଡ଼ା ହୋଇଛନ୍ତି କେତେ ଫ୍ଲୋରେନ୍‌ସ

ନାଇଟିଙ୍ଗେଲ- ଇଂରେଜ, ଜର୍ମାନ୍, ଇଟାଲୀ, ଆଫ୍ରିକା, ଆମେରିକା, ଭାରତୀୟ, ସବୁ ଦେଶର ସେବିକା। ସତେ ଯେମିତି ମଧୁର ବ୍ୟବହାରରେ ରୋଗୀର ରୋଗ ଉଡ଼ାଇ ଦେବେ। ଧଳା ଚମଡ଼ାଙ୍କ ସଙ୍ଗେ ପାଦ ପକାଇ ନାଇଟିଙ୍ଗେଲ ବେଶଧାରିଣୀ ଦୁଇଜଣ ଓଡ଼ିଶୀ କୁମାରୀଙ୍କୁ ସେବିକାମାନଙ୍କ ମେଳରେ ବୁଲୁଥିବାର ଦେଖିଥିଲି। ଆନ୍ତର୍ଜାତିକ ସେବା ମନ୍ଦିରରେ ଓଡ଼ିଶା ପ୍ରତିନିଧି ଅଛନ୍ତି ଦେଖି ଗୌରବାନ୍ୱିତ ହେଲି ଓ 'ରକ୍ତଲେଇ' ସମ୍ବାଦରେ ସେମାନଙ୍କୁ କାତର ହେବାର ଦେଖିଲି। କେତେକ ରୋଗୀ କାନରେ ଫୋନ୍ ଲଗାଇ ବସି ରେଡ଼ିଓ ଶୁଣୁଛନ୍ତି, କିଏ ବସି ନଭେଲ ପଢୁଛନ୍ତି, କିଏ ପିଆନୋ ବଜାଉଛନ୍ତି, କିଏ ଚେସ୍ ଖେଳୁଛନ୍ତି। ମନେ ହେଲା ଯେମିତି କଠିନ ଦୈନନ୍ଦିନ ଜୀବନରୁ ଅବ୍ୟାହତି ନେବାପାଇଁ ସେମାନେ ସେଠି ବିଶ୍ରାମାଗାରରେ ଅଛନ୍ତି। ଛୋଟ ଛୋଟ ପିଲାଗୁଡ଼ିକ ନାନା ଚିତ୍ରିତ ପୁସ୍ତକ ଧରି ପଢୁଛନ୍ତି। ଆମେ ଯାହା ପୂର୍ବକାଳେ କାବ୍ୟ କବିତାରେ ପଢୁଥିଲୁ, ତା ଏଠି କାମରେ ପରିଣତ ହେଉଛି। ସଂସ୍କୃତ ନାଟକରେ ଅନେକଠି ବର୍ଣ୍ଣନା ଅଛି ଯେ, ରାଜକୁମାରୀ ଅସୁସ୍ଥ ଅବସ୍ଥାରେ ଥିବାରୁ ତାଙ୍କ ବିଛଣା ନିକଟରେ ନାନା ପ୍ରକାର ସୁନ୍ଦର ଚିତ୍ର ଅଙ୍କା ହୋଇଛି ତାଙ୍କ ମନ ଭୁଲାଇବା ପାଇଁ। କାଳିଦାସ କଳ୍ପନା କରିଥାନ୍ତୁ ବା ସତ ଘଟିଥାଉ, ଲଣ୍ଡନ ଡାକ୍ତରଖାନାରେ ତାର ପ୍ରମାଣ ଯଥେଷ୍ଟ। ଅଧିକାଂଶ ବିଛଣା ନିକଟରେ ଚିତ୍ର କଟାହୋଇଛି, ଫୁଲତୋଡ଼ା ସଜାହୋଇ ରଖାହୋଇଛି ବୋଧହୁଏ ରୋଗୀ ମନରେ ଆନନ୍ଦ ଓ ଆଶ୍ୱାସନା ଦେବା ପାଇଁ। ଆମେ ତ ଭଲ ଦିନେ ଫୁଲଟାଏ ଦେଖୁନୁ; ଦେଖିଲେ ବି ତାକୁ ଉପଭୋଗ କରିବାର ବାସନା ନାହିଁ, ରୋଗଶଯ୍ୟାରେ ଆମକୁ ତା ଦେଉଛି କିଏ ? ହାତରେ ବା ମଥାରେ ଫୁଲଟାଏ ଦେଲେ ମଣିଷ କେତେ ଆକ୍ଷେପର ପାତ୍ର ହୁଏ। ଯେଉଁ ଜାତି ଜୀବନ ଉପଭୋଗକୁ ପଣ କରିଛି, ସେ ଶ୍ମଶାନ ପର୍ଯ୍ୟନ୍ତ ବି ପୁଷ୍ପଗନ୍ଧରେ ନିଜକୁ ବୁଡ଼ାଇ ରଖିବାକୁ ଚେଷ୍ଟା କରୁଛି, ଏତିକି ମାତ୍ର ସେ ସବୁରୁ ଦେଖିଲି। ବୁଲି ବୁଲି ଗୋଡ଼ ପୀଡ଼ା ହେଲା, ଫେରିଲି। ମନେ ହେଲା ଆମ ଡାକ୍ତରଖାନାରେ ଫୁଲ ନଫୁଟୁ ପଛେ, ଗନ୍ଧ ନ ଉଠୁ କେମିତି, ସେତିକି ହେଲେ ରକ୍ଷା। ବସାକୁ ଫେରି ଦେଖିଲି ଲଣ୍ଡନ କାଗଜରେ "ରକ୍ତଲେଇ" ହଇଜା। ଚାରିଂକ୍ରସ୍ ହସ୍‌ପିଟାଲ୍‌ର ମଧ୍ଯ ସ୍ମୃତି ମୁହୂର୍ତ୍ତକେ କେଉଁ ଆଡ଼େ ମିଳାଇଗଲା। ଆଖି ଆଗରେ ଭାସି ଉଠିଲା କାଉ, କୁକୁର, ଶାଗୁଣାଙ୍କ କରାଳ ଚିତ୍ର, ମୁମୂର୍ଷୁ ମଣିଷର କରୁଣ ଆର୍ତ୍ତନାଦ। ହାୟରେ କପାଳ ! କାହିଁ ରାମଚନ୍ଦ୍ର କାହିଁ ରାମିଆ !

■

କୌତୂହଳୀ ଇଂରେଜ

ବଡ଼ ମନରେ ଛୋଟ କଥାଗୁଡ଼ିକ ଆଦର ପାଏ ଦେଖି ଅନେକ ସମୟରେ ଆଶ୍ଚର୍ଯ୍ୟ ଲାଗେ। ରଜା ପୁଅ ଚାଉଳ ଚୋବାଇବା କଥା ଠିକ୍ ଏହିପରି। ଏବେ ରବି ଠାକୁରଙ୍କ 'ଛିନ୍ନପତ୍ର' ପଢୁ ପଢୁ ସେହିକଥା ଦେଖିଲି। ସାରା ବହିଟାକୁ ଚିପୁଡ଼ିଦେଲେ ମୋଟେ ତିନି ଚାରୋଟି କଥା ସେଥିରେ ସାର। ଆକାଶ, ପୃଥିବୀ, ପଦ୍ମାନଦୀ, ସକାଳ ଓ ସଂଧ୍ୟା। ଆମେ ନିତି ଏଥିରୁ କେଉଁଟି ନ ଦେଖୁ। ମାତ୍ର କବି ତାଙ୍କର ଭାବଚକ୍ଷୁରେ ନିତି ତାକୁ ନୂଆ ନୂଆ ଦେଖି କେମିତି ମୁଗ୍ଧ ହୁଅନ୍ତି, ସେତିକି ଆଶ୍ଚର୍ଯ୍ୟ ଲାଗେ। ଇଂରେଜ ଜାତିର ପ୍ରାଣ ପ୍ରୀତି ଦେଖିଲେ ଠିକ୍ ସେଇକଥା ମନେ ପଡ଼େ। ଯେଉଁ କଥା ଶୁଣିଲେ ଆମେ ହସିବା, ତାଙ୍କ ଖବରକାଗଜରେ ସେହିଭଳି କଥା ବରାବର ପ୍ରକାଶ ପାଏ। ବ୍ୟବସାୟ, ବିଜ୍ଞାନ, ରାଜନୀତିରେ ଦିନ ଦିନ ଲାଗି ବୋଧହୁଏ ଇଂରେଜ ଲୋକେ ବ୍ୟସ୍ତ ହୋଇ ପଡ଼ନ୍ତି। ତେଣୁ ଛୋଟ ଛୋଟ କଥାରେ ଆନନ୍ଦ ପାଇବାପାଇଁ ଚେଷ୍ଟା କରନ୍ତି।

ଆମ ଲୋକଙ୍କୁ ଲଣ୍ଡନରେ 'ମାନ୍‌ଚେଷ୍ଟର ଗାର୍ଡିଆନ' ଖବରକାଗଜ ଅନେକଦିନୁ ଜଣାଶୁଣା। ଭାରତ ସଂପର୍କରେ ଏହି ପତ୍ରିକାରେ କେତେଥର ସମ୍ପାଦକୀୟ ବାହାରେ। ସେହି କାଗଜରେ "ମଫସଲ ଡାଏରୀ" ବୋଲି ଗୋଟିଏ ବିଭାଗ ପ୍ରତିଦିନ ପ୍ରକାଶିତ ହୁଏ। ସେଥିରେ ଯେଉଁ କଥା ସବୁ ବାହାରେ ତା ଦେଖି ଆଶ୍ଚର୍ଯ୍ୟ ଲାଗେ ଯେ ଏ ଦେଶ ଲୋକଙ୍କର ଛୋଟ ଛୋଟ ଜୀବଜନ୍ତୁଙ୍କ ବିଷୟରେ କୌତୂହଳ କେତେ ବେଶି। କେତେ ଦିନର ଡାଏରୀ କେବଳ ମୁଁ ଏଥିରେ ପ୍ରକାଶ କରିବି, ତା ଛଡ଼ା ଅନ୍ୟ କିଛି ନୁହେଁ।

'ଅନେକ ଦିନର ବୁଢ଼ା ବରଗଛଟିଏ ଭାଙ୍ଗି ପଡ଼ିଛି। ତା ଡାଳଗୁଡ଼ିକ ସଡ଼କରେ ମାଡ଼ି ପଡୁଛି। ସେହି ଗଛମୂଳେ ଗୋଟିଏ ଠେକୁଆ ଛୁଆ ଜନ୍ମ କରିଛି। ଗୋଟିଏ ବୁଢ଼ା

କୃଷକ ତାକୁ ଦେଖିଛି।' ଆମ ଦେଶର କୌଣସି ଖବରକାଗଜ ଏଥିପାଇଁ କାଗଜ କଲମ ଖର୍ଚ୍ଚ କରନ୍ତେ ବୋଲି ମୋର ତ ମୋତେ ବିଶ୍ୱାସ ହେଉନି।

ଆଉ ଦିନକର କଥା। 'ଲଣ୍ଡନ ଉପରକୁ କାଉ ସବୁ ଉଡ଼ି ଆସିଛନ୍ତି। ପାଚିଲା ଫଳ ସବୁ କଣା କରି ଦେଉଛନ୍ତି।' ଆମ ଦେଶରେ ପରା କାକୁଡ଼ି ବାଡ଼ିରେ ବସା କରି ରହିଥାଏ, ବିଲୁଆ ପରା ରାତିଯାକ ଜଗୁଆଳୀକୁ ଶୁଆଇ ଦିଏନି। ଏଠି କିନ୍ତୁ ଏ ସବୁ ଦାମିକା ଖବର।

ପୋଖରୀରେ ହଂସ ପହଁରୁଛନ୍ତି, ସେମାନେ ଅନ୍ୟତ୍ର ଯିବାପାଇଁ ଉଦ୍ୟମ କରୁଛନ୍ତି। ବଡ଼ ବଡ଼ ବଗସବୁ ମଫସଲକୁ ଆସିଛନ୍ତି। ଶୀତ ଆଗମନରେ ସେମାନେ କଳା ପଡ଼ି ଯାଇଛନ୍ତି।' ଅବଶ୍ୟ କାଳିଦାସ ଥିଲେ ଏକଥାଗୁଡ଼ା ଭାରି ପସନ୍ଦ କରିଥାନ୍ତେ। କାହିଁକ ନା ତାଙ୍କ ମେଘଦୂତରେ ବର୍ଷାକାଳରେ ପାଣି ମଇଳା ହୋଇଯିବାରୁ ରାଜହଂସ ଓ ବକମାନେ ମାନସରୋବରକୁ ଉଡ଼ିଯିବାର ବିଚିତ୍ର ଚିତ୍ର ଏବେ ବି ଆମକୁ ମୁଗ୍ଧ କରେ। 'ବିସକିଶଳୟଚ୍ଛେଦ ପାଥେୟବନ୍ତଃ ରାଜହଂସାଃ ଓ ଆବଦ୍ଧମାଳା ବଳାକା' ପ୍ରଭୃତି କାଳଦାସୀ କଳ୍ପନା ଆମମାନଙ୍କୁ ମାନସରୋବର ଆଡ଼କୁ ଟାଣିନିଏ। ଆଖି ଥିଲେ ସିନା ଦୃଶ୍ୟ ଦେଖାଯାଏ, ନୋହିଲେ କବି ରବୀନ୍ଦ ଓ ଭାବୁକ କାଳିଦାସ ଯାହା ଦେଖିଲେ ଆମକୁ ଦେଖାଯାନ୍ତା ନାହିଁ କାହିଁକି ?

'ଶୀତ ଆସିଛି। ତା ସଙ୍ଗେ ବରଫ ଓ କୁହୁଡ଼ି। ମେଘକମ୍ବଳ ତଳୁ ଉଠିବାପାଇଁ ସୂର୍ଯ୍ୟଙ୍କର ଇଚ୍ଛା ନାହିଁ। ଗଲ୍ ପକ୍ଷୀଗୁଡ଼ିକ ଏଣେତେଣେ ବୁଲୁଛନ୍ତି।

ଏ ଦେଶରେ ବିରାଡ଼ିକୁ ଭାରି ଆଦର। ଘରଣୀମାନେ ବହୁ ଆଦର ଯତ୍ନରେ ସେମାନଙ୍କୁ ପାଳିଥାନ୍ତି। ଆମକୁ ଅନାଇଲା ବେଳକୁ ସାହେବ ଯେମିତି, ଆମ ଭୋକିଲା ବିରାଡ଼ିକୁ ଅନାଇଲା ବେଳକୁ ଏଠିକାର ବିରାଡ଼ି ସେମିତି ଭାରି ବଡ଼ ଓ ହୃଷ୍ଟପୁଷ୍ଟ। 'ଗୋଟିଏ ଦୁଧ କାରଖାନା ନିକଟରେ ସେମାନେ ଶୀତରେ ଘୁମାଇ ବସିଛନ୍ତି ବୋଲି ଖବରକାଗଜରେ ପ୍ରକାଶ। ସେମାନେ ଏତେ ଆନମନା ହୋଇ ପଡ଼ିଛନ୍ତି ଯେ କାରଖାନାର ମଟରଗାଡ଼ି ଯିବା ଆସିବା କଲାବେଳେ ରାସ୍ତାରୁ ଉଠୁନାହାନ୍ତି। ମଟର ଡ୍ରାଇଭରମାନେ ସେମାନଙ୍କୁ ହାତରେ ରାସ୍ତାରୁ ଆଡ଼େଇ ଦେଇ ଗାଡ଼ି ଚଳାଉଛନ୍ତି।' 'ମୂଷାମାନେ ବିଲବାଡ଼ିରୁ ପଳାଇ ଆସିଛନ୍ତି। ସେଗୁଡ଼ିକ ଏଡ଼େ ସୁନ୍ଦର ଯେ ମାରିବାକୁ ହାତ ଉଠେନି।' କିନ୍ତୁ ସେମାନେ ଏତେ ଜିନିଷପତ୍ର ନଷ୍ଟ କରୁଛନ୍ତି ଯେ ଜଣେ ତିନୋଟି ମୂଷା ମାରିଦେଇଛି ବୋଲି ଦୁଃଖ ପ୍ରକାଶ କରି ଖବରକାଗଜରେ ପ୍ରକାଶ କରିଛି। ବଞ୍ଚିରହିବାଟା ସବୁବେଳେ ନିର୍ଦ୍ଦୟତାର କାରବାର ସିନା! ମଣିଷ ବଞ୍ଚି ରହିବାପାଇଁ କେତେ ସୌନ୍ଦର୍ଯ୍ୟ ପାଦରେ ମାଡ଼ି ଚାଲିଯାଏ ନା। ନଦୀର ଅବାଧ ଧାରାକୁ ବାନ୍ଧି

ପକାଏ, ସୁନ୍ଦର ନୀଳ ପାହାଡ଼କୁ ଭାଙ୍ଗି ପଡ଼ିଆ କରେ। ବଞ୍ଚିବାଠାରୁ ବଳି କଷ୍ଟ ଆଉ କ'ଣ ଅଛି? ସୁନାର ଶସ୍ୟକ୍ଷେତ୍ରକୁ ଆମେ କ'ଣ ନିର୍ଦ୍ଦୟ ଭାବରେ କାଟି ପକାଉ ନାହିଁ? ସଜ ଯୌବନଟାକୁ କ'ଣ ସାଧନାରେ କଣ୍ଟକିତ କରିଦେଉ ନି?

ଏବେ ଖବର ପ୍ରକାଶ ଯେ ମାସକ ପରେ ମାଛରଙ୍କା ଫେରିଛି। କିନ୍ତୁ ସେ ପୋଖରୀରେ ସେ ରହେ ନାହିଁ। ସେଠୁଁ ଦୁଇ ମାଇଲ ଦୂରରେ ତାର ଘର। ଲେଖକର ଅନୁସନ୍ଧାନକୁ ଲକ୍ଷ୍ୟ କରିବାର କଥା। ମାଛରଙ୍କା କେତେବେଳେ ଆସି କେତେବେଳେ ଯାଏ ତାକୁ ବି ସେ ଲକ୍ଷ୍ୟ କରିଛନ୍ତି। ଏ ଦେଶର ଲୋକେ ଉଡ଼ିଗଲା ଚଢ଼େଇର ପକ୍ଷ ଗଣିବାକୁ ଛାଡ଼ନ୍ତି ନାହିଁ। ବୋଧହୁଏ, ଉଲ୍ ଉଇଚ୍ ଗ୍ରାମ ନିକଟରେ ଏବେ କୋଇଲିର ଡାକ ଓ ଘରଚଟିଆର ଚେଁ ଚେଁ ଶୁଭୁଛି। ଅବଶ୍ୟ କୋଇଲିର ଭାଗ୍ୟ ପରିବର୍ତ୍ତନ ନାହିଁ। ଭାରତରେ ତାର ଆଦର କୌଣସି ଗୁଣରେ କମ୍ ନୁହେଁ। ଗୁଣ ଥିଲେ ତ ଗୋବର ଗଦା ବି ବାସିବ, ସେଥିରେ ଆଶ୍ଚର୍ଯ୍ୟ ହେବାର କ'ଣ ଅଛି?

ମଣିଷ କଥା ତ ଛାଡ଼, ଏ ଦେଶର ପାର୍ଲିଆମେଣ୍ଟରେ ପଶୁ-ପକ୍ଷୀମାନଙ୍କ କଥା ବି ପଡ଼େ। ଏବେ ଲଣ୍ଡନର ଉଦ୍ୟାନ (ପାର୍କ) ଗୁଡ଼ିକୁ ଜାତୀୟ ସମ୍ପତ୍ତିରେ ପରିଣତ କରିବା ପାଇଁ ବିଲ୍ ଆଗତ ହୋଇଛି। ସେଥିରେ ପାର୍କରେ ପଶୁପକ୍ଷୀମାନଙ୍କ ପ୍ରତି ଯେଉଁ ଅତ୍ୟାଚାର ହେଉଅଛି ସେ ବିଷୟରେ ତୀବ୍ର ନିନ୍ଦାବାଦ କରି ସର୍କାରଙ୍କ ଦୃଷ୍ଟି ଆକର୍ଷଣ କରା ଯାଇଛି। ଲଣ୍ଡନ୍ ପାର୍କ ଓ ଅନ୍ୟାନ୍ୟ କେତେକ ପାର୍କରେ ପାରାମାନଙ୍କ ବସା ଭାଙ୍ଗି ଦିଆ ଯାଇଛି ଓ କେତେକ ବସାରୁ ଡିମ୍ବ କାଢ଼ି ନିଆଯାଇଛି ବୋଲି ଏ ପ୍ରକାର ନିର୍ଦ୍ଦୟତା ବନ୍ଦ କରିବା ପାଇଁ ସରକାରୀ ସାହାଯ୍ୟ ଦରକାର ହେଉଛି। ଆମ ଦେଶରେ ମାଙ୍କଡ଼ମାନେ ଯେମିତି କ୍ଷତି କରନ୍ତି, ଏଠିକାର ପଶୁପକ୍ଷୀମାନେ ଯଦି ତା କରୁଥାନ୍ତେ, ଏ ସାହେବ ଲୋକେ କ'ଣ ସମ୍ଭାଳନ୍ତେ! ତେବେ ସିନା ମାୟା ମମତା ଜଣା ପଡ଼ନ୍ତା! ଯାହାହେଉ! ଇଂରେଜ ଜାତିର ପକ୍ଷୀପ୍ରତି ଦୟା ସର୍ବସମ୍ମତ, ସନ୍ଦେହ ନାହିଁ।

କୁକୁରଙ୍କ କଥା ଛାଡ଼। ସାହେବମାନଙ୍କର କୁକୁର ପ୍ରତି ମାୟା କୌଣସି ଭାରତୀୟଙ୍କୁ ଅଜଣା ନାହିଁ। ସାହେବମାନେ ଭାରତକୁ କୁକୁର ନେଇ ଭାରତୀୟମାନଙ୍କର ବେଶି ଅପ୍ରୀତିଭାଜନ ହୋଇଥିଲେ। ସାଇବଙ୍କ କୁକୁରର ଭୋଗ ଦେଖି ଭୋକିଲା ଭାରତୀୟ ବିଦ୍ରୋହୀ ହୋଇ ଉଠିଲେ। ଏବେ ଗୋଟିଏ ଆମେରିକା ପତ୍ରିକାରେ ଯୁଦ୍ଧପରେ ଇଉରୋପର କୁକୁରମାନଙ୍କର ଅବସ୍ଥା କଥା ଦେଖିବାକୁ ପାଇଥିଲି। ଯୁଦ୍ଧପରେ ଇଉରୋପର ଅର୍ଥନୀତି, ସ୍ୱାସ୍ଥ୍ୟ, ସମ୍ଭୋଗ ଯେମିତି ବିପନ୍ନ, କୁକୁରମାନଙ୍କର ଅବସ୍ଥା ମଧ୍ୟ ସେହିପରି ହୋଇ ପଡ଼ିଛି। ଏପରିକି ଭୋକିଲା ଜର୍ମାନୀ ଜାତି ନିଜେ ଉପାସ ରହି ତାଙ୍କ ନିଜ ଖାଦ୍ୟ ଦେଇ କୁକୁରମାନଙ୍କୁ ବଞ୍ଚାଉଛନ୍ତି। ଶେଷରେ କୌଣସି ଉପାୟରେ

କୁକୁରମାନଙ୍କୁ ବଞ୍ଚାଇ ନପାରି ସିଗାରେଟ ଖଣ୍ଡେ, ବିସ୍କୁଟ୍ ଖଣ୍ଡେ ପାଇଁ ଜର୍ମାନମାନେ ଆମେରିକା ସୈନ୍ୟମାନଙ୍କୁ ନିଜ କୁକୁରଗୁଡ଼ିକ ବିକ୍ରୀ କରି ଦେଉଛନ୍ତି ଓ ଏହି କୁକୁରମାନଙ୍କୁ ଜର୍ମାନୀରୁ ଆମେରିକା ନେବା ପାଇଁ କେତେକ ଆମେରିକା ଉଡ଼ାଜାହାଜ ବରାବର ଲାଗି ପଡ଼ିଛନ୍ତି। ଆମ ଦେଶରେ ମଣିଷ ପଳାତକମାନଙ୍କୁ ନିଆ ଅଣା କରିବା ଅସମ୍ଭବ ହୋଇ ଉଠିଛି, କିନ୍ତୁ ଏଠି କୁକୁରମାନଙ୍କୁ ନିଆ ଅଣା କରିବାରେ ପଇସା ଫୋପଡ଼ା ହେଉଛି। ପୁଷ୍ପକ ବିମାନରେ ବାନରମାନଙ୍କର ଅଯୋଧ୍ୟା ଫେରିବା ପରି କୁକୁରମାନଙ୍କର ଅନୁଭୂତି ହେଉଥିବ ନିଶ୍ଚୟ।

ସାହେବମାନଙ୍କର ଏହି ପଶୁପକ୍ଷୀ ପ୍ରୀତି ଯେ ମନୁଷ୍ୟ ସଭ୍ୟତାର ନୂଆକଥା ତା ନୁହେଁ। ଆମ ଦେଶରେ ମଣିଷଙ୍କ ଭାଗ୍ୟ ଓଲଟିବା ସଙ୍ଗେ ସଙ୍ଗେ ପଶୁପକ୍ଷୀଙ୍କ ଦଶା ବି ଓଲଟି ଯାଇଛି। ଅଶୋକ ମହାରାଜା ପରା ଖାସ୍ ମନ୍ତ୍ରୀନିଯୋଗ କରିଥିଲେ ପଶୁପକ୍ଷୀଙ୍କର ସୁଖ ଦୁଃଖ ଦେଖିବା ପାଇଁ। ଜଙ୍ଗଲରେ ଯାଇ ଲୋକେ ପଶୁପକ୍ଷୀଙ୍କ ପାଇଁ ଖାଦ୍ୟ ପକାଇ ଦେଇ ଆସୁଥିଲେ। ସେ ରାମଚନ୍ଦ୍ର, ସେ ଅଯୋଧ୍ୟା ଓ ସେ ଅଶୋକ ଓ ସେ ଭାରତ ଆଜି ସବୁ ଇତିହାସର କଥାବସ୍ତୁ। ଏହି ନୂତନ ଅଶୋକଚକ୍ର ଚିହ୍ନିତ ରାଜଛତ୍ର ତଳେ ମଣିଷ, ପଶୁପକ୍ଷୀ ସମସ୍ତଙ୍କ ଭାଗ୍ୟ ବଦଳିବ ବୋଲି ଅନ୍ତତଃ ଆଶା ଅଛି ତ?

ଇଂରେଜର ବିଶ୍ୱପ୍ରୀତି ଯୋଜନା

ଯେ କୌଣସି ଦେଶରେ ପହଞ୍ଚିଯିବା ମାତ୍ରେ ସେ ଦେଶର ଲୋକ, ସେଠିକାର ରାଜନୀତି, ଭାବଭଙ୍ଗୀ, ଭଲମନ୍ଦ ଜାଣିବା ପାଇଁ ସ୍ୱତଃ ପ୍ରବୃତ୍ତି ହୁଏ। ମାତ୍ର ସବୁ କଥା ଜାଣିବା ପାଇଁ ସୁବିଧା ସୁଯୋଗ ମିଳିବା କଠିନ ହୁଏ। ଜଣେ ଇଂରେଜ ପିଲା ଆମ ଦେଶରେ ପହଞ୍ଚିଲେ ଆମ ଦେଶକୁ ଜାଣିବା ପାଇଁ ତାର କେତେ ସୁବିଧା ଅଛି, ତା' ତ ଆମକୁ ଜଣାଅଛି ମାତ୍ର ବିଦେଶୀ ଆଗରେ ବିଲାତ ଦେଶକୁ ବୁଝାଇବା ପାଇଁ ଏଠି କି ସୁବିଧା ଅଛି ସେହି କଥା କହିବି। ଆମର ଯେ ଗୌରବ କମ୍ ଅଛି ତା ନୁହେ, ମାତ୍ର ଦେଖାଇବା ପାଇଁ ବିଭବ ନାହିଁ। ଏ ଯୁଗରେ ଯେ କହି ଜାଣିଲା ସେ ମୋହି ଜାଣିଲା। ବଣମଲ୍ଲୀ ଫୁଟି ବାସିବା ପାଇଁ ଅନେକ ସମୟ ନିଏ। କିନ୍ତୁ ବଗିଚାର ବାସଙ୍ଗ ଫୁଲ ଆଖିଆଗେ ଆଗ ପଡ଼େ ସିନା।

ଲଣ୍ଡନରେ 'ବ୍ରିଟିଶ୍ କାଉନ୍‌ସିଲ୍' ନାମକ ଗୋଟିଏ ଅନୁଷ୍ଠାନ ଅଛି। ସେହି 'ବ୍ରିଟିଶ୍ କାଉନ୍‌ସିଲ୍' ଗୁଡ଼ିକ ସତରେ ଆମକୁ ପିତା। କାରଣ ସେ ଲୋକଙ୍କ ସଙ୍ଗେ, ସେ କାଉନ୍‌ସିଲ୍ ସଙ୍ଗେ ଆମ ଦିନ ଭଲରେ କଟିନି। ମାତ୍ର ଏହି ବ୍ରିଟିଶ୍ କାଉନ୍‌ସିଲ୍ ଗୋଟିଏ ଭିନ୍ନ ଧରଣର କଥା। ଏହାର ପୂରା ନାମର ଅର୍ଥ ହେଉଛି 'ବ୍ରିଟିଶ୍ ଶିକ୍ଷା ଓ ସଂସ୍କୃତି ପ୍ରସାରଣ ସଙ୍ଘ'। ୧୯୩୪ ମସିହାରେ ଏହି ଅନୁଷ୍ଠାନ ସର୍ବପ୍ରଥମେ କାର୍ଯ୍ୟକାରୀ ହେଲା। ଏଥିପାଇଁ ଇଂରେଜ ସରକାର ପ୍ରତିବର୍ଷ ଲକ୍ଷାଧିକ ପାଉଣ୍ଡ ଖର୍ଚ୍ଚ କରନ୍ତି। ଏହାକୁ ଦଳଗତ ରାଜନୀତିରୁ ସ୍ୱତନ୍ତ୍ର ରଖା ଯାଇଛି। ପୃଥିବୀର ଅନେକ ଦେଶରେ ଏହାର ବିଭାଗ ଅଛି। ମାତ୍ର ଭାରତରେ ଏପର୍ଯ୍ୟନ୍ତ ଆରମ୍ଭ ହୋଇନି। ଏହି ଅନୁଷ୍ଠାନର କାର୍ଯ୍ୟକ୍ରମ ଅନେକ ପ୍ରକାର। ଏହି ଅନୁଷ୍ଠାନ ଜରିଆରେ ପୃଥିବୀର ବିଭିନ୍ନ ଦେଶର ଲୋକଙ୍କ ସଙ୍ଗେ ସାଦର ସମ୍ପର୍କ ରଖା ଯାଇଛି। ମାତ୍ର ଲଣ୍ଡନ ସହରସ୍ଥ ବ୍ରିଟିଶ୍ କାଉନ୍‌ସିଲ୍ ବିଦେଶୀ ଛାତ୍ର, ଛାତ୍ରୀ, ଆଗନ୍ତୁକ ଓ ଭ୍ରମଣକାରୀମାନଙ୍କୁ କିପରି ସାହାଯ୍ୟ କରେ, ସେହି କଥା ମୁଁ ପ୍ରବନ୍ଧରେ ସଂକ୍ଷେପରେ କହିବି।

ପ୍ରତି ଦୁଇ ମାସରେ ଏହି ଅନୁଷ୍ଠାନରୁ ଖଣ୍ଡିଏ ଛପା ପୁସ୍ତକ ବାହାରେ। ତା ଉପରେ 'ବିଦେଶୀ ଛାତ୍ରମାନଙ୍କର ସୁବିଧା ପାଇଁ' (For the welfare of the overseas students) ବୋଲି ଲେଖାଥାଏ। ସେହି ପୁସ୍ତକରେ ଅନେକ ପ୍ରସିଦ୍ଧ ସ୍ଥାନର ନାମ ଓ ବର୍ଣ୍ଣନା ଦିଆ ଯାଇଥାଏ। କେଉଁ ତାରିଖରେ କେତେ ଖର୍ଚ୍ଚରେ ଦେଖି ହେବ, ତା'ର ସଠିକ ବିବରଣୀ ସେଥିରେ ଥାଏ। ସୁତରାଂ ଯେ କୌଣସି ସ୍ଥାନକୁ ଯିବାକୁ ଇଚ୍ଛା ହେଲେ 'ବ୍ରିଟିଶ୍ କାଉନ୍‌ସିଲ୍'କୁ ଦିଧାଡ଼ି ଲେଖିଦେଲେ କେବେ, କେତେବେଳେ ଯିବାକୁ ହେବ ସେମାନେ ଜଣାଇ ଦିଅନ୍ତି। ଯିବା ଦିନ ସ୍ୱତନ୍ତ୍ର ବସ୍‌ରେ ନେଇ ଯାଆନ୍ତି କିମ୍ବା କେଉଁ ଷ୍ଟେସନ୍‌ରୁ କେତେବେଳେ କେଉଁ ଗାଡ଼ିରେ ଯିବାକୁ ହୁଏ ଜଣାଇ ଦିଅନ୍ତି। ମଣିଷ ଯେତେବେଳେ ଲଣ୍ଡନ ପରି ବଡ଼ ସହରରେ ବାଟ ପାଉ ନଥାଏ, କେଉଁ ଆଡ଼େ ଯିବ, କ'ଣ ଦେଖିବ-ବ୍ରିଟିଶ କାଉନ୍‌ସିଲ୍, ସେତେବେଳେ ବାଟ ଦେଖାଏ। ଅବଶ୍ୟ ଏହିଭଳି କେତେ ବ୍ରିଟିଶ୍ କାଉନ୍‌ସିଲ୍ ବସି ଭାରତକୁ ଶହ ଶହ ବର୍ଷ ଶାସିଛି ଓ ନାଶିଛି, ଏବେ ବି ମନେ ପଡ଼ିଲେ ମଣିଷ ବିଦ୍ରୋହୀ ହୁଏ। ଦୁର୍ଭାଗ୍ୟବଶତଃ ଏହିଭଳି ଗୋଟିଏ ଭଲ ଅନୁଷ୍ଠାନର ନାମ 'ବ୍ରିଟିଶ୍ କାଉନ୍‌ସିଲ୍' ରଖା ଯାଇଛି। ବୋଧହୁଏ ଇଂରେଜ ଲୋକ ଜାଣନ୍ତ ନାହିଁ ବ୍ରିଟିଶ୍ ଶବ୍ଦଟି ଉପନିବେଶ ରାଜ୍ୟମାନଙ୍କରେ କିପରି ବିଦ୍ରୋହୀ ମନୋବୃତ୍ତି ଜାଗ୍ରତ କରାଏ।

ଏହି ପ୍ରକାର ଯାତ୍ରା ଯୋଗାଡ଼ରେ ପୃଥିବୀର ସବୁ ଦେଶର ଲୋକଙ୍କ ସଙ୍ଗେ ମିଳାମିଶା କରିବାର ସୁଯୋଗ ମିଳେ। ଅନେକ ସମୟରେ ଆଖି ଆଗରେ ଚୀନଠାରୁ ଚିଲୀ ପର୍ଯ୍ୟନ୍ତ ଗୋଟିଏ ଛୋଟ ପୃଥିବୀ ସଙ୍ଗରେ ମନୁଷ୍ୟ ପ୍ରତ୍ୟକ୍ଷ ସଂସ୍ପର୍ଶରେ ଆସିଯାଏ। ଅଷ୍ଟ୍ରେଲିଆ, ଆଫ୍ରିକା, ଆମେରିକା, ଚୀନ, ଜାପାନ, ମାଳୟ, ଭାରତ, ଇଜିପ୍ଟ, ସିରିଆ, ପାରସ୍ୟ, ଜର୍ମାନ, ଫ୍ରାନ୍‌ସ ସବୁଦେଶରେ ନରନାରୀଙ୍କ ସଙ୍ଗେ ଆଳାପ କରିବାର ବଡ଼ ସୁଯୋଗ ମିଳିଥାଏ। ବହି ପଢ଼ି ସେ ଲୋକଙ୍କ ବିଷୟରେ ଯେଉଁ ଧାରଣା ହୋଇଥାଏ, ସେମାନଙ୍କ ସଂସ୍ପର୍ଶରେ ଅନେକ ପରିବର୍ତ୍ତିତ ଓ ପରିବର୍ଦ୍ଧିତ ହୋଇଯାଏ। ତା ବ୍ୟତୀତ ଏତେ ଗୁଡ଼ାଏ ଦେଶ ଲୋକଙ୍କର କଣ୍ଠସ୍ୱର, କହିବା ଭଙ୍ଗୀ, ଦୈନନ୍ଦିନ ଆଚାର ବ୍ୟବହାର ମନରେ ଚମକ ଆଣିଦିଏ। ମନେ ହୁଏ ପୃଥିବୀଯାକ ଘୂରିବାକୁ ଯିବା ଦରକାର ନାହିଁ। ସାରା ପୃଥିବୀ ତୁମ ନିକଟକୁ ଚାଲି ଆସିଛି। ଲଣ୍ଡନ ଗୋଟିଏ ଆନ୍ତର୍ଜାତିକ ସହର। ସେଠି ପୃଥିବୀର ସବୁ ଦେଶର ଲୋକ ଅଛନ୍ତି। ବ୍ରିଟିଶ୍ କାଉନ୍‌ସିଲ୍ ପ୍ରସାଦରୁ ସେମାନଙ୍କ ସଙ୍ଗେ ମିଳାମିଶାର ସୁଯୋଗ ମିଳେ। ନଚେତ୍ ସମସ୍ତେ ଏକା ସ୍ଥାନରେ ଥାଇ ମଧ ପରସ୍ପରକୁ ଚିହ୍ନିବା କଠିନ ହୁଅନ୍ତା କିମ୍ବା ଅନେକ ଦିନ ଲାଗନ୍ତା। ପୃଥିବୀର ସବୁ ଦେଶର ଲୋକଙ୍କୁ ଭେଟିବାରେ ଯେଉଁ ଆତ୍ମପ୍ରସାଦ ହୁଏ, ତା ଉପଭୋଗସାପେକ୍ଷ।

ଏହି ଯାତ୍ରା ଯୋଜନାରେ ବିଦେଶୀ ଆଉ ଗୋଟିଏ ସୁବିଧା ପାଏ, ଯାହା ସେ ନିଜେ ଭ୍ରମଣ କଲେ ପାଇବା ଅସମ୍ଭବ ହୁଅନ୍ତା। ବଡ଼ ବଡ଼ କଲକାରଖାନା, ସରକାରୀ ଅଫିସ, ସାଧାରଣ ପ୍ରବେଶ ନିଷେଧ ସ୍ଥାନ ବ୍ରିଟିଶ୍ କାଉନ୍‌ସିଲ୍ ଅନୁରୋଧରେ ଦେଖିବା ପାଇଁ ଅନୁମତି ମିଳିଥାଏ। ଏହି ଅନୁଷ୍ଠାନ ତରଫରୁ ପରିଚାଳକ ବା ତତ୍ତ୍ୱାବଧାରକ ସଙ୍ଗେ ସଙ୍ଗେ ଥାଆନ୍ତି। ସେ ଯାତ୍ରୀମାନଙ୍କର ସମସ୍ତ ସୁବିଧା ଅସୁବିଧାର ଟିକିନିଖି ତତ୍ତ୍ୱ ନେବା ସଙ୍ଗେ ସଙ୍ଗେ ଭିନ୍ନ ଭିନ୍ନ ଦର୍ଶନୀୟ ସ୍ଥାନର ଗୂଢ଼ତତ୍ତ୍ୱ ବୁଝାଇ ଦିଅନ୍ତି। ବିଭିନ୍ନ ସ୍ଥାନରେ ସ୍ଥାନୀୟ ବଡ଼ ବଡ଼ ଅଧ୍ୟାପକ, ବକ୍ତା ବିଶେଷଜ୍ଞମାନଙ୍କଠାରୁ ବକ୍ତୃତା ଶୁଣିବାର ଯୋଗାଡ଼ କରିଥାନ୍ତି। ଇଂରେଜ ଜାତିର ଇତିହାସପ୍ରୀତି ବୋଧହୁଏ ପୃଥିବୀପ୍ରସିଦ୍ଧ। ସେମାନେ ନିଜର ଗୌରବ ଅନ୍ୟ ନିକଟରେ କହିବା ପାଇଁ ସବୁଠାରୁ ବେଶି ସୁଖ ପାଆନ୍ତି। ସୁତରାଂ ଏହିଭଳି ଆନ୍ତର୍ଜାତିକ ଯାତ୍ରୀମାନଙ୍କୁ ଦେଖି ଶହ ଶହ ବର୍ଷର ଇତିହାସ ଅନର୍ଗଳ ଗାଇଯାନ୍ତି। ପ୍ରତି ଗାଁ, ଜିଲ୍ଲା, ପ୍ରଦେଶର ଇତିହାସ ଜଣାଇବା ପାଇଁ ଇଂରେଜ ଜାତି ଉଦ୍‌ଗ୍ରୀବ ହୋଇ ରହିଥାଏ। ଲଣ୍ଡନରେ ଭାରତୀୟ ଛାତ୍ରାବାସରେ ରହି ଇଂରେଜ ଜୀବନର ମାଧୁରୀ ବୁଝିବା ବଡ଼ କଠିନ। ମାତ୍ର ଏହି ପ୍ରକାର ଭ୍ରମଣକାରୀଙ୍କ ସଙ୍ଗରେ ଆସି ଇଂରେଜ ପରିବାରରେ ରହି ସେମାନଙ୍କ ସଂସ୍କୃତି ବୁଝିବାର ସୁଯୋଗ ମିଳେ। ମୁଁ ବର୍ତ୍ତମାନ ଏହି ପ୍ରବନ୍ଧଟି ଜଣେ ବୃଦ୍ଧ ଇଂରେଜଙ୍କ ନାଆଁ ପାଖରେ ବସି ଲେଖୁଛି। ୮୦ ବର୍ଷର ବୁଢ଼ାବୁଢ଼ୀ-୧୯୪୯ ମସିହାର ଶେଷ ରାତ୍ରି - ଡ଼ିସେମ୍ବର ୩୧ ବାରଟାବେଳେ ରେଡ଼ିଓ ନିକଟରେ ବସି ନୂତନ ବର୍ଷର ଅଭିନନ୍ଦନ ବାର୍ତ୍ତା ଶୁଣୁଛନ୍ତି। ୮୦ ବର୍ଷ ପୂର୍ବେ ଇଂଲଣ୍ଡ ଅବସ୍ଥା କଥା ଅନର୍ଗଳ କହି ଚାଲିଛନ୍ତି। ଏହାଦ୍ୱାର ବିଦେଶୀ ସେମାନଙ୍କୁ ଜାଣିବା ପାଇଁ ଯେତିକି ସୁବିଧା ପାଏ, ସେମାନେ ବିଦେଶୀଙ୍କଠାରୁ ମଧ୍ୟ ସେତିକି ଜାଣନ୍ତି। ଏହିପରି ବିଭିନ୍ନ ଭ୍ରମଣକାରୀ-ଦଳରେ ଆସି ତାଙ୍କ ଘରେ କେତେ ଆଫ୍ରିକାବାସୀ, ଆମେରିକାନ୍, ଅଷ୍ଟ୍ରେଲିଆନ୍, ଭାରତୀୟ ରହି ଯାଇଛନ୍ତି, ତାର ଇତିହାସ ସେମାନେ ମୋତେ ଦେଇଛନ୍ତି।

ବର୍ତ୍ତମାନ ଯୁଗରେ ପୃଥିବୀ ଖୁବ୍ ଛୋଟ ହୋଇଯାଇଛି। ଭାରତ ଏଠାରୁ ଦିନକର ଓ ଚୀନ ଦେଢ଼ଦିନର ରାସ୍ତା। ସୁତରାଂ ଏହିଭଳି ଗୋଟିଏ ଛୋଟ ପୃଥିବୀରେ ପରସ୍ପରକୁ ନ ଚିହ୍ନି, ନ ଜାଣି ରହିବା କ୍ଷତିକାରକ। ଯଦି ଗୋଟିଏ ଛୋଟ ପରିବାରରେ କେହି କାହାକୁ କଥା ନ କହି ଯେ ଯାହା ବାଟରେ ଚାଲନ୍ତି, ସେଭଳି ପରିବାର ବେଶି ଦିନ ରହିପାରିବ ନାହିଁ ବା କୌଣସି ମହତ୍ କାର୍ଯ୍ୟରେ ହାତ ଦେଇପାରିବ ନାହିଁ। ସେହିପରି ଏହି କ୍ଷୁଦ୍ର ପୃଥିବୀର ଲୋକମାନଙ୍କ ଭିତରେ ବର୍ତ୍ତମାନ ଯଥେଷ୍ଟ ଜଣାଶୁଣା ଓ ହାବଭାବର

ଆଦାନ ପ୍ରତିଦାନ ନ ହେଲେ କାହାରି ମଙ୍ଗଳ ହେବ ନାହିଁ ବୋଲି ବ୍ରିଟିଶ ଲୋକେ ଅନୁଭବ କରି ଏହି ଅନୁଷ୍ଠାନ ପ୍ରତିଷ୍ଠା କରିଛନ୍ତି।

ଏହି କାଉନ୍‌ସିଲ୍ ବିଦେଶୀ ଛାତ୍ରମାନଙ୍କୁ ବୃତ୍ତି ଦିଅନ୍ତି, ଦେଶ ବିଦେଶର ଖବର ଯୋଗାଇ ଦିଅନ୍ତି। ସେମାନଙ୍କର ସୁଖ ସୁବିଧା ଦେଖିବା ପାଇଁ ଚେଷ୍ଟିତ ଥାନ୍ତି। ଏହାଦ୍ୱାରା ନିଜକୁ ଅନ୍ୟ ଆଗରେ ପ୍ରକାଶ କରିବା ପାଇଁ ଇଂରେଜମାନଙ୍କର ଯଥେଷ୍ଟ ସୁବିଧା ହେଉଛି ସତ, ମାତ୍ର ସେମାନଙ୍କୁ ଜାଣିବାପାଇଁ ବିଦେଶମାନେ ଯେ ଅନେକ ସୁବିଧା ପାଉଛନ୍ତି, ଏଥିରେ ସନ୍ଦେହ କରିବାର କିଛି ନାହିଁ। ଲଣ୍ଡନ ବାହାରେ ଲିଭରପୁଲ, ମାନ୍‌ଚେଷ୍ଟର, ଏଡିନ୍‌ବର୍ଗ ପ୍ରଭୃତି ସହର ଦେଖିବା ପାଇଁ ଯେମିତି ଯୋଜନା ଅଛି, ଲଣ୍ଡନ ସହର ଭିତରେ ପାର୍ଲିଆମେଣ୍ଟ, ଟଙ୍କା ଛାପାଖାନା, ଯାଦୁଘର, ଚିଡ଼ିଆଖାନା, ପାଓ୍ୱାରହାଉସ୍ ପ୍ରଭୃତି ଛୋଟ ବଡ଼ ସରକାରୀ, ବେସରକାରୀ ଅନୁଷ୍ଠାନମାନ ଦେଖିବା ପାଇଁ ମଧ୍ୟ ସେପରି ଯୋଗାଡ଼ ଅଛି। ଆମ ଦେଶରେ ତ ଅନେକ କାମ କରିବା ପାଇଁ ରହିଛି। ଅନ୍ନ ବସ୍ତ୍ର ଯୋଗାଇ ସାଧାରଣ ଶିକ୍ଷାଦେବା ଏ ପର୍ଯ୍ୟନ୍ତ ଯେଉଁଠି ସମ୍ଭବ ହୋଇନି ସେଠୁ ଏଭଳି ଉନ୍ନତ ଅନୁଷ୍ଠାନ ଆଶାକରିବା ଅସମ୍ଭବ। ଆମେରିକା, ଅଷ୍ଟ୍ରେଲିଆର ଲୋକ ଆସି କାର୍ଡିଫର କ୍ଷୁଦ୍ର ପୋତାଶ୍ରୟ ଦେଖିଯାଏ, ମାତ୍ର କଟକ ଲୋକ ସୁନ୍ଦର ସଚିତ୍ର ସପ୍ତଶଯ୍ୟା ଦେଖିବାର ସୁଯୋଗ ପାଏନା। ଏହି ତ ବିଧିର ବିଡ଼ମ୍ବନା, ଅପଦେବତାର ଅଭିଶାପ !

ଥରେ ବ୍ରିଟିଶ୍ କାଉନ୍‌ସିଲ୍ ଜରିଆରେ ଭ୍ରମଣ କରିବା ପାଇଁ ଆସିଲେ ସବୁଦିନ ପାଇଁ ସେମାନେ ସଂପର୍କ ରଖନ୍ତି। ପୁଣି ତୁମେ ଯାଅ ବା ନଯାଅ ସେମାନଙ୍କର କାର୍ଯ୍ୟକ୍ରମ ବିବରଣୀ ବିନା ମୂଲ୍ୟରେ ଯୋଗାଇ ଦିଅନ୍ତି। ସଙ୍ଗୀମାନଙ୍କ ଗହଳରେ ବିଭିନ୍ନ ସ୍ଥାନର ଉଠାଇଥିବା ଫଟ ଓ ବିଭିନ୍ନ ସ୍ଥାନର ଚିତ୍ର ପଇସା ଦେଇ ବ୍ରିଟିଶ୍ କାଉନ୍‌ସିଲ୍‌ରୁ ନିଆଯାଇ ପାରେ। ବ୍ରିଟିଶ୍ ଜାତିକୁ ଜାଣିବା ପାଇଁ ବ୍ରିଟିଶ୍ କାଉନ୍‌ସିଲ୍ ଗୋଟିଏ ମୂଲ୍ୟବାନ ଅନୁଷ୍ଠାନ। ସବୁ ଦେଶର ଏ ପ୍ରକାର ଅନୁଷ୍ଠାନ ରହିବା ବାଞ୍ଛନୀୟ। ସୁଖର କଥା ଏହି ବର୍ଷ ଭାରତବର୍ଷରେ ଏହି ଅନୁଷ୍ଠାନର ଶାଖା ଖୋଲିବା ପାଇଁ ଭାରତ ସରକାରଙ୍କ ଅନୁମତି ମଗାଯାଇଛି। ଏହି ଅନୁଷ୍ଠାନ ଖୋଲିଲେ ଯୋଗ୍ୟ ଅଥଚ ଦରିଦ୍ର ଛାତ୍ରମାନଙ୍କୁ ଇଉରୋପ ଶିକ୍ଷା ସଂସ୍କୃତିରେ ଭାଗ ନେବାର ସୁବିଧା ମିଳିବ।

କାର୍ଡ଼ିଫ୍

୧ । ୧ । ୫୦

ଏଠି ଯାହା ନାହିଁ

ଖୋଜି ବସିଲେ ଅନେକ ଦେଶର ଅନେକ କଥା ନ ଥିବ। ମାତ୍ର ବିଲାତରେ ନ ଥିବା ଅନେକ ଜିନିଷ ଭିତରୁ ମୋତେ ଯାହା ବେଶି ଲାଗିଛି ସେହିମାନଙ୍କ କଥା ସଂକ୍ଷେପରେ କହିବି। ଅନେକ ଦିନ ତଳେ ନୃସିଂହ ବାବୁଙ୍କ 'ବିଲାତ କଥା' ପଢ଼ି ଜାଣିଥିଲି ବିଲାତରେ ବାପ ମା ଛାଡ଼ି ଆଉ ସବୁ ମିଳେ। ମାତ୍ର ନିଜ ଅନୁଭୂତିରୁ ଦେଖିଲି ବିଲାତରେ ବହୁତ ଅପୂରଣୀୟ ଅଭାବ ରହିଛି ଯାହା ପୂର୍ଣ୍ଣ ହେବାର ଆଶା ନାହିଁ ବା ଖୁବ୍ କମ୍।

ପେଟ ଥିବାଯାକ ଭୋକ ଅଛି। ଜିଭ ଥିବାଯାଏ ମଣିଷ ସ୍ୱାଦୁ ଖୋଜୁଛି। ତେଣୁ ଯେଉଁଠିକୁ ଗଲେ ବି ମଣିଷ ପହିଲେ ଖାଇବା ସୁଆଦ ଖୋଜେ। ସେତିକି ନମିଳିଲେ ଜୀବନ ସୁଖ ଅଧା କମିଯିବ ନିଶ୍ଚୟ। ସାହେବଙ୍କ ସିଝା ଖାଦ୍ୟ ସେମାନଙ୍କର କୂଟ ରାଜନୀତି ପରି ସବୁଦିନ ଅସୁଖକର। ପୃଥିବୀର ଅନେକ ଇଉରୋପୀୟ ତଥା ଅଣ-ଇଉରୋପୀୟଙ୍କ ସହିତ ବ୍ୟକ୍ତିଗତ ଆଳାପ ଓ ବ୍ରିଟେନ୍ ହୋଟେଲ୍ ରିପୋର୍ଟରୁ ଯାହା ଦେଖିଛି ଓ ନିଜ ଜିହ୍ୱା ଯେଉଁ ସାକ୍ଷ୍ୟ ଦେଉଛି, ସେଥିରୁ ନିଃସନ୍ଦେହରେ କୁହାଯାଇପାରେ ଯେ ସାହେବୀ ଖାଦ୍ୟରେ ସଉକି ନାହିଁ କି ସ୍ୱାଦୁ ନାହିଁ। ସବୁ ସିଝା, ବେଶିଭାଗ ଆଳୁ। ଆଳୁ ଖାଇ ଖାଇ ହାଡୁଆ ଗାଲରେ ମାଂସ ଲାଗିଯାଏ, ଗାଡୁଆ ପେଟ ପଦାକୁ ବାହାରି ପଡ଼େ ସତ, କିନ୍ତୁ ମନର ସଉକ ମେଣ୍ଟେ ନାହିଁ କିମ୍ବା ଜିହ୍ୱା ତୃପ୍ତି ହୁଏନି। ଅବଶ୍ୟ ପ୍ରଶଂସା କରିବା କରିବା ଲୋକେ ଯେ ନାହାନ୍ତି ସେ କଥା ମୁଁ କହୁନାହିଁ। କେତେ ଭାରତୀୟ ଭାଳେଣୀ କରନ୍ତି, ଘରକୁ ଗଲେ କ'ଣ ଖାଇବେ। ଇଂରେଜ ଖାଦ୍ୟ ପରା କୁଆଡ଼େ ତାଙ୍କ ଜିଭ ସଙ୍ଗେ ପହିଲି ଦେଖାରେ ପ୍ରେମରେ ପଡ଼ି ଯାଇଛି। କିନ୍ତୁ ଏଭଳି ଲୋକଙ୍କ ସଂଖ୍ୟା ଖୁବ୍ କମ୍। ପାଠକ ଯେମିତି ଭୁଲ୍ ନ ବୁଝନ୍ତି ଯେ ଇଂରେଜ ଖାଦ୍ୟର ପୁଷ୍ଟିକାରିତାକୁ ମୁଁ ବିଦ୍ରୂପ କରୁଛି। ବିଜ୍ଞାନ ତୁଳାରେ ମାପିଲେ ତ ଇଂରେଜଙ୍କ ସବୁ ବିଜ୍ଞାନ ପରି ଖାଦ୍ୟ ବିଜ୍ଞାନ ଓ ଭିଟାମିନ୍ ଜ୍ଞାନ ବହୁ ଉଚ୍ଚରେ, ମାତ୍ର ଖାଇଲାବେଳେ

ଭିଟାମିନ୍ କଥା ମନେ ପକାଇ ନିଜକୁ ଭୁଲାଇ ହୁଏ ନାହିଁ। ସେ ଚପ୍ କଟ୍‌ଲେଟ୍‌କୁ ନାକ ଟେକି ସାଗର ସେପାରିର ଶାଗଭଜାକୁ ମନେ ପକାଇ ବ୍ୟାକୁଳ ହେବାକୁ ହୁଏ। ମୋଟ କଥା 'ସ୍ୱାଦୁହୀନଂ କୁଭୋଜନମ୍'।

ଆସିଛି ବସନ୍ତ ବହୁ ଅପେକ୍ଷା ପରେ। ଲଣ୍ଡନର ବାହ୍ୟ ପ୍ରକୃତିରେ ଶିରୀ ସଂପଦ ଝରୁଛି। ଶୀତରେ ଥୁଣ୍ଟା କାଠରେ ବି ସରସ ଶ୍ୟାମଳିମା ଫୁଟି ଉଠୁଛି। ଦେଶସାରା ଭରିଛି ଫୁଲ। ଇନ୍ଦ୍ରଧନୁରେ ସେତେ ରଙ୍ଗ ନାହିଁ କିମ୍ବା ବିଜୁଳିରେ ସେତେ ଚହଟ ନାହିଁ ଯାହା ଅଛି ଫୁଲରେ। ଘର, ବାହାର, ପାର୍କ ସବୁଠି ଫୁଲର ମେଳା। କିନ୍ତୁ ଗୋଟିଏ କଥା ମନେ ରଖିବାକୁ ହେବ। ଯାହା ଦେଖୁଛ ଦୂରରୁ ଦେଖ, ପାଖକୁ ଯାଅନା। ଚାଇନା ବାସନ ପରି ସବୁ ଚକ୍‌ଚକ୍, କିନ୍ତୁ ଭିତରଟା ମାଟି। ଆମ ଦେଶର ପୋକସୁଙ୍ଘା ପତ୍ରର ବି ବାସନା ଅଛି, ମାତ୍ର ଏ ଦେଶର ଯେଉଁ ଫୁଲ ଦେଖି ଆଖି ଖସି ପଡ଼ିବ; ତାର ଏତେଟିକେ ବି ଗନ୍ଧ ନାହିଁ। ଫୁଲ ସଂସାରଟା ସତେ ଏଡ଼େ ବାସହୀନ, କଳ୍ପନା କରିହୁଏ ନା। ସବୁ ଯେମିତି "ନିର୍ଗନ୍ଧା ଇବ କିଂଶୁକାଃ।" ଏ ଦେଶରେ ଯେତେ ଜୀବ ଅଛନ୍ତି ଭ୍ରମର ବୋଧେ ସବୁଠୁ ବେଶି ହତାଶ ତଥା ହତଭାଗ୍ୟ।

ଖାଦ୍ୟରେ ଯେମିତି ସ୍ୱାଦୁ ନାହିଁ, ଫୁଲରେ ଯେମିତି ଗନ୍ଧ ନାହିଁ, ମନରେ ସେମିତି ଦରଦ ନାହିଁ। ରବୀନ୍ଦ୍ରନାଥ ଥରେ ଇଂରେଜମାନଙ୍କ ବିଷୟରେ କହିଥିଲେ ଯେ, ଗଛରୁ ଯେତେବେଳେ ପାଚିଲାପତ୍ର ଝଡ଼ିପଡ଼େ, ଗଛ କିଛି ଅନୁଭବ କରିପାରେନି। ସତେ ଯେମିତି ପତ୍ର ସଙ୍ଗେ ତାର ସଂପର୍କ ନ ଥିଲା-ଅଜଣା ଅଶୁଣା, ସାତପର କେଉଁ ଦୂର ବିଦେଶୀ ସେହି ପତ୍ର। ସେହିପରି ସାହେବୀ ସଂସାରରେ ନିଜକୁ ଯେତେ ଜଡ଼ାଇ ରଖିଲେ ବ ମାୟାମମତାର ସନ୍ଧାନ ମିଳେ ନାହିଁ। ମଣିଷ ମଣିଷ ସଂପର୍କ ସତେ ଯେମିତି ଅତି ମାମୁଲି, ଯନ୍ତ୍ରଚାଳିତ। ଅଛ ତ ଭଲ କଥା, ନାହିଁ ତ ପଚାରୁଛି କିଏ କାହାକୁ? ସେ ନିରର୍ଥକ 'ଥାଙ୍କ ୟୁ', 'ସରି' ଅନେକ ସମୟରେ ଏତେ ବିରକ୍ତିକର ଯେ ସେଗୁଡ଼ା ନ କହିଲେ ଭଲ ହୁଅନ୍ତା। ଦେଲେ 'ଥାଙ୍କ୍ ୟୁ', ନେଲେ 'ଥାଙ୍କ୍ ୟୁ'। ନ ଜାଣି ପାଦ କୁଦିଦେଲେ ବି ସେମିତି 'ସରି'। ଦାନ୍ତୁରୀ ହସିଲେ କାନ୍ଦିଲେ ସବୁ ସମାନ। ଏମିତି ଅର୍ଥଶୋଷଣକାରୀ ସଭ୍ୟତା ଆମ ପ୍ରାଚ୍ୟ ଜୀବନକୁ ଆଦୌ ସୁଖ ଶାନ୍ତି ଦେଇପାରିବ ବୋଲି ମୋର ବଡ଼ ସନ୍ଦେହ। ପଇସାଟି ଅସଲ। ଭାବଦୋସ୍ତିରେ ସୀମା ନାହିଁ। ହସ ଖୁସିରେ ସୀମା ନାହିଁ। ମାତ୍ର ଯେଉଁଦିନ ପକେଟ୍ ଗରମ ନାହିଁ, ସେଦିନ ଆଉ ମାୟାମମତାର ଆଶା ରଖିବ ନାହିଁ। ଏମିତି ବେଳେବେଳେ ବି ସାହେବ ଲୋକ ମୁହଁ ଦେଖି ଚିହ୍ନିପାରିବ ନାହିଁ। କେତେକ ପରିବାରରୁ ବିଦାୟ ନେଲାବେଳେ ଗୃହକର୍ତ୍ତ୍ରୀ (Land Lady) ଘର ଭିତରେ "Wish you happy journey" କହି ଦରଜା ଦେଖାଇ ଦିଅନ୍ତି। ଦାଣ୍ଡ

କବାଟ ପର୍ଯ୍ୟନ୍ତ ବି ପାଦ ପଡ଼େ ନାହିଁ। ଏବେ ତ ଲଣ୍ଡନରେ ପ୍ରଦର୍ଶନୀ ହେଉଛି। ସେଥିପାଇଁ ଗୃହକର୍ତ୍ତ୍ରୀମାନେ ବେଶି ପଇସା ଲୋଭରେ ଅନେକ ଛାତ୍ରଙ୍କୁ କୌଣସି ଛଳନା ଦେଖାଇ ଘରୁ ତଡ଼ିଦେଇ ବିଦେଶରୁ ଆସୁଥିବା ଧନୀ ଅତିଥିମାନଙ୍କୁ ଜାଗା ଦେଉଛନ୍ତି। ସେଥି ଲାଗି ଲଣ୍ଡନ ବିଶ୍ୱବିଦ୍ୟାଳୟ ଏହିପରି ବିତାଡ଼ିତ ଛାତ୍ରମାନଙ୍କ ପାଇଁ ସ୍ୱତନ୍ତ୍ର ବ୍ୟବସ୍ଥା କରିବାକୁ ବାଧ୍ୟ ହୋଇଛନ୍ତି। ସୁଆଗ ଚିକ୍‌କଣ କଥା ଅଛି ମାତ୍ର ଅନ୍ତରରେ ଦରଦ ଏତେଟିକେ ବି ନାହିଁ। ଏଠିକା କଥା ହେଉଛି, "ଆଲୋ ମଉସା ଜଡ଼ ପଇସା।" ଆଉ ସବୁ କଥା ମିଛ।

ଯେତେ କଥା ନାହିଁ ବୋଲି କହିଛି, ସେଗୁଡ଼ିକ ବିଦେଶୀ ପକ୍ଷରେ ଅପ୍ରୀତିକର। ମାତ୍ର ଗୋଟିଏ "ନାହିଁ" ବିଦେଶୀଙ୍କୁ ଏତେ ଆନନ୍ଦ ଦିଏ ଯେ ସ୍ୱଦେଶ କଥା ମନେ ପଡ଼ିଲେ ଆତଙ୍କ ହୁଏ। ଆମ ଆତଙ୍କ ହୁଏ। ଆମ ଦେଶରେ କଚେରୀ ହେଉ, ଅଫିସ ହେଉ, ଯେଉଁଠିକୁ ଯା, ସବୁଠାରେ ଅଶୋକ ସ୍ତମ୍ଭରେ ଧର୍ମ ଲେଖା ହେଲା ପରି 'ପ୍ରବେଶ ନିଷେଧ' ଆଜ୍ଞାପତ୍ର ବରାବର ଝୁଲୁଥିବ। ଅବଶ୍ୟ ପଶିବା ଲୋକେ ପଶିବେ, କେବଳ ଅଚିହ୍ନା ଲୋକ ବାହାରେ ପଡ଼ି ପଡ଼ି ଫେରିବେ। ମାତ୍ର ସ୍ୱାଧୀନତା ତଥା ମାନବିକ ସାମ୍ୟର କ୍ରୀଡ଼ାସ୍ଥଳୀ ଲଣ୍ଡନରେ କୌଣସି ଅଫିସରେ ସେ ଆଜ୍ଞାପତ୍ର ଦେଖିବାକୁ ମିଳିବ ନାହିଁ। ସବୁ କବାଟରେ ଲେଖାଥିବ 'Push' ଅର୍ଥାତ୍ କବାଟ ଠେଲି ପଶି ଆସନ୍ତୁ। ଭିତରକୁ ପଶିଲେ ବ୍ୟସ୍ତ, ବିକୃତ ରୋଷକଷାୟିତ ଚାହାଣୀ ଦେଖି ଭୟ କାତର ହେବାକୁ ପଡ଼େ ନି। ଅଫିସ ମାତ୍ରେ ସୁକୁମାରୀ, କୋମଳାଙ୍ଗୀ, ହାସ୍ୟମୟୀ ଇଂରେଜ ରମଣୀର ରାଜତ୍ୱ। ହସ ହସ ସାଦର ଅଭିନନ୍ଦନ ସଙ୍ଗେ ସଙ୍ଗେ ସ୍ମିତହାସ୍ୟ ତଳୁ ଖସି ପଡ଼େ ଅମୃତନିନ୍ଦୀ "Can I help you"। ଦରକାର କଥାଟି କହିଦେଲେ ମୁହୂର୍ତ୍ତକେ ଫାଇଲ୍ କାମ ସରିଯାଏ। "କାଲି ଆସନ୍ତୁ", "ପାଞ୍ଚଦିନ ଛାଡ଼ି ଆସନ୍ତୁ", "ଆଜ୍ଞା, ସେ ଫାଇଲ ତ ଏ ଅଫିସରେ ନାହିଁ" - ଏକଥା ଏ ଦେଶରେ, ଲଣ୍ଡନ ମାଟିରେ ଶୁଣିବାକୁ ମିଳେ ନାହିଁ। ମନେ ହୁଏ ବୋଧହୁଏ କିରାଣୀ ଚାକିରୀଟା ଏ ଦେଶ ନାରୀର ଜନ୍ମଗତ ଅଧିକାର। ଆମ ଦେଶରେ ଏହାର ବ୍ୟତିକ୍ରମ ହୋଇଛି ବୋଲି କ'ଣ ଏ ବିପତ୍ତି ନା ଆମ ଜାତୀୟ ଚରିତ୍ରର ତାହା ଅନିବାର୍ଯ୍ୟ ଫଳ? ଯେଉଁ ଚାରୋଟି "ନାହିଁ" କଥା ଆଲୋଚନା କରାଯାଇଛି, ସେଥିମଧ୍ୟରୁ ପ୍ରଥମ ଚାରୋଟି ବିଦେଶୀ ପକ୍ଷରେ ବିଶେଷ ଅପ୍ରୀତିକର ହେଲେ ମଧ୍ୟ ଶେଷ "ନାହିଁ"ଟି ତାଙ୍କୁ ସାହେବମାନଙ୍କ ପ୍ରତି ପ୍ରଶଂସାମୁଖର କରି ପକାଏ, ଏଥିରେ ଅଣୁମାତ୍ର ସନ୍ଦେହ ନାହିଁ।

■

ବାବୁ, ନବ ନା ଦେଖିବ ?

ବିଲାତ ଲୋକେ ବ୍ୟବସାୟୀ, ଗାନ୍ଧୀ ତାଙ୍କୁ ବଣିଆ ବୋଲି କହୁଥିଲେ। ସେମାନେ କେମିତି ବ୍ୟବସାୟ କରନ୍ତି, ଦୋକାନ ବଜାର ଚଳାନ୍ତି, ଦୋକାନୀ ଭାଇମାନେ ଜାଣିବା ଉଚିତ। ସେମାନେ ଆମଠୁ ମାରି ଖାଇଗଲେ ବୋଲି ଆମର ରାଗହେବା କଥା। ଖାଲି ରାଗିଲେ ତ ଚଳିବ ନାହିଁ କେତେଗୁଡ଼ିଏ କଥା ଶିଖିବାକୁ ହେବ। ଦୋକାନ, ବଜାର, ବିକାକିଣା ଉପରେ ସେମାନଙ୍କ ଜୀବନ ନିର୍ଭର କରୁଛି। ତେଣୁ ଯେତେ ସୁନ୍ଦର ଓ ସଂଯତ ଭାବରେ କରାଯାଇପାରେ, ତାର ଚେଷ୍ଟାରେ ସେମାନେ ଅଛନ୍ତି। କିନ୍ତୁ ଆମର ଚେଷ୍ଟା କେମିତି ଦୁଇ ପଇସା ମାରିନେଇ ଏ ଦୋକାନ ଭାଙ୍ଗି ସେ ଦୋକାନ କରିବା, ରାତାରାତି ବଡ଼ ହେବା। ଶିକ୍ଷା, ସାହସ, ଧୈର୍ଯ୍ୟ ଭିତରେ ଆସ୍ତେ ଉଠି ବେଶି ଦିନ ସ୍ଥାୟୀ ହେବା କଥାଟା ମୋଟେ ମନରେ ଆସେନି।

ଦୋକାନ କରିବା ଗୋଟାଏ ବିଜ୍ଞାନ। ସେଥିପାଇଁ ଶିକ୍ଷା ଓ ସଂଯମ ଦରକାର। ବିକ୍ରୀ କରିବା ଲୋକଙ୍କର ଲୋକବ୍ୟବହାର ଟ୍ରେନିଂ ପାଇବା ଆବଶ୍ୟକ। ମଣିଷ ମନକୁ ଭୁଲାଇବା ପାଇଁ ଛୋଟରୁ ବଡ଼ ଅନେକ କଥା ଜାଣିବା ଦରକାର। ଗରାଖ ଦୋକାନରେ ପଶିବା ବେଳୁ ଯିବା ପର୍ଯ୍ୟନ୍ତ ତାଙ୍କଠି ବରାବର ନଜର ରଖିବା ଦରକାର। ଗରାକଙ୍କୁ ସମ୍ମାନ ଦେଖାଇବା ଆମ ଦେଶରେ ମୋଟେ ହୋଇନି। ଦୋକାନୀଙ୍କ ପେଟ ଯେମିତି ମନ ବି ସେମିତି ମୋଟା। ହଃ, ଆସିବ ନାଇଁ ଯେ କୁଆଡ଼େ ଯିବ, ଆଉ କେଉଁଠି ମିଳୁଛି କି ? କିନ୍ତୁ ବିଲାତ ଆମେରିକା ଦେଶରେ ଏ ମନୋବୃତ୍ତି ଖାଟିବ ନାହିଁ। କାରଣ ହଜାର ହଜାର ଦୋକାନ ପଡ଼ିଛି, ଯେଉଁଠି ମନ ପାଇବ ସେଇଠୁ କିଣିବ। ତେଣୁ ଦୋକାନୀଙ୍କର ମନ ଫୁଲିବାର ଉପାୟ ନାହିଁ। ଆମର ଅସଲ କଥା ଜିନିଷର ଅଭାବ ବୋଲି ଦୋକାନୀମାନଙ୍କର ଏ ଦାଉ ଲୋକସାଧାରଣ ସହିବାକୁ ବାଧ୍ୟ।

ଦୋକାନରେ ପଶିଲେ ଏଠି ଦେଖିବେ ଜଣେ ବଡ଼ବାବୁ ବିକ୍ରୀ କରୁଛନ୍ତି, ପଂଝାଏ ଗରାଖ ଘେରିଛନ୍ତି। ତମର ଯଦି କୌଣସି କୌଣସି ଜିନିଷ ଦରକାର ଆଉ ତୁମେ ମାଗିଲ, ତେବେ ଉତ୍ତର ମିଳିବ "ବାବୁ, ନେବ ନା ଖାଲି ଦେଖିବ ?" ନାଇଁ ଖାଲି ଟିକେ ଦେଖିବି ବୋଲି ଭାବୁଥିଲି।" "ବାବୁ, ଏଇଲେ କେହି ଲୋକ ନାହାନ୍ତି ଆମର।" ଏଇଟା ସେ ଦେଶରେ ଘଟେ ନାହିଁ। କାରଣ ଦୋକାନରେ କ'ଣ ଜିନିଷ ଅଛି ଆଉ ତାର ଦାମ୍ କେତେ ସେଇଟା ଦୋକାନୀକୁ ଦେବାକୁ ପଡ଼େ ନାହିଁ। ଦୋକାନର ବାହାରପଟ ବାଡ଼ କାଚରେ ତିଆରି। ସେଥିରେ ପଦାକୁ ଦେଖାଯିବା ଭଳି ସବୁ ଜିନିଷ ରଖା ଯାଇଥାଏ, ଦାମ ଲେଖାଥାଏ। କିଣିବା ଲୋକ ରାସ୍ତାରେ ଗଲାବେଳେ ସେହି ଜିନିଷ ଦେଖି ଯାଇଥାନ୍ତି, କିଣିବା କଥା ହେଲେ ଆସି ନେଇ ଯାଆନ୍ତି। ସେ ଦେଶରେ ଶନିବାରିଆ ରବିବାରିଆ ଦୋକାନ ବୁଲା ଗୋଟାଏ ମଉଜ। ଏମିତି ସଡକିରେ ବୁଲି ବୁଲି ଲୋକେ ଜିନିଷ ଦେଖନ୍ତି। ତା ବ୍ୟତୀତ ବିଜ୍ଞାପନ ତ ଗାଡ଼ି ଗାଡ଼ି। ନୂଆ ଜିନିଷଟା ବାହାରୁ ବାହାରୁ ଖବରକାଗଜରେ ପୃଷ୍ଠା ପୃଷ୍ଠା ବାହାରି ସାରିଥାଏ।

ସାହେବ ଲୋକର ବ୍ୟବହାର ଯେମିତି ବ୍ୟବସାୟ ବ୍ୟବହାର ତାଠୁ ଅଧିକ ଚମତ୍କାର। ଦୋକାନରେ ବଛା ବଛା ସୁନ୍ଦରୀ ଝିଅସବୁ ବିକ୍ରି କରିବା ପାଇଁ ଥାଆନ୍ତି। 'ନ କିଣ ପଛେ ଟିକେ ଅଟକି ଯା'। ମନ କିଣିବା ପାଇଁ ଚେହେରାରୁ ବ୍ୟବହାର ପର୍ଯ୍ୟନ୍ତ ସବୁ ସୁନ୍ଦର ହେବା ଦରକାର। ବ୍ୟବହାର ତ ଏତେ ମଧୁର। ଅନାଇ ରହିଥାନ୍ତି, ପଚାରି ଦେଲେ କୁନ୍ଦପୁଷ୍ପ ହାସ ଫୁଟାଇ କୃତକୃତ୍ୟ ହୁଅନ୍ତି। ସତେ ଯେମିତି ଗରାଖ ତାଙ୍କୁ ଦୟାକରି ଜିନିଷ କିଣିବାକୁ ଆସିଛନ୍ତି। ଦୋକାନରେ ପଶିଗଲା ମାତ୍ରେ କେହି ବିନୀତ ଭାବରେ ପଚାରିବେ, "Can I help you ଆପଣଙ୍କୁ ସାହାଯ୍ୟ କରିପାରେ କି ?" ତୁମେ ମନଇଚ୍ଛା ଦୋକାନରେ ପଶି ଦେଖିପାର କିମ୍ବା ଚାହିଁଲେ ସେ ତୁମକୁ ବାରମ୍ବାର ଦେଖାଇ ପାରନ୍ତି। ଯଦି ମନ ପାଇଲା ତ କିଣିଲ। ନିଜେ ଘରକୁ ବୋହି ଆଣିପାର ନଚେତ୍ ଠିକଣା ଦେଲେ ସେମାନେ ତମ ଘରକୁ ପଠେଇ ଦେବେ। ଯଦି ନ କିଣ ତେବେ ତ କହିବାକୁ ହୁଏ "Sorry to have bothered you so much ଦୁଃଖର କଥା ଆପଣଙ୍କୁ ଏତେ ହଇରାଣ କଲି।" ଉତ୍ତର ମିଳେ, "That's allright, that's our pleasure, good bye ନାଇଁ ଆଜ୍ଞା କିଛି ନାହିଁ ଆପଣଙ୍କୁ ସେବା କରିବାରେଇ ଆମର ଆନନ୍ଦ। ଆଚ୍ଛା ଆଜ୍ଞା, ନମସ୍ତେ।"

ଦେଶରେ ପହଞ୍ଚି ଥରେ ଗୋଟାଏ ଦୋକାନରେ ଫିଲ୍ମ ଧୋଇବାକୁ ଦେଲି। ବହୁ କଷ୍ଟରେ ବଡ଼ ଦୂରରୁ ତାକୁ ଆଣିଥିଲି। ଫିଲମ୍‌ଟାକୁ ଦୋକାନୀ କେଉଁ ରଙ୍ଗରେ ବୁଡ଼ାଇ ଦେଲେ କେଜାଣି ସବୁ ଚିତ୍ରତକ ପୋଛି ହୋଇ ଧଳା ହୋଇଗଲା। ଉତ୍ତର

ଆସିଲା "ବାବୁ, ତମ ଫିଲିମ୍‌ରେ ତ କିଛି ଚିତ୍ର ନାହିଁ।" ଅଧା ପୃଥିବୀ ଘୂରିଲି, ଶହ ଶହ ଫଟ ଉଠାଇଲି ମାତ୍ର ଏମିତି ଉତ୍ତର କିମ୍ବା ବ୍ୟବହାର କେଉଁଠି ପାଇନି। ପୁଲିସ୍ ନୁହେଁ ତ କ'ଣ କରିବି। କିନ୍ତୁ ସେ ଦେଶରେ ଯେଉଁଠି ଜିନିଷ ନଥିବ ବା ସେମାନେ ଜାଣି ନଥିବେ, ସେମାନେ ଜାଣିବା ଲୋକର ଠିକଣା ତୁମକୁ ଦେଇ ଦେବେ କିମ୍ବା ଫୋନ୍‌ରେ ଡାକି ବୁଝିଦେବେ। "ବାବୁ, ଏ ଅସଲି ମାଲ, କାହିଁକି ଅନ୍ୟଆଡ଼େ ଭ୍ରମିବେ। କ'ଣ ଏହାଠୁ ଭଲ ଜିନିଷ ପାଇବେ?" ଏମିତି ଉତ୍ତର କେହି ଦିଅନ୍ତି ନାହିଁ। ଲଜ୍ଜାର କଥା, ଆମ ସଭ୍ୟତାର କେନ୍ଦ୍ର କଲିକତା କଥା କହେ। କଲିକତାରେ ଗୋଟାଏ ଦୋକାନକୁ ଗଲି ରେକର୍ଡ କିଣିବା ପାଇଁ। ଦଶ ପନ୍ଦର ରେକର୍ଡ ପରୀକ୍ଷା କରି ଚାହିଦା ରେକର୍ଡ ଯେତେବେଳେ ନ ପାଇ ଫେରି ଆସେ, ଦୋକାନୀ କହିଲେ "କ'ଣ କିଛି ନେବେ ନାହିଁ? ଆପଣ ମୋତେ ଏତେ ଯେ ହଇରାଣ କଲେ?" ବୁଝି ପାରିଲି ନାହିଁ, ଦେବା ନେବା ପାଇଁ ଯେ ଦୁଆର ମେଲାଇ ବସିଛନ୍ତି ତାଙ୍କୁ ହଇରାଣ କଲି କଣ? ବାଧ୍ୟ ହୋଇ ଖଣ୍ଡିଏ ରେକର୍ଡ କିଣିଲି। ଆମଘର ଠିକଣାରେ ପଠାଇ ଦେବାପାଇଁ ଦୁଇଖଣ୍ଡ ରେକର୍ଡ ଦାମ୍ ଆଠଟଙ୍କା ଦେଇ ଆସିଲି। ଜାଣନ୍ତି କେତେ ଦିନ ହେଲାଣି? ଅନେକ ଦିନର କଥା, ସେତେବେଳେ ଦିଲ୍ଲୀରେ ସାଇବ ରାଜା ମାଉଣ୍ଟ୍‌ବେଟେନ୍ ଥାଆନ୍ତି। ତଥାପି ରେକର୍ଡ ବଜାଇବାର ଆଶା ଅଛି। ଆଶା ତ ବୈତରଣୀ ନଦୀ!

ବାସ୍ତବରେ ଆମ ଦେଶରେ ଦୋକାନ ଅନୁଭୂତି କି କଷ୍ଟକର ଭାବିଲେ ଦୁଃଖ ହୁଏ। ଭଦ୍ର ଲୋକଙ୍କର ଦୋକାନକୁ ଯିବା ଡର। ତା ବ୍ୟତୀତ ଆମେ ବି ସେଥିପାଇଁ ଅଳ୍ପ ବହୁତେ ଦାୟୀ। ଆମେ ଗଲେ ଜଣକ ଉପରେ ଜଣେ ପଡ଼ି କାରବାର କରିବୁ। ସମ୍ଭାଳିବା, ଅପେକ୍ଷା କରିବା ମନୋଭାବ ଆମର ନାହିଁ। ବଡ଼ ଲୋକ ଯଦି ଦୋକାନ ଭିତରେ ପଶିଲେ ସେ ଆମକୁ ଅନାଇବେ ନାହିଁ। ଦୋକାନୀ ତ ସହଜେ ସବୁ ଭୁଲି ତାଙ୍କୁଇ ଅନାଇବେ। ଭାରତରେ ଶିଳ୍ପ ପ୍ରସାର ଲାଗି ସମସ୍ତେ କହୁଛନ୍ତି। ଚୌଦ୍ୱାର ମିଲ୍‌ରେ ଲୁଗା ବୁଣିବାରେ ଯେତେ ବୁଦ୍ଧି ଦରକାର ହୁଏ ନାହିଁ, ବିକି ଶିଖିବାରେ ସେତକ ବୁଦ୍ଧି ବିବେକ ଦରକାର ହୁଏ ବୋଲି ମନେ ହୁଏ। "ବାବୁ ନେବ ନା ଦେଖିବ" ଦୁନିଆଁ ବଦଳିଲେ ଯାଇଁ ବ୍ୟବସାୟ ବଢ଼ିବ। ଗରାଖ ସିନା ଜିନିଷ କିଣନ୍ତି, ଦୋକାନୀ ଗରାଖଙ୍କ ମନ କିଣନ୍ତି। ଏଟା ଭୁଲିଲେ ଚଳିବ ନାହିଁ।

■

ସାହେବଙ୍କ ଦୃଷ୍ଟିରେ ଭାରତ

ଆକାର, ପ୍ରକାର ଓ ଜନସଂଖ୍ୟା ବିଚାରରେ ଆମ ଦେଶ ପୃଥିବୀର ଯେ କୌଣସି ବଡ଼ ଦେଶ ସଙ୍ଗେ ସମାନ। ଆମ ତୁଳନାରେ ଇଂଲଣ୍ଡ କେଡ଼େ ଛୋଟ, ତା କାହାକୁ ଅଜଣା ନାହିଁ। ତଥାପି ମୂଷା ସିଂହ ଗିଳିଲା ପରି ଦୁଇଶ ବର୍ଷ କାଳ ଇଂରେଜ ଆମ୍ଭମାନଙ୍କୁ ତାଙ୍କ ଶାସନ-ପିଞ୍ଜରା ଭିତରେ ଚାପି ରଖିଲେ। ତାଙ୍କରି ଶିକ୍ଷା ପଦ୍ଧତିରେ ଆମେମାନେ ବିଲାତର ଭୂଗୋଳ, ଇତିହାସ, ଶିକ୍ଷା ସଭ୍ୟତା ପୁଙ୍ଖାନୁପୁଙ୍ଖ ପଢ଼ିବାକୁ ବାଧ ହେଲୁ। ତାରି ଫଳରେ ଆଲଫ୍ରେଡ଼ଙ୍କଠାରୁ ଆରମ୍ଭ କରି ଅଟଲି ପର୍ଯ୍ୟନ୍ତ ବିଲାତ ଇତିହାସ ଶିକ୍ଷିତ ଭାରତୀୟଙ୍କୁ ଯେତିକି ଜଣା, ସେମାନଙ୍କର ଟାଇ, ଟ୍ରାଉଜର, ସିଗାରେଟ, ସିରପ ବି ସେତିକି ଜଣା। ଗୋଟିଏ ଦିଗରୁ ଦେଖିଲେ ମନ୍ଦ ନୁହେଁ। ଭାରତରେ ତ ସମସ୍ତେ ସ୍ୱୀକାର କରନ୍ତି ଓ ଇଂରେଜମାନେ ଗର୍ବ କରନ୍ତି ଯେ, ସେମାନେ ଭାରତକୁ ଗୋଟାଏ ଅମୃତ ଦାନ ଦେଇଛନ୍ତି - ଇଂରାଜୀ ଭାଷା। ମାତ୍ର ଇଂରେଜ ଶାସକମାନେ ତାଙ୍କ ନିଜ ଲୋକଙ୍କୁ ଭାରତ ବିଷୟରେ କଣ ଦେଇଛନ୍ତି ସେହି କଥା ଅନେକ ସମୟରେ ମନରେ କୌତୂହଳ ଆଣେ। ସାତକାଣ୍ଡ ରାମାୟଣ ପରେ ସୀତା ସ୍ତ୍ରୀ କି ପୁରୁଷ ପଚାରିବା ଯେମିତି ହାସ୍ୟାସ୍ପଦ, ଦୁଇଶ ବର୍ଷର ଶାସନ ସମ୍ପର୍କ ପରେ ଏ ଦେଶ ଲୋକେ ଭାରତ ବିଷୟରେ କିଛି ନ ଜାଣିବା ସେହିପରି ହାସ୍ୟାସ୍ପଦ ମନେ ହୁଏ। ଭାରତର ଲୋକ- ସାଧାରଣ ଇଂରେଜମାନଙ୍କ ବିଷୟରେ ବିଶେଷ ନ ଜାଣିଥିଲେ ଆଶ୍ଚର୍ଯ୍ୟ ହେବାର କିଛି ନାହିଁ। କାରଣ ଆମ ଦେଶରେ ଶିକ୍ଷା ଦୀକ୍ଷାର ଅଭାବ ଖୁବ୍ ବେଶି; ମାତ୍ର ଏଠି ଏତେ ଉଚ୍ଚ ଧରଣର ଶିକ୍ଷା ବ୍ୟବସ୍ଥା ଥାଇ ପୃଥିବୀର ଗୋଟାଏ ବୃହତ୍ ଦେଶ ବିଷୟରେ କେମିତି ଏମାନେ ଏତେ ଅଜ୍ଞ, ବାସ୍ତବରେ ତାହା ଦେଖିବାର କଥା। ରାଜନୈତିକ ଅଭିସନ୍ଧି ରଖି ଲୋକସାଧାରଣଙ୍କ ନିକଟରେ ଭାରତ ପ୍ରଚାର ମନା ଥିଲା କିମ୍ବା ଭାରତ ବିଷୟରେ ବିଶେଷ ଜ୍ଞାନର ଆବଶ୍ୟକତା ଏମାନଙ୍କର ନଥିଲା। ଆଧୁନିକ ଯୁଗର କର୍ମବଣ୍ଟନ

ପନ୍ଥା (iivision of labour) ଏ ଦେଶମାନଙ୍କରେ ଏତେ ଆଗେଇଗଲାଣି ଯେ, ଲୋକସାଧାରଣ କୌଣସି ସାଧାରଣ ଜ୍ଞାତବ୍ୟ ବିଷୟ ପ୍ରତି ଦୃଷ୍ଟି ନଦେଇ ବୋଧହୁଏ ନିଜ ବ୍ୟବସାୟ ପ୍ରତି ବିଶେଷ ଦୃଷ୍ଟି ଦେଉଛନ୍ତି। ପାଞ୍ଚ କଥାରୁ ଟିକିଏ ଟିକିଏ ଜାଣିବା ଅପେକ୍ଷା ଗୋଟିଏ କଥା ଭଲ ଭାବରେ ଜାଣିବା ପାଇଁ ବୋଧହୁଏ ଏମାନେ ବେଶି ପସନ୍ଦ କରନ୍ତି। ମୁଁ ଆଗରୁ ଶୁଣିଥିଲି ଯେ, ଏ ଦେଶର ଛାତ୍ର ଛାତ୍ରୀଙ୍କର ସାଧାରଣ ଜ୍ଞାନ ପରିସର ଭାରି ଉଚ୍ଚ ଧରଣର। ମାତ୍ର ମୁଁ ଯେତେ ଲୋକଙ୍କ ସମ୍ପର୍କରେ ଆସୁଛି ମୋର ଗୋଟିଏ ଧାରଣା ଦୃଢ଼ୀଭୂତ ହେଉଛି ଯେ, ଏ ଦେଶ ଲୋକେ ନିଜ ବ୍ୟବସାୟ ଓ ନିଜ କଥା ଛଡ଼ା ଅନ୍ୟକଥା ପ୍ରତି ଆଗ୍ରହ ଦେଖାନ୍ତି ନାହିଁ। କେହ ଯେମିତି ଭୁଲ ନ ବୁଝନ୍ତି ଯେ, ସାହେବ ମାତ୍ରେ ସ୍ୱାର୍ଥପର। ସେମାନେ ଆଦୌ ତା ନୁହନ୍ତି। ସେମାନଙ୍କ ଦୃଷ୍ଟିରେ ପ୍ରଥମେ ଦେଶ; ଜାତି, ଦେଶସ୍ୱାର୍ଥ ଓ ଜାତିସ୍ୱାର୍ଥ ଓ ତା ପରେ ଆତ୍ମସୁଖ। ମୋର କହିବାର କଥା ଯେଉଁ ଲୋକ ଯେଉଁ ବ୍ୟବସାୟରେ ନିଯୁକ୍ତ ସେ ସେତିକି ଛଡ଼ା ଅନ୍ୟ ଆଡ଼କୁ ଦୃଷ୍ଟି ଦେଉନାହିଁ। ତା'ରି ଫଳରେ କୌଣସି ଲୋକକୁ ତା ବ୍ୟବସାୟ ଛଡ଼ା ଅନ୍ୟ କଥା ପଚାରିଲେ ସେ ଗୋଟିଏ ବାକ୍ୟରେ ଉତ୍ତର ଦିଏ, "I am afraid, I do not know." ପ୍ରତିଦିନ ଏହି କଥା କେତେ ଲୋକଙ୍କଠୁ ଯେ କେତେଥର ଶୁଣିବାକୁ ମିଳେ ତାର ଇୟତ୍ତା ନାହିଁ। ଏହାର କାରଣ ଅନୁସନ୍ଧାନ କରିବା ମୋର ଉଦ୍ଦେଶ୍ୟ ନୁହେଁ। ସେ ତ ସମାଜତାତ୍ତ୍ୱିକ ଓ ମନସ୍ତତ୍ତ୍ୱବିତ୍‌ମାନଙ୍କର କାମ। ଏ ଶିକ୍ଷିତ ଜାତିଠାରେ ଯାହା ଦେଖା ନ ଯିବାର କଥା, ତା କେମିତି ଦେଖାଦେଇଛି, ସେତିକି ଆଶ୍ଚର୍ଯ୍ୟ ଲାଗେ। ହୁଏତ ଦିନକେ ଦଶଥର ଖବରକାଗଜ ବାହାରେ, ସମସ୍ତେ ପଢ଼ନ୍ତି। କିନ୍ତୁ କେମିତି ପଢ଼ନ୍ତି ସେ କଥା ସେମାନେ ଜାଣନ୍ତି। ରୁଷିଆ, ଚୀନ, ଆମେରିକା, ଏହି ତିନୋଟି ଜାତିର କଥା ତାଙ୍କ କାଗଜରେ ବେଶି। ଭାରତ କଥା, କମ୍। ଭାରତ ପାକିସ୍ଥାନର ଅସଦ୍‌ଭାବ କଥା ମଝିରେ ମଝିରେ କାଗଜରେ ଦେଖାପଡ଼େ।

ଆମ ଦେଶରେ ଆମର ଧାରଣା ଥାଏ ଯେ ଏ ଦେଶ ଲୋକେ ଆମ କଥା ନିଶ୍ଚୟ ବହୁତ ଜାଣିଥିବେ। ଅବଶ୍ୟ ମାଗ୍‌ଡୋନାଲଡ୍, କିଥ, ଅଟଲି, ଚର୍ଚ୍ଚିଲ୍ ଯେ ଭାରତୀୟ ସଭ୍ୟତା କଥା ନ ଜାଣନ୍ତି ସେ କଥା ମୁଁ କହୁ ନାହିଁ। ମାତ୍ର ସାଧାରଣ ଧାରଣା ଅତି ଅସ୍ପଷ୍ଟ ଓ ଅନେକ ସମୟରେ ଅତି କୌତୂହଳପୂର୍ଣ୍ଣ। ମୁଁ ଏଠି କେତେକ କୌତୂହଳପୂର୍ଣ୍ଣ ଧାରଣା କଥା କହିବି।

ଥରେ ଅକ୍‌ସଫୋର୍ଡ ବିଶ୍ୱବିଦ୍ୟାଳୟର ଜଣେ ଉପାଧିଧାରୀ ଛାତ୍ରୀଙ୍କ ସହିତ ଦେଖା ହେଲା। ତାଙ୍କୁ ଭାରତ ବିଷୟ ପଚାରିବାରେ ସେ ଯେଉଁ ଉତ୍ତର ଦେଲେ ସେଥିରେ କେବଳ ଅବାକ୍ ହେବା କଥା। ସେ କହିଲେ, "ଭାରତ ବିଷୟରେ ମୁଁ ଏତିକି ଜାଣେ

ଯେ ସେ ଦେଶରେ 'ଜିଲିପି' ବୋଲି ଏକ ପ୍ରକାର ମିଠାଇ ତିଆରି ହୁଏ। ଭାରି ଭଲ ଲାଗେ। ଲଣ୍ଡନରେ ଆଜି କାଲି ସେ ମିଠାଇ ମିଳୁଛି।" ସେ କାଳେ ପରିହାସରେ ଏପରି କହିଥିବେ ବୋଲି ଭାବି ପୁଣି ଥରେ ପଚାରିବାରୁ ସେ କହିଲେ, "ଆପଣ ମୋତେ ବିଶ୍ୱାସ କରନ୍ତୁ, ମୁଁ ଏହାଠୁ ଅଧିକ ଭାରତ ବିଷୟରେ କିଛି ଜାଣେନି।" ସେ ଅକ୍‌ସଫୋର୍ଡ଼ ବିଶ୍ୱବିଦ୍ୟାଳରୁ ଇଂରେଜିରେ ଅନର୍ସ ନେଇ ପାସ କରିଛନ୍ତି। କିନ୍ତୁ ଅନର୍ସ ପାଠକୁ ଯଦି ଆମ ଦେଶ ଉପାଧି ସହିତ ତୁଳନା କରାଯିବ, ତେବେ ଆମ ଦେଶର ଏମ୍. ଏ. ବାଲା ବି ତାଙ୍କ ପାସଙ୍ଗରେ ପଡ଼ିବେ ନାହିଁ। କାଡ଼ିଫ୍ ସହରରେ ଜଣେ କୃଷି-ଉପାଧିଧାରୀ ଛାତ୍ରଙ୍କୁ ଭାରତ କଥା ପଚାରିବାରେ ସେ କହିଲେ, "ଭାରତ ଗୋଟିଏ କୃଷି ପ୍ରଧାନ ଦେଶ। ସେଠି ଅନେକ ଲୋକ ଖାଇବାକୁ ପାଆନ୍ତି ନାହିଁ। ଜନ୍ମନିରୋଧ ପନ୍ଥା ସେ ଦେଶରେ ନ ଥିବାରୁ ଜନସଂଖ୍ୟା ବଢ଼ି ଚାଲିଛି।" ଏହା ଛଡ଼ା ସେ ଅନ୍ୟ କିଛି ଜାଣନ୍ତି ନାହିଁ।

ଇଂଲଣ୍ଡର ମଫସଲରେ ଜଣେ ଫରାସୀ ଶିକ୍ଷୟିତ୍ରୀଙ୍କ ସଙ୍ଗେ କଥା ପ୍ରସଙ୍ଗରେ ବୁଝିଲି ଯେ ଗଲା ୨୦ ବର୍ଷ ହେଲା ସେ ଇଂଲଣ୍ଡର ଶିକ୍ଷକତା କରୁଛନ୍ତି। ଭାରତ ବିଷୟରେ ତାଙ୍କର ଧାରଣା ଯେ ଗାନ୍ଧୀ ବୋଲି ଜଣେ ଯୋଗଜନ୍ମା ଲୋକ ଥିଲେ। ସେ ବନ୍ଧୁକ ଚୋଟରେ ମରିଛନ୍ତି। ତାଙ୍କ ବିଷୟରେ ଗୋଟିଏ ବହି ତାଙ୍କ ପାଖରେ ଅଛି। ମାତ୍ର ସେ ପଢ଼ିବାର ସମୟ ପାଇ ନାହାନ୍ତି, ସୁବିଧା ହେଲେ ପଢ଼ିବେ।

ଆମ ସ୍କୁଲର ଅଧିକାଂଶ କିରାଣୀ ଓ ଚପରାସୀ କହନ୍ତି ଯେ ସେମାନଙ୍କର ଭାରତ ବିଷୟରେ ବିଶେଷ କିଛି ଧାରଣା ନାହିଁ। ଏବେ ଅନେକ ଭାରତୀୟ ଛାତ୍ର ଛାତ୍ରୀଙ୍କୁ ଦେଖି ସେମାନେ ରାସ୍ତା ଘାଟରେ ଭାରତୀୟ ଲୋକ ଦେଖିଲେ ଭାରତୀୟ ବୋଲି ଚିହ୍ନି ପାରୁଛନ୍ତି।

ଅନେକ ଲୋକଙ୍କର ଧାରଣା ଯେ ସେଠି ଅନେକ ଜାତିର ଲୋକ ଅଛନ୍ତି। ସେମାନେ ପରସ୍ପରକୁ ଛୁଅନ୍ତି ନାହିଁ। କେତେକ ଲୋକ ଭାରି ଧନୀ, କେବଳ ସେମାନଙ୍କୁ ଛାଡ଼ି ଦେଲେ ଅନ୍ୟମାନେ ଖାଇବାକୁ ନ ପାଇ କଷ୍ଟରେ ବଞ୍ଚିଥାନ୍ତି। କିନ୍ତୁ ସେମାନେ ଆଦୌ କଳ୍ପନା କରି ପାରନ୍ତି ନାହିଁ ଯେ ଏତେ ବଡ଼ ଦେଶର ଲୋକେ କେମିତି ଗୋଟିଏ ସରକାର ତଳେ ରହିଛନ୍ତି। ଥରେ ଗୋଟିଏ ବୁଢ଼ା ଫଳ ଦୋକାନୀ ବଡ଼ ଆଗ୍ରହ ସହିତ ପଚାରିଲା ଯେ ଭାରତରେ ଏତେ ଲୋକ, ଏତେ ଜାତି କେମିତି ଏକାଠି ରହନ୍ତି। ଆୟରଲାଣ୍ଡ ଭଳି ଛୋଟ ଦେଶଟିଏ ଇଂଲଣ୍ଡ ସଙ୍ଗେ ରହି ପାରିଲା ନାହିଁ। ସ୍କଟଲାଣ୍ଡ ଇଂଲଣ୍ଡରୁ ଭିନ୍ନ ହୋଇଯିବ ବୋଲି ସବୁ ଦିନ ସ୍ୱପ୍ନ ଦେଖୁଛି। ହୁଏ ତ ଏତେ ବଡ଼ ଭାରତ କେମିତି ଏକାଠି ରହୁଛି ଆମେ କଳ୍ପନା କରିପାରୁନୁ। ଭାରତ ପାକିସ୍ଥାନ ବଣ୍ଟନ ପରେ ଭାରତ ଗୋଟିଏ ବିରାଟ ଦେଶ, ସେଥିରେ ହିନ୍ଦୁ ମୁସଲମାନ ରହନ୍ତି ବୋଲି ଲୋକଙ୍କର ଗୋଟିଏ ସାଧାରଣ ଧାରଣା ଜନ୍ମିଛି। ମଫସଲର କେତେକ

ଅଳ୍ପ ପଢୁଆ କୃଷକଙ୍କୁ ଭାରତ କଥା ପଚାରିବାରେ ସେମାନେ ଭାରତ କଥା ପ୍ରକୃତରେ କିଛି ଜାଣନ୍ତି ନାହିଁ ବୋଲି ସିଧା ନାହିଁ କରିଦେଲେ। ଛାତ୍ର, ଛାତ୍ରୀ, କିରାଣୀ, ଚପରାସୀ, ଦୋକାନୀ, କୃଷକ ଯେତେ ଲୋକଙ୍କଠାରୁ ଭାରତ ବିଷୟ ଜାଣିବାକୁ ମୁଁ ଚେଷ୍ଟା କରିଛି, ସେଠି କେବଳ ଏହିପରି କୌତୂହଳପୂର୍ଣ୍ଣ ଖଣ୍ଡ ଇତିହାସ ଶୁଣିଛି।

ଏହି ଅବସରରେ ବିଦ୍ୱାନ ସମାଜ କଥା କହିଲେ ଜଣାପଡ଼ିବ ଯେ, ଭାରତୀୟ ଜ୍ଞାନକୁ ଯେଉଁମାନେ ବ୍ୟବସାୟରୂପେ ଗ୍ରହଣ କରିଛନ୍ତି, ସେମାନେ ପୁଙ୍ଖାନୁପୁଙ୍ଖ କେମିତି ସବୁ ଖବର ହାସଲ କରିଛନ୍ତି। ଭାଷା ବିଜ୍ଞାନ କ୍ଲାସରେ ଅଧ୍ୟାପକ ବକ୍ତୃତା ଆରମ୍ଭ କଲାମାତ୍ରେ ପ୍ରଥମେ ପାଣିନୀ, ପତଞ୍ଜଳିଙ୍କୁ ମୁଣ୍ଡ ନୁଆଇଁ କଥା ଆରମ୍ଭ କରନ୍ତି। ଭାରତୀୟ ଭାଷାକୁ ସେମାନେ ବୈଜ୍ଞାନିକ ଦୃଷ୍ଟିରୁ ଯେମିତି ଗବେଷଣା କରିଛନ୍ତି, ତାହା ଆଜିକା ଭାରତରେ କଳ୍ପନା କରିବା ଅସମ୍ଭବ। ଦୀପ ତଳ ଅନ୍ଧାର ବୋଲି ଭାରତ ଶାସନ କଲେ ମଧ୍ୟ ସାଧାରଣ ଇଂରେଜ ଯେମିତି ଭାରତ କଥା ଜାଣେ ନା, ପ୍ରାଚୀନ ଭାଷା ଓ ସଂସ୍କୃତିର ଅଧିକାରୀ ଭାରତୀୟ ସେମିତି ନିଜ ଗୌରବ ନିଜେ ଅନୁଭବ କରି ପାରେନା। ଶର୍ମା, ବର୍ମା, ବାଚସ୍ପତି ଯାହା କହିବା କଥା ତା ଗ୍ରିମ୍, ସ୍ୱିଇଟ୍, ଜୋନ୍, ପାଇକ୍ ପ୍ରଭୃତି ଇଂରେଜ ଲୋକଙ୍କ ପାଟିରୁ ବାହାରୁଛି। ଆମେ ଅପଦାର୍ଥ ବୋଲି ସିନା ଆମ ମଣି ଆଜି ତାଙ୍କ ମୁକୁଟରେ ଝୁଲୁଛି।

ଭାରତୀୟମାନେ ଆଗେ ଯେତେବେଳେ ଇଂଲଣ୍ଡ ଆସୁଥିଲେ ସାହେବମାନେ ତାଙ୍କୁ ରାଜା ମହାରାଜା ବୋଲି ମନେ କରୁଥିଲେ। ଅବଶ୍ୟ ଏଟା ଶୁଣିବା କଥା, ମାତ୍ର ଆଜିକାଲି ସବୁ ଗଳିକନ୍ଦିରେ କଳା ଆଦ୍‌ମିଙ୍କୁ ଦେଖି ସାହେବଙ୍କର ସେ ଧାରଣା ଗଲାଣି। ସେମାନେ ଭାବୁଛନ୍ତି ଯେ, ଯୁଦ୍ଧ ପରେ ଓ ସ୍ୱାଧୀନତା ପରେ ଭାରତରେ ଯେଉଁ ଜୁଆର ଉଠିଛି, ସେହି ସୁଅରେ ଭାସି ଭାସି କଳା ଆଦ୍‌ମି ସବୁ ଇଂଲଣ୍ଡ ଉପକୂଳରେ ଲାଗିଛନ୍ତି। ସ୍ୱାଧୀନ ଭାରତୀୟଙ୍କୁ ସମାନ ଆସନ ଦେବା ପାଇଁ ଗୋରା ମନରେ ଏବେ ବି କେଁ ରହିଛି। Good morning, how do you do ଟା ତ ମାମୁଲି କଥା।

ସବୁଠୁ ମଜା କଥା, ବେଳେବେଳେ କେତେକ ସାହେବ ଆମେମାନେ କଲିକତାରୁ ଆସିଛୁ ଜାଣି ପଚାରନ୍ତି, "ତମେ ବାନାର୍ଜୀଙ୍କୁ, ଅମୁକ ଘୋଷଙ୍କୁ, ଅମୁକ ବୋଷଙ୍କୁ ଜାଣ କି ?"' ନାହିଁ କଲେ ସେମାନେ ଆଶ୍ଚର୍ଯ୍ୟ ହୁଅନ୍ତି। "କଲିକତାରୁ ଆସି ପୁଣି ବାନାର୍ଜୀଙ୍କୁ ଚିହ୍ନି ନାହାନ୍ତି !" ସତେ ଯେମିତି କଲିକତା ସହର ତାଙ୍କ ଲଣ୍ଡନର ଗୋଟାଏ କେଉଁ ଗଳି ପରି, ଯେଉଁଠି ସମସ୍ତେ ସମସ୍ତଙ୍କୁ ଜାଣନ୍ତି। ଆମ ବଡ଼ ସହର ବିଷୟରେ ତାଙ୍କର ଏହି ହାସ୍ୟାସ୍ପଦ ଧାରଣା। ମାତ୍ର ଗଲା ଯୁଦ୍ଧ ପରେ କଲିକତା କହିଲେ ଅଧିକାଂଶ ବୁଝିଲେଣି।

ସାହେବ

ସାହେବ ତ ପୃଥିବୀଯାକ ସବୁଠି ଅଛନ୍ତି, ଆମେରିକାଠାରୁ ଆରମ୍ଭ କରି ଅଷ୍ଟ୍ରେଲିଆ ପର୍ଯ୍ୟନ୍ତ। ଏମିତି କି ଆମ ଦେଶରେ ଲୋକ ଅଛନ୍ତି ଯେଉଁମାନଙ୍କ ଢଙ୍ଗ ଢାଙ୍ଗ ଦେଖିଲେ କଳା ସାହେବ ବୋଲି ମନେ ହୁଏ। ମାତ୍ର ଏଠି ସାହେବ ଅର୍ଥ ଇଂଲଣ୍ଡ ସାହେବ, ଆମେରିକା କିମ୍ୱା ଅଷ୍ଟ୍ରେଲିଆ ସାହେବ ନୁହେ। ଏହି ବିଲାତ ଭୂଇଁ ଖଣ୍ଡ ଯେମିତି ପୃଥିବୀର ପ୍ରଧାନ ସ୍ଥଳ ଭାଗକୁ ଛାଡ଼ି ଜଳ ଭିତରେ ଏକୁଟିଆ ଗଢ଼ି ଉଠିଛି; ମଣିଷ ସମାଜରୁ ଦୂରରେ ଏହି ସାହେବ ଜାତିଟି ସେମିତି ଏକୁଟିଆ ଏକୁଟିଆ ବଢ଼ି ଚାଲିଛି। ପ୍ରତ୍ୟେକ ମଣିଷ, ପ୍ରତ୍ୟେକ ଜାତିର କେତେକ ସ୍ୱତନ୍ତ୍ର ଚିହ୍ନ ଅଛି ଯାହା ଦେଖିଲେ ମଣିଷ ସହଜେ ଜଣକୁ ଚିହ୍ନି ପାରିବ। ହଜାର ଗୋରା ଇଉରୋପୀୟଙ୍କ ଭିତରେ ସାହେବଙ୍କୁ ଚିହ୍ନି ହେବ କାରଣ ତାଙ୍କର କେତେକ ବିଶେଷତ୍ୱ ଅଛି। ସାହେବ ପିଲାଏ ଆଗରୁ ଯାହା ଥିଲେ ସେ କଥା ମନେ ପକାଇ ବର୍ତ୍ତମାନ ଲାଭ ନାହିଁ। ବର୍ତ୍ତମାନ କେଉଁ ଆଡ଼କୁ ଗତି କରୁଛନ୍ତି, କି ଲକ୍ଷଣ ତାଙ୍କ ଚାଲି-ଚଳଣରେ ଫୁଟି ଉଠୁଛି ସେହି କଥା କହୁଛି।

ସାହେବୀ ଲକ୍ଷଣ ନମ୍ବର ଏକ ହେଉଛି ଚୁପ୍‌ଚାପ୍ ହୋଇ ବସିବା, ପାଣିକୂଳ ବଗ ପରି। ମନରେ ଯାହା ଚିନ୍ତା ଥାଉ ପଛେ ମୁହଁରେ ଯେମିତି ସେ ଦେଖା ନ ପଡ଼େ। ଦିନ ଦିନ ମାସ ମାସ ଧରି ଏକା ହତା ଭିତରେ ରହିଲେ ମଧ୍ୟ କେହି କାହାକୁ ଚିହ୍ନେ ନାହିଁ ବା କଥା କହେ ନାହିଁ। ଗୋଟିଏ ଇଉରୋପ ଛାତ୍ରସଭାରେ ଶହ ଶହ ଛାତ୍ରଙ୍କ ଭିତରେ ତିନି ଜଣ ମାତ୍ର ସାହେବ ପିଲା ଥିଲେ। ମାତ୍ର ସମସ୍ତେ ତାଙ୍କୁ ଚିହ୍ନିଥିଲେ। କାରଣ ତିନିଜଣଯାକ ଗମ୍ଭୀର, ଚୁପ୍‌ଚାପ୍-ଏକାବେଳେକେ ନିଃଶବ୍ଦ କହିଲେ ଚଳେ। ଅନ୍ୟ ଇଉରୋପ ଦେଶର ପିଲାଏ ଠିକ୍ ଭାରତୀୟମାନଙ୍କ ପରି ଗପୁଡ଼ି। ଆମେରିକା ଲୋକେ ଭାରତୀୟଙ୍କୁ ବଳି। ସାହେବମାନଙ୍କର ଏହି ଢଙ୍ଗ ଅନେକଙ୍କୁ ବିରକ୍ତିକର

ବୋଧହୁଏ ଓ ସେମାନଙ୍କ ବିଷୟରେ ଅଯଥା ସନ୍ଦେହ ହୁଏ। ଆମେରିକାରେ ଜଣେ ଭାରତୀୟ ଓ ଜଣେ ଇଂରେଜ ବର୍ଷେକାଳ ଗୋଟିଏ ହଷ୍ଟେଲରେ ଥିଲେ। ଦୁହେଁ ଏକା ରାସ୍ତାରେ ଯାନ୍ତି, ଏକା ଘରେ ଖାନ୍ତି ମାତ୍ର ସାହେବଟି କେବେହେଲେ ଭାରତୀୟଟିକୁ ଅନାନ୍ତି ନାହିଁ। ଦିନେ ପାହାଚ ଉପରେ ଭୁଲ୍‌ବଶତଃ ଦୁହିଁଙ୍କର ଧକ୍କା ହେଲା। ତେଣୁ ସାହେବ ଜଣକ ହଠାତ୍ କହି ପକାଇଲେ, ମୁଁ ଭାବୁଛି ଆପଣ ଜଣେ ଭାରତୀୟ। ଆମେ ଏଠି ବର୍ଷେ ହେଲା ରହିଲେଣି। ଏଥର ଆମର ପରିଚିତ ହେବା ଚାହିଁ।" ତାପରେ ଚିହ୍ନା ହେଲା। ଜଣେ ଆମେରିକା ବନ୍ଧୁଙ୍କଠୁ ଏହି ଘଟଣାଟି ଶୁଣିଛି। ଯଦିଓ ଏହା ସବୁ ସାହେବଙ୍କ ପକ୍ଷରେ ସତ ନ ହୋଇପାରେ, ନିଶ୍ଚୟ ଶତକଡ଼ା ଅଶୀ ଜଣଙ୍କ ପକ୍ଷରେ ସତ। ଏବେ ଘଟଣା ଟିକିଏ ବଦଳିଛି। ସାହେବମାନଙ୍କ ପାଟି ଫିଟିଲାଣି। ଆଗେ ଖାଲି ମୁରୁକି ହସା ଦେଉଥିଲେ। ଏବେ ପୂରା ହସିଲେଣି। ସେମାନଙ୍କର ଏହି ଚୁପ୍‌ଚାପ୍ ଢଙ୍ଗଟା ଏତେ ଅସହ୍ୟ ମନେହୁଏ ଯେ, ଆମେରିକା ଲୋକେ ଆଦୌ ସହି ପାରନ୍ତି ନାହିଁ। ଏବେ ଜଣେ ଆମେରିକା ଛାତ୍ର ସାହେବମାନଙ୍କର ଏହି ନିଷ୍କରୁଣ ନୀରବତା ବିଷୟରେ ଏକ ମଜା କଥା ଖବରକାଗଜରେ ପ୍ରକାଶ କରିଥିଲେ। ଯେଉଁ ପିଲାର ମୋଟେ ପାଟି ଫିଟେ ନାହିଁ, ସେ ଯଦି ରାତିରେ ସ୍ୱପ୍ନ ଦେଖି ଟିକିଏ ବିଳିବିଳାଏ, ତା ମା ମନ କେଡ଼େ ଖୁସି ହୁଏ। ମା କହେ 'ଯା ହେଉ, ପୁଅ ମୋର କାଲି ବିଳିବିଳେଇଲା। ଭଗବାନଙ୍କ କଥା ହେଲେ କଥା କହିବ।' ସେହି ନୀତିରେ ଆଶା କରିବା କଥା ଯେ, ଦ୍ୱିତୀୟ ଯୁଦ୍ଧ ପରେ ଯେତେବେଳେ ସାହେବଙ୍କ ପାଟି ଅଧାଅଧି ଫିଟିଛି, ଆଉ ଗୋଟିଏ ଯୁଦ୍ଧ ହେଲେ ପୂରା ଫିଟିଯିବ। ବାଦଶାହ ଥିଲେ ବୋଲି ସିନା ପାଟି ନ ଫିଟାଇ ଆଖି ଠାରି ଦେଉଥିଲେ-ଶତଭାର ସୁନାପଦ୍ମ ଯୋଗାଡ଼ ହୋଇ ଯାଉଥିଲା। ଏବେ ସେ ଆମେରିକାକୁ ପାଟି ଫିଟାଇ ମାଗିବାକୁ ପଡୁଛି।

ଦ୍ୱିତୀୟ କଥା ସାମାଜିକ ବ୍ୟବସ୍ଥା - ମିଳାମିଶା। ଆମ ଦେଶରେ ଜାତିଭେଦ ଭାରି ଜୋର ବୋଲି ପାଣ-ବ୍ରାହ୍ମଣ ଭେଦ ଭାରି ଜୋର। କିନ୍ତୁ ସେ ତ ଆସ୍ତେ ଆସ୍ତେ ଯାଉଛି। ମାତ୍ର ଏ ଦେଶରେ ଜାତି ନାହିଁ ସିନା, ରଜା, ସାମନ୍ତ, ସାଧାରଣ ଲୋକଙ୍କ ଭିତରେ ପ୍ରଭେଦ କମ୍ ନ ଥିଲା। ଏବେ ବି ସମ୍ପୂର୍ଣ୍ଣ ଯାଇନି; ଯଦିଓ ସାମାଜିକ ମିଳନ ଅନେକ ଭଲ ଆଡ଼କୁ ଗତି କରୁଛି। ପୁଞ୍ଜିବାଦୀ ସାମାଜିକ ଗଣ୍ଡି ଭିତରେ ସାନ ବଡ଼ର ଯେଉଁ ତଫାତ୍ ଏଠା ତା କୌଣସି ଗୁଣରେ କମ୍ ନାହିଁ। ପାରିବାରିକ ଜୀବନ ସମ୍ପର୍କ ବିଷୟରେ ଏବେ ଜଣେ ବିଶିଷ୍ଟ ନୃତତ୍ତ୍ୱବିତ୍ ବକ୍ତୃତା ଦେଇ କହୁଥିଲେ ଯେ, ଇଂରେଜ ପାରିବାରିକ ସମ୍ପର୍କ ଯୁଦ୍ଧପରେ ବହୁତ ବଦଳି ଯାଇଛି। ବାପ ପୁଅ, ମା ଝିଅ ଭିତରେ ଆବଶ୍ୟକୀୟ ଯୌନ ସମାଲୋଚନା ଅବାଧରେ ଚାଲୁଛି। ସେ ବିଷୟରେ ଅଯଥା

ସଂକୋଚ କାଳକ୍ରମେ ଲୋପ ପାଉଛି। ମାତ୍ର ତା ଫଳରେ ଅବସ୍ଥା ଭଲ କିମ୍ବା ମନ୍ଦ ଆଡ଼କୁ ଯାଉଛି, ଏତେ ଆଗରୁ ସେ ମତ ଦେଇପାରି ନାହାନ୍ତି। କିନ୍ତୁ ସିନେମା, ସ୍ୱାଧୀନତା, ସ୍ୱାମୀ ସ୍ତ୍ରୀ ଛାଡ଼ପତ୍ର ଫଳରେ ଶିଶୁ ତଥା ଯୁବକମାନଙ୍କ ଉପରେ ଯେଉଁ ବିକୃତ ପ୍ରଭାବ ପଡୁଛି ସେଥିପାଇଁ ସମାଜ ଶାସକମାନଙ୍କ ମନରେ ଘୋର ଆତଙ୍କ ସୃଷ୍ଟି ହୋଇଛି। ସାହେବୀ ସମାଜ କୌଣସି ପ୍ରକାର ବନ୍ଧନ ବରଦାସ୍ତ କରିବାକୁ ରାଜି ନୁହେଁ, ଏହିଟା ନିରାଟ ସତ। କିନ୍ତୁ ସମ୍ଭୋଗ ଭିତରେ ସାଧନାଟା ଏଡ଼େ ସହଜ ନୁହେଁ। ସମସ୍ତଙ୍କ ପକ୍ଷରେ ଜନକ ଋଷି ହେବା କ'ଣ ଏଡ଼େ ସହଜ !

ରାଜନୀତି ଦୃଷ୍ଟିରୁ ସାହେବମାନେ ଅନେକ ବଦଳିଛନ୍ତି ବୋଲି ଅନେକଙ୍କର ବିଶ୍ୱାସ। ଗଲା ଶହେବର୍ଷର ଇତିହାସଠାରୁ ଆଜିର ଇତିହାସ ସମ୍ପୂର୍ଣ୍ଣ ସ୍ୱତନ୍ତ୍ର। ପୃଥିବୀର ଗୋଟିଏ କଣରେ ରହି ସେମାନେ ଅଧା ପୃଥିବୀର ମୁକୁଟ ପିନ୍ଧିଥିଲେ। ସେତେବେଳେ ଇଉରୋପ ଇତିହାସ ଏହି ସାହେବମାନେ ଗଢୁଥିଲେ। ସବୁଦିନେ ଚାଣକ୍ୟ ନୀତି ଥିଲା ତାଙ୍କର ରାଜନୀତିର ମୂଳମନ୍ତ୍ର "କଣ୍ଟକେନୈବ କଣ୍ଟକ"। ପରର କ'ଣ ହେଲ ଆମର ଯାଏ ଆସେନି, ଅସଲ ଆମ ସମ୍ମାନ ରହୁଛି କି ନାହିଁ ସେତକ ଦେଖିଲେ ହେଲା। ସେତେବେଳେ ଆର୍ଥିକ, ରାଜନୀତିକ ଅବସ୍ଥା ଭଲ ଥିଲା ତେଣୁ ଇଉରୋପର ଅନ୍ୟ ଦେଶମାନଙ୍କ ପ୍ରତି ଦୟା ଦେଖାଉଥିଲେ। ଆଜି କିନ୍ତୁ ସେମାନଙ୍କ ସଙ୍ଗେ ଏକା ଡଙ୍ଗାରେ ବସିଛନ୍ତି। ରୁଷିଆ ରଡ଼ି ସମସ୍ତଙ୍କୁ ପାଣି କରୁଛି। ତେଣୁ ଆଉ ଏକୁଟିଆ ବାର୍‌ହା ହୋଇ ସେହି ଇଉରୋପ ସ୍ୱାର୍ଥ ସଙ୍ଗେ ନିଜ ସ୍ୱାର୍ଥକୁ ମିଶାଇବା ପାଇଁ ବାଧ ହେଉଛନ୍ତି। ମହାଇଉରୋପୀୟ ସେନାବାହିନୀ, ମହାୟୁରୋପୀୟ ବାଣିଜ୍ୟ ନୀତି ଓ ଅର୍ଥନୀତି ଗଢ଼ିବାରେ ନେତୃତ୍ୱ ନେଉଛନ୍ତି। ଉଭୟ କୂଳର ସମ ଦଶା ପଡ଼ିଥିବାରୁ "ପାଣ ସଙ୍ଗାତ, ଧୋବଣୀ ମିତ" ହେବାକୁ ବାଧ ହୋଇଛନ୍ତି। ଅବଶ୍ୟ ସମୂହ ଦୃଷ୍ଟିରୁ ଅବସ୍ଥାଟା ଭଲ ଆଡ଼କୁ ଯାଉଛି।

କାନାଡ଼ାର ଜଣେ ଜଣାଶୁଣା ମନସ୍ତତ୍ତ୍ୱବିତ୍ ଅଧ୍ୟାପକଙ୍କ ସଙ୍ଗେ ଆଳାପ କରିବାର ସୁଯୋଗ ମିଳିଥିଲା। ତାଙ୍କୁ ମୁଁ ପଚାରିଲି ଯେ, ଆପଣ ଲଣ୍ଡନରେ ମାସେ ରହିଲେଣି, ସାହେବମାନଙ୍କ ବିଷୟରେ ଆପଣଙ୍କର କଣ ଧାରଣା କହନ୍ତୁ। ଆପଣ ତ ବିଶେଷରେ ମନସ୍ତତ୍ତ୍ୱବିତ୍। ସେ କହିଲେ ଯେ, ତାଙ୍କର ମନେ ହୁଏ ସାମ୍ରାଜ୍ୟ ହରାଇ ମଧ୍ୟ ପ୍ରତ୍ୟେକ ଇଂରେଜ ଏବେ ବି ମନେ କରନ୍ତି ଯେ ସେମାନେ ପ୍ରତ୍ୟେକ ଜଣେ ଜଣେ ସମ୍ରାଟ। ଏ ପ୍ରକାର ସେ ଆତ୍ମପ୍ରତାରଣା ଛଡ଼ା ଅନ୍ୟ କିଛି ନୁହେଁ। ସାମ୍ରାଜ୍ୟବାଦ ଇଂରେଜମାନଙ୍କର ଅସ୍ଥିମଜ୍ଜାଗତ ହୋଇ ଯାଇଛି। ମାତ୍ର ଏ ମାୟା ଭିତରୁ ନିଜକୁ ସେମାନେ ଯେତେ ଶୀଘ୍ର ମୁକ୍ତ କରନ୍ତି ସେତେ ଚଞ୍ଚଳ ଭଲ। ସାହେବଙ୍କ ଖାଇବା ପିଇବା ବିଷୟରେ ଗୋଟିଏ

ମଜା କଥା ସେ କହିଲେ। ପୃଥିବୀର ସଭ୍ୟ ଜାତିମାନଙ୍କ ଭିତରେ ସାହେବମାନଙ୍କ ରନ୍ଧାବଢ଼ା ସବୁଠୁ ଖରାପ। ସେମାନଙ୍କୁ ଯେତେ ପ୍ରକାର ଶାକସବଜି ଦିଅ, ଯାହା ଦିଅ, ସେମାନେ ଏମିତି ରାନ୍ଧିଦେବେ ଯେ ସେଥିରୁ ଖାଲି ବିଲାତିଆଳୁ ଗନ୍ଧ ବାହାରିବ। ଫ୍ରାନ୍‌ସର ଏତେ ନିକଟରେ ରହି ଏମାନଙ୍କର ଖାଦ୍ୟ ରୁଚି କେମିତି ବଦଳି ନାହିଁ ବଡ଼ ଆଶ୍ଚର୍ଯ୍ୟ କଥା। ଯେଉଁମାନେ ଇଂଲଣ୍ଡ ବାହାରେ ଅନ୍ୟାନ୍ୟ ୟୁରୋପୀୟ ଖାଦ୍ୟ ଖାଇଛନ୍ତି ସେମାନେ ନିଶ୍ଚୟ ଏକଥା ସ୍ୱୀକାର କରିବେ। ମାତ୍ର ସାହେବଙ୍କ କର୍ମସର୍ବସ୍ୱ ଜୀବନ ଭିତରେ ଭୋଜନବିଳାସର ସ୍ଥାନ ନ ରହିବା ସ୍ୱାଭାବିକ। ଲଣ୍ଡନ ଓ ପ୍ୟାରିସ୍ ତ ଏକା କଥା ନୁହେଁ। ଗୋଟିଏ ସାଧନା, ଅନ୍ୟଟି ସମ୍ଭୋଗ।

ଦୋଷ ଗୁଣ ତ ଦୁନିଆରେ ସମସ୍ତଙ୍କର ଅଛି। କିନ୍ତୁ ଯେଉଁମାନେ ସାଧୁ ହୋଇ ପଛରେ ଶୁଖୁଆ ଭୋଜନ କରନ୍ତି, ତାଙ୍କରି କଥାର ସିନା ବାର ବିଚାର ହୁଏ। ସବୁ ସତ୍ତ୍ୱେ ଇଂରେଜ ଜାତି ଭୟଙ୍କର ସଂଯତ (disciplined) ଜାତି, ଏଥିରେ ସନ୍ଦେହ ନାହିଁ। ସାହେବମାନଙ୍କ ସମ୍ପର୍କରେ ସଂକ୍ଷେପରେ ଏତିକି କୁହାଯାଇପାରେ-ଭୋଜନ କହିଲେ ଆଳୁ, ଭାଷା କହିଲେ ଥାଙ୍କ୍ୟୁ, ସରି, ଭାବ କହିଲେ ମୁରୁକି ହସ, ରାଜନୀତିରେ ଚାଣକ୍ୟ ପରି ସ୍ୱଦେଶ ପ୍ରୀତିର ଅତୁଳ ଆଦର୍ଶ।

ଲଣ୍ଡନ,
୧୨।୧୧।୪୦

ପଥପ୍ରାନ୍ତେ

ଭାରତର କେଉଁ ଏକ ସୁଦୂର ପଲ୍ଲୀରେ ଘର, ବିଜ୍ଞାନ ସଭ୍ୟତାରୁ ବହୁ ଦୂରରେ। ସେଠି ନାହିଁ ରାସ୍ତା ଘାଟ, ଅଛି କେବଳ ମଣିଷଚଲା ବାଟ। ଅନେକ ଯୁଗରୁ ଯେଉଁ ଛୋଟ ପାହାଡ଼ ସେଠି ଠିଆହୋଇଛି ଓ ଛୋଟ ନଦୀଟି ବହି ଯାଉଛି, ସେମାନେ ପରିବର୍ତ୍ତନ କିଛି ଦେଖି ନାହାନ୍ତି, ଖାଲି ଦେଖିଛନ୍ତି ପର୍ବତର ଗଛ କାଟି ଲଣ୍ଡା କରି ଦେଇଛନ୍ତି, କିନ୍ତୁ ପାହାଡ଼ର ଉଚ୍ଚ ଛାତିକୁ ସମତଳ କରିବା କେହି ସ୍ୱପ୍ନରେ ଭାବିନି। ବସନ୍ତର ଆମ୍ବ ବଉଳ, ଗ୍ରୀଷ୍ମର ତତଲା ଧୂଳି, ବର୍ଷାର ବିଜୁଳି ଓ ବାଦଲ ଛଡ଼ା ମଣିଷର ସେଠି ଆଉ ବିଶେଷ ଅନୁଭୂତି ନାହିଁ। ପଲ୍ଲୀ ପ୍ରକୃତିର ନିର୍ଜନତା ମଣିଷର ଚିର ସାଥୀ। ସେହିପରି ଗୋଟିଏ ପରିସ୍ଥିତିରୁ ବାହାରି ଆସି ଲଣ୍ଡନ ପରି ବାଣିଜ୍ୟପାଗଳ କୋଳାହଳପୂର୍ଣ୍ଣ ଗୋଟିଏ ବିରାଟ ସହରରେ ଜୀବନ ଯାପନ କରିବା ଗୋଟାଏ ବିରାଟ ପରିବର୍ତ୍ତନ ନିଶ୍ଚୟ, କିନ୍ତୁ ପେଚା ଚଢ଼େଇର ଅନ୍ଧାରୁଆ ଖୋଳ ଯେତେ ପ୍ରିୟ, ସୁନା ପିଞ୍ଜରା ସେ ତ ନୁହେଁ; ତଥାପି ଚିଡ଼ିଆଖାନାରେ ତ ପୋଷିବାକୁ ହୁଏ।

ଲଣ୍ଡନ ଭଳି ବଡ଼ ବଡ଼ ସହରରେ ଖଟି ଖଟି ମଣିଷ ଯେତେବେଳେ ଅବସନ୍ନ ହୋଇପଡ଼େ, ସେତେବେଳେ ତାକୁ ଡାକେ ଲଣ୍ଡନ ବାହାରର ଆକାଶ, ବାହ୍ୟ ପ୍ରକୃତି। ହଠାତ୍ ଦିନେ କିଛି ସ୍ଥିର ନ କରି ବାହାରି ପଡ଼େ ଲଣ୍ଡନ ବାହାରକୁ, ଅବସନ୍ନ ମନଟାକୁ ପ୍ରସନ୍ନ କରିବା ପାଇଁ। ଭାରତର ପ୍ରାକୃତିକ ସୌନ୍ଦର୍ଯ୍ୟକୁ ମନେ ପକାଇବାକୁ ଆଜିର ଅନୁଭୂତି ସେହିଭଳି ଗୋଟିଏ କଥା।

ତିନିମାସ ପାଇଁ ଗ୍ରୀଷ୍ମଛୁଟି, ମାତ୍ର ତିନିଦିନ ପାଇଁ କାମରୁ ରିହାତି ନାହିଁ। ବୈଷ୍ଣବ ପାଣି ଯାହା କହିଥିଲେ, 'ରଜାଘର ଚାକିରୀ ଖଟି, ବରଷକେ ଜମା ଦିଦିନ ଛୁଟି। ସେଟା ପ୍ରକୃତରେ ଆମ ଦେଶ ଚାକିରିଆ ପାଇଁ ନୁହେ, ତା ଏହି ଦେଶର କର୍ମକଣ୍ଟକିତ କଠୋର ଛାତ୍ର ଜୀବନ ପାଇଁ। ଏ ଦେଶକୁ ବସନ୍ତ ମାସେ ହେଲା ଆସିଲଣି। ମାତ୍ର

ବସନ୍ତ ଉପଭୋଗ କରିବାର ସୌଭାଗ୍ୟ କେବେ ମିଳି ନ ଥିଲା । ଆଜି ହଠାତ୍ ଠିକ୍ କଲି ଲଣ୍ଡନ ବାହାରକୁ ଚାଲିଯିବ । ଜଣେ ଓଡ଼ିଆ ଡାକ୍ତର ବନ୍ଧୁ ପ୍ରତିଦିନ ଲଣ୍ଡନ ବାହାରେ ୨୫ ମାଇଲ ଦୂରରେ ଥିବା ଗୋଟିଏ ଗବେଷଣା ମନ୍ଦିରରେ କାମ କରିବାକୁ ଯାନ୍ତି । ଆଜି ତାଙ୍କରି ସଙ୍ଗେ ବାହାରିଲି । ତାଙ୍କ ଜାଗାରେ ଖାଇବା ପାଇଁ ମିଳିବନି ବୋଲି ଲଣ୍ଡନରୁ ଖାଦ୍ୟ କିଣି ନେବା ପାଇଁ ଡାକ୍ତର ବାବୁ ମୋତେ ତାଗିଦ କରିଥିଲେ ମାତ୍ର ମୁଁ ମନେ ମନେ ଭାବୁଥିଲି ଆଜି ଜୀବନଟାକୁ ଟିକିଏ ଅନିଶ୍ଚିତତା ଭିତରକୁ ଠେଲି ଦେବି । ମିଳିଲେ ଖାଇବି, ନ ମିଳିଲେ ବଣ ପାହାଡ଼ ବୁଲି ବୁଲି ଫେରିବି । ଯୋଗକୁ ଘର ଛାଡ଼ିଲା ବେଳକୁ ଦୋକାନ ବଜାର ଫିଟି ନ ଥିଲା । ସେମିତି ଖାଲି ଖାଲି ଚାଲିଲି । ଡାକ୍ତର ବାବୁଙ୍କୁ ତାଙ୍କ ଲକ୍ଷ୍ୟସ୍ଥଳରେ ଛାଡ଼ି ମୁଁ ବାହାରିଲି ବୁଲିବା ପାଇଁ ।

ବିଲାତର ବଡ଼ କଥା ପାଗ । ଆକାଶ ଯଦି ନିର୍ମଳ, ଖରା ଯଦି ତେଜ, ତେବେ ସାହେବଙ୍କ ଫୂର୍ତ୍ତି ଦେଖେ କିଏ । କପାଳକୁ ଆଜି ପାଗଟା ସେଇମିତି ହୋଇ ଯାଇଛି । ଗବେଷଣା ମନ୍ଦିରର ବାହାରକୁ ଆସି ଦେଖିଲି ସବୁ ଦିଗକୁ ପଡ଼ିଛି ସୁନ୍ଦର ଚିକ୍‌କଣ ରାସ୍ତା, ଯାହା ଆମ କଟକ କଲିକତାରେ ଦେଖିବାକୁ ମିଳିବ ନାହିଁ । ଉପରେ ନୀଳ ଆକାଶ । କେତେଦିନ ପରେ ମଣିଷ ଆଜି ମେଘଶୂନ୍ୟ ଶରତ ନିର୍ମଳ ଆକାଶଟାଏ ପାଇଛି । ଏ ଦେଶର ବସନ୍ତ ଆମ ଦେଶରେ କଳ୍ପନା କରି ହେବନି । ପଶ୍ଚିମ ପୂର୍ବର ଯେମିତି ବିପରୀତ, ଆମ ଦେଶର ଋତୁ ଏ ଦେଶ ଋତୁମାନଙ୍କଠୁ ସେମିତି ଓଲଟା । ନାମତଃ ବର୍ତ୍ତମାନ ଗ୍ରୀଷ୍ମ କିନ୍ତୁ ଭାରତୀୟ ଅର୍ଥରେ ଏ ଦେଶରେ ଗ୍ରୀଷ୍ମ ନାହିଁ । ବସନ୍ତ ଅଛି ବୋଲି କହିବାକୁ ହେବ । ସାରା ଦେଶ ଗୋଟିଏ ବିରାଟ କୋମଳ ଶ୍ୟାମଳ ଗାଲିଚାପରି ଦେଖା ଯାଉଛି । ପତ୍ର ପୁଷ୍ପ ବୃକ୍ଷ ଲତା ସବୁଥିରେ ଜୀବନ ଓ ଯୌବନର ଉନ୍ମାଦନା ଭରି ରହିଛି । ଯେଉଁ ଆଡ଼କୁ ଚାହିଁବ ଖାଲି ଫୁଲ । ଓମାରଖାୟାମଙ୍କର ଗୋଲାପ କୁଞ୍ଜ, ଗଛ ଲତା, ପତ୍ର ପୁଷ୍ପ ସବୁଠି ମଣିଷ ସଜାଇ ରଖିଛି । ମାଇଲ ମାଇଲ ଧରି ଫୁଲ ଭରା । ଘାସ ଗଛଟିଏ ହେଲେ ବି ସେଥିରେ ଫୁଲ ଫୁଟିଛି । ଏହିଭଳି ଗୋଟାଏ ପୁଷ୍ପମୟ ସୌନ୍ଦର୍ଯ୍ୟ ଭିତରେ ଏକା ଏକା ଚାଲିଲି । ଆଖି ଯୁଆଡ଼େ ଦେଖାଇବ, ପାଦ ଯେତେବାଟ ନେବ, ସେତିକି ରାସ୍ତା ଯିବି ବୋଲି ଠିକ୍ କରି ଚାଲିଲି । ରାସ୍ତାର ଦୁଇ ଧାରରେ ଗଛ ଲତା ଓ ଘାସର ବଡ଼ ବଡ଼ କ୍ଷେତ୍ର । ଅନେକ ଦୂର ଗଲାପରେ ଘାସ ବଣରେ ଗୋଟିଏ ଗଛମୂଳରେ ବସିଲି । ମାସ ମାସ ଧରି ସହରୀ ସଭ୍ୟତାର ବେଞ୍ଚ ଚଉକିରେ ବସି ବସି ହଠାତ୍ ଘାସ ଉପରକୁ ଚାଲି ଆସିଲେ ଯେଉଁ ମାନସିକ ପରିବର୍ତ୍ତନ ହୁଏ, ତା ଉପଭୋଗ ସାପେକ୍ଷ, କିନ୍ତୁ ଏ ଦେଶରେ ଯେଉଁଠିକୁ ଯାଅ କେଉଁଠି ହେଲେ ବିଜ୍ଞାନ ସଭ୍ୟତାର ନିର୍ଯ୍ୟାତନାରୁ ଆତ୍ମରକ୍ଷା କରି ହେବନି । ଆମ ଦେଶ ହୋଇଥିଲେ ଏପରି ଜାଗାରେ

ଗଉଡ଼ର ବଂଶୀ, ଗାଈ ଗୋରୁଙ୍କ ଟିପାଶବ୍ଦ ଛଡ଼ା ବୋଧହୁଏ ଆଉ କିଛି ଶୁଣାଯାଉ ନଥାନ୍ତା। ଶଗଡ଼ ଦଣ୍ଡା ଛଡ଼ା ରାସ୍ତାଘାଟର ଚିହ୍ନ ନଥାନ୍ତା। ମାତ୍ର ରେଲ୍, ମଟର, ବସ୍‌ଙ୍କ ଅତ୍ୟାଚାରରୁ ରକ୍ଷା ପାଇବା ଏଠି ଅସମ୍ଭବ। ଆକାଶରେ ପ୍ରାୟ ସବୁ ସମୟରେ ଉଡ଼ାଜାହାଜ, ତଳେ ହଜାର ହଜାର ମଟର ଲରୀ, ମାଲବାହୀ ଟ୍ରକ୍, ମଟର ସାଇକେଲ, ପବନ ସଙ୍ଗେ ମିଶି ଛୁଟିଛନ୍ତି। କିଏ ମଦ ବୋହୁଛି ତ କିଏ ଦୁଧ ବୋହୁଛି, କିଏ ଲୁହା ବୋହୁଛି ତ କିଏ ତେଲ ବୋହୁଛି। ତା ଛଡ଼ା ତ ହଜାର ହଜାର ଭ୍ରମଣକାରୀଙ୍କ ଗାଡ଼ି ଚାଲିଛି। ଗାଁକୁ ଗାଁ ଲରୀ, ବସ୍ ରାସ୍ତାସବୁ ପଡ଼ିଛି। ମୁଁ ଗୋଟିଏ ଗଛମୂଳରେ ବସି ଲେଖିଲାବେଳେ ମଟରଗାଡ଼ିରୁ ଲୋକେ "ହୁର୍‌ରେ" ବୋଲି ପାଟିକରି ଚମକାଇ ଦେଉଛନ୍ତି। ଶ୍ୟାମଳ ପୃଥିବୀ ସଙ୍ଗେ ନିସ୍ତେଜ ଖରାଟା ଆମ ଦେଶର ପୁଷ-ମାସିଆ ଅନୁଭୂତି ପରି ଲାଗୁଛି।

କିଛି ସମୟ ପରେ ଦେଖିଲି, ଜଣେ ଲୋକ କାନ୍ଧରେ ଶାବଳଟାଏ ଧରି କାଦୁଅମାଟିଆ ହୋଇ ଆସୁଛି। ଇଂରେଜ କୁଲି ମଜୁରିଆଙ୍କ ଗାଁ ଜୀବନ କଥା ଏହି ଲୋକ କହି ପାରିବ ଭାବି ତାକୁ ଡାକିଲି। ମୋପରି ଗୋଟିଏ କଳା ଆଦ୍‌ମି ନିଶ୍ଚୟ ତା ମନରେ କୌତୂହଳ ଆଣିଥିବ। ବିଚରା ଆସି ମୋ ସଙ୍ଗେ ଦୁଇ ତିନି ଘଣ୍ଟା କାଳ ବସିଲା ତାର କାମ ହେଉଛି ଘର ତୋଳାରେ ଲୁହାର କଡ଼ି ଉଠାଇବା। ସପ୍ତାହକୁ ଦରମା ତେର ପାଉଣ୍ଡ ଅର୍ଥାତ୍ ମାସକୁ ଭାରତୀୟ ଟଙ୍କାରେ ୬୫୦ ଟଙ୍କାରୁ ବେଶି। ମୋ ଦରମାର ତିନିଗୁଣ ବୋଲି କହିବାରୁ ସେ ଟିକିଏ ଆତ୍ମପ୍ରସାଦ ଅନୁଭବ କଲାପରି ଜଣାଗଲା। ଗାଁରେ ରହେ, ସହର ବଜାରକୁ କୁଲିକାମ କରିବାକୁ ଯାଏ। ଅଳ୍ପ କିଛି ଲେଖାପଢ଼ା ଜାଣେ। ସେ ଆଉ କେଉଁ ଜାଗା ଦେଖିଛି ପଚାରିବାରୁ ଏକା ସୁଅରେ ପୃଥିବୀଯାକ କଥା କହିଗଲା। ୧୯୪୨ରେ ଅଷ୍ଟ୍ରେଲିଆ, ୧୯୪୩ରେ ପୂର୍ବ-ଆଫ୍ରିକା, ୧୯୪୪ରେ ନିୟୁୟର୍କ ଓ ଫିଲାଡେଲଫିଆ ଦେଖିଛି। ପୃଥିବୀର ଏକ ପ୍ରାନ୍ତରୁ ଅପର-ପ୍ରାନ୍ତ ଅଷ୍ଟ୍ରେଲିଆର କଙ୍ଗାରୁ, ଭାରତୀୟଙ୍କ ପାନଖିଆ, ଆମେରିକାର "ସ୍କାଇ କ୍ରେପର" ତାର ବର୍ଣ୍ଣନାର ବସ୍ତୁ। ମନେ ମନେ ଅହଂକାର ହେଲା। ଏହିଭଳି ଜଣେ କୁଲି ହୋଇଥିଲେ ଅବା ଜୀବନ-ସ୍ୱପ୍ନ କେତେକାଂଶ ସଫଳ ହୋଇଥାନ୍ତା। ସେଇ ଟଙ୍କା ତାକୁ ଅଣ୍ଟୁ ନାହିଁ। ଆର ସପ୍ତାହରେ "ଟେଲିଭିଜନ" କିଣିବା ପାଇଁ ତା ଘରଣୀଙ୍କର ବରାଦ। ଲଞ୍ଚ୍ ବେଳ ହେବାରୁ ସେ ମୋଠୁ ବିଦାୟ ନେବାକୁ ବାହାରିଲା। ଗଲାବେଳେ ଗୋଟିଏ ବଡ଼ ଘର ଆଡ଼କୁ ହାତ ବଢ଼ାଇ କହିଲା, "ଦୂରରେ ଦେଖି ପାରୁଛ ସେ ବଡ଼ ଘରଟା। ସେଇଠିକି ଯା, ପିଇବାକୁ ମିଳିବ।" ଜଙ୍ଗଲ ଭିତରେ ବୁଲି ବୁଲି ସେ ବିରାଟଘର ନିକଟକୁ ଯାଇ ବୁଝିଲି ସେଟା ଗୋଟିଏ ମଦଖଟି। ଭାରତରେ ଯେ କୌଣସି ରଜାଙ୍କର

ନଅର ହେବା ଯୋଗ୍ୟ। ସେ ବିଚରା ତା ଭିତରକୁ ଗଲା, ମୁଁ ଗୋଟିଏ ଗାଁ ଆଡ଼େ ଚାଲିଲି।

ଗାଁ ପାଖ ରାସ୍ତା ଧାରରେ ନୂତନ ଦୃଶ୍ୟ ସବୁ ଆଖିରେ ପଡ଼ିଲା। କେଉଁଠି ମଟର ଗାଡ଼ି, କେଉଁଠି ମଟର ସାଇକେଲ୍ ସବୁ ରାସ୍ତା କଡ଼ରେ ଥୁଆ ହୋଇଛି, ସ୍ତ୍ରୀ, ପୁରୁଷ, ବାଳକ, ବାଳିକା ଏଣେ ତେଣେ ଘାସରେ ପଡ଼ି ଖରା ଖାଉଛନ୍ତି। ଧୀର ପବନରେ ପତ୍ର ପୁଷ୍ପ ସବୁ ନାଚି ଉଠୁଛନ୍ତି। ଇଂରେଜ ପ୍ରକୃତିରେ ବନ୍ୟ ବୋଲି କୌଣସି ଜିନିଷ ନାହିଁ। ସବୁ ନିର୍ମଳ, ଉଜ୍ଜ୍ୱଳ। ଗାଁ ବାହାରୁ ଯେତେ ଦୂରକୁ ଗଲେ ବି ସେଠି ମଧ୍ୟ ବାଟ, ଘାଟ, ପଡ଼ିଆ ସବୁ ପରିଷ୍କାର ପରିଚ୍ଛନ୍ନ ରଖାଯାଇଛି। ଆଗରୁ ତ କହିଛି ଏ ଦେଶରେ ବର୍ତ୍ତମାନ ଏପରି କୌଣସି ସ୍ଥାନ ନାହିଁ ଯେଉଁଠି ଫୁଲ ନାହିଁ। କେତେ ପ୍ରକାର, କେତେ ରଙ୍ଗ, ତାର ସୀମା ନାହିଁ। ସମୁଦାୟ ବାସନ୍ତୀ ଇଂଲଣ୍ଡଟାକୁ ଗୋଟିଏ ବିରାଟ ଗୋଲାପକୁଞ୍ଜ କହିଲେ ଅତ୍ୟୁକ୍ତି ହେବନି। ଯେଉଁଆଡ଼େ ଦେଖିବ ଜୀବନ ଓ ଫୂର୍ତ୍ତି। ଶୀତର ଅବସାଦ ବସନ୍ତରେ ସମ୍ପୂର୍ଣ୍ଣ ଲିଭିଯାଇଛି।

ଘଣ୍ଟାକୁ ଅନାଏ ତ ଚାରି। ଫେରିଯିବାକୁ ହେବ। ଗବେଷଣା ମନ୍ଦିରକୁ ଫେରି ଦେଖେ ଡାକ୍ତର ବନ୍ଧୁ ଜଣକ ଯନ୍ତ୍ରପାତି ସାଥିରେ ଧରି ବସିଛନ୍ତି। ଆଉ ବୁଲିବା ପାଇଁ ସମୟ ହେଲା ନାହିଁ, ବର୍ତ୍ତମାନ ଲଣ୍ଡନ ଫେରିବାକୁ ହେବ। ପୁଣି ସେଇ ପୁରୁଣା କଥା। ବିଦେଶୀ ମନରେ ବିଦେଶରେ ସୌନ୍ଦର୍ଯ୍ୟ, କୌତୂହଳ ସୃଷ୍ଟି କରେ, କିନ୍ତୁ ଆତ୍ମୀୟତା ସୃଷ୍ଟି କରି ପାରେନା। ସମସ୍ତ ପ୍ରଶଂସା ଭିତରେ ବି ନିଜ ଦେଶ, ନିଜ ମାଟିର ସୌନ୍ଦର୍ଯ୍ୟ ଆପେ ଆପେ ଅନୁଭୂତି ଭିତରକୁ ଚାଲିଆସେ-ଗାଁ ଓ ଦେଶର ମାଟି ମଣିଷକୁ ଡାକେ। ସେଥିପାଇଁ ଏହି ସମସ୍ତ ଉପଭୋଗ ଭିତରେ ଥାଇ ବି ମନେ ହୁଏ- "ଥାଆନ୍ତା ଯେବେ ମୋର ବିହଙ୍ଗ ପକ୍ଷ।" ସେ ଯାହା ହେଉ ଉଦାର ଉପଭୋଗ କ୍ଷଣିକ ହେଲେ ମଧ୍ୟ ଶତ ଶତ ବ୍ୟଥା ଅବସାଦ ଅପହରଣ କରିନିଏ।

■

ପୁଷ୍ପିତା

ଚିଠିପାଏ– ଭୀଷଣ ଗରମ, ଭୀଷଣ ଝାଳ। ଉତ୍ତାପ ୧୧୨ ଡିଗ୍ରୀ ସଙ୍ଗେ ସଙ୍ଗେ ହିସାବ କରି ଦେଖେ ଆମ ଦେଶରେ ଆଜି ପହିଲି ଆଷାଢ଼। ବିଲାତରେ ଜୁନ୍ ମାସ। ଖବର କାଗଜ ଆଡ଼େଇ ଦେଖିଲା ବେଳକୁ ଲଣ୍ଡନର ଦିନ ଉତ୍ତାପ ୬୮ ଓ ରାତି ୫୪ ଡ଼ିଗ୍ରୀରେ ଅଛି। ହସ ମାଡ଼େ! କଟକ ସହରର ଧୂଳିରେ ଆଜି ବାବୁମାନଙ୍କର ଖଦୀ ପଞ୍ଜାବୀ ମୁହୂର୍ତ୍ତକେ ମଳିନ ପଡୁଥିବ। କିନ୍ତୁ ଏ ନିଉଛୁଣା ଦେଶଟାରେ ଦେହରୁ କେବେ ହେଲେ କମ୍ବଳ ତଳେ ପଡ଼ିଲାନି। ମଣିଷ କାତର ହୋଇ ଚାହିଁ ରହେ ଦିନ ଆସିବ, ମଣିଷ ଏ ପୋଷାକ ଭାରରୁ ରକ୍ଷା ପାଇବ, ଉଶ୍ୱାସ ହୋଇ ଟିକିଏ ଚାଲବୁଲ କରିବ।

ଭାରତୀୟ ଭାବରାଜ୍ୟରେ ଆଷାଢ଼ ଚିରସ୍ମରଣୀୟ। କାଳିଦାସଙ୍କର 'ଆଷାଢ଼ସ୍ୟ ପ୍ରଥମ ଦିବସେ' ଭାରତୀୟ ମନରେ ଆଣେ ଉଦ୍ଦୀପନା ଓ ଉତ୍ସାହ। ବଜ୍ର ବିଦ୍ୟୁତ୍ ଓ ବାଦଲର ବିଭୀଷିକା। ଲଣ୍ଡନ ସହରରେ ଆଜି ସେ କଥା ମନେ ପଡ଼ିଲେ ମିଛ ପରି ମନେ ହୁଏ। ଏଠିକାର ପାଗଯୋଗ ଦେଖି ମଣିଷ କଳ୍ପନା କରି ପାରେ ନା ଆମ ଦେଶରେ ସତେ କି ପରିବର୍ତ୍ତନର ଝଡ଼ ଲାଗିଥିବ। ମାତ୍ର ଏ ଦେଶରେ ଆଜି ସବୁଠୁ ଭଲଦିନ। ବସନ୍ତ ଆସିଛି – ବହୁ ଅପେକ୍ଷା ଓ ବହୁ ଦୁଃଖ ଦୁର୍ଦ୍ଦଶା ପରେ। ସେପ୍‌ଟେମ୍ବରରୁ ମେ ଅର୍ଥାତ୍ ଆଶ୍ୱିନରୁ ବୈଶାଖ କାହିଁକି ଜ୍ୟେଷ୍ଠ ଅଧା ପର୍ଯ୍ୟନ୍ତ ଶୀତ, ବର୍ଷା ଓ ବାଦଲ ବରାବର ଲାଗି ରହିଥାଏ। ସବୁ ମଳିନ, ଛିନ୍ନଭିନ୍ନ। ନୀଳ ଆକାଶ ଦେଖିବାପାଇଁ ମଣିଷ କେତେ ବ୍ୟାକୁଳ ହୁଏ କିନ୍ତୁ ପାଏନି ରାସ୍ତାଘାଟ। ଉଦ୍ୟାନରେ ଯେଉଁଠି ଯେଉଁ ଗଛଟି ଥାଏ, ସେ ଖୁଣ୍ଟପରି ଠିଆ ହୋଇଥାଏ। କେହି କଳ୍ପନା କରି ପାରିବ ନାହିଁ ଯେ ସେ ଶୁଖିଲା ଖୁଣ୍ଟ ଭିତରେ ଜୀବନ ଅଛି। "ଅପାଳକ ରାଜ୍ୟରେ ବିଜୁଳି ମହାମାଣିକ" ପରି ଦିନର ଅନ୍ଧକାର ଭିତରେ ଯଦି କେବେ ସୂର୍ଯ୍ୟାଲୋକ ଦେଖାଦିଏ, ମଣିଷ ପାଗଳ ହୋଇଉଠେ। ମାତ୍ର ଉପଭୋଗ ପାଇଁ ଘରୁ ପଦାକୁ ଆସୁ ଆସୁ କିରଣ ଟିକକ ଲିଭିଯାଏ।

ସୂର୍ଯ୍ୟ କିରଣର ବିଳାତି ଭାଉ ଭାରତରେ କଳ୍ପନା କରିବା ଅସମ୍ଭବ। ବହୁ ଦୁଃଖ, ଦୁର୍ଦ୍ଦିନ, ଦୁର୍ଦ୍ଦଶା ପରେ ଆସିଛି ବସନ୍ତ। ଆଖି ଆଗରେ ପୁଷ୍ପିତା ପ୍ରକୃତି ଇନ୍ଦ୍ରଜାଲ ସୃଷ୍ଟି କରୁଛି।

ମୋର ମନେହୁଏ, ଇଂରେଜ କବିତାରୁ ବିଲାତି ଗ୍ରୀଷ୍ମ ବିଷୟରେ କିଛି ଧାରଣା ହୁଏନି। ବିଲାତ ପ୍ରକୃତିରେ ଯେଉଁ ସ୍ୱର୍ଗ ସୁଷମା ସୃଷ୍ଟି ହୁଏ, ତା କବି ଲେଖନୀରେ କେତେଦୂର ସତ୍ୟ ହୋଇଛି, ଇଂରେଜ ସାହିତ୍ୟ ରସିକମାନଙ୍କର ଅନୁଭୂତିରେ ଥାଇପାରେ, ମାତ୍ର ନ ଦେଖିଲା ପର୍ଯ୍ୟନ୍ତ ମୋର ଅଣୁମାତ୍ର କଳ୍ପନା ନଥିଲା। ବସନ୍ତ-ସାଥୀ କୋଇଲିର ଡାକ ଏଠି ଶୁଣିନି। ୱାର୍ଡ୍ସୱାର୍ଥଙ୍କ ହାବ୍ରିଜିଜ୍ ଯାଇ କୋଇଲି ଡାକ ଶୁଣିବାପାଇଁ ଦରିଦ୍ର ଭାରତୀୟର ବେଳ କାହିଁ? କିନ୍ତୁ ବଣ, ପାହାଡ଼, ପର୍ବତ, ଆକାଶ, ଉଦ୍ୟାନରେ ଯେଉଁ ସ୍ୱର୍ଗ ସୁଷମା ଫୁଟିପଡୁଛି ତା ସର୍ବଥା ଉପଭୋଗ୍ୟ। ଅନେକ ଦିନର ବାଦଲଭରା ମଳିନ ଆକାଶଟା କୁମାର ପୁନେଇ ଆକାଶ ପରି ଶୁଭ୍ର ହୋଇପଡ଼ିଛି। ଆକାଶର ନୀରବତା ଭେଦ କରି ମଝିରେ ମଝିରେ ଉଡ଼ାଜାହାଜଗୁଡ଼ା ମାନସୋନ୍ମୁଖୀ ରାଜହଂସ ପରି ଯିବା ଆସିବା କରୁଛନ୍ତି। ଶୁଭ୍ର ଆକାଶ ତଳେ ସୁଶ୍ରୀ ସବୁଜ ଘାସର ଗାଲିଚା। ଜଳବାୟୁ ଭେଦରେ ବିଲାତି ଘାସର ନୀଳିମା ଅତି ସ୍ନିଗ୍ଧ ଓ ସ୍ୱତନ୍ତ୍ର। ଶରତ୍ ଶସ୍ୟରେ ମଧ୍ୟ ଭାରତରେ ଏହି ନୀଳିମା ମୁଁ କେବେ ଦେଖିନି ମାତ୍ର ଭାରତୀୟ ପ୍ରକୃତି ଉପରେ ଉଷା ସନ୍ଧ୍ୟାର ଯେଉଁ ବର୍ଣ୍ଣୋତ୍ସବ ସୃଷ୍ଟି ହୁଏ, ଏ ଦେଶରେ ତା ସମ୍ଭବ ନୁହେ। କାରଣ ଅଧିକାଂଶ ଉଷା ସନ୍ଧ୍ୟାରେ ସୂର୍ଯ୍ୟ ବାଦଲ ବିବାଦ ପ୍ରାୟ ଲାଗି ରହିଥାଏ। କିନ୍ତୁ ଏ ଦେଶର ବଣ ପାହାଡ଼, ଉଦ୍ୟାନରେ ବସନ୍ତ ଅଗମରେ ଯେଉଁ ପୁଷ୍ପୋତ୍ସବ ଚାଲିଛି, ମୁଁ ଆମ ଦେଶରେ ଦେଖିନି। ତାର ଗୋଟିଏ କାରଣ ହେଉଛି ଶିଳ୍ପ ବ୍ୟବସାୟୀ ଇଂରେଜ ଘର ବାହାର ଉଭୟତ୍ର ପ୍ରକୃତିକୁ ସଜାଇ ରଖିଛି। ଆଜି ଯେଉଁଆଡ଼େ ଚାହିଁବ ଖାଲି ଫୁଲ। ବାଟ, ଘାଟ, ବନ, ଉଦ୍ୟାନ, ଘର, ବାହାର, ଦୋକାନ, ବଜାର ସବୁଠି ଫୁଲ। କେତେ ରଙ୍ଗର କେତେ ପ୍ରକାରର ତାର ଇୟତ୍ତା ନାହିଁ। ବିଜ୍ଞାନ ସାହାଯ୍ୟରେ ବର୍ଣ୍ଣ ବୈଚିତ୍ର୍ୟ ଯେତେଦୂର ଫୁଟା ଯାଇପାରେ ତା ହୋଇ ସାରିଛି। ଯେ କୌଣସି ଉଦ୍ୟାନକୁ ଯାଅ ଖାଲ ଦେଖିବ ଫୁଲ। ଏ ଦେଶର କେତେକ ଫୁଲଗଛ ଆମ ଦେଶରେ ଦେଖାଯାଏ ନାହିଁ। କେତେକ ଗଛରେ ମୋଟେ ପତ୍ର ନ ଥାଏ। ତାଳୁରୁ ତଳିପା ଯାଏ ଖାଲି ଫୁଲ। ଗଛଟାଏ ଦେଖିଲେ ପୁଷ୍ପମୂର୍ତ୍ତି ଗୋଟାଏ ପରି ଦେଖାଯାଏ। ବିଜ୍ଞାନ ନିର୍ଦ୍ଦେଶରେ ସବୁ ସୁସଜ୍ଜିତ, ଉଜ୍ଜ୍ୱଳ ଓ ଯଥା ନିର୍ଦ୍ଦିଷ୍ଟ ହୋଇ ରହିଛନ୍ତି। ଘରର ଦ୍ୱାର ଓ ଝରକାରେ କୃତ୍ରିମ ଉପାୟରେ ମାଟିକୁ ଝୁଲାଇ ରଖି ତହିଁରେ ଫୁଲଗଛ ରଖାଯାଇଛି। ତେଣୁ ବଣ, ପାହାଡ଼ ଛାଡ଼ି ମଧ୍ୟ ଘରଦ୍ୱାର, ଝରକା, କବାଟ ଯେଉଁଠିକି ଚାହିଁବ ଖାଲି ଫୁଲ। ତା ଛଡ଼ା ତ

ଘୋଡ଼ାଗାଡ଼ି, ମଟର ଲରୀ, ଟ୍ରକ୍‌ରେ ଭର୍ତ୍ତି ହୋଇ ଦିନକୁ କେତେ ଗାଡ଼ି ଫୁଲ ଯେ ବିକ୍ରୀ ହେବାକୁ ଆସୁଛି ତାର ସୀମା ନାହିଁ। ଆମ ଦେଶରେ ସେତକ ଫୁଲ ମାଳିକି ମାଗିଲେ ମାହାଳିଆ ଦିଅନ୍ତା, ସେତିକିର ଦାମ୍ ଏଠି ଦୁଇଟଙ୍କା କିମ୍ବା ତିନିଟଙ୍କା। ତଥାପି ଏ ଦେଶରେ ଛୋଟରୁ ବଡ଼ ସମସ୍ତେ ଫୁଲ-ପାଗଳ। ଏ ଦେଶରେ ଥିବା ବିଦେଶୀମାନେ ଶୀତରେ ଯେତିକି ବ୍ୟସ୍ତ ହୁଅନ୍ତି, ବସନ୍ତରେ ସେତିକି ଆରାମ ଅନୁଭବ କରନ୍ତି। ମାତ୍ର ବସନ୍ତ ଆସିଛି ବୋଲି ଯେ ବୃଷ୍ଟି ବା ବାଦଲର ଆଧିପତ୍ୟ କମିଯାଇଛି, ତା କେବେହେଲେ କଳ୍ପନା କରିବା ଉଚିତ ନୁହେଁ। ମଝିରେ ମଝିରେ ଆଷାଢ଼ପରି ଅନ୍ଧାର ହୋଇ ଦିନ ସାରା ପାଣି ପଡୁଛି। ଦୁଇଘଣ୍ଟା ପୂର୍ବର ବସନ୍ତ ସୁଷମା ବାଦଲ ଅତ୍ୟାଚାରରେ ସଂପୂର୍ଣ୍ଣ ମଳିନ ହୋଇଯାଉଛି। ଲଣ୍ଡନ ପରି ବଡ଼ ସହରରେ ପ୍ରତି ଛକ ଜାଗାରେ ଉଦ୍ୟାନ (ପାର୍କ) ଅଛି। ସାହାରା ଭିତରେ ମରୁଦ୍ୱୀପ ପରି କୃତ୍ରିମ କୋଠା ମହଲା ଭିତରେ ଏହି ଉଦ୍ୟାନଗୁଡ଼ିକ ସତେଜ ଓ ଜୀବନ୍ତ। ବୃକ୍ଷ, ଲତା, ପତ୍ର, ପୁଷ୍ପଛଡ଼ା ନାନା ପ୍ରକାର ଛୋଟ ବଡ଼ ପକ୍ଷୀରେ ପୂର୍ଣ୍ଣ। ଅବଶ୍ୟ ଅତି ଅଚିହ୍ନା ପକ୍ଷୀ। ସହର ଭିତରେ ଦେଖାଦିଅନ୍ତି ନାହିଁ। ମାତ୍ର ଭୂମଧ୍ୟ ସାଗର ଉପକୂଳରୁ ବସନ୍ତସେବୀ ପକ୍ଷୀଗୁଡ଼ିକ ବରାବର ବିଲାତ ଅଭିମୁଖରେ ଆସୁଛନ୍ତି ବୋଲି ଖବର-କାଗଜରେ ପ୍ରକାଶ। ମୋତେ ଗୋଟିଏ କଥା ସବୁଠୁ ଆଶ୍ଚର୍ଯ୍ୟ ଲାଗେ ଯେ ଏ ସମସ୍ତ ପୁଷ୍ପ ସୌନ୍ଦର୍ଯ୍ୟ ଭିତରେ ମୁଁ କେବେ ପ୍ରଜାପତି କିମ୍ବା ଭ୍ରମରଟିଏ ଦେଖିନି। ବିଲାତି ଫୁଲ ବାସହୀନ ବୋଲି ଭ୍ରମରର ଏଟା ଅଭିମାନ ବୋଲି ଧରି ନେବାକୁ ହେବ।

ଋତୁ ପରିବର୍ତ୍ତନରେ ସବୁଠୁ ବଡ଼ ଜିନିଷ ଏଠି ଲକ୍ଷ୍ୟ କରିବା କଥା ଇଂରେଜ ଜୀବନର ଫୂର୍ତ୍ତି ଓ ପରିବର୍ତ୍ତନ। ଆମ ଦେଶରେ ବିଚିତ୍ର ଋତୁ ପରିବର୍ତ୍ତନ ଚାଲିଥାଏ; ମାତ୍ର ଜୀବନରେ ଶିଥିଳ ଗତିରେ ଦୃଶ୍ୟମାନ ପରିବର୍ତ୍ତନ ଘଟେ ନି। ବସନ୍ତ ଆଗମରେ କୃଷ୍ଣଙ୍କ ଅମଳରେ ପରା ବୃନ୍ଦାବନରେ ବସନ୍ତ ଉତ୍ସବ ହେଉଥିଲା ! ସେ ତ ପୁରାଣ କଥା। କିନ୍ତୁ ଆଜି ଆଉ ବସନ୍ତର ବିଶେଷ ପ୍ରଭାବ ଆମ ଜୀବନରେ ଦେଖାଦିଏ ନାହିଁ। ଯେଉଁଠି ପେଟରେ ଓଦାକନା, ସେଠି ଯୌବନ ନିଷ୍ପ୍ରଭ ଓ ଜୀବନ ନିସ୍ତରଙ୍ଗ। କିନ୍ତୁ ଯେଉଁଠି ପାନ ଭୋଜନ ଓ ସୁଖ ସମ୍ଭୋଗର ପ୍ରାଚୁର୍ଯ୍ୟ, ସେଠି ବସନ୍ତର ମୂଲ୍ୟ ସ୍ୱତନ୍ତ୍ର।

ସାପ କାତି ଛଡ଼ାଇଲେ ଯେମିତି ଚିକ୍‌କଣ ଓ ଚଞ୍ଚଳ ଦେଖାଯାଏ, ବସନ୍ତ ଆଗମରେ ସାହେବମାନେ ସେହିପରି ଚିକ୍‌କଣ ଓ ଚଞ୍ଚଳ ଦେଖା ପଡୁଛନ୍ତି। ଗଛପତ୍ରର ପୋଷାକ ପରିବର୍ତ୍ତନ ସଙ୍ଗେ ସାରା ମନୁଷ୍ୟ ସମାଜ ପୋଷାକ ପରିବର୍ତ୍ତନ କରିଛି। ଶୀତଦିନର ଯମରୂପୀ କଳା-ପୋଷାକଗୁଡ଼ା ସାହେବମାନେ ପକାଇ ଦେଇ ବର୍ଣ୍ଣ ବିଚିତ୍ର ଛବିଳ ସିଲ୍‌କ ପୋଷାକ ପିନ୍ଧି ବାୟୁମଣ୍ଡଳକୁ ସମ୍ପୂର୍ଣ୍ଣ ନୂତନ କରିପକାନ୍ତି। ସାହେବମାନଙ୍କ

ପୋଷାକରେ ସାମ୍ୟ ଥାଇପାରେ ମାତ୍ର ସାହେବାଣୀମାନଙ୍କର ପୋଷାକରେ ସାମ୍ୟ ଦେଖିବା କଠିନ। 'ଜଣକେ ଜାତିଏ' ଏ ହେଲା ତାଙ୍କ ପୋଷାକର ନୀତି। ଲୋକଙ୍କ ପୋଷାକ ଦେଖି ହଠାତ୍ ମନେହୁଏ ଦେଶରେ କିଛି ଗୋଟାଏ ପରିବର୍ତ୍ତନ ହୋଇଛି। ଉଦ୍ୟାନଗୁଡ଼ିକ ବୃଦ୍ଧ, ଶିଶୁ, ତରୁଣ, ତରୁଣୀରେ ପୂର୍ଣ୍ଣ ଓ ତହିଁରେ ଅଧିକାଂଶ ଦିନ ନୃତ୍ୟ ଗୀତର ଯୋଗାଡ଼। ଦେଶ ସାରା ବିରାଟ ପରିବର୍ତ୍ତନ। ସମସ୍ତଙ୍କ ଆଖିରେ ଆଶାର ଆଲୋକ। ବିଲାତି ଫୁଲ ସଙ୍ଗେ ତୁଳନା କରିବା ପାଇଁ ଆଉ ଗୋଟିଏ ଜିନିଷ ଏ ଦେଶରେ ଅଛି। ତା ହେଉଛୁ ଇଂରେଜ ପିଲା-ସୁସ୍ଥ, ସବଳ, ହସହସ, ନିଶ୍ଚିନ୍ତ। ଦେଖିଲେ ଲୋଭ ହୁଏ। ଫୁଲଟିକୁ ଉପେକ୍ଷା କରି ଯାଇହୁଏ ମାତ୍ର ଇଂରେଜ ଶିଶୁଙ୍କୁ ନୁହେଁ। ବିଲାତରେ ଯେ ଏତେ ପିଲା ଥାନ୍ତି ତା ବସନ୍ତ ଋତୁ ନ ହେବା ପର୍ଯ୍ୟନ୍ତ ଜଣା ପଡ଼େ ନାହିଁ। ଏସବୁ ଉଦ୍ୟାନ ରାସ୍ତା ଘାଟ ଆଜି କାଲି ଶିଶୁ ମେଳା। ଆମ ଦେଶରେ ସିନା ଡାହାଣୀ, ପିଶାଚୁଣୀ ବେଶି ବୋଲି ଆମ ତିନି ବର୍ଷିଆ ପିଲାଙ୍କୁ ବି କାନି ତଳେ ଘୋଡ଼ାଇଥାନ୍ତି, ଏଠି ତ ମାସକର ଛୁଆ ବି ଦୋଳିରେ ପଡ଼ି ଉଦ୍ୟାନରେ ଖରା ଖାଉଥାଏ।

ଏ ଦେଶରେ ତ ଶନିବାର ରବିବାରରେ ଅଧିକାଂଶ ଲୋକ ସପ୍ତାହ-ଶେଷ କଟାଇବା ପାଇଁ ସହର ବାହାରକୁ ଚାଲିଯାନ୍ତି। ଆଜିକାଲି ଏତେ ଲୋକ ମଫସଲ ହାଉଆ ଖାଇବା ପାଇଁ ବାହାରି ଯାଉଛନ୍ତି ଯେ, ଗୋଟିଏ ଗୋଟିଏ ରାସ୍ତାରେ ଘଣ୍ଟାରେ ୨୯ ହଜାର ଲେଖା ମଟର ଗାଡ଼ି ରବିବାର ସନ୍ଧ୍ୟାରେ ଲଣ୍ଡନ ଫେରୁଛନ୍ତି ବୋଲି ପୋଲିସ୍ ରିପୋର୍ଟରୁ ପ୍ରକାଶ। ତାଙ୍କ ଘଣ୍ଟାକର ପେଟ୍ରୋଲ ଖର୍ଚ୍ଚ ଆମ କଟକ ସହରର କେତେ କାଳର ଖର୍ଚ୍ଚ ଗଣିତଜ୍ଞମାନଙ୍କ ପାଇଁ ରହିଲା।

■

ବରଫ ତଳେ

କଲରିଜଙ୍କ 'କ୍ରିଷ୍ଟାବେଲ୍' ଓ କାଳିଦାସଙ୍କ 'ପାର୍ବତୀ' ପ୍ରଣୟ ପାଇଁ ପୌଷ ରାତ୍ରିରେ ଯେଉଁ ତପସ୍ୟା କଲେ ତା ମନେ ପଡ଼ିଲେ ଦେହ ଶୀତେଇ ଉଠେ। ପାଦ ତଳେ ବରଫ, ଉପରେ ମଳିନ ଚାନ୍ଦ-ସାଇଁ ସାଇଁ ଶୀତ ପବନ। ଦେହର ଏକମାତ୍ର ଆବରଣ ଥିଲା ବକ୍‌କଳ। କଳ୍ପନା କରି ହୁଏ ନି ସତେ ରକ୍ତମାଂସର ଶରୀରଟା ଏମିତି ସାଧନା କଣ୍ଟକିତ ହୋଇପାରେ! ଅଷ୍ଟ୍ରେଲିଆ ଉଲ୍‌ର ପାଞ୍ଚ ପରସ୍ତ ପୋଷାକ ତଳେ ବରଫୀ ବାୟୁମଣ୍ଡଳରେ ଲଣ୍ଡନ ସହରରେ ହାଡ଼ ଯେମିତି ଥରିଯାଏ, ସେଥିରେ 'କ୍ରିଷ୍ଟାବେଲ୍ ପାର୍ବତୀ ତପସ୍ୟା' କବିର କଳ୍ପନା କିମ୍ବା ପ୍ରଣୟର ଚୂଡ଼ାନ୍ତ ସାଧନା ଛଡ଼ା ଆଉ କିଛି ହୋଇପାରେ ନା। ସେହି ହିମାଳୟ ଶୀତର ସାତ ଭାଗରୁ ଭାଗେ ଲଣ୍ଡନରେ ଦେଖାଦେଇ କି ଚାଞ୍ଚଲ୍ୟ ସୃଷ୍ଟି କରୁଛି ସେହି କଥା କହୁଛି।

ଆଜିକାଲି ଦିନ ୮ ଘଣ୍ଟା ଓ ରାତି ୧୬ ଘଣ୍ଟା ଅଛି। ସୂର୍ଯ୍ୟ ସକାଳ ଆଠଟାରେ ଆସି ବେଠିଆଙ୍କ ପରି ଯାହା ତାହା କାମ କରି ଉପରଓଳି ଚାରିଟାରେ ବିଦାୟ। ଦିନ ବାରଟା ବେଳେ ଦେଖିଲେ ବି କୁହୁଡ଼ି ଅନ୍ଧାର ଭିତରେ ସୂର୍ଯ୍ୟ ଲାଲ୍ ପେଣ୍ଡୁଟି ପରି ଝୁଲୁଛି। ନାହିଁ ଜୀବନ, ନାହିଁ ଫୂର୍ତ୍ତି, ନାହିଁ ଆଲୋକ ବିଳାସ। ବୃଷ୍ଟି, ବାଦଲ ଓ ବରଫ ଅତ୍ୟାଚାରରେ ବିଚାରା ଜରଜର। ସରଗରୁ ପୁଷ୍ପବୃଷ୍ଟି ପରି ଘଣ୍ଟା ଘଣ୍ଟା ଧରି ଲଣ୍ଡନ ଉପରେ ଝରୁଚି ବରଫ। ଘଣ୍ଟାକ ଭିତରେ କୋଠାବାଡ଼ି, ରାସ୍ତାଘାଟ, ଯାନବାହନ, ପାର୍କ, ପ୍ରାଙ୍ଗଣ ସବୁ ଧଳା। ଆସ୍ତେ ଆସ୍ତେ କୁହୁଡ଼ି ଘନେଇ ଉଠୁଛି। ନିଜ ପାଦତଳୁ ୫୦ ଫୁଟ ଆଗକୁ ଆଉ ଦେଖାଯାଉନି। ଦିନ ଦ୍ୱିପ୍ରହରରେ ଅମାବାସ୍ୟା ଅନ୍ଧାର। କୋଠାବାଡ଼ି, ରାସ୍ତାର ବତୀଖୁଣ୍ଟ ସବୁଠି ଆଲୁଅ ଜଳୁଛି। ବାଦଲ ରାତ୍ରିରେ ନିଷ୍ପ୍ରଭ ତାରକା ପରି ଆଲୁଅଗୁଡ଼ିକ ମିଞ୍ଜି ମିଞ୍ଜି କରୁଛନ୍ତି। ରାସ୍ତାଘାଟ, ଯାନବାହନ ସବୁ ଏକପ୍ରକାରେ ବନ୍ଦ। କ୍ରମେ କୁହୁଡ଼ି ହଟିଗଲେ ପୁଣି କାମ ଚାଲୁଛି। ରାସ୍ତାରେ ବାସନ୍ତୀ

ଲଣ୍ଡନର ଗଜଗମନ ଧୀରକ୍ଷେପଣ ଆଉ ନାହିଁ। ସବୁଠି ଖାଲି ଅଶ୍ୱଧାବନ। ସ୍ତ୍ରୀ ପୁରୁଷ ପିଲା ଘୋଡ଼ା ପରି ଧାଇଁଛନ୍ତି ଶୀତ ଛଡ଼ାଇବା ପାଇଁ। ଦୁର୍ବଳ ଭାରତୀୟ ତ କାନ୍ଧେ ଓଜନର ଓଭରକୋଟ୍ ଉଠାଇ ପାରୁନି, ସେ ଧାଇଁବ କେତେକେ। ଖାଲି ସାହେବୀ ଧାଉଁଚି ଦେଖି ଖୁସି ହେବା କଥା। "ପୁଷ୍ପିତା" ପ୍ରବନ୍ଧରେ କହିଥିଲି, ବସନ୍ତ ଆଗମରେ ତରୁଣୀଙ୍କଠି ଥିଲା କି ଅପୂର୍ବ ଚଞ୍ଚଳତା, ଫୁଲ ସୁଅରେ ଲଣ୍ଡନ ଭାସୁଥିଲା ଫୁଲ ରଙ୍ଗ ସଙ୍ଗେ ତାଳ ଦେଇ। ଲଣ୍ଡନ ସହରରେ ଭରିଥିଲା ଚାଇନା ସିଲ୍‌କର ମନୋହର ବେଶଭୂଷା। ମାତ୍ର ଆଜି ସେ ସବୁ ରାତ୍ରିରେ ଅଶୁଭ ସ୍ୱପ୍ନ ପରି ଲିଭି ଯାଇଛନ୍ତି। ପାର୍କ ଦେହରେ ପତ୍ରପୁଷ୍ପହୀନ ଜରାଜୀର୍ଣ୍ଣ ଘନକୃଷ୍ଣ ବୃକ୍ଷଗୁଡ଼ିକ ଲୁହାଖୁଣ୍ଟ ପରି ଉଭା ହୋଇଛନ୍ତି। ନ ଦେଖିବା ଲୋକ ବିଶ୍ୱାସ କରିବନି ପୁଣି ଯେ ଆସନ୍ତା ବସନ୍ତରେ ସେହି ବୃକ୍ଷ ଫୁଲ ଧରିବ, ଶୀତକୁ ଉପହାସ କରି ବସନ୍ତର ସ୍ତୁତି ଗାନ କରିବ। ଚାଇନା ସିଲ୍‌କ ବଦଳରେ ଅଷ୍ଟ୍ରେଲିଆ ଉଲ୍‌ର କଳା ପୋଷାକ ତଳେ ସମସ୍ତେ ଭୂତ ପାଲଟିଛନ୍ତି। ଯେଉଁଠିକି ଗଲେ ଏକରକମ ପ୍ରଶ୍ନ "It is rather cold, is not it! but the snow is lovely." ଏ ସଂସାରରେ ମୃତ୍ୟୁଛଡ଼ା ସାହେବମାନେ ଆଉ କାହାକୁ lovely ନ କହନ୍ତି ଏମିତି ନାହିଁ। ମନେ ପଡ଼େ ଥରେ ଗୋଟିଏ କୋଇଲା ଖଣିରେ ଗୋଟିଏ ଅଣନିଃଶ୍ୱାସ ଛୋଟିଆ ଗଳି ରାସ୍ତାରେ ଘୁଷୁରି ଘୁଷୁରି ଯିବାବେଳେ ଆମ ସାହେବ ଚାଳକ ଜଣକ କହି ଉଠିଲେ "How lovely is the coal !" ସେହି ଅଣନିଃଶ୍ୱାସୀ ଅବସ୍ଥାରେ ଯେତେ ମଣିଷ ହସିଛି ମନେ ପଡ଼ିଲେ ହସରେ ପେଟ ଫାଟିଯାଏ। ସଭ୍ୟ ଜାତିଙ୍କର ସଭ୍ୟତା କଥା ଭାଷା ବୁଝିବା ବଡ଼ କଠିନ ବେପାର ସତେ !

ହଁ ଅସଲ ବରଫ କଥା କହେ ତେବେ। ଦୈନିକ ସାଧାରଣ ଉତ୍ତାପ ବର୍ତ୍ତମାନ ବରଫ ପଏଣ୍ଟରେ ଅଛୁ। ସ୍କଟଲାଣ୍ଡର ପାହାଡ଼ ଅଂଶରେ ସବୁ ଦିନ ବରଫ ବର୍ଷା ହେଉଛି। ମାତ୍ର ଲଣ୍ଡନରେ ଦିନେ ଦିନେ। ଆମେରିକାର ପିଟ୍‌ସବର୍ଗ ଉପରେ ୨୫ ଫୁଟ ବରଫ ପଡ଼ି ସାଧାରଣ ଜୀବନକୁ ପଙ୍ଗୁ କରି ଦେଇଛି ବୋଲି ରେଡ଼ିଓ ଗର୍ଜୁଛି। ବିଚିତ୍ର ଇଉରୋପ ତ ! ବିଲାତରେ ବରଫ ବର୍ଷାବେଳେ ଇଟାଲୀରେ ଆଗ୍ନେୟଗିରିରୁ ଅଗ୍ନି ବର୍ଷା ଚାଲିଛି। ଆରବର୍ଷ ଲଣ୍ଡନରେ ମୋଟେ ବରଫ ନଥିଲା। ତେଣୁ ବରଫ ଅନୁଭୂତି ଆମର ଏବର୍ଷ ସଂପୂର୍ଣ୍ଣ ନୂତନ। ବରଫ ବର୍ଷାପରେ ପଦାକୁ ବାହାରିଲେ ସବୁଠି ପାଦ ବହଳ ବରଫର ଆସ୍ତରଣ, ଚିକ୍ ଚିକ୍ ଧଳା। ଚାଲିବା ରାସ୍ତାରେ ଦଳି ହୋଇ କାଦୁଅ ପରି ହୋଇଯାଏ, ମାତ୍ର ପାର୍କ ପଡ଼ିଆରେ ରାସ୍ତା ବାହାରେ ଦୁଇ ତିନି ଦିନ ପର୍ଯ୍ୟନ୍ତ ସେହିମିତି ରହିଥାଏଁ। ସୌଭାଗ୍ୟକୁ ଯଦି ବାଦଲ ହଟିଯାଇ ସୂର୍ଯ୍ୟ ଚାଲିଆସେ ତେବେ ସେ ସୌନ୍ଦର୍ଯ୍ୟ ଦେଖେ କିଏ ! ନଭଶ୍ଚୁମ୍ବୀ ବରଫାବୃତ ଅଟ୍ଟାଳିକା

ଅଗ୍ରରେ ସୂର୍ଯ୍ୟର କିରଣ ଲାଗି ସୁନାର ପାଗୋଡା ସୃଷ୍ଟି ହୁଏ। ଏ ଦେଶରେ ସୂର୍ଯ୍ୟକିରଣ ଭାରତ କିରଣ ପରି ବାସ୍ତବ ଓ ଦାରୁଣ ନୁହେଁ - ସ୍ୱପ୍ନ ସମ କୋମଳ ଓ କରୁଣ। ଲଣ୍ଡନର କୁହେଳି ଉପରେ ଦୁର୍ବଳ ସୂର୍ଯ୍ୟର କାତର କିରଣଧାରା ଯେଉଁ ତନ୍ଦ୍ରାୟିତ ସ୍ୱପ୍ନିଳ ସୁଷମା ସୃଷ୍ଟି କରେ ତା ମୁଁ ଭାରତରେ ଦିନେହେଲେ ଦେଖିନି। ଅବଶ୍ୟ ଆମ ଦେଶର ସୌନ୍ଦର୍ଯ୍ୟ ସ୍ୱତନ୍ତ୍ର। ପାଦ ଥରୁଥିଲେ ମଧ୍ୟ ବଡ଼ଦାଣ୍ଡର ପୁଣ୍ୟ ଧୂଳି ପରି ଲଣ୍ଡନ ତୀର୍ଥର ବରଫ ଧୂଳି ଉପରେ ଧୀରେ ପାଦ ଚାଳି ଭାରତୀୟ କୃତକୃତ୍ୟ ହୁଏ-ଆତ୍ମପ୍ରସାଦ ଲାଭ କରେ। ଗାଁ କନ୍ୟା ସିଙ୍ଘାଣିନାକୀ ବୋଲି ଦାର୍ଜିଲିଂ ବରଫକୁ ମନକୁ ନଆଣି ବରଫ ଦେଖିବା ପାଇଁ ଆସେ ବିଲାତ ! ହଁ ତେଜ ଘରେ ପେଜ ସୁଆଦ; ସେ ଥିଲା ବାଦଶାଙ୍କ ଦେଶ ! ଏହି ଶୀତ ଦିନେ ଦିନ ଚାରିଟାବେଳେ ଆକାଶରେ ଚାନ୍ଦ ଦେଖାଯାଏ। ତଳେ ବରଫର ଆସ୍ତରଣ, ଉପରେ ନୀଳ ଆକାଶରେ [ବେଳେ ବେଳେ ଆକାଶ ସଂପୂର୍ଣ୍ଣ ସଫା ହୋଇ ଯାଇଥାଏ] ଚାନ୍ଦର ଆଲୁଅ। ଏ ଦୁହିଁଙ୍କର ମିଳନରେ ଯେଉଁ କାନ୍ତ କୋମଳ ମାଧୁରୀ ସୃଷ୍ଟି ହୁଏ, ତା ଉପଭୋଗ୍ୟ।

ଆମ ଦେଶରେ ଝଡ଼ି ବର୍ଷା ଓ ବନ୍ୟା ହେଲେ ଯେମିତି ଅନେକ କ୍ଷତି ହୁଏ, ଏଠି ବରଫ ବର୍ଷାରେ ସେମିତି ଅନେକ ଅସୁବିଧା ଅଭିଯୋଗ ହୁଏ। ପ୍ରଥମ କଥା ବରଫ ଓ କୁହୁଡ଼ିରେ ଉଡ଼ାଜାହାଜ ଉଠେନି। ଶହ ଶହ ଯାତ୍ରୀ ଉଡ଼ାଜାହାଜ ଘାଟି ପଡ଼ିଆରେ ବସିରହନ୍ତି। ଦୁଇ ଦିନ ହେଲା ରାଜକୁମାରୀଙ୍କର ଉଡ଼ାଜାହାଜ ଉଠିପାରୁନି ବୋଲି ସେ ଛୁଟି କଟାଇବା ପାଇଁ ବାହାରକୁ ଯାଇ ପାରୁ ନାହାନ୍ତି। ଇଂରେଜୀ କାଗଜରେ ହେଡ଼୍ ଲାଇନ୍‌ରେ ବାହାରୁଛି। ଜାହାଜ ଓ ରେଳଗାଡ଼ି ଆପେ ବନ୍ଦ ହୋଇଯାଏ। ରେଲ୍ ରାସ୍ତାରେ ବରଫ ଜମିଯାଏ ଯେ, ତାକୁ କାଟି ଯିବା ଅସମ୍ଭବ ହୁଏ। ଗୋଟିଏ ଦିନର କୁହୁଡ଼ିରେ ୪୦ ଜଣ ମୃତ ଓ ଶତାଧିକ ଲୋକ ରାସ୍ତାରେ ଆଘାତ ପାଇଛନ୍ତି ବୋଲି ଖବରକାଗଜରୁ ପ୍ରକାଶ। ବିଗତ ୧୩ ବର୍ଷ ହେଲା ଡିସେମ୍ବର ମାସରେ ଏମିତି ଶୀତ ହୋଇ ନଥିଲା ବୋଲି ପାଣିପାଗ ବିଭାଗ କହନ୍ତି। ଚରିବା ପାଇଁ ଯାଇଥିବା ମେଣ୍ଢା ବରଫରେ ଠାକି ରହୁଛନ୍ତି। ମେଷପାଳକ ତାର ଲମ୍ବା ରବର ବୁଟ୍ ପିନ୍ଧି କଷ୍ଟରେ ବରଫ କାଟି ଘରକୁ ଫେରୁଛି। ଅନେକ ସମୟରେ ଏତେ ଥଣ୍ଡା ହୁଏ ଯେ, ଘରର ପାଇପ୍ ଭିତର ବରଫ ପାଲଟି ଯାଇ ପିଇବାକୁ ପାଣି ମିଳେନି। ସେହି ପାଇପ୍ ମଧ୍ୟ ଫାଟିଯାଇ ଘରକୁ ପାଣିରେ ଭସାଇଦିଏ। ଏହି ଅନୁଭୂତି ଇଂଲଣ୍ଡ ଅପେକ୍ଷା ସ୍କଟ୍‌ଲାଣ୍ଡରେ ବେଶି ବୋଲି ଜଣେ ସ୍କଚ୍ ବନ୍ଧୁ ମୋତେ କହୁଥିଲେ। ବରଫ ବିଭବ ଦେଖିବା ପାଇଁ ପ୍ରଶସ୍ତ କ୍ଷେତ୍ର ସ୍କଟ୍‌ଲାଣ୍ଡ, ଯେଉଁଠି ପାହାଡ଼, ପର୍ବତ, ପ୍ରାନ୍ତର, ପ୍ରାଙ୍ଗଣ, ନଦୀ, ହ୍ରଦ ସବୁ ଏକାକାର ହୁଏ-ଗୋଟିଏ ଶୁକ୍ଳ ଆବରଣ ତଳେ। ବରଫ ବର୍ଷାବେଳେ ରାସ୍ତାରେ

ଚାଲିଲେ କୋଟ୍ ଓ ଟୋପି ଉପରେ ବରଫ ପଡ଼ି ଭାରି ସୁନ୍ଦର ଦେଖାଯାଏ, ମଜା ବି ଲାଗେ। ଯେତେ ଥଣ୍ଡା ହେବାର ଆଶା କରାଯାଏ, ସତରେ ସେତେ ହୁଏନି।

ଯାହାର ଜୀବନ ଅଛି ସେ ଉପଭୋଗ କରି ଜାଣେ। ସବୁ ଦୁର୍ଗତି ଭିତରେ ବି ସାହେବମାନେ ଜୀବନ ଉପଭୋଗ କରି ଜାଣନ୍ତି। ପ୍ରକୃତରେ ଏମାନେ ଗୋଟିଏ ବିରାଟ ଖେଳାଳୀ ଜାତି। ବରଫ ଜମା ହେଲେ ସେହି ବରଫ ଉପରେ ଖେଳ ଆରମ୍ଭ ହୁଏ। ପିଲମାନେ ବରଫ ବଲ୍ ତିଆରି କରି ପରସ୍ପରକୁ ଫିଙ୍ଗନ୍ତି। ବରଫ ଗଦା କରି ସେଥିରେ ମଣିଷର ମୂର୍ତ୍ତି ତିଆର କରନ୍ତି। ଛୋଟ ଛୋଟ କାଠ ତିଆରି ଗାଡ଼ିରେ ପିଲାଙ୍କୁ ବସାଇ ବରଫ ଉପରେ ଟାଣନ୍ତି। ତା ଛଡ଼ା ସ୍କିଂ ଓ ସ୍କେଟିଙ୍ଗ୍ ପ୍ରଭୃତି ନାନାପ୍ରକାର କ୍ରୀଡ଼ା ଏହି ବରଫ ଉପରେ କରନ୍ତି। ବରଫ ବର୍ଷା ଓ ପବନରେ ଦେହ ହାତ ଯେତେବେଳେ ପାଣି ପାଲଟି ଯାଉଥାଏ, ସେତେବେଳେ ହଜାର ହଜାର ବୃଦ୍ଧ, ଶିଶୁ ସମସ୍ତେ ଘରୁ ବାହାରି ବଡ଼ ବଡ଼ ପାର୍କ ଓ ପାହାଡ଼ିଆ ସ୍ଥାନରେ ଗଦା ହୋଇଥିବା ବରଫ ଉପରେ କ୍ରୀଡ଼ା ଆରମ୍ଭ କରନ୍ତି। ସପ୍ତାହ ଧରି ଗାଁ ଗଣ୍ଡା ରାସ୍ତାଘାଟ ବ୍ୟବସାୟ ବନ୍ଦ ହେଉଥିଲେ ମଧ୍ୟ ସମସ୍ତଙ୍କର ବରଫ ପ୍ରତି ଭାରି ମମତା। ବରଫ ଦେଖିବେ, ତା ଉପରେ ଚାଲିବେ, ସରଗ ଶିରୀ ମଣିଷର ପାଦତଳେ ଲୋଟିଯିବ। ସାହେବ ସାହେବାଣୀ ଆନନ୍ଦରେ ପାଟିକରି ଉଠିବେ, How lovely is the snow !

କେନାଲ ସେପାରି

ଆମ ଦେଶରେ ଗୋରା ଚମଡ଼ା ଦେଖିଲା ମାତ୍ରେ ଆମେ କହୁ 'ସାହେବ'। ଆମେରିକା, ଅଷ୍ଟ୍ରେଲିଆ, ଇଟାଲୀ, ଜର୍ମାନୀ, ଯେଉଁ ଦେଶର ଲୋକ ହେଉପଛେ ଆମେ କହୁ 'ସାହେବ', ଆମ ରଜାଙ୍କ ଉପରେ 'ସାହେବ'। ଜଣେ ବନ୍ଧୁ ଡାକ୍ତର ମିଶ୍ର ଏବେ ମୋତେ କହୁଥିଲେ ଯେ, ଆମେରିକାରେ ପରା କୁଆଡ଼େ 'ହିନ୍ଦୁ ମାନେଇ ଭାରତୀୟ'। ସେମାନେ ଯେମିତି କଳା ରଙ୍ଗ ଦେଖି ଆମ ସମସ୍ତଙ୍କୁ ପୂର୍ବଖଣ୍ଡର ଲୋକ ବୋଲି ଭାବନ୍ତି, ଆମେ ସେମିତି ସବୁ ଗୋରାଙ୍କୁ ସାହେବ ବୋଲି ବିଚାର କରୁଁ। ଏ ଦେଶରେ ଅନେକ ଦିନ ରହିଲାପରେ ମଧ୍ୟ ଗୋରା ଲୋକମାନଙ୍କ ଭିତରୁ କିଏ କେଉଁ ଦେଶର ଲୋକ ବାଛିବା କଠିନ। କିନ୍ତୁ 'ଆମ ସାହେବ'ମାନେ ଅନ୍ୟ ଇଉରୋପୀୟ ଲୋକଙ୍କ ପରି ଧଳା ହେଲେ ମଧ୍ୟ ତାଙ୍କ ଚାଲିଚଳଣ ରଙ୍ଗ ଢଙ୍ଗ ଏତେ ତଫାତ୍ ଯେ ତାଙ୍କୁ କୌଣସି ଇଉରୋପୀୟଙ୍କ ସହିତ ସମାନ କରି ହେବ ନାହିଁ। କାଣୀ ଗାଈର ଭିନେ ଗୋଠ। ମୋଟେ ଅଠର କୋଡ଼ିଏ ମାଇଲିର ଇଂରେଜ ପ୍ରଣାଳୀ ସେମାନଙ୍କୁ ୟୁରୋପୀୟ ଭୂଖଣ୍ଡରୁ ଏମିତି ତଫାତ୍ କରି ଗଢ଼ି ଦେଇଛି ଯେ ଦେଖିଲେ ଆଶ୍ଚର୍ଯ୍ୟ ଲାଗେ। ଥରେ କେନାଲ୍ ପାର ହୋଇ "ଇଉରୋପର ଅଙ୍ଗୁର ଉଦ୍ୟାନ" ଫ୍ରାନ୍ସରେ ପାଦ ଦେଲେ ଆମ ସାହେବଙ୍କ କଥା ସହଜରେ ଜଣା ପଡ଼େ। ତଫାତ୍‌ଟା ବଡ଼ କୌତୂହଳ ଜାଗ୍ରତ କରେ। ଆମ ଦେଶରେ ଗଙ୍ଗାରୁ ଗୋଦାବରୀ ଗଲେ ଏତେ ବଡ଼ ତଫାତ୍ ଜଣାପଡ଼େ ନାହିଁ।

କେନାଲ ପାରହୋଇ ଫରାସୀ ମାଟିରେ ପାଦଦେଲା ମାତ୍ରେ ତଫାତ୍‌ଟା ଆଗ ଆଖିରେ ନ ପଡ଼ି କାନରେ ପଡ଼େ। ଗୁଡ୍‌ମର୍ଣ୍ଣି, ଗୁଡ୍‌ଇଭିନିଂ, ଥ୍ୟାଙ୍କ୍‌ଇଉ, ଭେରିସରି, କେଉଁଆଡ଼େ ଫରାସୀ ପବନରେ ମିଳାଇ ଯାଏ। କାନରେ ପଡ଼େ ବନଜୁର୍, ବନସ୍ୱାର, ମେର୍ସିବୁକୁ ଓ ଫାର୍ଦୋ ମେସିଓ – ଅଧା ଚିହ୍ନା ଅଧା ଅଚିହ୍ନା। ମୋଟେ କୋଡ଼ିଏ ମାଇଲ୍

ପାରି ନ ହେଉଣୁ ଏ ତଫାତ୍ ଅତି ବିଚିତ୍ର ଲାଗେ। ଆମେରିକା ସୈନ୍ୟବାଲା ଯେମିତି କଟକ ରେକ୍ସାବାଲାଙ୍କୁ କହେ, "ଟୁ ରୁପି" "ଚଉଦ୍ଦୁରିଂ ବଜାର୍ ଗୋ", ସେମିତି କୌଣସି ପ୍ରକାରେ ଯୋଡ଼ିକର ଦୁଇଚାରି କଥା କହିଦେବାକୁ ହୁଏ। ସବୁଠୁଁ ମଜା କଥା ହେଉଛି କେତେକ ବିଦେଶୀ ହାତରେ ଖଣ୍ଡେ ଖଣ୍ଡେ ଦୋଭାଷୀ ବହି ଧରି ବେଳେ ବେଳେ ସେଥିରୁ ଧାଡ଼ିଏ ଲେଖାଏଁ ପଢ଼ି ଦିଅନ୍ତି। କିନ୍ତୁ ଯେଉଁମାନେ ଇଂରେଜଭାଷା ଜାଣନ୍ତି, ସେମାନେ ଫରାସୀ ଉଚ୍ଚାରଣ ନ ଜାଣି ଯେତେବେଳେ ଫରାସୀ କହନ୍ତି, ଦିଅଁ ଗଢୁ ଗଢୁ ତ ଖାଲି ବାନର ହୁଏ ନାହିଁ, ତାଠୁଁ ଖରାପ ଆହୁରି ଗୋଟିଏ କିଛି ହୋଇପଡ଼େ। ଲେକହସାଟା ସାର ହୁଏ। ଏ ଦିଗରୁ ସାଧାରଣ ଇଂରେଜଙ୍କ ଅବସ୍ଥା ଭଲ ନୁହେଁ। ସାଧାରଣ ଇଂରେଜ ଫରାସୀ କହିପାରେ ନାହିଁ। ଓଡ଼ିଆ ରାଗିଲେ ଯେମିତି ହିନ୍ଦୀ କହେ, ଇଂରେଜ ସେମିତି ଏଆଡୁ ସେଆଡୁ ଗୋଟାଏ କଣ କହେ। ଇଉରୋପ ଭୂଖଣ୍ଡରେ ଇଂରେଜୀ ଭାଷାର ପ୍ରତିପତ୍ତି ଅଛି ନିଶ୍ଚୟ। କିନ୍ତୁ ଇଟାଲୀ, ସୁଇଜରଲାଣ୍ଡ, ଡେନମାର୍କ ପ୍ରଭୃତି ରାଜ୍ୟମାନଙ୍କରେ ସାଧାରଣ ଲୋକେ ଫରାସୀ ଯେମିତି ବୁଝନ୍ତି, ଇଂରେଜୀ ସେମିତି ବୁଝି ପାରନ୍ତି ନାହିଁ।

ଦ୍ୱିତୀୟ କଥା ଇଂରେଜମାନଙ୍କ ବଗ-ଧର୍ମ। ବଗ ପୋଖରୀ କୂଳରେ ଚିତା ତିଳକ ମାରି ତୁନୀ ହୋଇ ଠିଆ ହୁଏ। ନିରହଙ୍କାର, ନିର୍ମାୟା ପୁରୁଷ ! ହଲିଲା ପାଣିକି ଗୋଡ଼ ବଢ଼ାଏ ନାହିଁ, କିନ୍ତୁ ନିଜ ସଜରେ ମାଛବଂଶ ନିର୍ମୂଳ କରିଥାଏ। ଏହି ବଗଧର୍ମଟା ସାହେବମାନଙ୍କର ସ୍ୱତନ୍ତ୍ର ଚିହ୍ନ। ତାଙ୍କ ସଙ୍ଗେ ବର୍ଷ ବର୍ଷ ରହ, କିନ୍ତୁ ଦେଖିବ ସବୁବେଳେ ତୁନୀ। ସତେ ଯେମିତି ପାଞ୍ଚ ପଚିଶ ହଜିଛି କିମ୍ବା କାହା ବଂଶ ନିର୍ମୂଳ କରିବା ପାଇଁ ଚିନ୍ତା ମନରେ ଘୂରୁଛି। ହୋଇପାରେ, ଆମ ପାପ-ଆଖିକି ସେମିତି ଦେଖାପଡ଼େ। ନଚେତ୍ ତାଙ୍କ ତୁନିତାନ ଢଙ୍ଗଟା ଅନେକ ବେଳେ ଚିଡ଼ି ଲାଗିଲେ ମଧ୍ୟ ଅନେକେ ପ୍ରଶଂସା କରି ଥାନ୍ତି। ସେମାନେ କଥାରେ ବିଶ୍ୱାସ ନ କରି, କାମରେ ବିଶ୍ୱାସ କରନ୍ତି। କିନ୍ତୁ ଅନ୍ୟ ଇଉରୋପୀୟ ଦେଶମାନଙ୍କରେ ଆମ ଦେଶ ଲୋକଙ୍କ ପରି ବଡ଼ ପାଟିରେ ଗପ କରିବା ଅଭ୍ୟାସ ଖୁବ୍ ବେଶି। ସେମାନେ ବେଶ୍ କାନ୍ଧରେ ହାତ ପକାଇ ମିଶନ୍ତି ଓ ଗପ କରନ୍ତି। ଇଂରେଜମାନଙ୍କଠୁ ସେ ଆଶା କେବେ କରି ହେବ ନାହିଁ। ଅବଶ୍ୟ ଏହି ଗଲା ଯୁଦ୍ଧ ପରେ ଓ ଆଉ କେତେକ ଭାଗ୍ୟ ବିପର୍ଯ୍ୟୟ ପରେ ଏବେ ଆସ୍ତେ ଆସ୍ତେ ସାହେବଙ୍କ ପାଟି ଫିଟୁଛି ବୋଲି ଅନେକଙ୍କର ମତ। ତୃତୀୟ ମହାଯୁଦ୍ଧ ବେଳକୁ ସଂପୂର୍ଣ୍ଣ ଫିଟି ଯାଇଥିବ ବୋଲି ଆଶା।

ଅନେକ କାଳ ଧରି ଆମେମାନେ ରାସ୍ତାକୁ ମାଇଲରେ ହିସାବ କରିବାକୁ ଶିଖିଛେ। କିନ୍ତୁ ଏକା ଇଂଲଣ୍ଡକୁ ଛାଡ଼ିଦେଲେ ଅନ୍ୟତ୍ର ମାଇଲ ନାହିଁ ; ଅଛି କିଲୋମିଟର।

ରାସ୍ତାରେ କେତେ ବାଟ ପଚାରିଲେ ସେମାନେ କହି ଦିଅନ୍ତି ଏତେ କିଲୋମିଟରରେ ହେବ। କୋଶେ ହେବ କି ଯୋଜନେ ହେବ ଜଣା ପଡ଼େନି। ମାଇଲ୍ ପଚାରିଲେ ହସନ୍ତି। ସେଗୁଡ଼ା ପରା ବିଲାତ କଥା। ତା ବ୍ୟତୀତ ଟଙ୍କା ପଇସାର ହିସାବ ପାଉଣ୍ଡ, ସିଲିଂ, ପେନ୍ସ। ନୋଟ୍ ଗୁଡ଼ିକ ମୋଟା କାଗଜ କିନ୍ତୁ ଫ୍ରାନ୍ସର ମୁଦ୍ରାଗୁଡ଼ିକ ଫରାସୀ ଫେସନ, ଫରାସୀ ଜୀବନ ପରି ହାଲୁକା। ନୋଟ୍ ଗୁଡ଼ିକ ପତଳା, ଦେଖିବାକୁ ଭାରି ସୁନ୍ଦର। ସେଠି ଆଉ ଛୋଟ କଥା ନାହିଁ। ସବୁ ବଡ଼ - ହଜାର ଫ୍ରାଙ୍କ୍, ଦୁଇହଜାର ଫ୍ରାଙ୍କ୍। ବକ୍ତଟାଏ ଖାଇବାକୁ ହେବ ତ ହଜାରେ ଫ୍ରାଙ୍କ୍। ଅନ୍ୟାନ୍ୟ ବହୁ ଇଉରୋପୀୟ ମୁଦ୍ରା ଦଶମିକ ପ୍ରଣାଳୀ ଅନୁସରଣରେ କରନ୍ତି ବୋଲି ହିସାବ କରିବାକୁ ସହଜ ହୁଏ।

ତା ପରେ ରାସ୍ତା ଆଇନ। ଆମ ଦେଶ ପରି ଗରିବ ଦେଶରେ ଜେଜବାପଙ୍କ ଅମଳର ଶଗଡ଼ ଚାଲିଛି। ସେଥିରେ ରାସ୍ତା ଆଇନ୍ ବେଶି ଦରକାର ନାହିଁ। ସମସ୍ତଙ୍କର ତ ହଡ଼ା ବଳଦ। କାହା ଶଗଡ଼ ଅବା କାହା ଉପରେ ମାଡ଼ି ଯାଉଛି ! ମାତ୍ର, ଏ ଦେଶରେ ରାସ୍ତା ଆଇନ୍ ମୁହୂର୍ତ୍ତଟିଏ ଭୁଲ ହେଲେ ହଜାର ହଜାର ଜୀବନ ମାଟିରେ ମିଶିଯିବ। ରାସ୍ତା ଆଇନ୍ ସାହେବଙ୍କର ଯାହା ଆମର ବି ସେଇଆ-ବାମ ପଟକୁ ଆଡ଼େଇ ହୁଅ।" ମନେହୁଏ ଯେମିତି ଏ ସବୁ ଆଇନ୍ କାନୁନ୍ ସବୁଠି ସମାନ ମାତ୍ର ଇଉରୋପର ଅଧିକାଂଶ ରାଜ୍ୟରେ ଡାହାଣକୁ ଆଡ଼େଇ ହେବା ଆଇନ୍। ତେଣୁ ଅନେକ ସମୟରେ ସାହେବୀ ଅଭ୍ୟାସ ବଶତଃ ବାମ ପଟକୁ ଆଡ଼େଇ ହୋଇ ଆଘାତ ପାଇବାର ଆଶଙ୍କା ହୁଏ। ଆମେରିକା ଫେରନ୍ତା ଲୋକମାନଙ୍କର ଲଣ୍ଡନରେ ଠିକ୍ ସେହି ଅସୁବିଧା ହୁଏ।

ଖାଇବା ଜିନିଷ ସାରା ଇଉରୋପରେ ସମାନ କହିଲେ ଚଳେ। ମାତ୍ର ତିଆରି ଢଙ୍ଗ ଓ ଖାଇବା ପରିମାଣରେ ତଫାତ୍ ଦେଖିବାର କଥା। ଇଉରୋପ ଦେଶମାନଙ୍କ ମଧ୍ୟରେ ରୋଷେଇ କରିବା ବିଷୟରେ ସାହେବମାନଙ୍କର ବିଶେଷ ବଦନାମ୍। ଏବେ କାନାଡ଼ା ପ୍ରଫେସର ସାହେବମାନଙ୍କ ପ୍ରସଙ୍ଗରେ କହିଥିଲେ ଯେ, ସାହେବମାନଙ୍କୁ ଯେ କୌଣସି ପ୍ରକାର ପରିବା ଦିଅ- ହେଉ କୋବି, ହେଉ କାରଟ୍, ହେଉ ଆଳୁ, ସେମାନେ ଏମିତି ରାନ୍ଧିଦେବେ ଯେ, ସମସ୍ତଙ୍କର ସୁଆଦ ଏକା ହୋଇଯିବ। ଭୋଜନ ଦୃଷ୍ଟିରୁ ଫରାସୀ ଲୋକେ ଖୁବ୍ ଭଲ। ସାହେବମାନେ ସକାଳୁ ବିଛଣା ଛାଡ଼ି 'ବ୍ରେକ୍‌ଫାଷ୍ଟ' ଖାଆନ୍ତି। ରାତିଯାକ ଉପାସ ଶୋଇଥାଆନ୍ତି ନା, ସକାଳୁ ଉଠିଲା ମାତ୍ରେ ଉପାସ ଭାଙ୍ଗନ୍ତି ! ଉପାସ ନାଁରେ ବେଶ୍ ତାତ୍ପର୍ଯ୍ୟ ଭୋଜନଟିଏ ପକାନ୍ତି। ମାତ୍ର ଇଉରୋପର କେତେକ ଦେଶରେ ଏହାର ଠିକ୍ ବିପରୀତ। ତାଙ୍କ ସକାଳ ଖିଆକୁ 'ଛୋଟ ଖିଆ' କହନ୍ତି। ସତରେ ଭାରି ଛୋଟ ଖିଆ। ଖଣ୍ଡେ ଦୁଇଖଣ୍ଡ ରୁଟି, କପେ ଚା। ସକାଳୁ ଉଠିଲେ

କଂସାଏ ପଖାଳ ଯାର ଅଭ୍ୟାସ, ସେ ବିଚରା ଏ ଦେଶମାନଙ୍କରେ ହଇରାଣ ହେବା କଥା। କିନ୍ତୁ ସାହେବଙ୍କ ଭୋଜନ ପରିମାଣଟା ବେଶ୍ ଭଲ।

ଏହିପରି ନାନା ଦିଗରୁ ବିଚାର କଲେ ଦେଖାଯାଏ ଯେ, ଇଉରୋପର ପଶ୍ଚିମ କୋଣରେ ଉତ୍ତରସାଗର ଭିତରେ ଏକୁଟିଆ ରହି ଇଂଲଣ୍ଡ ଗୋଟିଏ ସ୍ୱତନ୍ତ୍ର ସଂସ୍କୃତି, ଶାସନ ଓ ସମାଜ ଗଢ଼ିପାରିଛି। ସାହେବମାନେ ଇଉରୋପୀୟମାନଙ୍କର 'ଅଧା ଆପଣା' 'ଅଧା ପର' ନୀତିରେ ଥାଆନ୍ତି। କେତେବେଳେ କାର ମାଉସୀ, କେତେବେଳେ ଅବା ପିଉସୀ। ଅବଶ୍ୟ ଯୁଦ୍ଧ ପରେ ତାଙ୍କ ନୀତି ଅନେକ ଭାଙ୍ଗିଗଲାଣି। ଆଜିକାଲି ପ୍ରତି କଥାରେ ସମୂହ-ଇଉରୋପୀ ଦୁଆ ଉଠାନ୍ତି। କିନ୍ତୁ ରାଜନୈତିକ ଅର୍ଥରେ ଯେତେ ଏକାଠି ହେଲେ ବି ଦୁଇଟି ଭୂଖଣ୍ଡ ଭିତରେ ଯେଉଁ ପାର୍ଥକ୍ୟ ଅଛି ତା ଦେଖିଲେ ମନେହୁଏ ଉଭୟ ଯେମିତି ଉଭୟର ଓଲଟା। ସତେ ଯେମିତି 'ତୁମେ ଯାହାକୁ କୁହ ଗାଈ ବଳଦ, ଆମେ ତାକୁ କହୁ କଂସା ତାଟିଆ।'

■

ଇଉରୋପର ଅଙ୍ଗୁର ଉଦ୍ୟାନ

(ଫ୍ରାନ୍‌ସ)

କାନାଡ଼ା ସରକାରଙ୍କଠାରୁ ଗୋଟିଏ ବୃତ୍ତି ପାଇ ଇଉରୋପୀୟ ସଂସ୍କୃତି ସମ୍ମିଳନୀରେ ଯୋଗ ଦେବା ପାଇଁ ଫ୍ରାନ୍‌ସ ଦେଶକୁ ଚାଲି ଆସିଲି। ଲଣ୍ଡନ ସହର ଅନୁଭୂତିଠାରୁ ଏ ଦେଶର ଅନୁଭୂତି ସମ୍ପୂର୍ଣ୍ଣ ପୃଥକ ମନେ ହେଲା। ଇଂଲଣ୍ଡ ଛାଡ଼ି ଅନ୍ୟ ଇଉରୋପୀୟ ଦେଶକୁ ଯିବାର ଏହା ପ୍ରଥମ ଅନୁଭୂତି। ଇଂଲିଶ କେନାଲ ଉପରେ ଜାହାଜ ଚାଲିଲା। ଜାହାଜରେ ଚଢ଼ିବା ଏହି ପ୍ରଥମ ଅନୁଭୂତି। ସାଙ୍ଗ ସାଥୀମାନଙ୍କଠାରୁ ଯେଉଁ ବଡ଼ ବଡ଼ ଜାହାଜ କଥା ଶୁଣିଛି ସେମାନଙ୍କ ତୁଳନାରେ ଅବଶ୍ୟ ଆମ ଜାହାଜଟି ନିହାତି ଛୋଟ। ଇଂଲଣ୍ଡର ବାସନ୍ତୀ ବନଶ୍ରୀ ପାର ହୋଇ ଜାହାଜ ଉପରେ ଉଠିଲା ବେଳକୁ ନୀଳ ଆକାଶ ତଳେ ଇନ୍ଦ୍ରନୀଳ ସାଗର ଜଳ ଢଳ ଢଳ ଲହରୀ ତୋଳି ଖେଳୁଥିଲା। କ୍ଷୁଦ୍ର ସାଗରର ଛାତି ଉପରେ ଫେଣର ବରଫ ଧଳା ଲହରୀ ସୃଷ୍ଟି କରି ଛୋଟ ଜାହାଜଟି ଚାଲିଲା। ରାସ୍ତାରେ ଗୋଟିଏ ଛୋଟ ଇଂରେଜୀ ସ୍କୁଲପିଲା ସଙ୍ଗେ ଗପ କରି କରି ତିନୋଟି ଘଣ୍ଟା କୁଆଡ଼େ କଟିଗଲା।

ଫ୍ରାନ୍‌ସ ଉପକୂଳରେ ପହଞ୍ଚି ଦେଖେ, କେତେ ଗୁଡ଼ିଏ କୋଠା ବାଡ଼ି ଦୂରରୁ ଦେଖାଯାଉଛି। ସବୁ ଗୁଡ଼ିକ ପୁରୁଣା। ରାସ୍ତାରେ କେତେଗୁଡ଼ିଏ ଅତି ପୁରୁଣା ଧରଣର ଭଙ୍ଗା ଦଦରା ମଟର ଗାଡ଼ି ଯାଉଛି। ବହୁ ନରନାରୀ ରାସ୍ତା ଉପରୁ ହାତ ଠାରି ଫରାସୀ ଭାଷାରେ ସ୍ୱାଗତ ଜଣାଉଛନ୍ତି। ଜାହାଜରୁ ଓହ୍ଲାଇବା ପୂର୍ବରୁ ମନରେ ଫ୍ରାନ୍‌ସ ବିଷୟରେ ଧାରଣା ହେଲା ସତେ ଯେମିତି ହିଟଲର ଏଦେଶ ଉପରେ କଳା କନା ବୁଲାଇ ସବୁ ଶିରୀ ପୋଛି ନେଇଛି। ବିଲାତର ଉଜ୍ଜ୍ୱଳ ରାସ୍ତା, କୋଠା ବାଡ଼ି କିଛି ତ ଦେଖିଲି ନାହିଁ। ଭାରତୀୟ ସହରର ଦୁର୍ଦ୍ଦଶାର ଚିହ୍ନ ମାତ୍ର ଦେଖିଲି। ପୃଥିବୀ ସଭ୍ୟତାର କେନ୍ଦ୍ରସ୍ଥଳୀ, ନେପୋଲିଅନଙ୍କ ହାତଗଢ଼ା ସାମ୍ୟମୈତ୍ରୀ ସ୍ୱାଧୀନତାର ଜନ୍ମଭୂମି ଏହି

ଫ୍ରାନ୍ସ ହିଟଲରର ଅତ୍ୟାଚାରରେ ଆଜି କି କରୁଣ ରୂପ ହୋଇଛି ଦେଖି ଦୁଃଖ ହେଲା ମାତ୍ର।

ରେଲଗାଡ଼ି ଉପରେ ଉଠି ଦେଖିଲି ଗାଡ଼ିଗୁଡ଼ିକ ଆମ ତାଲଚେର ଗାଡ଼ିଠାରୁ ସହସ୍ର ଗୁଣେ ଭଲ ହେଲେ ମଧ୍ୟ ବିଲାତ ଗାଡ଼ି ସଙ୍ଗେ ସମାନ ହେବନି। ବିଦେଶକୁ ଗଲେ ଇଉରୋପ ଦେଶରେ ଦୁଇଟି କଥା ମନରେ ଲାଗେ-ଭାଷା ଓ ପାସପୋର୍ଟ। ବିଦେଶୀ ଭାଷା ନ ଜାଣି ବିଦେଶରେ ପଶିଲେ ଆଖୁବାଡ଼ିରେ ଭାଲୁ ପଶିଲା ପରି ମଣିଷ କି ହୀନିମାନ ଅନୁଭବ କରେ ତା ଅନୁଭୂତିସାପେକ୍ଷ। ମୁଁ କିଛି କିଛି ଫରାସୀ ଭାଷା ଶିଖିଥିଲି କିନ୍ତୁ ଲଣ୍ଡନରେ ଇଂରେଜୀ ବୁଝିବା ଯେତେବେଳେ କଠିନ, କେହି ତରତରରେ ଫରାସୀ ଭାଷା କହିଲେ ବୁଝୁଛି କେତେକେ! ମୂକ ନିଜ ମନୋଭାବ କହିବାପାଇଁ ଯେଉଁ ଚେଷ୍ଟା କରେ ସେହି ଚେଷ୍ଟା କରି ଇଂରେଜୀ ଫରାସୀ ଖେଚିଡ଼ି କରି ଯାହା କହିଲି, ସେଥିରେ ଅବଶ୍ୟ କାମ ଚଳିଗଲା। କିନ୍ତୁ ଲଣ୍ଡନ ସହରରେ ଭାଷାତତ୍ତ୍ୱ ପଢ଼ି ଫରାସୀ ଭାଷାକୁ ସମ୍ପୂର୍ଣ୍ଣ ହାତ କରିବାର ଯେଉଁ ଦାମ୍ଭିକତା ଥିଲା, ଅନେକ ନଷ୍ଟ ହୋଇଗଲା। ଭାଷା ବୁଝିବା ଓ କହିବା ଭିତରେ କି ତଫାତ୍ ଏବେ ବୁଝିଲି। ତା ଛଡ଼ା ଦ୍ୱିତୀୟ ଅନୁଭୂତି ପାସପୋର୍ଟ। ଭାରତରେ ଗଙ୍ଗାଠାରୁ ଗୋଦାବରୀ, କୁମାରୀକାଠାରୁ ହିମାଳୟ ପର୍ଯ୍ୟନ୍ତ ବୁଲିଲେ ବି କେଉଁ ଦେଶରୁ ଆସିଛ ବୋଲି କେହି ପଚାରିବେ ନାହିଁ। ମାତ୍ର ବହୁ ରାଜ୍ୟ ବିଖଣ୍ଡିତ ଇଉରୋପରେ ପଚିଶ ମାଇଲ ନ ଯାଉଣୁ ପଚାଶ ଜଣ ତମ ଗଣ୍ଠିଲି ଆଡ଼େଇବେ, ପାସପୋର୍ଟ ମାଗିବେ। ଇଂଲଣ୍ଡ ଛାଡ଼ି ୨୫ ମାଇଲର କେନାଲ ପାରି ହେବା ପରେ ପ୍ରତି ପାଞ୍ଚ ଘଣ୍ଟାରେ ତ ପାସ୍‌ପୋର୍ଟ ଲୋଡ଼ା ହେଲା। ଫରାସୀ ଅଫିସରଙ୍କ ମଇଳା ଚେହେରା ସଙ୍ଗେ ଦରବୁଝା ଫରାସୀ ଭାଷା ଶୁଣି ହସି ହସି ପେଟ ପରାସ ହେଲା।

ପ୍ୟାରିସ୍ ସହରରୁ ପୁଣି ୩ ଘଣ୍ଟାର ରାସ୍ତା ଗୋଟିଏ ମଫସଲ ଯିବା କଥା। ପ୍ୟାରିସ୍ ସହରରେ ପହଞ୍ଚି ୩ ମାଇଲ ଦୂରରେ ଥିବା ଆଉ ଗୋଟିଏ ଷ୍ଟେସନକୁ ବଦଳି ହେବା ଦରକାର ପଡ଼ିଲା। ସଙ୍ଗରେ ଥିବା ସାହେବ ବନ୍ଧୁମାନେ ଠିକ୍ କଲେ ଗାଡ଼ିରେ ନ ଯାଇ ଆପେ ଜିନିଷ ବୋହି ନେଇ ଅନ୍ୟ ଷ୍ଟେସନକୁ ଯିବାକୁ ହେବ। ଦୁଇ ତିନି ଘଣ୍ଟା ଲାଗି ବୋଧହୁଏ ଆମେ ପ୍ୟାରିସ୍ ରାଜପଥର ଗୋଟିଏ ଚିତ୍ତାକର୍ଷକ ଦୃଶ୍ୟ ହୋଇପଡ଼ିଲୁ। କଳା ଆଫ୍ରିକାବାସୀ, ଅଧାକଳା ଭାରତୀୟ, ଶେଥା ଧଳା ଇଂରେଜ କିଶୋର କିଶୋରୀ ମୁଣ୍ଡରେ ଗୋଟିଏ ଗୋଟିଏ ବଡ଼ ଟ୍ରଙ୍କ ଧରି ଝାଳନାଳ ହୋଇ କି କଷ୍ଟରେ ଗଲୁ, ସେ କଥା ଲେଖିଲା ବେଳକୁ ମଧ୍ୟ ବେକରୁ ପରାସ ଛାଡ଼ିନାହିଁ। ସାଥୀ ସାହେବଙ୍କ ଭିତରୁ ଜଣେ ରାସ୍ତାରେ ହଜିଲେ। ଆମେ ଯେଉଁମାନେ ଏ କସରତରେ

ଜିତିଗଲୁ ସେମାନେ ପଣ୍ଟିନୀ ଅଭିମୁଖେ ଗାଡ଼ି ଚଢ଼ିଲୁ। ଏହି ପଣ୍ଟିନୀ ପ୍ୟାରିସ୍‌ରୁ ୬୦ ମାଇଲ ଦୂର ଗୋଟିଏ ଗାଁ। ସେହିଠାରେ ସଂସ୍କୃତି ସମ୍ମିଳନୀରେ ଯୋଗ ଦେବାପାଇଁ କାନାଡ଼ା ପକ୍ଷରୁ ନିମନ୍ତ୍ରଣ ଥିଲା। ସନ୍ଧ୍ୟାଗାଡ଼ି, ପ୍ୟାରିସ୍ ସହରରୁ କାମ ସାରି ଲୋକେ ଗାଁକୁ ଫେରୁଥାନ୍ତି। ତେଣୁ ଗାଡ଼ିରେ ପିମ୍ପୁଡ଼ି ପାଇଁ ସ୍ଥାନ ନ ଥାଏ। ପ୍ରାଣ ବିକଳରେ ପଶିଲୁ। ରଥଯାତ୍ରାକୁ ତାଳଚେର ଗାଡ଼ି ଅବସ୍ଥା ଯେମିତି, ଠିକ୍ ସେହି ଦଶା। ମାତ୍ର ତଫାତ୍ ଏତିକି ଯେ, ଆମ ଦେଶରେ ଗାଡ଼ି ଭିଡ଼ବେଳେ ଯେଉଁମାନେ ଭିତରେ ବସିଥାନ୍ତି ସେମାନେ ଦରଜା କିଳି ବାହାର ଲୋକଙ୍କୁ ଧକ୍କା ଦିଅନ୍ତି। କିନ୍ତୁ ସଭ୍ୟ ଫରାସୀ ଦେଶରେ ଏତେ ଭିଡ଼ ଭିତରେ ବି ଲୋକେ ଆମ ମୁଣ୍ଡରୁ ଟ୍ରଙ୍କ୍ ଉଠାଇ ନେଇ ଆମମାନଙ୍କୁ ଗାଡ଼ି ଉପରକୁ ଉଠାଇ ନେଲେ। ଇଉରୋପର ଏହି ସଭ୍ୟ ଦେଶମାନଙ୍କରେ ହଇରାଣରେ ପଡ଼ିବା ସହଜ ନୁହେଁ ବୋଲି ମନେହୁଏ। ଶୋଷରେ ପାଣି ଟୋପାଏ ପାଇଁ ଚେଷ୍ଟା କରି ଖାଲି ମଦର ବୋତଲ ଦେଖିଲି। ଫ୍ରାନ୍‌ସରେ ପାଣି, ଲଙ୍କାରେ ହରି ନାମ। ଦ୍ରାକ୍ଷାରସ ପିଇବ ତ ପିଅ। କିନ୍ତୁ ଫ୍ରାନ୍‌ର ଦ୍ରାକ୍ଷାରସ ଯେ ଭାରତୀୟ ପକ୍ଷରେ ମଦ୍ୟ, ଗର୍ହିତ ପାନ। ପଚାଶ ଫ୍ରାଙ୍କ୍ (ଫରାସୀ ଟଙ୍କା) ଅର୍ଥାତ୍ ଦଶଣା ପଇସା ଦେଇ ବୋତଲଟିଏ ପାଣି ମିଳିଲା। ଧନ୍ୟ ଫ୍ରାନ୍‌ସ କହି ନିଃଶ୍ୱାସ ମାରିଲି।

ଗାଡ଼ି ଭିତରୁ ଯାହା ଦେଖିଲି ସେଥିରେ ଭାରତର କୌଣସି ପ୍ରଦେଶ ଭିତର ଦେଇ ଯିବାପରି ଲାଗିଲା। ଆକାଶକୁ ଲାଗି ବଡ଼ ବଡ଼ ନୀଳ ପାହାଡ଼-ବୃକ୍ଷଲତା ଭରା। ଉଭୟ ପାର୍ଶ୍ୱରେ ବହୁଦୂରବ୍ୟାପୀ ଗହମ କ୍ଷେତ। ଇଂଲଣ୍ଡ ମଫସଲ ଠାରୁ ସମ୍ପୂର୍ଣ୍ଣ ପୃଥକ୍। ଇଂଲଣ୍ଡରେ ଏତେ ଉଚ୍ଚ ପାହାଡ଼ କିମ୍ବା ଏପରି ସୁଦୀର୍ଘ ଶସ୍ୟକ୍ଷେତ୍ର ଖୁବ୍ କମ୍। ତା ଛଡ଼ା ଏଠି ସହର ଓ ମଫସଲ ଭିତରେ ତଫାତ୍ ଅନେକ କମ୍। ଇଂଲଣ୍ଡରେ ଯେଉଁଠିକି ଯିବ ମନେ ହେବ ପ୍ରକୃତିକୁ ସଜାଇ ରଖିବା ପାଇଁ ମନୁଷ୍ୟ ଯେପରି ପ୍ରାଣେପଣେ ଚେଷ୍ଟାରେ ଲାଗିଛି। ମାତ୍ର ଫରାସୀ ଦେଶରେ ସେ ଯତ୍ନ ନାହିଁ। ଅନେକ ଅଂଶ ଠିକ୍ ଭାରତ ପରି ଲାଗିଲା। ପଣ୍ଟିନୀ ଗାଁ ଷ୍ଟେସନଟି ତାଳଚେର ରାସ୍ତାରେ ସଦାଶିବପୁର ଷ୍ଟେସନ କିମ୍ବା ପୁରୀ ରାସ୍ତାରେ ସତ୍ୟବାଦୀ ଷ୍ଟେସନ ପରି ନୀରବ ନିର୍ଜନ। ଇଂଲଣ୍ଡରେ ମୁଁ ଏମିତି ଛୋଟ ନିର୍ଜନ ଷ୍ଟେସନ ଏପର୍ଯ୍ୟନ୍ତ ଅନ୍ତତଃ ଦେଖିନି। ପଣ୍ଟିନୀ ଗାଁରେ ଆମେମାନେ ଯେଉଁ କଲେଜ ଭିତରେ ଅଛୁ, ତାର ବାୟୁମଣ୍ଡଳ ଭାରତର ପୁରାଣ ବର୍ଣ୍ଣିତ ଋଷି ଆଶ୍ରମ ପରି ମନେହୁଏ।

ପଣ୍ଟିନୀ ଗୋଟିଏ ଛୋଟ ଗାଁ। ଇଂଲଣ୍ଡର ଗାଁଠାରୁ ସମ୍ପୂର୍ଣ୍ଣ ପୃଥକ୍। ଗାଁ ଚାରିପାଖ ଘନ ପାହାଡ଼। ଗାଁ ରାସ୍ତା ଭାରତୀୟ ରାସ୍ତା ପରି ଅବହେଳିତ, ଅନେକ ସମୟରେ ଗୋମୟପୂର୍ଣ୍ଣ। ଘରଗୁଡ଼ିକ ବହୁ ଦିନର ପୁରୁଣା ଭଙ୍ଗା ଦଦରା। ସବୁଆଡ଼େ ଦାରିଦ୍ର୍ୟ ଓ

ଅଭାବର ଚିହ୍ନ। ଇଂଲଣ୍ଡ ଗାଁମାନଙ୍କର ମଟର ବସ୍ ଦୌଡ଼, କୋଳାହଳ କିଛି ଏଠି ନାହିଁ। ହେଲେ ଫରାସୀ କୃଷକ ମୁଣ୍ଡରେ ଖଜୁରୀପତ୍ର ପରି କୌଣସି ପତ୍ର ତିଆରି ଟୋପି। ଘୋଡ଼ା ସାହାଯ୍ୟରେ ଚାଷ କରୁଥିବାର ଦେଖିଲି। ଅବଶ୍ୟ ବଡ଼ ବଡ଼ ଚାଷୀମାନଙ୍କର ଟ୍ରାକ୍‌ଟର ଅଛୁ। ଗାଁ ଭିତରେ କାଠ ନଡ଼ାର ଗଦାସବୁ ଅଛି। ଗାଁ ପାଖ ଝରଣାରେ ସ୍ତ୍ରୀ ଲୋକମାନେ ବାସନ ମାଜନ୍ତି, ପିଲାମାନେ ମାଛ ଧରନ୍ତି। ସାତ ଅଠ-ଶହ ମାଇଲ ମଫସଲ ବୁଲି ଇଂଲଣ୍ଡର ଯେତେ ଗାଁ ଦେଖିଛି, ସେଥିରୁ କୌଣସି ଗୋଟିକ ସଙ୍ଗେ ଫରାସୀ ଗାଁଟି ତୁଳନୀୟ ନୁହେଁ। କିନ୍ତୁ ଗ୍ରାମ୍ୟ ପ୍ରକୃତି ଏଡ଼େ ମନୋରମ, ଯାହାର ତୁଳନା ମୁଁ ଇଂଲଣ୍ଡରେ ପାଇନି। ଆମେ ଯେଉଁ କଲେଜଟିରେ ରହୁଛୁ, ତା ଗୋଟିଏ ନିର୍ଜନ ସ୍ଥାନରେ ଅବସ୍ଥିତ। ଚାରିପାଖ ଫୁଟନ୍ତା ଗୋଲାପର କୁଞ୍ଜ, ଶହ ଶହ ଫଳଭରା ବୃକ୍ଷଲତା। ଗଛମାନଙ୍କର ଶାଖା ବର୍ତ୍ତମାନ ଫଳଭରା ହୋଇ ଭୂଇଁକୁ ଲାଗିଛି। ଯାହା କହନ୍ତି ଗଛ ତଳେ ଶୋଇ ପାଟି ବଢ଼ାଇ ଯେ କୌଣସି ଫଳ ବା କୋଳି ଖାଇହେବ। ଦିନ ସାରା ନାନା ପକ୍ଷୀମାନଙ୍କର ମଧୁର କୋଳାହଳରେ ଉଦ୍ୟାନ ମୁଖର ହୋଇ ଉଠୁଛି। କ୍ଷୁଦ୍ର ଝରଣା କୂଳରେ ଗୋଲାପର କୁଞ୍ଜ ସୁସଜ୍ଜିତ ଆସନ ରଖାହୋଇଛି। ଯେଉଁଠିକି ଚାହିଁବ କୁଞ୍ଜ ଭିତରେ କିଏ ପଢୁଛି, କିଏ ଟାଇପ୍ ରାଇଟର ଧରି ଟାଇପ୍ କରୁଛି, କିଏ ଗପ କରୁଛି। ସବୁଆଡ଼ ବର୍ଣ୍ଣବିଚିତ୍ର ଓ ଶାନ୍ତ ଶିଷ୍ଟ-ସହର ବଜାରର କୋଳାହଳରୁ ସୁରକ୍ଷିତ ବହୁଦୂରରେ ହତା ଭିତରୁ ଟିକିଏ ପଦାକୁ ବାହାରିଲେ ମାଇଲ୍ ମାଇଲ୍ ଧରି ପାଚିଲା ଗହମ କ୍ଷେତ। ପବନ ସଧୀରେ ଲହରୀ ଭାଙ୍ଗି ଖେଳୁଛି। ଉପରେ ନୀଳ ଆକାଶ, ଉଜ୍ଜ୍ୱଳ ସୂର୍ଯ୍ୟ କିରଣ ତଳେ ସୁନାର ଲହରୀ, ଅଳପ ଶୀତ ଠିକ୍ ଭାରତୀୟ ମାର୍ଗଶିର ମାସ କଥା ମନେ ପଡ଼ିଯାଏ। ଜଙ୍ଗଲ ଭିତରେ ସମତଳ କରି ତହିଁରେ କୋବି, ପିଆଜ, ମୂଳା ଓ ଅଙ୍ଗୁର ଚାଷ କରାଯାଇଛି। ସବୁଠାରେ ସୁନ୍ଦର ଅଙ୍ଗୁର ଉଦ୍ୟାନ। ସତେଜ କୋମଳ ଶ୍ୟାମଶ୍ରୀସମ୍ପନ୍ନ ଅଙ୍ଗୁର ଲତାର ପେନ୍ଥା ପେନ୍ଥା ଫଳ ଭରି ରହିଛି। ଦ୍ରାକ୍ଷା କ୍ଷେତ୍ର ନିକଟରେ ନାସପାତି ବେଦନା ଚେରିବେରି କେତେ ପ୍ରକାର ବୃକ୍ଷ ଫଳଭରା ହୋଇ ଠିଆ ହୋଇଛନ୍ତି। ସବୁ ନିର୍ଜନ ନୀରବ-ବହୁ ଦୂରରେ ଜଣେ ଜଣେ କୃଷକ ଛଡ଼ା ଆଉ କେହି ଦେଖା ଯାଉ ନାହାନ୍ତି। ଜୀବନ ଏତେ ଶାନ୍ତ ଶିଷ୍ଟ କୋଳାହଳରହିତ ଯେ, ଥରେ ସେଠି ପ୍ରବେଶ କଲେ ଫେରିବାର ଆଉ ଇଚ୍ଛା ହୁଏ ନା। ମାତ୍ର ଆମମାନଙ୍କ ପରି ଦାରିଦ୍ୟନିପୀଡ଼ିତ କର୍ମକଣ୍ଟକିତ ଜୀବନ ପାଇଁ ଦ୍ରାକ୍ଷା ଉପବନରେ ସ୍ଥାନ କାହିଁ? ଭାରତୀୟ କୃଷି ଓ ଭାରତୀୟ କୃଷକ କେବେ ଏହି ସୁଖ ସମ୍ପଦର ଅଧିକାରୀ ହେବ, ସେହି କଥା କେବଳ ମନରେ ଜାଗେ। ଭଙ୍ଗା କୁଡ଼ିଆ, ଖଣ୍ଡିଆ ହଡ଼ା, ଟାଙ୍ଗର ପଡ଼ିଆ, ଏ ସବୁର କେବେ ପରିବର୍ତ୍ତନ ହେବ ଭଗବାନ

ଜାଣନ୍ତି । ଭାରତୀୟ ବଣ ପାହାଡ଼ ଭିତରେ ଜନ୍ମ ବୋଲି ଫ୍ରାନସର ନିର୍ଜନ କୃଷିକ୍ଷେତ୍ରର ଉଦାର ପ୍ରକୃତି ଯେତେ ପ୍ରୀତିକର ବୋଧହୁଏ ଇଂଲଣ୍ଡର ସହରୀ ସଭ୍ୟତା ତାର କୌଣସି ଅଂଶରେ ସମାନ ହୁଏ ନି । କ୍ଷୁଦ୍ର ଇଂଲିଶ ପ୍ରଣାଳୀର ଉଭୟ ପାର୍ଶ୍ୱରେ କି ସ୍ୱର୍ଗ ପାତାଳ ପ୍ରଭେଦ, ସେତକ କେବଳ ମନରେ ଲାଗେ । ଫ୍ରାନ୍‌ସର ସହରୀ ସଭ୍ୟତା ଆଗରେ ଏ ପର୍ଯ୍ୟନ୍ତ ପଡ଼ିନି ଅବଶ୍ୟ । ବୋଧହୁଏ ସମସ୍ତ ଇଉରୋପର ସହରୀ ସଭ୍ୟତା ସମାନ ।

■

ଫ୍ରାନ୍‌ସର ଲୋକେ କ'ଣ କହନ୍ତି

[“ସାହେବ” ପ୍ରବନ୍ଧରେ ମୁଁ ଅନେକ ଆଗରୁ କହିସାରିଛି ସାହେବ ଗୋଟିଏ କିପରି ସ୍ୱତନ୍ତ୍ର ଜୀବ, ଅନ୍ୟାନ୍ୟ ଇଉରୋପୀୟମାନଙ୍କ ଠାରୁ ଏମାନେ କେତେ ତଫାତ୍। ଫ୍ରାନ୍‌ସ, ଇଟାଲୀ ପ୍ରଭୃତି ଇଉରୋପୀୟମାନଙ୍କର ଭାରତୀୟ ଆଚାର ବ୍ୟବହାର ସହିତ କେତେକ ସାମଞ୍ଜସ୍ୟ ଅଛି। ମାତ୍ର ସାହେବମାନେ ଇଉରୋପୀୟମାନଙ୍କ ଠାରୁ ଯେମିତି ଭିନ୍ନ, ଆମମାନଙ୍କଠାରୁ ସେମିତି ଭିନ୍ନ। ସାହେବଙ୍କ ଆଚାର ବ୍ୟବହାର ଫରାସୀମାନଙ୍କଠାରୁ ସଂପୂର୍ଣ୍ଣ ଭିନ୍ନ, ଓଲଟା କହିଲେ ବି ଚଳେ। ତାଙ୍କ ଚାଲି ଚଳଣି ଫରାସୀ ଆଖିକୁ କେମିତି ଦେଖାଯାଏ, ସେହି ସମ୍ପର୍କରେ ଦି ଚାରି ପଦ କଥା କହୁଛି। ଯାହା କୁହାଯାଉଛି ତା ମୋର ବିଶ୍ଳେଷଣ ନୁହେ, ଜଣେ ଫରାସୀ ଲେଖକଙ୍କର।]

ମଣିଷ ପ୍ରକୃତି ଏମିତି ଯେ ଅନ୍ୟ ମଣିଷକୁ ଦେଖିଲେ ସେ କଥା କହିବ। ସେହି ଦୃଷ୍ଟିରୁ ବିଚାର କଲେ ସାହେବ ଦେବତା ହୋଇପାରେ ମାତ୍ର ମଣିଷ ନୁହେଁ। କାରଣ ଜଣେ କିଏ ମଧ୍ୟସ୍ଥ ରହି ଦୁଇଜଣଙ୍କୁ ପରିଚିତ କରାଇ ନ ଦେଲେ ଏକା ଜାଗାରେ ରହ ପଛକେ, ଏକା ଟେବୁଲରେ ଖା' ପଛକେ, କେହି କାହାକୁ କଥା କହିବେ ନାହିଁ। ଫରାସୀ ଲେଖକ ବଡ଼ ମଜାରେ କହିଛନ୍ତି ଯେ, ଏମିତି କି ଯଦି ଘର ପୋଡ଼ି ଯାଉଛି କିମ୍ବା ଜାହାଜ ବୁଡ଼ି ଯାଉଛି, ତଥାପି ଦୁଇ ଅପରିଚିତ ସାହେବ ପାଟି ଫିଟା ଫିଟି ହେବେ ନାହିଁ। ଏ ଜୀବନ ସଙ୍କଟରେ ଯଦି କିଏ ପରିଚିତ କରାଇ ଦେଇ- ପାରେ, ତେବେ ଭାରି ଭଲ! ଧନ୍ୟ ସାହେବ!!

ସାହେବମାନେ ସାଧାରଣତଃ କେହି କାହାକୁ 'ସାର୍' କହନ୍ତି ନାହିଁ। ଦୋକାନୀ କିମ୍ବା ହୋଟେଲ୍ ଚାକରମାନେ ସାର୍ କହନ୍ତି। ମାତ୍ର ମନେ ରଖିବାକୁ ହେବ, ସାହେବଙ୍କୁ ଚିଠି ଲେଖିଲା ବେଳେ, Esq.ଟା ଯେମିତି ଭୁଲି ନ ଯାଅ। ତା ହେଲେ ସାହେବଙ୍କ ମଜ୍ଜା ଭିତରେ ଚୋଟ ଲାଗିଯିବ। ଭାରତରେ କିନ୍ତୁ କଥାଟା ଓଲଟା। 'ସାର୍' ଶବ୍ଦଟା

ସଭିଙ୍କ ତୁଣ୍ଡରେ ଲାଗିଥାଏ । ଏ ଦେଶରେ ସାଧାରଣ ଅଧ୍ୟାପକ (Lecturer)ଙ୍କୁ 'ସାର୍' କହନ୍ତି ନାହିଁ । 'ସାର୍' ଗୋଟିଏ ସ୍ୱତନ୍ତ୍ର ବାୟୁମଣ୍ଡଳର କଥା । ଆମ ଦେଶରେ ତାର ଅସ୍ଥାନପ୍ରୟୋଗ ଯେଉଁ କାରଣରୁ ହେଉ ବଢ଼ି ଯାଇଛି ।

କୌଣସି ସାହେବଙ୍କ ସଙ୍ଗେ ମୁହାଁମୁହିଁ କଥା ହେଲାବେଳେ ବେଶି ପ୍ରଶଂସା କଲେ ଲାଜକୁଳା ସାହେବ ପରା ଲାଜରେ ସଢ଼ି ଯାଆନ୍ତି । ମାତ୍ର ସାହେବାଣୀଙ୍କୁ ପ୍ରଶଂସା କଲେ ଦୁନିଆର ସବୁ ମାଇପିଙ୍କ ପରି ସେ ଆନନ୍ଦ ଓ ଅଭିମାନରେ ଫୁଲିଯାଏ । ନାଗୁ ସ୍ୱଭାବ ସର୍ବତ୍ର ସମାନ, ପୁରୁଷ ସିନା ଏତେ ଖାପଛଡ଼ା । କଥା କହିବାକୁ ହେଲେ ବୁଲାଇ କରି କହିବାକୁ ହେବ । ସଭ୍ୟତାର ଅର୍ଥ ଇ ସବୁବେଳେ ବଙ୍କା । ଯଦି କୌଣସି ଲୋକ ବୋକା ତେବେ ତାକୁ ବୋକା ବା ଷ୍ଟୁପିଡ଼୍ ନ କହି କହିବାକୁ ହେବ, "He has wonderful sense of humour." କୌଣସି ସ୍ତ୍ରୀ ଯଦି ସିଙ୍ଘାଣୀନାକୀ, ଅସୁନ୍ଦରୀ ହୋଇଥାଏ, ତାକୁ ଅସୁନ୍ଦରୀ କହିବା ଅଭଦ୍ରତା । ତେଣୁ କହିବାକୁ ହେବ, She is a good sport. ଧନ୍ୟ ଏ ପଶ୍ଚିମ ସଭ୍ୟତା ! ନାକକୁ ସିଧା ନ ଦେଖାଇ ମୁଣ୍ଡ ଆରପାଖେ ହାତ ବୁଲାଇ ଦେଖାଇବାକୁ ହେବ ।

ସାହେବଙ୍କ ମେଳରେ ପୋଷାକ ସମ୍ପର୍କରେ ସାବଧାନ ହେବା ନିହାତି ଦରକାର । ବିଶେଷତଃ ଟାଇ ପ୍ରତି ବିଶେଷ ଦୃଷ୍ଟି ଦେବା ଉଚିତ । ଗାରଗାରିକା ଟାଇ ପିନ୍ଧିବା ପାଇଁ ନିଜର ଅଧିକାର ଅଛି ନା ନାହିଁ ବିଚାର କରିବା କଥା । କାରଣ ସେ ପ୍ରକାର ଟାଇ କ୍ଲବର ମେମ୍ବର, ସୈନ୍ୟ ବିଭାଗର ପୁରାତନ ସେବକ ବା ବିଶିଷ୍ଟ ସଭ୍ୟ ପିନ୍ଧି ପାରିବେ । ହୁଏତ ଟାଇର ରଙ୍ଗ ଯଦି ପ୍ରକୃତ ବ୍ୟବସାୟସୂଚକ ନ ହୋଇ ଥାଏ, ତେବେ ଇଂରେଜ ଲୋକର ତୁମ ପ୍ରତି ଅଯଥା ସନ୍ଦେହ ହେବ । କୋଟ ପିନ୍ଧଲେ ଛାତି ଉପର ବୋତାମ କୋଣରେ ଫୁଲଟିଏ ଖୋସିଲେ ଭଲ । ଅବଶ୍ୟ ସ୍ପୋର୍ଟିଂ କୋଟ୍ ହୋଇଥିଲେ ଫୁଲର ଆବଶ୍ୟକତା ନାହିଁ । ମାତ୍ର ଫରାସୀ ଦ୍ରଷ୍ଟାଙ୍କର ଏହି କଥାରେ ମୋର ଭାରି ସନ୍ଦେହ । ରାସ୍ତା ଘାଟରେ ଶତକଡ଼ା ୫ ଜଣ ଇଂରେଜଙ୍କୁ ଫୁଲ ଖୋସିବାର ମୁଁ ବି ଦେଖିନି । ତା ଛଡ଼ା ଯୁଦ୍ଧୋତ୍ତର ଲଣ୍ଡନ ଜୀବନ ଏମିତି ଛାରଖାର ହୋଇପଡ଼ିଛି ଯେ, ସେମାନଙ୍କ ବେଶଭୂଷା ଓ ଦାରିଦ୍ର୍ୟ ଦେଖି ଧନୀ ଆମେରିକାନ୍ ନାକ ଟେକନ୍ତି । ଇଂରେଜ ଲୋକର ବେଶ ସୌଜନ୍ୟ ବା ପୋଷାକ ରୁଚି ବର୍ତ୍ତମାନ ନାହିଁ ବୋଲି ଧରି ନିଅନ୍ତୁ । ପାଠକ ଯଦି ଜଣେ ଲଣ୍ଡନଫେରନ୍ତା ଓ ଜଣେ ଆମେରିକା ଫେରନ୍ତା ଓଡ଼ିଆଙ୍କର ପୋଷାକ ଲକ୍ଷ୍ୟ କରିଥିବେ, ତେବେ ସହଜେ ଏ ସତ୍ୟଟା ଉପଲବ୍ଧି କରିବେ, ଅବଶ୍ୟ ଯଦି ଲଣ୍ଡନ ଫେରନ୍ତା ଲୋକ ଆମେରିକା ଇମିଟେସନ୍‌ରେ ପୋଷାକ ପିନ୍ଧି ନ ଥାନ୍ତି । ବଡ଼ ଲୋକଙ୍କ ପୋଷାକର ଆଉ ଗୋଟିଏ ଅଙ୍ଗ ହେଉଛି ଛତା । ମୁଣ୍ଡରେ ଟୋପି, ହାତରେ ଛତାଟା ଆରିଷ୍ଟୋକ୍ରାଟିକ୍ । ଅବଶ୍ୟ ଛତାଟାକୁ ଧରି ଜାଣିବାକୁ ହେବ । ନଚେତ୍ କେତେକ

ଭାରତୀୟଙ୍କ ପରି କାଖରେ ଛତାଟା ଯାକି ଯିବା ଆସିବା କଲେ ବହୁ ଲୋକଙ୍କର ସମାଲୋଚନା ଓ ସ୍ମିତ-ହାସ୍ୟର ପାତ୍ର ହେବାକୁ ପଡ଼ିବ। କିନ୍ତୁ ସାହେବୀ ଠାଣିରେ ତାକୁ ୱାକିଙ୍ଗ୍ ଷ୍ଟିକ୍ ପରି ଧରି ଗମ୍ଭୀର ଭାବେ ଚାଲିବାକୁ ହେବ। ତା ନହେଲେ ଛତା ଥାଇ ମଧ୍ୟ ଲଣ୍ଡନ ବଜାରରେ ଛକଡ଼ାର ଦାମ୍ ଉଠିବ ନାହିଁ। ଏହା ବ୍ୟତୀତ ପାଖରେ ଛତା ଥିଲେ ବି ବର୍ଷାବେଳେ ଦେହରେ ବର୍ଷାତି ରହିବା ଦରକାର। ଗୋଟିକରେ କାମ ଚଳୁଥିଲେ ବି ଦୁଇଟିଯାକ ବୋହିବାକୁ ହେବ। ବଡ଼ ଲୋକ ଖାତିରି ପାଇଁ ଛତା ଓ ବର୍ଷାତି।

ସାହେବମାନଙ୍କ ସଙ୍ଗରେ କଥା ହେଲା ବେଳେ ଯଦି କୌଣସି ବଡ଼ଲୋକ ବା ଲେଖକଙ୍କର ଉଦାହରଣ ଦେବାକୁ ପଡ଼େ, ତେବେ ସେକ୍‌ସପିୟରଙ୍କ କୋଟେସନ୍ ଦେଲେ ଭଲ। ବୀରତ୍ୱର ପ୍ରଶଂସା କଲାବେଳେ ନେପୋଲିଅନ୍‌ଙ୍କ ନାମ ତୁଣ୍ଡରେ ଧରିବାଇଁ ବିପତ୍ତି। ସାହେବମାନେ ଭାବନ୍ତି ସେମାନେ ତ ନେପୋଲିଅନ୍‌ଙ୍କ ପରି ଅନେକ ବୀରଙ୍କ କଥା ଶୁଣିଛନ୍ତି, ଫରାସୀ ଲୋକ ସେ ଅଯଥା କଥାଗୁଡ଼ା ପୁଣି ସାହେବୀ ମନରେ ଚେତାଇ ଦେଇ କି ଲାଭ କରିବେ ? ଲଙ୍କାରେ ରାମ ନାମର ବା କି ମୂଲ୍ୟ ?

ଯଦି କୌଣସି ପ୍ରତିଯୋଗିତାରେ ଲଣ୍ଡନ ଫ୍ରାନ୍‌ସ ନିକଟରେ ପରାସ୍ତ ହୋଇଥାଏ, ଗଳ୍ପ ପ୍ରସଙ୍ଗରେ ସେ କଥା ନ ଉଠାଇବା ଉଚିତ। ବରଂ ଯେଉଁ ଯେଉଁ କ୍ଷେତ୍ରରେ ଫ୍ରାନ୍‌ସ ହାରିଛି ସେହି କଥା କହି ସାହେବ ଆଗରେ ଫରାସୀ ଲୋକର ପ୍ରିୟ ହେବା ଉଚିତ। ଏପରିକି ଇଂରେଜ ବନ୍ଧୁଙ୍କ ସଙ୍ଗେ ତାସ୍ ଖେଳରେ ବି, ଯଦି ସେ ହାରିଯାଆନ୍ତି ତାଙ୍କ ନିର୍ବୋଧତା ଉପରେ କୌଣସି ଟିପ୍‌ପଣୀ ନ କରି (Hard luck) 'ଦୁର୍ଯୋଗ' ବୋଲି କହିବାକୁ ହେବ। ଖାଇ ସାରିବା ପରେ ଡିନର୍ ଟେବୁଲ୍‌ରେ ବକ୍ତୃତା ଦେବା ସାହେବୀ ସଭ୍ୟତାର ଅନ୍ୟତମ ବୈଶିଷ୍ଟ୍ୟ। ଯଦି କେବେ ଏମିତି ପ୍ରୀତିଭୋଜନରେ ଯୋଗ ଦେବାକୁ ପଡ଼େ, ତେବେ ଛୋଟକାଟର ଗୋଟିଏ ଆଫ୍‌ଟର୍ ଡିନର୍ ସ୍ପୀଚ୍ (ଭୋଜନୋତ୍ତର) ବକ୍ତୃତା ପାଇଁ ପ୍ରସ୍ତୁତ ଥିଲେ ଭଲ। ମାତ୍ର ବକ୍ତୃତା ସାରଗର୍ଭକ ହେଉ ବା ନ ହେଉ, କ୍ଷୁଦ୍ର ଆକାରରେ ହେବା ଉଚିତ। ଭୋଜନ ପରେ ଗୁଡ଼ାଏ ବକ୍ତୃତା ଶୁଣିବାକୁ ଧୈର୍ଯ୍ୟ କା'ର ବା ଅଛି। ମୋର ଧାରଣା ହୁଏ, ଦ୍ରାକ୍ଷାରସ ତାଡ଼ନାରେ ବୋଧହୁଏ ଧୈର୍ଯ୍ୟଚ୍ୟୁତି ଧୀରେ ଆରମ୍ଭ ହୋଇଯାଏ ବୋଲି ଦୀର୍ଘ ବକ୍ତୃତାର ସ୍ଥାନ ସେଠି ନ ଥାଏ।

ଯେ କୌଣସି ଜାତିର ବୈଶିଷ୍ଟ୍ୟ ତ ଅନେକ। ଫରାସୀ ଆଖିରେ ଯେତିକି ପଡ଼ିଛି ସେତିକି ମାତ୍ର କୁହା ଯାଇଛି - ଆଶ୍ଚର୍ଯ୍ୟ ହେବାର କ'ଣ ଅଛି ? ସବୁକାଳେ ତ ନଈକେ ବାଙ୍କ, ଦେଶକେ ଫାଙ୍କ, ମାତ୍ର ଟେମସ୍ ନଦୀରେ ବହୁ ବାଙ୍କ ନ ଥିଲେ ବି ଲଣ୍ଡନ ଦେଶରେ ବହୁ ଫାଙ୍କ ରହିଛି ବୋଲି ମନେ ହୁଏ।

ଧଳା ସଭ୍ୟତା

(ଫ୍ରାନ୍ସ)

କୌଣସି ଗୋଟିଏ ଇଉରୋପୀୟ ଜାତିର ସଭ୍ୟତା କଥା ନ କହି ସମସ୍ତ ଧଳାଲୋକ ବିଷୟରେ ସାଧାରଣ କେତେକ କଥା କହିବାର ସୁଯୋଗ ଆଜି ମିଳିଛି। ଫ୍ରାନ୍ସର ସୁଦୂର ମଫସଲରେ ଗୋଟିଏ ଇଉରୋପ-କାନାଡ଼ା ଶିକ୍ଷା ଶିବିରରେ ଯେତେ ଲୋକ ଅଛନ୍ତି, ସେମାନଙ୍କ ଭିତରୁ ଜଣେ ହାଣ୍ଡିକଳା ଆଫ୍ରିକା ଲୋକ, ମୋ ପରି ଅଧାକଳା ଜଣେ ଭାରତୀୟ ଓ ଜଣେ ପାକିସ୍ଥାନୀ ମୁସଲମାନଙ୍କୁ ଛାଡ଼ିଦେଲେ, ଆଉ ସମସ୍ତଙ୍କର ଚମଡ଼ା ଧଳା। ପୁରୁଣାକାଳିଆ ଗୋଟିଏ ବଡ଼ କୋଠାଘରେ ଲଙ୍କାରେ ହନୁମାନଙ୍କୁ ରାକ୍ଷସ ଘେରିଲାପରି ଆମ ତିନିଜଣ କଳା ଲୋକଙ୍କୁ ଘେରି ଧଳା ଲୋକସବୁ ଆସ୍ଥାନ ଜମାଇ ରହିଛନ୍ତି। ଆମେରିକା ଓ କାନାଡ଼ାରୁ ପ୍ରାୟ ଦେଢ଼ଶହ ଜଣ ଓ ସମସ୍ତ ଇଉରୋପରୁ (ରୁଷିଆ ଓ ତାର ସାଥୀ ରାଜ୍ୟମାନଙ୍କୁ ଛାଡ଼ି) ପ୍ରାପ୍ତ ଶହେଜଣ ଲୋକ ଏଠି ଅଛନ୍ତି। ଦେହର ରଙ୍ଗ ଓ ମୁଣ୍ଡର ବାଳ ତୁଳନାରେ ଆମେରିକା ଓ କାନାଡ଼ାର ଲୋକେ ଇଂଲଣ୍ଡ, ଜର୍ମାନୀ, ଇଟାଲୀ, ଗ୍ରୀସ, ସ୍ପେନ, ଫ୍ରାନ୍ସର ଲୋକଙ୍କ ସଙ୍ଗେ ପ୍ରାୟ ସମାନ। ମାତ୍ର ଉତ୍ତର ଇଉରୋପ ଅର୍ଥାତ୍ ସ୍ୱିଡେନ୍, ନରୱେ, ଡେନ୍‌ମାର୍କ ପ୍ରଭୃତି ଦେଶର ଲୋକେ ସେତେ ଗୋରା ଓ ସେମାନଙ୍କର ବାଳ ଆମ ଦେଶର ବୁଢ଼ାମାନଙ୍କର ପାଚିଲା ବାଳପରି ଧଳା। ଆମେରିକା ଓ କାନାଡ଼ା ଲୋକଙ୍କ ତୁଳନାରେ ସମସ୍ତ ଇଉରୋପ ଲୋକେ ପତଳା ଓ ଇଉରୋପୀୟମାନଙ୍କ ତୁଳନାରେ ଉତ୍ତର ଇଉରୋପ ଲୋକେ ଆହୁରି ପତଳା। କିନ୍ତୁ ଆମେ ଯେଉଁ ତିନୋଟି ହତଭାଗ୍ୟ ଆଫ୍ରିକାନ୍ ଓଡ଼ିଆ ଓ ପଠାଣ ଏଠି ଜୁଟିଛୁ, ଆମମାନଙ୍କ ପରି ଦୁର୍ବଳ ଲୋକ ସେମାନଙ୍କ ଭିତରେ କେହି ନାହାନ୍ତି। କୁମାରଙ୍କ କଥା ଛାଡ଼, ଏପରିକି ଯେତେ କୁମାରୀ ଅଛନ୍ତି, ସମସ୍ତେ ଆମମାନଙ୍କଠାରୁ ଉଚ୍ଚ ଓ ସୁସ୍ଥ ସବଳ। ଆମକୁ ଯେ ଜୀବନଯାକ ଖାଇବାକୁ ଓ ପିନ୍ଧିବାକୁ ମିଳେ ନାହିଁ, ନାନା ଚିନ୍ତା

ନାନା ନିର୍ଯ୍ୟାତନା ଭିତରେ ଚାପି ହୋଇ ଜୀବନ ଲତାଟି ଉଧେଇ ପାରେ ନାହିଁ, ଆମ ଚେହେରା ଦେଖି ୟୁରୋପୀୟମାନେ ତା ସହଜରେ ଜାଣି ପାରନ୍ତି। ତାଙ୍କ ଚାଲି, ତାଙ୍କ ଦଉଡ଼, ତାଙ୍କ ଫୂର୍ତ୍ତି, ତାଙ୍କ ବେପରୁଆ ଭାବ ଦେଖି ମଣିଷ ଖାଲି ଦୁଃଖିତ ହୁଏ ଓ ଭାବେ, ଆମର କ'ଣ ଭବିଷ୍ୟତ ନାହିଁ?

ଏହି ସାହେବମାନଙ୍କ ମେଳରେ ମୋତେ ସବୁଠାରୁ ନୂତନ ଲାଗେ ସେମାନଙ୍କର ପୋଷାକ। ଏମାନେ ଏତେ ନୂତନ ଧରଣରେ ବେଶ ହେଉଛନ୍ତି ଯେ, ମନେ ହୁଏ ଇଂଲଣ୍ଡରେ ବର୍ଷେ ରହି ମଧ୍ୟ କିଛି ଦେଖିବାକୁ ମିଳି ନାହିଁ। ୟୁରୋପୀୟମାନଙ୍କଠାରୁ ଆମେରିକା ଲୋକଙ୍କ ପୋଷାକ ଅଲଗା କହିଲେ ଚଳେ। ଆମ ଦେଶର ପହିଲମାନ ଲଢ଼ାଇ କଲାବେଳେ ଯେଉଁ ଜଙ୍ଘିଆ ପିନ୍ଧନ୍ତି, ତାଠୁ ଦୁଇ ଇଞ୍ଚ ଖଣ୍ଡେ ଅଧିକ ଲମ୍ବ ପ୍ୟାଣ୍ଟ ଓ ଦେହରେ ଖଣ୍ଡେ ଖଣ୍ଡେ ଗେଞ୍ଜି। ଅବଶ୍ୟ ବର୍ତ୍ତମାନ ଯଥେଷ୍ଟ ଶୀତ ନାହିଁ ବୋଲି ପୋଷାକ ପିନ୍ଧିବା ସମ୍ଭବ ହୋଇଛି। ମୋଟେ ବୁଝି ହୁଏ ନାହିଁ ଏ ସଭ୍ୟଦେଶ ଲୋକମାନଙ୍କର ରୁଚି କେଉଁଠି। ଆମ ଦେଶରେ ପୁରୁଣାକାଳିଆ ନାଟ ଆଖଡ଼ାରେ ରାଜାରାଣୀ, ଦୁଆରୀ, ଯେଉଁ ଛିଟକନା, ହରରଙ୍ଗି ଚିତ୍ରକଳା ସବୁ ପିନ୍ଧି ବାହାରନ୍ତି, ସେହି ପ୍ରକାର ହରରଙ୍ଗି ଚିତ୍ରକଳା ସବୁ ପିନ୍ଧି ବାହାରନ୍ତି, ସେହିପ୍ରକାର ହରରଙ୍ଗି କନାର ଗେଞ୍ଜି ଓ ପ୍ୟାଣ୍ଟ ପିନ୍ଧି ଦିନରାତି ବୁଲୁଛନ୍ତି। ସେହି ପୋଷାକରେ ଖେଳପଡ଼ିଆ, ଡିନର ଟେବୁଲ୍, ସ୍କୁଲ କ୍ଲାସରେ ଯୋଗ ଦେଉଛନ୍ତି। ୟୁରୋପୀୟ ବନ୍ଧୁମାନେ ଏ ପ୍ରକାର ହରରଙ୍ଗି ପୋଷାକ ଦେଖି ଭାରି ନାକ ଟେକୁଛନ୍ତି ଓ ସମାଲୋଚନା କରୁଛନ୍ତି। ଭାରତୀୟ ତ ସହଜେ ସ୍ତମ୍ଭୀଭୂତ! ପୃଥିବୀର ସଭ୍ୟତମ ଲୋକଙ୍କ ବିଷୟରେ ଆମର କହିବାର କ'ଣ ଅଛି। ମନେ ହୁଏ ଆମେ ଯେଉଁ ନାଟ ଆଖଡ଼ା ପୋଷାକ ଦିନକୁଦିନ ଛାଡୁଛୁ, ଆମେରିକା ଲୋକେ ତାକୁ ଦିନକୁଦିନ ପସନ୍ଦ କରୁଛନ୍ତି। ମଣିଷ ସଭ୍ୟତାର ଗତି କେଉଁ ଆଡ଼କୁ, ବଡ଼ ଆଶ୍ଚର୍ଯ୍ୟ ଲାଗେ।

ୟୁରୋପ ବାଳିକାମାନଙ୍କର ପୋଷାକପତ୍ର ଢଙ୍ଗଢାଙ୍ଗ ଆଖିସୁହା ହୋଇଗଲାଣି ବୋଲି ବୋଧହୁଏ ନୂତନ ଲାଗେ ନାହିଁ। ମାତ୍ର ଆମେରିକା ଓ କାନାଡ଼ାରୁ ଯେଉଁ ୩୦ ଜଣ ଖଣ୍ଡେ ଆସିଛନ୍ତି, ସେମାନେ ଅତି ବିଚିତ୍ର। ନାରୀ ବୋଲି ବିଶ୍ୱାସ କରିବା ପାଇଁ ଅନେକ ସମୟ ଲାଗେ। ପୁରୁଷଙ୍କ ଜଙ୍ଘିଆଠାରୁ ନାରୀଙ୍କ ଜଙ୍ଘିଆ ଆଉ ଟିକିଏ ଛୋଟ। ରୁଚି ଓ ଶିଷ୍ଟତାର ସୀମା ବାହାରେ, ମୁଣ୍ଡର ବାଳ ପୁରୁଷଙ୍କ ବାଳପରି କଟା। ଏବେ ପରା କ'ଣ ଗୋଟାଏ "ଅଶ୍ୱକେଶ" ଇଂରେଜିରେ "ହର୍ସଟେଲ" ବୋଲି ଏକ ଫେସନ୍ ବାହାରିଛି। ସେଥିରେ ଘୋଡ଼ା ମୁଣ୍ଡରେ ଯେମିତି ଆଗରେ ବାଳ ସମାନ ହୋଇ ଚୁନ୍ଦା ହୋଇଥାଏ, ସେହିପରି ଚୁନ୍ଦିଛନ୍ତି। କି ବିଚିତ୍ର! କି ସଭ୍ୟ ସୁନ୍ଦର! କୁମାରୀଙ୍କ ଗ୍ରୀଷ୍ମ

ପୋଷାକ ଦେଖି ଭାରତର କେତେକ ବାୟାଣୀଙ୍କ କଥା ମୋର ମନେ ପଡ଼େ। ଆମେରିକାର ଧନ ସମ୍ପଦ, ଚାକଚକ୍ୟ ବିଷୟରେ ଏତେ କଥା ଶୁଣେ। ମାତ୍ର ଏ ଗୁଡ଼ିକ କାହିଁକି ଏମିତି ବିଚିତ୍ର ଜୀବ, ବୁଝିହୁଏ ନା। ଭାରତ ସଭ୍ୟ ନ ହେଉ ପଛକେ, ସଭ୍ୟତା ନାମରେ ଲଙ୍ଗଳା ନ ହେଉ। କେହି କୁମାରୀ ହାତରେ ପାଞ୍ଚପଟ ରୂପାକାଚ ପିନ୍ଧିଛି, କେହି ବେକରେ ତିନିଘେରା ମାଳୀ ପିନ୍ଧିଛି କିଏ ଅଣ୍ଟାରେ ବେଲ୍ଟ ଭିଡ଼ିଛି। ଜଣକେ ଜାତିଏ ! ଇଂଲଣ୍ଡରେ ବର୍ଷେକାଳ ରହି ମଧ୍ୟ ଇଂରେଜ କୁମାରୀମାନଙ୍କ ବେଶରେ କୌଣସି ରୁଚିହୀନତା ବା ନୂତନତା ଦେଖିନି, ମାତ୍ର କାନାଡ଼ା-ଆମେରିକା ପୋଷାକ ରୁଚି ଦେଖି ୟୁରୋପୀୟମାନେ ଆମରି ଭଳି ସ୍ତମ୍ଭୀଭୂତ।

କେବଳ ପୋଷାକପତ୍ରର ତଫାତ୍ ଛାଡ଼ି ଦେଲେ ଅନ୍ୟ ବିଷୟରେ ସବୁ ଧଳା ଚମଡ଼ା ଲୋକେ ସମାନ, ଖାନା ପିନା ପ୍ରାୟ ଏକ। କି ପୁରୁଷ କି ନାରୀ ଦିନରାତି ତ ମୁହଁରେ ନିଆଁ ଲାଗିଛି, ଧୂଆଁ ବାହାରୁଛି। ଡିନର୍ ଟେବୁଲଠାରୁ ଆରମ୍ଭ କରି ଖଟତଳ ଆଲମାରୀ ଭିତର ପର୍ଯ୍ୟନ୍ତ ସବୁଠି ବୋତଲ। ମନ ଖୁସି ହେଲେ ବୋତଲ ଚାଲିଲା। ଫ୍ରାନ୍ସ ଦ୍ରାକ୍ଷାରସ ପାଇଁ ପ୍ରସିଦ୍ଧ ବୋଲି ଏଠି ବୋତଲ ବ୍ୟବସାୟ ଭାରି ଜୋର ଚାଲିଛି। ନିୟମିତ ଭୋଜନ ଛଡ଼ା ତ ଦିନରାତି ପାଟି ଚାଲିଛି। ହେଉ ଚକଲେଟ୍ ହେଉ ପିପରମେଣ୍ଟ, ହେଉ କୌଣସି ଫଳ କିମ୍ବା ବିସ୍କୁଟ୍, ଯେତେବେଳେ ଦେଖିବ ଅନ୍ତତଃ ପାଞ୍ଚଜଣ ପାଟି ଚଳାଇଛନ୍ତି। କେତେବେଳେ ତାଙ୍କର ଭୋକ ବନ୍ଦ ଥାଏ ସେମାନେ ଜାଣନ୍ତି। ୟୁରୋପର ଦରିଦ୍ର ସାହେବମାନଙ୍କ ଅପେକ୍ଷା ଆମେରିକା ସାହେବମାନଙ୍କର ପଇସା ବେଶି, ତେଣୁ ଭୋଜନ ବି ବେଶି। ରନ୍ଧନ ପ୍ରଣାଳୀ ବିଭିନ୍ନ ଦେଶରେ ବିଭିନ୍ନ ପ୍ରକାର ହେଲେ ମଧ୍ୟ ଭୋଜନର ଉପାଦାନ ସମାନ। ଗୋମାଂସ, ଘୋଡ଼ା, ଘୁଷୁରୀ, ମାଛ, କଇଁଛ, ଗେଣ୍ଡା ସବୁ ପ୍ରକାର ମାଂସ ସେମାନେ ଖାଆନ୍ତି। ଅନେକ ମାଂସ ଏମିତି ସିଝା ହୋଇଥାଏ ସେ ସେଥିରୁ ରକ୍ତ ବହିଲା ପରି ଦେଖା ଯାଉଥାଏ। ସେ ପ୍ରକାର ମାଂସ ଖାଇବା ଆମମାନଙ୍କ ପକ୍ଷରେ ଅସମ୍ଭବ ହୋଇପଡ଼େ। ୟୁରୋପୀମାନଙ୍କ ଭିତରେ ଇଂରେଜମାନେ ବେଶି ଚା ଖାନ୍ତି। କିନ୍ତୁ ଅନ୍ୟାନ୍ୟ ଜାତିର ଲୋକମାନେ ସେତେ ଚା ପ୍ରିୟ ନୁହନ୍ତି। ମସଲା ମୋଟେ ଖା'ନ୍ତି ନାହିଁ କହିଲେ ଚଳେ। ଆମେମାନେ ଗୋଲମରିଚ ଗୁଣ୍ଡ ଦେଇ ଆଳୁ ସିଝା ଖାଇବାର ଦେଖି ଜର୍ମାନମାନେ ଆଶ୍ଚର୍ଯ୍ୟ ହୁଅନ୍ତି। ଅନେକ ସମୟରେ ଥଟ୍ଟାରେ ମୋ ପିଇବା ପାଣିରେ ଗୋଲମରିଚ ଗୁଣ୍ଡ ପକାଇ ପିଇବା ପାଇଁ ମୋତେ ଅନୁରୋଧ କରନ୍ତି। ଧଳା ଲୋକ ସେମାନଙ୍କର ଦେହ ତୁଳନାରେ ବେଶି ପରିମାଣ ଖାଦ୍ୟ ଖାନ୍ତି ନାହିଁ କିନ୍ତୁ ବେଶି ସାରବାନ ପଦାର୍ଥ ଖା'ନ୍ତି।

ଏହି ପ୍ରକାର ବିରାଟ ମେଳାରେ ବିଭିନ୍ନ ଭାଷା ଶୁଣିବା ପାଇଁ ବଡ଼ କୌତୂହଳ ହୁଏ। ଆମେରିକା ଇଂରାଜୀ ଓ ଇଂଲଣ୍ଡ ଇଂରାଜୀ ସମ୍ପୂର୍ଣ୍ଣ ତଫାତ୍। ୟୁରୋପୀୟମାନେ ଆମେରିକା ଇଂରାଜୀ ସହଜରେ ଧରି ପାରନ୍ତି ନାହିଁ। ୟୁରୋପ ଲୋକେ ଇଂରାଜୀ ଜାଣିଲେ ମଧ୍ୟ ବେଶି ଫରାସୀ ଭାଷା କହନ୍ତି। ଫରାସୀ ଭାଷା ୟୁରୋପରେ ଏତେ ଆଧିପତ୍ୟ ବିସ୍ତାର କରିଛି, ଭାରତରେ ଆମର ବିଶ୍ୱାସ ହୁଏନି। କାନାଡ଼ାର ଲୋକେ ମଧ୍ୟ ଖାଲି ଫରାସୀ ଭାଷା କହନ୍ତି, ଇଂରେଜୀ ନାମକୁ ମାତ୍ର ଜାଣନ୍ତି। ଫରାସୀ ଭାଷା ନ ଜାଣିଥିଲେ ଇଉରୋପୀୟ ଦେଶମାନଙ୍କରେ ଇଂରାଜୀ ସାହାଯ୍ୟରେ ଚଳିଯିବ, ମାତ୍ର କଷ୍ଟ ପଡ଼ିବ ଅନେକ ସମୟରେ। ଇଂରେଜମାନେ ଯେ ଗର୍ବ କରନ୍ତି ଭାରତବର୍ଷକୁ ସେମାନେ ଗୋଟିଏ ମହତ୍ ଦାନ କରିଛନ୍ତି ଓ ତା ଇଂରାଜୀ ଭାଷା, ସେ କଥାଟି କେତେଦୂର ସତ, ଇଂଲଣ୍ଡ ବାହାରକୁ ନ ଆସିଲେ ବୁଝିହୁଏ ନାହିଁ। ଇଉରୋପର ଯେ କୌଣସି ଦେଶର ଲୋକଙ୍କଠାରୁ ଶିକ୍ଷିତ ଭାରତୀୟ ଅଧିକ ଇଂରାଜୀ ଜାଣେ, ଏଥିରେ ସନ୍ଦେହ ନାହିଁ। ଯେ କୌଣସି ୟୁରୋପୀୟ ଛାତ୍ର କୌଣସି ବିଷୟରେ କହିବାକୁ ଗଲେ ଇଂରାଜୀରେ ସଂପୂର୍ଣ୍ଣ ନିଜକୁ ପ୍ରକାଶ କରିପାରେ ନାହିଁ। କିନ୍ତୁ ଉଚ୍ଚଶିକ୍ଷିତ ଭାରତୀୟ ପକ୍ଷରେ ସେ ପ୍ରକାର ଅସୁବିଧା ହୁଏନି। ପ୍ରତ୍ୟେକ ଇଉରୋପୀୟ ନିଜ ପାଖରେ ବିଭିନ୍ନ ଭାଷାରେ ଅନ୍ତତଃ ତିନି ଚାରିଖଣ୍ଡ ଭାଷାକୋଷ ରଖିଥାନ୍ତି। ଆମ ଦେଶରେ ଲୋକମାନଙ୍କର ଫୋନେଟିକସ ବିଷୟରେ ମୌଳିକ ଧାରଣା ବି ନାହିଁ। କିନ୍ତୁ ଇଉରୋପରେ ବହୁ ଭାଷାର ପ୍ରାଧାନ୍ୟ ଯୋଗୁଁ ଫୋନେଟିକସ ନ ଜାଣିଥିବା ଶିକ୍ଷିତ ଲୋକ ଖୁବ୍ କମ୍। କାରଣ ଫୋନେଟିକସ ବିନା ବିଦେଶୀ ଭାଷାକୁ ଠିକ୍ ଉଚ୍ଚାରଣ କରିବା ଅସମ୍ଭବ। ପ୍ରକୃତ ବୈଜ୍ଞାନିକ ଶିକ୍ଷା ଅଭାବରୁ ଭାରତୀୟମାନେ ଯେଉଁ ଇଂରାଜୀ କହନ୍ତି ତାହା ଗ୍ରୀକ୍ ହୋଇ ପାରେ, ମାତ୍ର ଇଂରାଜୀ ନୁହେଁ। ଆମ ଇଂରାଜୀ ଇଂଲଣ୍ଡ ସାହେବମାନେ ଅଧାଅଧି ବୁଝନ୍ତି, ଇଉରୋପରେ ଲୋକେ ପାଞ୍ଚଥରରେ ବୁଝନ୍ତି।

ଧଳା ଲୋକମାନେ ଆମ ପୂର୍ବଖଣ୍ଡର ଲୋକମାନଙ୍କ ଅପେକ୍ଷା ଯଥେଷ୍ଟ ଫୂର୍ତ୍ତିବାନ୍, ହାଲୁକା ମନୋବୃତ୍ତିସମ୍ପନ୍ନ। କିନ୍ତୁ ଆମମାନଙ୍କ ଠାରୁ ବିଶେଷ ବୁଦ୍ଧିମାନ୍ ବୋଲି ମୋର ଆଦୌ ମନେ ହୁଏନାହିଁ। ଉପଯୁକ୍ତ ସୁଯୋଗ ପାଇଲେ ଭାରତୀୟ ଛାତ୍ର ଯେ କୌଣସି କ୍ଷେତ୍ରରେ ଏମାନଙ୍କ ସଙ୍ଗରେ କାନ୍ଧ କଷିବ। ଇଉରୋପ ସଭ୍ୟତା ବିଚାର ସଭାରେ ଏଠି ଇଉରୋପୀୟ ଛାତ୍ରମାନେ ଯେଉଁ ପ୍ରକାର ପ୍ରଶ୍ନ ପଚାରୁଛନ୍ତି, ମୋର ମନେହୁଏ ଯେ, କୌଣସି ଭାରତୀୟ ଅନର୍ସ ଗ୍ରାଜୁଏଟ୍ ସେପରି ପ୍ରଶ୍ନ ପଚାରିବା ପାଇଁ ଲଜ୍ଜାବୋଧ କରିବ। ପାଠପଢ଼ା ଅପେକ୍ଷା ଏମାନଙ୍କର ଅଧିକ ଖେଳ, ଅଧିକ ଫୂର୍ତ୍ତି। ଅବଶ୍ୟ ଦାୟିତ୍ୱଜ୍ଞାନ ସେମାନଙ୍କର ଖୁବ୍ ବେଶି। ବନ୍ଧୁମେଳରେ ଓ ଦୈନନ୍ଦିନ

ବ୍ୟବହାରରେ ଏମାନେ ବଡ଼ ଉଦାର ଓ ସହାନୁଭୂତିଶୀଳ। ଆମ ଦେଶର ନୀଚତମ ରୋଗ ପରଶ୍ରୀକାତରତା ଏମାନଙ୍କଠାରେ ଖୁବ୍ କମ୍ ଦେଖାଯାଏ। ଅନ୍ୟର ମନରେ କଷ୍ଟ ନ ଦେବା ପାଇଁ ସବୁବେଳେ ସାବଧାନ। ବରଂ କାହାକୁ ସାହାଯ୍ୟ କରିବାର ଦରକାର ପଡ଼ିଲେ ବଡ଼ ତତ୍ପରତା ଦେଖାନ୍ତି ଓ ହୃଦୟର ସହିତ କରନ୍ତି। ଏମାନଙ୍କ ସଙ୍ଗରେ ବନ୍ଧୁ ହିସାବରେ ଜୀବନ ଯାପନ କରିବାରେ ବିଶେଷ ଆନନ୍ଦ ଅଛି, ଏଥିରେ ସନ୍ଦେହ ନାହିଁ। ତାଙ୍କ ଦେଶର ଜଳବାୟୁ, ସାମାଜିକତାକୁ ନେଇ ସେମାନଙ୍କର ଅନେକ ଜିନିଷ ଅଛି, ଯାହା ଆମମାନଙ୍କୁ ଭଲ ଲାଗି ନ ପାରେ। ମାତ୍ର ସେମାନଙ୍କର ଉଦାର ମାନବିକତା ସମସ୍ତଙ୍କର ଅନୁକରଣୀୟ। ଦୁଇଜଣକର ମତ ଫରକ ହେଲେ ହେଁ ଯେ ଯାହା ବାଟରେ ଚାଲିଯିବେ କିନ୍ତୁ ଅସୁନ୍ଦର ଭାବରେ କଳି ତକରାଳ କରିବେ ନାହିଁ। ଏହି ଧଳା ସଭ୍ୟତାର ବିଶିଷ୍ଟ ଅଙ୍ଗ ନାଚ। ରାତିରେ ଝିଅ ପୁଅ ସାଙ୍ଗ ହୋଇ ନାଚନ୍ତି। ନାଚ ସମସ୍ତ ଇଉରୋପୀୟ ସଭ୍ୟତାର ଅବିଚ୍ଛେଦ୍ୟ ଅଙ୍ଗ। ଯେ କୌଣସି ଜାତିର ଲୋକ ଯେ କୌଣସି ଝିଅ ସହିତ ନାଚନ୍ତି। ହାଣ୍ଡିକଳା ଆଫ୍ରିକା ଲୋକ ବରଫ ଧଳା ସାହେବାଣୀଙ୍କ ସଙ୍ଗେ ନାଚିବାର ଦେଖିଲେ ଇଉରୋପ ସଭ୍ୟତାର ଉଦାରତା ଭାବି ମଣିଷ ଚମକେ। ସେମାନଙ୍କର ନାଚଘର ମହାମାନବିକତାର ନିଦର୍ଶନ। ସେଠି ଜାତି ଧର୍ମର ବିଚାର ନାହିଁ। ଭାରତୀୟ ସମାଜରେ ଏପରି କୌଣସି ଅନୁଷ୍ଠାନ ନାହିଁ ବୋଲି ଭାରତୀୟମାନଙ୍କୁ ଏହା ନୂତନ ଲାଗିପାରେ। ମାତ୍ର ଏଥିରେ କୌଣସି କୁସଂସ୍କାର ନାହିଁ ବୋଲି ଇଉରୋପୀମାନେ ବିଶ୍ୱାସ କରନ୍ତି। ସେଥିପାଇଁ ଧଳା ମଣିଷ ଯେଉଁଠି ଅଛନ୍ତି ନାଚ ସେଇଠି ନିଶ୍ଚୟ ଅଛି। ସେମାନଙ୍କର ବାହ୍ୟ ସଭ୍ୟତା ଅର୍ଥାତ୍ ପାନ ଭୋଜନ, ପୋଷାକପତ୍ର, ନୃତ୍ୟ ଗୀତ ଆମମାନଙ୍କର ଅନୁକରଣ କରିବାର ଆବଶ୍ୟକତା ନାହିଁ। କିନ୍ତୁ ସେମାନଙ୍କର ଉଦାର ମନୋବୃତ୍ତି ସର୍ବଦା ଅନୁକରଣୀୟ। ଅବଶ୍ୟ ସେଥିପାଇଁ ପ୍ରଥମେ ଅର୍ଥନୈତିକ ରାଜନୈତିକ ଓ ସାମାଜିକ ସଂସ୍କାର ଚାହି। ଯା ପେଟକୁ ଅନ୍ନ ନାହିଁ, ତାର ଉଦାରତା ଆସିବ କାହୁଁ?

ବିଦାୟ ଆମେରିକା ! ବିଦାୟ ଇଂଲଣ୍ଡ !

ଆଟଲାଣ୍ଟିକ ସାଗର। ଟୁସାନ୍ ଜାହାଜ ତା ୨୯ । ୯ । ୫୧

ଦୁଇବର୍ଷ ତଳେ ଘର ଛାଡ଼ିଲା ବେଳେ ଆଖି ପାଉ ନଥିଲା ଅଜଣା ସ୍ଥାନରେ ଦୁଇ ବର୍ଷ କାଟିବି କେମିତି। ମାତ୍ର ଦୁଇଟି ବର୍ଷ ସୁଖସ୍ୱପ୍ନ ପରି କଟି ଯାଇଛି। ଗାଁ ଛାଡ଼ିବା ଯେ ଦୁଇବର୍ଷ ହୋଇଯାଇଛି, ଆଜି ତାହା ମନେ ନାହିଁ। ଗାଁ ମାଟି, ପ୍ରିୟ ମାଟି, ପ୍ରିୟତମ ସେ। ମାଟିର ମାୟା କାଟି ଆସିଲା ବେଳେ ଆଖିର ଲୁହ ଗାଁ ମାଟିରେ ମିଶିଗଲା। ବିଦେଶରୁ ବିଦାୟ ବେଳେ ବିଶେଷ ଆନନ୍ଦିତ ହେବି ବୋଲି ଭାବିଥିଲି, ତା ହୋଇନି। ମନ ଦୁଃଖର ପ୍ରଶ୍ନ ନାହିଁ। ଶୀତଦିନେ ଗଛରୁ ପତ୍ର ଖସି ପଡ଼ିଲା ବେଳେ ଯେମିତି ଗଛ ଜାଣେନା, କି ପତ୍ର ଜାଣେନା, ସେମିତି ବିଲାତ ବିଦାୟ ବେଳେ ହୋଟେଲ ଦେହରୁ ବାହାରି ଆସିଲା ବେଳେ ମନରେ କିଛି ସ୍ପନ୍ଦନ ନଥିଲା। ଏତେବେଳକୁ ହୁଏତ ଆଉ କେହି ଜଣେ ପଇସା ଦେଇ ମୋ ଜାଗାରେ ସେଠି ରହି ସାରିବଣି। ମୁଁ ଦିନେ ତ ସେମିତି କାହା ଜାଗାରେ ଥିଲି। ଦୁଇଟି ଦେଶ ଛାଡ଼ି ଆସିଛି। ଗୋଟିକ ପରେ ଗୋଟିଏ ଅନୁଭୂତିର ଯେ ତଫାତ୍, ସେହି କଥା କହୁଛି।

ଆମେରିକାରେ ତିନିଟି ମାସ ଗାଁ ଗଣ୍ଡା ବଣ ପାହାଡ଼ ଘୂର୍ଣ୍ଣିବାୟୁ ପରି ଘୂରିବାକୁ ହେଲା। ଦିନକେ ଦୁଇଶ ମାଇଲ ପ୍ରାୟ, କ୍ୟାମ୍ପ୍ ବିଦାୟ ବେଳେ ତରୁଣ ତରୁଣୀମାନେ କାନ୍ଦି ପକାଇଲେ। ଡଲାର ସର୍ବସ୍ୱ ଆମେରିକା ଛାତିତଳେ ଭାବପ୍ରବଣତା ତଥା ମାନବିକତା ଅଛି ଦେଖି ଆଶ୍ଚର୍ଯ୍ୟ ହେଲି। ମିଳନର ଆନନ୍ଦ, ବିଦାୟର ଅଶ୍ରୁ ସାର୍ବଜନୀନ ତଥା ମାନବିକ ବୋଲି ମନେ ହେଲା। ଆମେରିକାରେ ଶେଷ ରହଣି ନିଉୟର୍କ ସହର। ଆକାଶ ଛାତିରେ ଛାଇ ଫୁଟାଇ ଠିଆ ହୋଇଛି। ପୃଥିବୀର ଅର୍ଥକେନ୍ଦ୍ର ୱାଲଷ୍ଟ୍ରିଟ୍‌ରେ ଚନ୍ଦ୍ର ସୂର୍ଯ୍ୟଙ୍କର ଛାଇ ପଡ଼େନି। କିନ୍ତୁ ଏହି ପାଗଳ ସହର ଭିତରେ ବି ମଣିଷ ଅଛନ୍ତି। ଆଠ ଦିନରେ ଅଶୀ ବନ୍ଧୁଙ୍କ ଘରେ ପାନ ଭୋଜନ, ଆଦର ଅଭ୍ୟର୍ଥନାର ସୀମା ନାହିଁ।

ବିଦାୟ ବେଳ ନିକଟ ହୋଇ ଆସିଲା, ଉଡ଼ାଜାହାଜ ଘାଟିରେ ମା (ଯେଉଁ ଗୃହକର୍ତ୍ତ୍ରୀଙ୍କ ଘରେ ମୁଁ ଶେଷ ସପ୍ତାହ ଥିଲି) ମଟର ଦେହରୁ ଓହ୍ଲାଇ ଆସି ବିଦେଶୀ ପୁଅର ଗଣ୍ଡ ଦେଶରେ ଚୁମ୍ବନ ଆଙ୍କିଦେଲେ। ବିଦାୟ ବେଳେ ଆଖି ଛଳ ଛଳ, "ଭୁଲିବ ନାହିଁ, ମୋତେ ଲଣ୍ଡନରୁ ଲେଖିବ।" ଭାରତ ଭାଇ ଭଉଣୀଙ୍କୁ ସଦିଚ୍ଛା ଜଣାଇ ଦେବ କହି ପୁଣି ମଟର ହୁଇଲ୍ ଉପରେ ହାତ ପକାଇଲେ। ମୁହୂର୍ତ୍ତକ ମଧ୍ୟରେ ସହସ୍ର ଗାଡ଼ି ମଧ୍ୟରେ ମା'ଙ୍କ ଗାଡ଼ି ହଜିଗଲା। ମୁଁ ଚାହିଁ ରହିଲି ଉଡ଼ାଜାହାଜକୁ। ଦିନ ୧୨ଟା। ଯାତ୍ରୀ ସମସ୍ତେ ଜାହାଜରେ ବସିଲେ। No smoking please, Fasten seat-belt ସୁନା ଅକ୍ଷରରେ ଜାହାଜ ପିଞ୍ଜରର ଦେହରେ ଫୁଟି ଉଠିଲା। ଇଂଜିନ ପଙ୍ଖାର ଘନ ଗର୍ଜ୍ଜନରେ ଜାହାଜ ଦେହ କମ୍ପି ଉଠିଲା, ଜାହାଜ ଉଠିଲା। ହଡ୍‌ସନ୍ ନଦୀ, ଷ୍ଟେଟ୍ ଏମ୍ପାୟାର କୋଠା, ଷ୍ଟାଚ୍ୟୁ ଅଫ୍ ଲିବର୍ଟି, ସବୁ ତଳେ ରହିଗଲା ମନରେ ଆଶଙ୍କା, ଆନନ୍ଦ, କୌତୂହଳ କିଛି ନଥିଲା। ସତେ ଯେମିତି କିଛି ଘଟୁ ନାହିଁ। ଏତିକି ମନେ ହେଲା ଆମେରିକା ଗୋଟାଏ ଦେଶ, ଭଲ ଦେଶ। ଯାତ୍ରୀସବୁ ହାତ ହଲାଇ ସଙ୍କେତ ଦେଲେ- "ବିଦାୟ ଆମେରିକା! ବିଦାୟ ନିୟୁୟର୍କ!'

ତହିଁ ଆରଦିନ ଲଣ୍ଡନରେ ପହଞ୍ଚିଲା ବେଳକୁ ଠିକ୍ ବିଲାତି ପାଗ। ଅନ୍ଧାର, ବର୍ଷା, କୁହୁଡ଼ି। ସ୍କଟଲାଣ୍ଡ, ଉଡ଼ାଜାହାଜ ଘାଟିରେ ବିଶେଷ କୁହୁଡ଼ି ବୋଲି ଓହ୍ଲାଇ ନ ପାରି ଲଣ୍ଡନ ଭାସୁଛି। ସେଠି ମହର୍ଗରୁ ଆସି କାନ୍ତାରରେ ପଡ଼ିଲୁ। ବୃଷ୍ଟି ଜଳରେ ଲଣ୍ଡନ ଭାସୁଛି। ପୁରାତନ ହଷ୍ଟେଲ୍, ପୁରାତନ ସ୍କୁଲ୍, ପୁରାତନ ଦୋକାନ ବଜାର ନିକଟରେ ପହଞ୍ଚି ମନେ ହେଲା ସତେ ଯେମିତି ମଣିଷ ସେମାନଙ୍କ ନିକଟରେ ପୂରାପୂରି ନୂତନ। ମାୟା ନାହିଁ, ମମତା ନାହିଁ, ସେହି ପୁରାତନ ସାହେବୀ ନିରର୍ଥକ ହସ, ଶୀତଳ କରମର୍ଦ୍ଦନ। ତା ବ୍ୟତୀତ ଆମେରିକାର ସୁଖ ସମ୍ଭୋଗ ଭିତରେ ପହଁରି ପହଁରି ଫେରିଲା ବେଳକୁ ଲଣ୍ଡନ ଦିଶୁଛି ହୀନମାନ୍। ତିନିମାସ ପୂର୍ବେ ଯେଉଁ ହୋଟେଲ୍‌ରେ ଦୁଧ ମିଳୁଥିଲା, ସେଠି ରେସନ୍ ଯୋଗୁଁ ଦୁଧର ନାଁ ନାହିଁ। ଅଣ୍ଡା ତ ସପନ। ହୋଟେଲ୍ ଘର ଦିଶୁଛି ଅସନା। ଯେତେହେଲେ ତ ଲଣ୍ଡନ ପୂରାତନ ବନ୍ଧୁ। ଆମେରିକା ତ ସବୁଦିନିଆ ନୁହେଁ। ମନକୁ ମନାଇଁ ପାଞ୍ଚ ଦିନ ଗୋଟିଏ ହୋଟେଲରେ ପଡ଼ି ରହିବାକୁ ହେଲା। ଯିବାବେଳେ ଏ ଦେଶରେ ତ ଆଉ ବେଶି ଦିନ ନାହିଁ। ଆମ ପଇସାରେ ତ ତାଙ୍କୁ ପୋଷିବାର ଆଉ ଯୋଗ୍ୟତା ନାହିଁ। ତେଣୁ କିଏ ପଚାରିବ ବା କାହିଁକି ?

ବିଦାୟ ଦିନ ନିକଟ ହୋଇ ଆସିଲା। ଦୁଇ ବର୍ଷ ରହି ସୁଦ୍ଧା ଗୋଟିଏ ଦେଶ ପାଇଁ ଏତେ ଟିକିଏ ମାୟା ମମତା ହୋଇ ପାରିଲା ନାହିଁ। କାରଣ ବୁଝିପାରିଲି ନାହିଁ। ସଦ୍‌ଗୁଣ ଅଛି। ବହୁ ପ୍ରଶଂସା କରିଛି। ଏବେବି କରୁଛି ମାତ୍ର ସତେ ଯେମିତି ହୃଦୟ

ନାହିଁ, ଭାବପ୍ରବଣତା ନାହିଁ। ବାଣିଜ୍ୟ ପାଇଁ ସେତିକି ହସ ଦରକାର, ସେତିକି ନିଶ୍ଚୟ ଅଛି। ସଭ୍ୟ ଜାତି, ସଭ୍ୟ ଦେଶ ଏଥିରେ ତିଳେହେଲେ ସନ୍ଦେହ ନାହିଁ। ମାତ୍ର ଦାରିଦ୍ର୍ୟ ଯୋଗୁଁ ସ୍ୱଭାବ ନଷ୍ଟ। ପଇସା ପାଇଁ, ଜିନିଷ ପାଇଁ ସେମାନେ ହାତ ପତାଇବାକୁ ଶିଖିଲେଣି। ମାତ୍ର ପ୍ରାଚୁର୍ଯ୍ୟ ଯୋଗୁଁ ଆମେରିକାନ୍ ଦିଏ, ହାତ ପତାଏନି କେବେ। ବିଦାୟ ବେଳାରେ କାହାକୁ ଦେଖିବାକୁ ନାହିଁ, କେବଳ ଭାରତୀୟ ବନ୍ଧୁମାନଙ୍କୁ ଛାଡ଼ିଦେଇ। ହୋଟେଲ୍ ଲୋକେ ତ ବାସନ ମଜା, ବିଛଣା ଝଡ଼ାରେ ବ୍ୟସ୍ତ। ଦେଖା ଦେଉଛି କିଏ କାହାକୁ? ଦିନେ ନୁହେଁ, ଦୁଇ ଦିନ ନୁହେଁ, ସେଠି ଦୁଇ ବର୍ଷ ବସବାସଟି !

ଜୀବନରେ ପ୍ରଥମଥର ପାଇଁ ଜଳଜାହାଜ ଚଢ଼ା। 'ସି ସିକ୍‌ନେସ୍' ପାଇଁ ମନରେ ଆଶଙ୍କା। କିନ୍ତୁ ବିଲାତ ଛାଡ଼ି ଯିବା ପାଇଁ ଏତେ ଟିକେ ହେଲେ ମମତା ନାହିଁ। ତିନି ମାସର ଆମେରିକାରେ ଯେଉଁ ମାୟାମମତା ଥିଲା, ଦୁଇ ବର୍ଷର ଲଣ୍ଡନରେ ବି ତା ହେଲାନି। ବିରାଟ ଚୁସାନ୍ ଜାହାଜ ଭଁ କରି ଛାଡ଼ିଲା। ଯାତ୍ରୀସବୁ ହାତ ହଲେଇ ସଙ୍କେତ ଦେଲେ "ବିଦାୟ ଲଣ୍ଡନ!"

"ବୈଦେହୀ ପଶ୍ୟ"

ଲୋହିତସାଗର, ତା ୨୬ । ୯ । ୫୧

ସଙ୍ଗରେ ସୀତା, ହାତରେ ଲଙ୍କାର ବିଜୟ ଗୌରବ । ବିଜୟ ବାହୁଡ଼ା ମୁହୂର୍ତ୍ତରେ ରାମଚନ୍ଦ୍ର କହି ପକାଇଲେ, "ଦେଖ ସୀତା, ମଳୟାତ୍ ବିଭକ୍ତଂ, ମତ୍‌ସେତୁନା ଫେନିଳ ମମ୍ବୁରାଶି ।" ଆମେ ଯେ, ହତଭାଗ୍ୟ ସାଗର ଲଘନ ପାଇଁ 'ଚୁସାନ୍' ଜାହାଜରେ ଉଠିଛୁ, ଆମମାନଙ୍କ ଅନେକଙ୍କର ଭିତରୁ ସୀତା ଅଛନ୍ତି, କିନ୍ତୁ ଲଙ୍କା ବିଜୟ ଗୌରବ କାହାରି ନାହିଁ। ଏଥିରେ ତିଳେହେଲେ ସନ୍ଦେହ ନାହିଁ। ଫେନିଳ ଉଦ୍‌ବେଳ ସାଗର ଦେଖି ମନେ ପଡ଼ନ୍ତି ମହାକବି କାଳିଦାସ; ମନେ ପଡ଼େ ମହୋଦଧିର ମହାତ୍ମ୍ୟ। ଯୁଗ ଯୁଗ ଧରି ଅନନ୍ତ ଜଳରାଶି ଲହଡ଼ି ଭାଙ୍ଗି ଚାଲିଛି । ରାମଚନ୍ଦ୍ରଙ୍କ ଦିନଠାରୁ ରାମିଆ ପର୍ଯ୍ୟନ୍ତ କେତେ ଯେ ସାଗର ଛାତିରେ ଚୋଟ ମାରି ଗଲେଣି, ତାର ସୀମା ନାହିଁ। ମାତ୍ର କେଉଁଠି ହେଲେ ଗୋଟିଏ ଗାର ପଡ଼ିଥିବାର ଦେଖାଯାଏ ନାହିଁ।

ଅଶ୍ରୁ ନାହିଁ, ଅବସାଦ ନାହିଁ, ଅସ୍ତ ସୂର୍ଯ୍ୟଙ୍କର ଶେଷ କିରଣ ସଙ୍ଗେ ଲୁଚିଗଲା ଶ୍ୱେତଦୀପର ଶେଷ ଦର୍ଶନ। ଚଳନ୍ତା ନଅର ପରି ଜାହାଜଟି କୁଦା ମାରି ଛୁଟିଲା। ଯାତ୍ରୀଙ୍କୁ ସୁଖୀ କରିବା ପାଇଁ ସବୁ ସୁଖ ସମ୍ଭୋଗର ଯୋଜନା ଜାହାଜ ଭିତରେ ଅଛି। ପଶ୍ଚିମରୁ ପୂର୍ବ ଆଡ଼କୁ ଜାହାଜଟି ଘୂରୁଛି। ତଥାପି ପୂର୍ବ ସଭ୍ୟତାର ଚିହ୍ନ କିଛି ନାହିଁ। ସେହି ପାଶ୍ଚାତ୍ୟ ସଭ୍ୟତା, ସେହି ପାଶ୍ଚାତ୍ୟ ମୋହ, ଅଖଣ୍ଡ ଲାଗିରହିଛି। ଗପ - ଆମେରିକାର ଷ୍ଟେଟ୍ ଏମ୍ପାୟାର କୋଠା, ବିଲାତର ଲଣ୍ଡନ ଟାୱାର, ଇଟାଲୀ ତରକାରୀ, ଫରାସୀ ପ୍ରେମ। ଖାନା- ପୂର୍ବ ପଶ୍ଚିମ ମିଶାମିଶି - ସୁଏଜ କେନାଲ ଖାନା କହିଲେ ଚଳେ। ପୋଷାକ- ଆନ୍ତର୍ଜାତିକ। ଆମେରିକାର ହରରଙ୍ଗି ଜ୍ୟାକେଟ୍‌ଠାରୁ ଆରମ୍ଭ କରି ଭାରତର ବେକଚିପା କୋଟ୍ ପର୍ଯ୍ୟନ୍ତ। ଗାଧୁଆ ଜଙ୍ଘିଆଠାରୁ ଆରମ୍ଭ କରି ବନାରସୀ

ଶାଢ଼ୀ ପର୍ଯ୍ୟନ୍ତ। ନାଚ- ପିଲାଙ୍କ କେଶ ସଜ୍ଜାରୁ ଆରମ୍ଭ କରି ଦୀର୍ଘ ବେଣୀ ପର୍ଯ୍ୟନ୍ତ। ଭାଷା- ଇଂରେଜଠାରୁ ଆରମ୍ଭ କରି ଇଣ୍ଡୋନେସିଆ ପର୍ଯ୍ୟନ୍ତ। ବୁଢ଼ା ବୁଢ଼ୀ, ତରୁଣ ତରୁଣୀ, ବାଳକ ବାଳିକା, ବେଶ୍ ଆନ୍ତର୍ଜାତିକ ଗୋଷ୍ଠୀଟାଏ।

ଜାହାଜ ଭିତରେ ବନ୍ଧୁବାନ୍ଧବର ଅଭାବ ନାହିଁ, ତଥାପି ମନଟା ଅବସନ୍ନ। ଚଉଦ ଦିନ ପାଣି ଭିତରେ ମଣିଷ ଯିବ କେମିତି ! ବମ୍ବେରୁ ବିଲାତ, ନିୟୁକାଷଲରୁ ନିଉୟର୍କ ଉଡ଼ାଜାହାଜରେ ମାତ୍ର କେତେ ଘଣ୍ଟାର କଥା, ମାତ୍ର ବିଲାତରୁ ବମ୍ବେ ପାଣି ଭିତରେ ଚଉଦ ଦିନ। ମନରେ ଆଶଙ୍କା ଏ କଳା ଚମଡ଼ା ଲୁଣି ହାଉଆ ସମ୍ଭାଳିବ ତ ? ସାଗର ଛାତିରେ ଜାହାଜ ସେତେବେଳେ ତାଳ ଦେଇ ନାଚିବ, ସେତେବେଳେ ପାତଳ ଛାତି ପତର ପରି ଥରିବ ନାହିଁ ତ ? ନାନା ଆଶଙ୍କାରେ ଦୁଇଟି ରାତ୍ରି କଟିଗଲା। ତୃତୀୟ ରାତ୍ରି ଆଠଟା ବେଳେ ହଠାତ୍ ଶୁଣିବାକୁ ପାଇଲି, କ୍ୟାବିନ୍ ଦେହରେ ଇଂରେଜ ସଙ୍ଗୀତର ଉଦ୍‌ବେଳ ଉଚ୍ଛ୍ୱାସ। ସାଗର ଗର୍ଜନ ତା ନିକଟରେ କିଛି ନୁହେଁ। ମନେହେଲା, ବିନା ପଇସାରେ ଯଦି ଆମୋଦ ପ୍ରମୋଦ ମିଳିଗଲା, ତେବେ କ୍ଷତି କ'ଣ ? କ୍ୟାବିନ୍ ଛାତି ଉପରକୁ ଉଠିଲା ବେଳକୁ ନୋଟିସ ବୋର୍ଡରେ ଦେଖିଲି "ନାଚ"। ଆରେ, "ବିଲାତି ନାଚ ଆମମାନଙ୍କୁ ଭୂତ ପରି ଗୋଡ଼ାଇଛି ନା କଅଣ ? ବ୍ୟାଧି କୁହ, ବିଳାସ କୁହ, ଏ କଣ ତେବେ ବମ୍ବେ ପର୍ଯ୍ୟନ୍ତ ଆମ ଲୋକଙ୍କୁ ଗୋଡ଼ାଇବ ନା ବୁଦ୍ଧ ଚୈତନ୍ୟଙ୍କ ପରି ପ୍ରଚାରକ ବାହାରି ଯାକୁ ଗାଁ ଗଣ୍ଡାରେ ପ୍ରଚାର କରିବେ। କଥାବାର୍ତ୍ତାରୁ ଜଣାପଡ଼େ ରକ୍ଷଣଶୀଳ ବିଲାତ ଫେରନ୍ତା ଯଦି ପ୍ରଚାରରେ ଫେଲ୍ ମାରିବେ, ଆମେରିକା ଫେରନ୍ତା ଯାଙ୍କି ଦଳ ଅକୃତକାର୍ଯ୍ୟ ହୁଅନ୍ତୁ ପଛେ, ଚେଷ୍ଟା କରିବେ ନିଶ୍ଚୟ। "Well, no harm trying." ସେମାନଙ୍କର ପ୍ରଗାଢ଼ ବିଶ୍ୱାସ।

ନାଚଘରେ ବର୍ଣ୍ଣ ବୈଚିତ୍ର୍ୟ ଇନ୍ଦ୍ରଧନୁ ଆଲୋକର ଲୀଳା। ସଯନ୍ତ୍ର ସଙ୍ଗୀତର ତାଳମୟ ଲହରୀ, ସାଗରବାୟୁ ସଙ୍ଗେ ମିଶି ଯାଉଛି। ସବୁ ପୁରାତନ, ସବୁ ବହୁ ଦିନର ଚିହ୍ନା। ମାତ୍ର ଗୋଟିଏ ଜିନିଷ ନିହାତି ନୂତନ। ଲଣ୍ଡନ କିମ୍ବା ନିୟୁୟର୍କ ଏମିତିକି ପ୍ୟାରିସ୍ ସହରରେ ଯା ଦେଖି ନ ଥିଲି' ଜାହାଜ ଦେହରେ ତାହା ଆଜି ଦେଖିଲି। ବହୁ ଦିନର କୌତୂହଳ ମେଣ୍ଟିଗଲା। ନାଚ ଘରେ ଶାଢ଼ୀ। ସ୍କଟ୍‌ପିନ୍ଧା ସାହେବାଣୀଙ୍କୁ ବଲ୍‌ନାଚ ସାଜେ ବୋଲି ଲୋକେ କହନ୍ତି। କିନ୍ତୁ ବନାରସୀ ଶାଢ଼ୀ ସଙ୍ଗେ ପିକାଡିଲି ତାଳ କେମିତି ଖାପ ଖାଇବ, ସେଇ କଥା ଦେଖିବା ପାଇଁ ଚାହିଁ ରହିଲି। ଭାରତ ତ କାଳେ କାଳେ ବୀରରମଣୀଙ୍କ ଲୀଳା ଭୂମି। ରାଣୀ ଦୁର୍ଗାବତୀ ଲଢ଼ାଇ କରୁଥିଲେ। ଆଧୁନିକା ଭାରତୀୟା କ'ଣ ନାଚିପାରନ୍ତେ ନାହିଁ। ବାହାରିଲେ ଏକ, ଦୁଇ, ପାଞ୍ଚ, ସାତ, ଦଶ, ପନ୍ଦର, ବର୍ଣ୍ଣ ବିଚିତ୍ର ଶାଢ଼ୀ। କିଏ ପାଞ୍ଚ ହାତିଆ ସାହେବଙ୍କ ସଙ୍ଗେ, କିଏ ବାମନବଂଶୀ

କଳାଙ୍କ ସଙ୍ଗେ ନାଚିବାକୁ ଆରମ୍ଭ କଲେ। ଷୋଳ ସହସ୍ର ଗୋପନାରୀଙ୍କ ସଙ୍ଗେ କୃଷ୍ଣ କେମିତି ଯମୁନା ତୀରରେ ନାଚିଥିବେ, ତାର ଗୋଟିଏ କ୍ଷୀଣ ଧାରଣା ମାତ୍ର ହେଲା। ବାହାରେ ଉତ୍ତାଳ ତରଙ୍ଗ ଯମୁନା ପରି ସାଗର ଲହରୀ କ୍ରୀଡ଼ା କରୁଥିଲା। କିନ୍ତୁ କାହିଁ ସେ କଦମ୍ବ, କାହିଁ ସେ ଯମୁନା। ପଛ ଚଉକିରେ ବସି ପୁରୁଣାକାଳିଆ ବୁଢ଼ାବୁଢ଼ୀ କେତେକ ଚୁପଚାପ ହେଉଥିଲେ। 'ଗଲା, ଆମ ଦେଶ ଗଲା, ମାଇପେ ପୁଣି ପୁରୁଷଙ୍କ ସଙ୍ଗେ ନାଚିଲେ।' ପଶ୍ଚିମ ଫେରନ୍ତା ଯୁବକ କହିଲେ, ଭାରତୀୟ ନାରୀର ଭବିଷ୍ୟତ ଅଛି ନିଶ୍ଚୟ। ବମ୍ବେରେ ପହଞ୍ଚିବା ପୂର୍ବରୁ ଏ ପ୍ରଗତି କେତେ ଦୂର ରହିବ, ସେତିକି ଦେଖିବାକୁ ରହିଲା।

ତିନି ଦିନ ପରେ ଆଫ୍ରିକା ଉପକୂଳରେ ସିଉଟା ସହରରେ ଜାହାଜ ଲାଗିଲା। ଗୋଡ଼ହାତ ଖେଳାଇବା ପାଇଁ ବାହାରକୁ ଯିବାକୁ ଆଦେଶ ମିଳିଲା। ସହରରେ ପହଞ୍ଚି ପୂର୍ବ ରାତ୍ରିର ନାଚ ତଥା ପଶ୍ଚିମ ସଭ୍ୟତାର ସ୍ୱପ୍ନ କଳ୍ପନା ଅଧା ଉଡ଼ିଗଲା। ପୂର୍ବ ସଭ୍ୟତାର ଆରମ୍ଭ। ଦୁଃଖ, ଦୁର୍ଦ୍ଦଶା, ଦୁର୍ଭାଗ୍ୟର ଘନଘଟା, ରାସ୍ତା ଉପରେ ଭୋକିଲା, ମଢ଼ିଆ, ମଇଳା, ଛିଣ୍ଡାକନା ପିନ୍ଧା ଶହ ଶହ ନରନାରୀ ହାତ ପତାଇ ମାଗୁଛନ୍ତି। ଛିଣ୍ଡା ଉପରେ ସହସ୍ର ତାଳି ପଡ଼ିଛି। ଦୁର୍ବଳ, ମଢ଼ିଆ, ଘୋଡ଼ା ଗଧସବୁ ପ୍ରାଣ ବିକଳରେ ଗାଡ଼ି ଟାଣୁଛନ୍ତି। ଛୋଟ ପିଲାଗୁଡ଼ା ଆସି ସିଗାରେଟ୍ ସିଗାରେଟ୍ ବୋଲି ମାଛି ପରି ବେଢ଼ୁଛନ୍ତି। ମାଛି ଅତ୍ୟାଚାର କଥା କହି ଲାଭ କ'ଣ ? ସ୍ୱପ୍ନ ଭାଙ୍ଗିଗଲା, ଛାତି ଥରିଗଲା। ଏହି ତେବେ କ'ଣ ଆମ ପୂର୍ବ-ଖଣ୍ଡର ସୌଭାଗ୍ୟର ପୂର୍ବାଭାସ ? ସୁଖ ସମ୍ଭୋଗ କ'ଣ ତେବେ ପାଶ୍ଚାତ୍ୟ ଜାତିର ଏକଚାଟିଆ ଅଧିକାର ? ମଢ଼ିଆ ମଢ଼ିଆ କେତେଟା ପୁଲିସ ବୁଲୁଛନ୍ତି। ବାଟ ପଚାରିଲେ କାବା ହେଉଛନ୍ତି। କିନ୍ତୁ ରାସ୍ତାରେ ଯାହାକୁ ତାକୁ ଧକାବେକା ଦେବାରେ ଏତେ ଟିକେ ତ୍ରୁଟି ନାହିଁ। ଲଣ୍ଡନର ସେହି ଛ'ଫୁଟିଆ ସଭ୍ୟତମ ପୋଲିସ୍ କଥା ମନେ ପଡ଼େ। ନିୟୁୟର୍କ ପୋଲିସ୍ ମଧ ସେମାନଙ୍କର ତୁଳନାରେ ମଳିନ, ନିଷ୍ପ୍ରଭ। ପାଦ ଆଗେଇଲା ନାହିଁ। ଦୁଃଖ ହେଲା ପାଶ୍ଚାତ୍ୟ ଦେଶ ନ ଦେଖିଥିଲେ ବୋଧେ ଭଲ ହୋଇଥାଆନ୍ତା। ହିତୋପଦେଶ ଗଳ୍ପରେ ସକାଳୁଟାରୁ ବ୍ୟାଧ ମୁହଁ ଚାହିଁ କାକ ମନରେ ଯେଉଁ ସନ୍ଦେହ ଜାତ ହୋଇଥିଲା, ସ୍ୱଦେଶରେ ପାଦ ଦେବା ପୂର୍ବରୁ 'ସିଉଟା' ସହର ଦେଖି ସେହି କଥା ମନରେ ଆସିଲା। 'ନ ଜାନେ କିମନଭିମତଂ ଦର୍ଷୟିଷ୍ୟତି'।

■

ଲୋହିତ ବ୍ୟଥା

ବମ୍ବେ, ୨ । ୧୦ । ୫୧

ଆଫ୍ରିକା ଉପକୂଳରେ ସିଉଟା ସହର ଦେଖିବା ପରେ ମାନସିକ ବ୍ୟଥା ଓ ବିଦ୍ରୋହ ତେଜି ଉଠିଲା ସତ୍ୟ, କିନ୍ତୁ ଶରୀର ବ୍ୟଥା ସେ ପର୍ଯ୍ୟନ୍ତ କିଛି ନ ଥିଲା । ବୋଇତ ଲୋହିତସାଗରରେ ପାଦ ଦିଅନ୍ତେ ଶରୀର ବ୍ୟଥାର ସୂତ୍ରପାତ ହେଲା । ପବନ ଏକରକମ ସଂପୂର୍ଣ୍ଣ ବନ୍ଦ । ଅସହ୍ୟ ଉତ୍ତାପ, ବିଲାତର ଶୀତତାପରେ ଏ ପ୍ରଥମ ଗରମ । ଶୀତ ବିରୁଦ୍ଧରେ ଲଢ଼ାଇ କରିବା ପାଇଁ ଆଜିକା ସଭ୍ୟତା ଅନେକ ଅସ୍ତ୍ର ସଜାଇ ରଖିଛି । କିନ୍ତୁ ଗ୍ରୀଷ୍ମ ନିକଟରେ ମଣିଷ ଅନେକ ସମୟରେ ନିଃସହାୟ । ବିଲାତ ସହରରେ ଦୁଇ ବର୍ଷ ରହି ଆମକୁ ଯେତେବେଳେ ଗରମ ଏତେ ବାଧିଲା, ବିଚରା ଧଳାଚମ ସାହେବ ସାହେବାଣୀଙ୍କ ଅବସ୍ଥା ଦେଖି ଆହା କରିବା ବ୍ୟତୀତ ଆଉ ଉପାୟ କଣ ? "ବାବୁ, ତମ ଦେଶରେ ଏମିତି ଖରା ନା, ଆହୁରି ବେଶି" ଲୋକେ ସବୁ ପଚାରିଲେ । ହସିଲି, ମଲା ମଲା, ଏ କିଛି ନ ହଉଣୁ ଏମିତି । ସଙ୍ଗରେ କଟକ ଆସୁଥିଲେ ଜଣେ ଶ୍ୱେତାଙ୍ଗୀ ତରୁଣୀ; ନାଁ ମିସ୍ ମାୟାର । ପଚାରିଲେ, "କିଓ କଟକରେ କଣ ଏମିତି ?" ମୁଁ କହିଲି, "କଟକରେ ଏହାଠୁ ଟିକିଏ ବେଶି ଯେ, କଟକରେ ଆଉ ଗୋଟାଏ ମଜା ଅଛି, ଯାହା ଲୋହିତ ସାଗରରେ ଏଠି ନାହିଁ । ସେଟା ହେଉଛି କଟକର ଲାଲ ଧୂଳି । ଆମ କଳା ଦେହକୁ ତାହା ସାଜେନି ମାତ୍ର ତମକୁ ବେଶ୍ ସାଜିବ ।" ହଉ ଦେଖାଯାଉ କ'ଣ ହେଉଛି ।

ବ୍ୟଥା ଓ ବିକ୍ଷୋଭ ଭିତରେ ଜାହାଜ ଲାଗିଲା ଏଡେନ୍ ବନ୍ଦରରେ । ମନରେ ଆନନ୍ଦ । ଏହି ହେଲା ଆମ ପୂର୍ବ ସଂସାରର ପଶ୍ଚିମ ଦ୍ୱାର । ଏଇଠୁ ଆରମ୍ଭ ହେବ କିଳାପୋତେଇ । ବିଲାତରେ ଯାହା ଦାମ୍ ଟଙ୍କାଏ, ଏଠାରେ ତା ଦାମ ଆଠଅଣା ।

ବଣିକ ବ୍ୟବସାୟୀ ସଭିଙ୍କ ଅଣ୍ଟାରୁ ଖୋସଣି ଫିଟିଲା। କିଏ ଜିନିଷ ଘରକୁ ନେବ, କିଏ ବା ବମ୍ବେରେ କିଳାପୋଡେଇ କରିବ। ଆରବସାଗରରେ ଜାହାଜ ଛୁଟିଲା। ଏହା ଆମ ଶେଷ ଧାଉଁରି। ନାହିଁ ଆନନ୍ଦ, ନାହିଁ ଅଶ୍ରୁ। ଦୁଇ ଦିନ ପରେ ଦେଖାଗଲା ସୁନ୍ଦର ଶରତ୍ ପାହାଡ଼ ତଳେ ବମ୍ବେ ଉପକୂଳରେ ଘନରିଳ ଆକାଶଚୁମ୍ବୀ ପାହାଡ଼, ସୁନ୍ଦର ସୁନ୍ଦର କୋଠାବାଡ଼ି। ସହସ୍ର ଆଖି ଅନାଇ ରହିଲେ। ପ୍ରିୟ ମାଟିଆଡ଼କୁ ହାତ ଉଠାଇଲି, ନମସ୍କାର କଲି-ସ୍ୱଦେଶ, ଜନ୍ମଭୂଇଁ, ଭାରତର ସୀମା ବମ୍ବେ।

ରେଡ଼ିଓ ଗର୍ଜି ଉଠିଲା। ପାସ୍‌ପୋର୍ଟ ପରୀକ୍ଷା ପାଇଁ ନିର୍ଦ୍ଦେଶ ମିଳିଲା। ହାଇବେଗ୍ ଓ ବାଡ଼ିଖଣ୍ଡ ଗୋଟିଏ ଆଡ଼କୁ ରଖିଦେଇ ଧାଡ଼ିରେ ଠିଆ ହେଲି। ପାସ୍‌ପୋର୍ଟ ପରୀକ୍ଷା ପରେ ଫେରିଆସି ଦେଖେ ତ ବାଡ଼ି ଖଣ୍ଡି ନାହିଁ। ହାଲକ୍ ଶୁଖିଲା। ଆମେରିକାର ମା (ମୁଁ ଯାହାଙ୍କ ଘରେ ରହୁଥିଲି) ବିଦାୟ ଉପହାର ଦେଇଥିଲେ ଖଣ୍ଡିଏ ବାଡ଼ି। କେତେକରି କହିଥିଲେ ସ୍ନେହ ଉପହାରଟି ହଜାଇବ ନାହିଁ। ଆଟ୍‌ଲାଣ୍ଟିକରୁ ଆରବ ସାଗର ପର୍ଯ୍ୟନ୍ତ ଏଗାର ହଜାର ମାଇଲ ବାଟ ବୋହି ଆଣିଲି। ବିଦେଶୀ ଲୋକ ଅନାନ୍ତି, ଆଖିରେ ପରୀକ୍ଷା କରନ୍ତି। ଶ୍ରମ ସ୍ୱୀକାର କରି ବାଡ଼ିଖଣ୍ଡେ ଆମେରିକା ଦେଶରୁ ବୋହି ଆଣିଛି କହି ହସନ୍ତି ଓ କୌତୁକ କରନ୍ତି। ମାତ୍ର ସ୍ୱଦେଶ ମାଟି ମାଡ଼ିଲା ମାତ୍ରେ ଆପଣା ଭାଇ ହାତ ପରୀକ୍ଷା ଆରମ୍ଭ କରି ଦେଲେ। ମୋର ପ୍ରିୟ ସ୍ମୃତିଟି ଚିରଦିନ ପାଇଁ ହଜିଗଲା। ଲଣ୍ଡନ, ଆମେରିକା ଦୁଇଟି ଦେଶରେ ଏପରି ଅମୂଲ୍ୟ ଅନୁଭୂତି ହୋଇ ନ ଥିଲା। ସଙ୍ଗେ ସଙ୍ଗେ ଚେତା ପଶିଲା, ଏ ପରା ଆମ ଦେଶ ! କିନ୍ତୁ ହତଭାଗ୍ୟ ମୁଁ ଜାଣି ନଥିଲି ଏଟା ଆରମ୍ଭ ମାତ୍ର, ଶେଷ ଅନେକ ଦୂରରେ।

"ବାବୁ ଟାକ୍‌ସି ?" ହଁ ଅଷ୍ଟୋରିଆ ହୋଟେଲକୁ କେତେ ଭଡ଼ା ଲାଗିବ ? ପାଞ୍ଚ ଟଙ୍କା। କ'ଣ ହେଲା ! ଦରଦାମ ତେବେ କ'ଣ ପାଞ୍ଚଗୁଣା ବଢ଼ିଛି ? ପୂର୍ବେ ତ ଟଙ୍କାଏ ଥିଲା। ସନ୍ଦେହ ଦୂର ହେବାକୁ ବେଶି ସମୟ ଲାଗିଲା ନାହିଁ। ଟାକ୍‌ସି ପରେ ଟାକ୍‌ସି ଚାଲିଲେ-ପାଞ୍ଚ ଟଙ୍କା, ଚାରି ଟଙ୍କା, ତିନି ଟଙ୍କା। ଯେ ଯେତେ ମଫସଲିଆ ବିଚାରିଲା ସେ ସେତେ ବେଶି କହିଲା। ଟାକସିବାଲା ତେବେ ମୋ ଟ୍ରଙ୍କ ଉପରେ କଣ ନିୟୁୟର୍କ ଛାପାଗୁଡ଼ିକ ଦେଖିପାରୁନି ନା କ'ଣ ? ମୁଣ୍ଡେଇ ନେବି ପଛେ ଠକଙ୍କୁ ପଇସା ଦେବିନି। ନିୟୁୟର୍କ ସହରରେ, ପ୍ୟାରିସ୍ ବଜାରରେ କେତେଥର ତ କାନ୍ଧ ଉପରେ ଟ୍ରଙ୍କ ବୋହିଛି, ନିଜ ଦେଶରେ କାହିଁକି ଏତେ ଲାଜ ବୁଝିଲିନି। କପାଳକୁ ଭଲ ଟାକ୍‌ସିଟାଏ ଜୁଟିଲା। ଟଙ୍କାଏ ଦାମ୍ ପାଖରେ ତିନି ମହଣ ଓଜନର ବହି ବାକ୍‌ସ ଥିଲା। ଲଣ୍ଡନ ସହରରୁ ବନ୍ଦର ପର୍ଯ୍ୟନ୍ତ ୩୦ ମାଇଲ୍ ରାସ୍ତା ବୋହି ନେବା ପାଇଁ ବିଲାତ କମ୍ପାନୀ ଛ' ଟଙ୍କା ଆଠଅଣା ମଜୁରୀ ନେଇଥିଲା। ବମ୍ବେ ବନ୍ଦରରେ ଗ୍ରୀନ୍‌ଲେ କମ୍ପାନୀ ଦୁଇ ମାଇଲ୍

ଦୂରସ୍ଥ ଷ୍ଟେସନରେ ପହଞ୍ଚାଇ ଦେବା ପାଇଁ ଦାୟିତ୍ୱ ନେଲେ। ପଥରଭାର ସୋଲପରି ଉଶ୍ୱାସ ଲାଗିଲା। ଆମ ଦେଶରେ ଏମିତି କମ୍ପାନୀ ସବୁ ଅଛନ୍ତି ମୋର ଧାରଣା ନଥିଲା। ଢେଙ୍କାନାଳିଆଟାଏ ମୁଁ, କମ୍ପାନୀ ସୂତ୍ର ବୁଝନ୍ତି ବା କାହୁଁ? ଆରେ ବାବୁ ତହିଁ ଆରଦିନ ସମ୍ବଲପୁର ଅଭିମୁଖରେ ଗାଡ଼ି ଧରିଲା ବେଳକୁ କମ୍ପାନୀ ଏଜେଣ୍ଟ ଖଣ୍ଡେ କାଗଜ ଧରି ମୋ ରିଜର୍ଭ ସିଟ୍ ଉପରେ ଆଗରୁ ବସିଛନ୍ତି। କେତେ ଭଲ ଲୋକ ସତେ? ଗାଡ଼ି ଛାଡ଼ିବାକୁ ପାଞ୍ଚମିନିଟ୍ ଅଛି। ତାଙ୍କ ମଇଳା ଜାକେଟ୍ ପକେଟରୁ ଖଣ୍ଡିଏ କାଗଜ ବାହାର କରି ଦେଖାଇଲେ ୩ ମହଣ ମାଲ୍‌କୁ ୨ ମାଇଲ ବୋହି ଆଣି ଥିବାରୁ ଗୋଟିଏ ପଚିଶ୍ ଟଙ୍କାର ବିଲ୍ ହାତକୁ ବଢ଼ାଇ ଦେଲେ। ମୁଁ ତ ନିଜେ ହାତରେ ଆଣିଥଲେ ପାଞ୍ଚଟଙ୍କା ପଡ଼ି ଥାଆନ୍ତା। ପଚାରିଲି "ବିଲାତରେ ୩୦ ମାଇଲକୁ ଛ ଟଙ୍କା, ଏଠି ୨ ମାଇଲକୁ ୨୫ ଟଙ୍କା?" ଆଜ୍ଞା, ବମ୍ବେ ବିଲାତ ଭିତରେ ଏହି ହେଉଛି ତଫାତ୍। ମୁଁ ତ କମ୍ପାନୀ ନୁହେଁ ଯେ ଆପଣଙ୍କୁ ଉତ୍ତର ଦେବି? ମୁଁ ସାମାନ୍ୟ ଏଜେଣ୍ଟ ମାତ୍ର, ଜିଭ ସ୍ୱାଦୁ ପାଇଁ ଯାହା ଆସିଲା କହିଲି। ତାଙ୍କୁ ବହଳ ମୁହଁରେ ନିର୍ଲଜ୍ଜତାର ଘନ ପରଦା।

ଆଜ୍ଞା ଗାଡ଼ି ଛାଡ଼ିଦେବ। କାନ, ମୁଣ୍ଡ ଆଉଁସି ଟଙ୍କା ଗଣିଲି। ଉପାୟ କ'ଣ ଥିଲା, 'ଆଲୋ ସଖି, ଆପଣା ମହତ ଆପେ ରଖି' - ନୀତିରେ ତୁନି ହେଲି। ବାବୁ, ବେଳହେଲେ କମ୍ପାନୀ ପାଖରେ କମ୍ପ୍ଲେନ୍ କରନ୍ତୁ। ନମସ୍କାର, ଗାଡ଼ି ଛାଡ଼ିଲା। ସ୍ୱଦେଶ ମାଟିରେ ପାଦ ନ ଦେଉଣୁ ଯେତେ ଚୋରୀ, କିଳାପୋତେଇ ମୋରି ଭାଗରେ ପଡ଼ିଲା ବୋଲି ଭାବି ଆତ୍ମନିନ୍ଦା କରୁଥିଲି। ଭଗବାନ ତ ଭଲ ଲୋକ। ଘରକୁ ଫେରିବା ବାଟରେ ଏତେ ମନକଷ୍ଟ ଦିଅନ୍ତି କିଆଁ? ଗାଡ଼ି ଭିତରେ ଆଉ ଦୁଇଜଣ ବନ୍ଧୁଙ୍କୁ ଭେଟିଲି। ବମ୍ବେରେ ସେ କେମିତି ଠକେଇରେ ପଡ଼ିଥିଲେ ସେ ଗପ ମେଲି ବସିଲେ, ଖୁସି ହେଲି। ଆମ ଦୁନିଆରେ ତେବେ ମୋ ଭଳି ଭାଗ୍ୟବାନ ଅନେକ ଅଛନ୍ତି। ତେବେ ଆଉ ଦୁଃଖ କ'ଣ? ବମ୍ବେ ମେଲ୍‌ଟା ବିଲାତ ପାସେଞ୍ଜର ପରି ଚାଲିଲା। ବିଲାତର ବିଳାସ କଳ୍ପନା ବମ୍ବେ ଉପକୂଳରେ ବିସର୍ଜନ କରି ଚାଲି ଆସିଲି, ଯାତ୍ରା ଶେଷ। ଏବେ ଯଥା ପୂର୍ବଂ ତଥା ପରଂ।

ବିଲାତ ବାହୁଡ଼ା

'ଲୋହିତବ୍ୟଥା'ରେ ବମ୍ବେ ପହଞ୍ଚିବା କଥା କହିଛି। ଭାରତରେ ଥାଇ ଆଉ ବିଲାତ କଥା ଚୋବାଇ ହେବାରେ କୌଣସି ମୂଲ୍ୟ ନାହିଁ। ଜଣେ ବିଲାତ-ଆମେରିକା ଫେରନ୍ତା ବନ୍ଧୁ କାଲି କଟକରୁ ଲେଖିଛନ୍ତି, "ଲୋହିତବ୍ୟଥାର କ'ଣ ଉପଶମ ହୋଇଛି? ହଉ, ଆଉ ଠିକ୍ ଚାରିମାସ ପରେ ତମକୁ ଜଣାଯିବ ଯେ ତୁମେ କେଉଁ ଗୋଟାଏ ଅଜଣା ଗ୍ରହରେ ଯାଇଁ ଦିବର୍ଷ ଥିଲ- ଯା'ର ରୂପ ଏଠି ଦୁଇ ଶତାବ୍ଦୀରେ ବି ଫେରେ ନାହିଁ।" ବିଲାତ କଥା ଆଉ ଲେଖିବି ନାହିଁ, ମା ତାଙ୍କ ଭୁଲ୍‌ଟା ସଂଶୋଧନ କରିଦେବା ପାଇଁ ଲେଖୁଛି। ସେ ସିନା ଚାରିମାସ କହୁଥିଲେ, ବୁଝିବା ପାଇଁ ମୋତେ ଚାରି ଘଣ୍ଟା ଲାଗି ନଥିଲା। ତା ଛଡ଼ା ପାଠକମାନଙ୍କୁ ଗାଁ ମାଟିରୁ ସମ୍ବଲପୁର ରାସ୍ତାରେ ନେଇ ଲଣ୍ଡନରେ ଛାଡ଼ିଥିଲି। ତେଣୁ ସମ୍ବଲପୁର ରାସ୍ତାରେ ଗାଁକୁ ନେଇ ଯାତ୍ରା ବିବରଣ ଶେଷ କରିବି। ସ୍ୱଦେଶ, ସ୍ୱଗୃହରେ ପାଦ ଦେଲା ମାତ୍ରେ ବିଦେଶ ଫେରନ୍ତାର ଅନୁଭୂତି କ'ଣ ହୁଏ ତାର ବି ଜାଣିବାର କଥା।

ଝାରସୁଗୁଡ଼ାରେ ଡାକଗାଡ଼ି ଲାଗିଲା ବେଳକୁ ରାତ ଆଠ। ଷ୍ଟେସନ ଅଗଣାରେ ଏକା ବୁଲୁଥିଲି। ଦେହରେ ଥିଲା ଅଣ୍ଡରଓ୍ୱାର ପରି ଖଣ୍ଡେ ଛୋଟ ଆମେରିକାନ ହାଫ୍ ପ୍ୟାଣ୍ଟ ଓ ନିତାନ୍ତ ମଇଳା ଗେଞ୍ଜି। ବିଲାତି ବୋଲି ଚିହ୍ନିବାର କୌଣସି ଉପାୟ ନାହିଁ। କୁଲି ସଙ୍ଗେ କଥା ହେବାବେଳେ ପାଟି ବାରି ଜଣେ ପିଲାଦିନ ସାଥୀ ଡେପୁଟି ଆସି ପହଞ୍ଚିଲେ। "କିଓ ତମେ ତ ବିଲାତି ଦେଖାଯାଉନ। କାଇଁ ମ, ପୋଷାକ କାଇଁ, ଚେହେରା କାଇଁ, କ'ଣ କାଇଁ?" ମଲା ମଲା, ଜାଣିନ କି ବିଲାତରୁ ଯେଉଁମାନେ ଆମେରିକା ରାସ୍ତାରେ ଘୂରି ଆସନ୍ତି, ସେମାନେ ଏହିମିତି ଦେଖାଯାନ୍ତି। ହଉ ହେଲା। ବହୁତ ହସିଲୁ। ସ୍ୱଦେଶରେ ପ୍ରଥମ ଓଡ଼ିଆ ମୁହଁ ଦେଖିଲି। ସୁଖୀ ହେଲି, ଯେ ମୋତେ ସେହି ଷ୍ଟେସନରେ ଦୁଇବର୍ଷ ପୂର୍ବେ ଛାଡ଼ିଥିଲେ, ଆଜି ପହିଲେ ତାଙ୍କରି ସଙ୍ଗେ ଦେଖା।

ଗପ ହେଲା । ହଁ, କାଲି ତ ତମରି କଥା ପଡ଼ିଥିଲା । ତମର କେତେଜଣ ବନ୍ଧୁ କହୁଥିଲେ "ବିଲାତ ଯାଇ ଲାଭ କ'ଣ ?" ଡାକ୍ତର ହୋଇଥିଲେ ସିନା କିଛି ହୋଇଥାନ୍ତା । ପ୍ରଜାତନ୍ତ୍ର ଲେଖା କି ସାହାଯ୍ୟ କରିବ ? ହସିଲି । ଦେଶରେ ସବୁ କଥା ତ ମୁଁ ଜାଣିକରି ଯାଇଛି । ବନ୍ଧୁମାନଙ୍କର ଏ ଉଗ୍ର ସହାନୁଭୂତି ପାଇଁ ଧନ୍ୟବାଦ । ବିଲାତ-ଆମେରିକା ଆଦର୍ଶ ତେବେ କ'ଣ ସବୁ ମୁହୂର୍ତ୍ତକେ ତଳେ ପକାଇ ଦେବାକୁ ହେବ ? ସେହି କଥା ମନେ ପଡ଼େ । ନିୟୁୟର୍କ ସହରରେ ଯେତେବେଳେ ଜଣେ ସମ୍ପାଦକଙ୍କ ସଙ୍ଗେ ଦେଖାହେଲି ଓ ମୁଁ କେମିତି ଆସିଛି ବୋଲି କହିଲି, ସେ କହିଲେ "ଦେଖ ବନ୍ଧୁ, ତମର ଏ ସାହସ ଲାଗି ଯଦି ମୋ ମୁଣ୍ଡରେ ଟୋପି ଥାନ୍ତା, ତେବେ ତମକୁ ସମ୍ମାନ ଦେଖାଇବା ପାଇଁ ଟୋପିଟା କାଢ଼ି ଦେଇଥାନ୍ତି ।" ଅନ୍ୟର କାମର ତାରିଫ ଓ ପ୍ରଶଂସା ସେମାନେ ଶିଖିଛନ୍ତି । ଯେ ଭଲ ଘାସ କାଟୁଛି, ତାକୁ ସେମାନେ ଭଲ ଘାସ କଟାଳୀ ଦୃଷ୍ଟିରୁ ବି ଉତ୍ସାହିତ କରନ୍ତି "O, he is a wonderful grass cutter" । ଉତ୍ସାହ ପାଇ ସେ ଦେଶରେ ଯେ ଯାହା କରିବା କଥା ତାଠୁ ବେଶି କରି ପାରନ୍ତି । ତାଙ୍କ ଆମ ଭିତରେ ଏ ହେଲା ମୌଳିକ ତଫାତ୍ ।

ସମ୍ବଲପୁରରେ ବନ୍ଧୁବାନ୍ଧବ, ସହକର୍ମୀ, ଛାତ୍ର, ଶିକ୍ଷକ, ସାଧୁ, ମୀରା ସମସ୍ତଙ୍କୁ ଦେଖି ଖୁସି ହେଲି । ତାଳଚେର ରାସ୍ତାରେ ଆଉ ଜଣେ ଡେପୁଟିଙ୍କୁ ଭେଟିଲି । ନମସ୍କାର କଲେ ପ୍ରତିନମସ୍କାର କରିବାର ଇଚ୍ଛା ନାହିଁ । ଭୁଲି ଯାଇଥିଲି ସେମାନେ ଏ ଦେଶର ଏକ୍‌ଜିକ୍ୟୁଟିଭ, ଦେଶର ହର୍ତ୍ତା କର୍ତ୍ତା । ମୋର ସେ ବିଲାତର ପୁରୁଣା ଧାରଣାଗୁଡ଼ା ଏଯାଏ ଲିଭି ନଥିଲା । ସେ ଦେଶ ଲୋକେ ମାଷ୍ଟର ପ୍ରଫେସର ବୋଲି ଅନ୍ତତଃ କଥାବାର୍ତ୍ତା କରିବାକୁ ଘୃଣା କରନ୍ତି ନାହିଁ । କଥାବାର୍ତ୍ତା ଆରମ୍ଭ ହେଲା ମାତ୍ରେ କହିଲେ, "ହଁ, ଆଜିକାଲି ବିଲାତ-ଆମେରିକା ଯାଇ ଫେରିଲେ ପଚାରୁଛି କିଏ ?" କଥାଟା ଏତେ ଅଲୋଡ଼ା ବା ଅବାନ୍ତର ଯେ ମତେ ଆଶ୍ଚର୍ଯ୍ୟ ଲାଗିଲା । ବିଲାତ ବୁଲିବାଟା ଆଜିକାଲି ନିହାତି ମାମୁଲିକଥା ସତ, କିନ୍ତୁ ଜଣେ ଲୋକକୁ ଦୁଇବର୍ଷ ବାଦ୍ ଭେଟିବା ପରେ ଏପରି ସମ୍ବର୍ଦ୍ଧନାର ମାନେ ? ମନସ୍ତତ୍ତ୍ୱବିତ୍‌ଙ୍କ ବିଚାର ଉପରେ ଛାଡ଼ିଦେଲି ।

ଗାଁ ମାଟି, ପ୍ରିୟ ମାଟି । ଯେଉଁ ଧୂଳିରେ ବିଦାୟ ଲୁହ ମିଶିଯାଇଥିଲା ଆଜି ସେଠି ଆନନ୍ଦାଶ୍ରୁ ମିଶିଗଲା । ସମସ୍ତେ ଆସିଲେ ସ୍ୱାଗତ କରିବା ପାଇଁ, ଦେଖିବା ପାଇଁ । କ'ଣ ହୋଇଥିବ ? କ'ଣ ଭାରି ଗୋରା ହୋଇଥିବ ? କଳାବାଳ କ'ଣ ଲାଲ ହୋଇଯାଇଥିବ ? ହାୟ ହାୟ କିଛି ହୋଇନି ରେ ! ଯେମିତି କି ସେମିତି । କିନ୍ତୁ ବିଲାତରୁ ଏକା ଏକା ଫେରିଆସିଛି ଦେଖି ସମସ୍ତେ ଖୁସି । ଦେଖିଲି ପୃଥିବୀ ଦେହରେ ପାଠୁଆ ଅପାଠୁଆ, ସହରି ମଫସଲି ଭିତରେ ତଫାତ୍ ବାସ୍ତବରେ ସବୁଠି ସମାନ ।

ବିଲାତି ଗାଁକୁ ଗଲେ ଯେ ମମତା ପାଇବ ଲଣ୍ଡନରେ ତା ସପନ। ଆମେରିକା ମଫସଲରେ ଯେ ସ୍ନେହ ମାୟା, ନିଉୟର୍କରେ ତା ନାହିଁ। ମଣିଷ ଜାତି ସବୁଠି ସମାନ। ତଥାକଥିତ ସଭ୍ୟ ମଣିଷ ବୃଥାଭିମାନୀ, ଜଟିଳ।

ସେହି ଆକାଶ, ସେହି ପୃଥିବୀ, ସେହି ଅଭାବ ଅନଟନ। ଖାଲି ଗାଁ ଦଣ୍ଡାରେ ମାଟି ପଡ଼ି ଯାହା ଟିକିଏ ଉଚ୍ଚ ହୋଇଯାଇଛି। ଦୁଇଦିନ ଭିତରେ ପୁଣି ମୁଁ ମଫସଲିଆ ହୋଇଗଲି। ଚାକିରି, ସମ୍ବଲପୁରକୁ ଫେରିଲି। କେଉଁଠି ଘର ନାହିଁ। ଦ୍ୱିତୀୟ ମହାଯୁଦ୍ଧବେଳେ କିରାଣିମାନଙ୍କ ପାଇଁ ଯେଉଁ ମାଟିଝାଟିର ଘର ଠିଆ କରା ହୋଇଥିଲା, ତା ଏ ପର୍ଯ୍ୟନ୍ତ ଅଧ୍ୟାପକମାନଙ୍କ ସେବାରେ ଲାଗିଛି। ଏ ସୌଭାଗ୍ୟ ଓଡ଼ିଶା ଛଡ଼ା ଅନ୍ୟତ୍ର କେଉଁଠି ହେଲେ ନାହିଁ। ବରଷା ହେଲେ କାନ୍ଥ ଖସିପଡ଼ିବ। ହଉ, ସେଇଥିରୁ ହେଲେ ଖଣ୍ଡେ ମିଳୁ। ଛାଇ ହେଲେ ହେଲା, ପବନ ନ ବାଜୁ ପଛେ। ମିଳିଲା ନାହିଁ। ମୁଁ ପୂର୍ବେ ଯେଉଁ ବୋଡିଂର ସହକାରୀ ସୁପରିଣ୍ଟେଣ୍ଡେଣ୍ଟ୍ ଥିଲି ସେହି ବୋଡିଂର ରୋଷାଇ ଘର ଖାଲି ଥିଲା। ରହିବାର ହେଲେ ସେଇଠି ରହିବାକୁ ହେବ। ବିଦେଶର କାକର କୁହୁଡ଼ି ଯେ ଖାଇକରି ଆସିଛି, ରୋଷାଇ ଘରଟା ନିଶ୍ଚୟ ତା ପାଇଁ ଗରମ ତଥା ସୁଖପ୍ରଦ ହେବ। ଏଇଟା ତେବେ କ'ଣ ବିଲାତ ପରେ ପଦୋନ୍ନତି ? କ'ଣ କରାଯାଏ ! ଆମର ତ ନାହିଁ, ଆଉ ଉପାୟ କ'ଣ ? ଛ'ମାସ ପରେ ସୁନ୍ଦର ବିଦ୍ୟୁତ୍ ଉଜ୍ଜ୍ୱଳ ଘର ତିଆରି ହେବ ନିଶ୍ଚୟ। ସେହି ଆଶାରେ ଜଣେ ବନ୍ଧୁ ତାଙ୍କ ଘରେ ଜାଗା ଦେଇଛନ୍ତି। ହଉ, ଆଶା ବୈତରଣୀ ନଦୀ। ଲଣ୍ଡନର ୮୯, ଗଲ୍‌ଫୋଡ଼୍‌ଷ୍ଟ୍ରୀଟ ଓ ନିଉୟର୍କର ଚାରି ନମ୍ବର ୪୩ ଷ୍ଟ୍ରୀଟର ସଂଭୋଗସମ୍ପଦ ଏବେ ମନରୁ ପୋଛି ହୋଇଗଲାଣି। ଯାଉ, ସେ କ'ଣ ସତେ ସବୁଦିନିଆ !

■

BLACK EAGLE BOOKS

www.blackeaglebooks.org
info@blackeaglebooks.org

Black Eagle Books, an independent publisher, was founded as a nonprofit organization in April, 2019. It is our mission to connect and engage the Indian diaspora and the world at large with the best of works of world literature published on a collaborative platform, with special emphasis on foregrounding Contemporary Classics and New Writing.

www.ingramcontent.com/pod-product-compliance
Lightning Source LLC
Chambersburg PA
CBHW060610080526
44585CB00013B/764
* 9 7 8 1 6 4 5 6 0 4 9 4 5 *